帝政ロシア司法制度史研究

司法改革とその時代

高橋一彦
Kazuhiko Takahashi
●著

名古屋大学出版会

帝政ロシア司法制度史研究　目　次

第1章　課題と視角

一　「改革」論の現在

「左院ノ論者ハ、英国ト俄国トヲ並ヘ挙ケテ、其ノ旧俗ヲ変セサルヲ以テ、仏国ノ上ニ超出スト為ス、此レ幾ト駭クベキノ論ナリ、英仏ノ法律其ノ執レカ優劣アルハ、今姑ク之ヲ置ク、乃チ俄国ノ如キニ至テハ、其ノ旧習陋悪蛮野ノ極ミニ〆、法官賄価ヲ諧《ネウチ》〆、裁判ヲ市《アキナ》フニ至ル、『アレキサンドル』二世、始メテ新法ヲ行ヒ、『ニコラス』帝、法学校ヲ起シ、大ニ法科ノ士ヲ造育シ、稍々条緒に就ケリ、新法ニ従ヘハ、訟廷ノ公聴ヲ許シ、法官ノ重キ者ハ、終身官ニ任シ、保安法官ハ、民撰ニ属シ、保安法官ハ、民刑事ノ軽キ者ヲ終審シ、重キ者ヲ始審シ、尤モ重キ者ハ、数員ノ保安法官、会審ヲ開キ、始審シ、始審ニ服セザル者ハ、上等法院ニ控訴シ、猶《ホ》服セザル者ハ、元老院ニ上告シ、元老院ハ、独リ法ヲ監〆、訴情ヲ裁セズ、仏ノ大審院ニ同シ又重罪ニ陪審ヲ用フル等、大抵欧洲ノ法ヲ采用スルニ非ル者莫シ」（井上　毅「司法制度意見案」明治七年[1]）

①　本書は帝政ロシアの司法の流れを、一八六四年から二〇世紀の初頭まで約半世紀を対象として、制度史の観点から大局的に跡づけることを目的とした歴史研究の試みである。一八六四年とは「アレキサンドル二世の新法」——帝政時代のロシア人は、これを「皇帝アレクサンドル二世の裁判諸法」Судебные уставы Императора Александра II と呼んでいた——の成立の年、いわゆる一八六四年の司法改革がなされた年で、この新法は二〇世紀を迎えるまでに、漸次帝国各地で施行をされた。改革が歴史上一つの「事件」であったことは、今日において異論がない。冒頭の引用にも見るように、夙に同時代の日本人はこの企図を「欧洲ノ法」の採用を以て旧弊の一新を図るも

のとし、的確にもそれがロシアの司法制度史の分水嶺をなしているとの認識を抱いていた。帝政が一九一七年に崩壊したとき、臨時政府が新生ロシアの司法制度の青写真をこの改革の理念の徹底の中に求めていたことは、研究者の間では旧聞に属する。臨時政府に代わったボリシェヴィキおよび左翼エスエルの連立政権の下でさえ、改革は当初は頭ごなしに否定はされず、司法人民委員部を預かった左翼エスエルは六四年の改革に沿った裁判所構成の再建を考えていた。そしてまた全く実践的な関心から、本国ではここ一〇年来、一八六四年改革がポスト社会主義期のロシア司法を考える一つの重要なヒントとして、特に陪審制を中心に、俄然識者の耳目を引くに至った。これもロシア事情に通じた者にはすでに周知の事柄である。

もとよりこれらの事蹟を列ねることで、一八六四年の改革とそこに生まれた新制度とを顕彰するのが本書の目的なのではない。また革命家に代え改革者を新しい主役に据えて歴史の見直しを行なうことも、筆者の意図とは遠く隔たる。ここで筆者が議論の出発点としたことは、現在その持つ歴史的意義や実践上の重要性が様々に指摘をされながら、帝政ロシアの司法をめぐって、概括的な評価は格別、教科書的な概説や部分的紹介を別とすると、六四年改革の内容、そして以後の制度の浮沈といった、言わば法や制度の実体に迫る考察が近年に至るも総じて乏しいという事実である。(2) すでによく知られているように、法律学では一九一七年以後のソヴィエト法ないし社会主義法が長く研究分析の対象であり、これに先立つ時代の法の研究は主に歴史家の仕事であった。(3) 革命前のロシア法が法学サイドで関心を呼ぶのは、基本的にはペレストロイカ期以降になる。(4) だがその歴史家の間には、論点を取捨選択する分析視角に一種独自のスタイルがあって、基礎的事項、裁判の組織や機構の大綱につき、読む者に理解を与える研究は稀である。ましてや制度の動きを、制度それ自体の中に潜む展開の論理を押さえながら辿る作業は、その中にあって皆無にも近い。いち早くリアル・タイムでこの改革を掬い上げ、新法の概要に迫ろうとした極東の一法制官僚の嗅覚――当然その背後には、彼にこの情報をもたらした当時の泰西諸国におけるザッハリッヒなロシア認識の成果がある——を思うとき、着眼点のこの差異はやはり奇異である。

「ソヴィエト歴史学の基本的な対象となったのは社会経済史上の問題であった。……国家制度史の諸問題は二次的に扱われてきたし、今日もそこに止まっている」[5]。かつて革命前のロシアの統治機構の流れを追った本国の史家は、その教科書の第三版（一九八三）でこのように書いた。確かに国家制度史の領域で優れた仕事を残したのは、本国ではなく西側の史家で、ロシアでは現在漸くこれを追走する作業が開始されている[6]。本書が意図したところは、ロシア研究、とりわけ近代ロシアを対象とする歴史研究において微弱な法や制度に対する関心、制度的思考といったものを掘り起こすこと、このような思考実験を司法という古来法制度の中枢に位置したシステムに依って進めること、このことである[7]。

②　周知のように一九世紀の第二四半期、アレクサンドル二世の治世の初期には、この司法改革と前後して、一八六一年の農奴解放、六四年のゼムストヴォ改革等、種々の制度改革が行なわれた。ロシアの近代はこのときを以て始まるとされる。爾来後代の歴史家にとって、これらの改革の背景とその過程を明らかにすることは、きわめて重大な課題であると見なされてきた。

このいわゆる「大改革」の解釈をめぐって、大別して二つの見方があることはよく知られている。一つはいわゆる革命情勢論で、これは一連の改革を農民運動を初めとした当時の民衆運動に対する専制側の已むなき譲歩、政治危機の収拾策と理解する[8]。第二はこれとは逆に専制側の改革に対する主体的取り組みを強調する見解で、クリミア戦争の敗北で自国の後進性を痛感した「開明官僚」ないし「自由主義官僚」が、様々な制度改革に打って出たのだと考える[9]。前者はかつてソヴィエト史学で支配的な立場であったが、ソ連邦崩壊の前後から次第に廃れ、現在では本国にあっても第二の見解が通説となった[10]。それは欧米の史家により古くから主張をされた説であり、その説くところに従えば、国家改造の必要性を自覚する「改革派」と既得の利害が侵されるのに反撥をして抵抗する「保守派」の間の相剋が、この時期の歴史を動かす動因だと言う[11]。もっとも「保守派」がしばしば「農奴主派」と呼ばれるように、この説はいわゆる農奴解放法の起草過程において見られた対立を念頭にして立てられており、この枠組みを他の諸改革にも敷衍して歴史分析の手立てに高めた性格が強い[12]。

これまでの司法改革研究といえば、改革諸法の起草過程を右の革命情勢論、あるいは開明官僚論を用いて説明をすることであった[13]。論者の主観的意図はともかく、内容的にはそれらは何れも「大改革」パラダイムの検証のため、司法改革をそのケース・スタディーとして取り上げたものと言うに近い。しかしこうした図式に対しては近時きわめて批判が強く、「古色蒼然」と形容される第一説は無論のこと、通説である第二の立場に対しても、「歴史を単純化する危険を孕む」との正鵠を射た指摘がある[14]。

第一説は確かにあまりに生硬で、その缺につき、すでに縷説の要はない。多少の言及を要するのは、本国においても定説となった第二の立場の方である。第一説よりそれが説得性に富むのは事実であり、またその後景に垣間見られる、革命の潰えた時代にあって代わって改革に共鳴を措く心情も、是非はともかく了解可能なものである。しかしそれにも拘わらず、第二の立場が暗黙裡に、一連の改革の後ろにはロシアの統治構造のグランド・デザインを構想する「改革派」なるトータル・プランナーが存在する、「大改革」とは彼らとその反対派との一連の局地戦の総和だとする、きわめて明快な歴史像を描く結果となっているのは注意を要する。現実においては保守と改革の二陣営を截然として分かつことは不可能に近く（通常保守派と見なされる人物が、別の局面ではいわゆる改革派に左袒して、やはり改革派に属するとされる他の人物と対立するといったクロスした現象は、実際のところ多々見受けられる）、そして何より、制度の造形に当たっては細部にわたる技術的検討は不可避であって、立法の過程で生じる対立の全てが保守か改革かという原理的論議に収束し得るものではない。この種の細部の詰めの精粗が改革の成否を左右することも実際には少なくないことを考えると、肌理の細かな議論を閉ざす枠組みは、歴史理解の道具としては精度が粗いと言えるであろう。

明快な歴史認識が持つ奥行きのなさは、同じく一八六四年以降の制度展開の評価をめぐっても当てはまる。「大改革」の諸成果に対してその後なされた改正を制度の改悪、「反改革」と見なすことは、過去の研究史の常道であった。例えば司法改革に対しては、その手直しをかつて六〇年代に譲歩を余儀なくされた専制側の巻き返し、ナロードニキの革命運動に対峙していく反動的な刑事抑圧路線であると見る、歴史の古い議論がある。[15] これは革命情勢論を後ろに倒した説である。あるいはまた、右の制度の展開を、六〇年代「大改革」期に主導権を喪失した保守勢力が失地回復を目論んで、以前の「改革派」に対し反転攻勢に出たものだとする理解がある。[16] こちらは開明官僚論の第二ラウンドと言えるであろう。何れにあっても主張は明らかに短兵急で、創られた制度にやはり何らかの欠陥がありそれが法改正を促したのではあるまいかとする、素朴な疑問に答えられない。近年ではさすがにこうした反省から、ロシアの近代化を志向した「大改革」はその目標の高さのゆえにすでに初発の時点から無理を抱え込んでいた、これを矯めようとする試みこそがいわゆる「反改革」に他ならない、それは決して反動ではなく、後進的なロシアの現実に身の丈を合わせたかえってリアルな政策なのだと解釈をする新説が、漸く登場するに至っている。[17] ただこれも、通説批判に躍起のあまり往々棒の逆曲げに終始している感は拭い難く、初発の企図を消化し切れぬロシアの苛酷な現実を一本調子に説くだけでは、かつてのように全てを一つの基準で説明をする単純化を再び繰り返すことになる。創られた制度が全面的に立法者の予期したとおり動かないことは、むしろことの常態であろう。制度とは開かれた複雑系に他ならず、その転変は立法者の意思、人材、財政、交通インフラ等、種々の要素が各々独立の変数として相互に作用する中から紡ぎ出されるものであって、その行程が予めアプリオリに決定されるわけではないからである。

③　過去の改革研究の高踏性は、制度改革の概念図を描いてみると分かりやすい。一般に制度の改革に当たって

は、改革さるべき問題群が認識され、かつそれが一定の範囲で人々の間で共有されることが起点になる。問題群の認識と共有の経路は一様ではない。そこでは政策当局者による調査や査察、利害関係者の要望・苦情、サロンやサークルでの討論、ジャーナリズムによる指摘、さらに一九世紀のロシアでは差し当たり問題とならないが、議会における質疑といった様々な場が想定される。諸外国または他地域の事情を知ることで、自身の問題状況が自覚をされる場合もあるだろう。この認識・共有のプロセスないし改革対象の発見のプロセスは、同時に改革の担い手が析出されてくる過程であり、特に問題群の共有経路はこの担い手の範囲を大きく規定をすると考えられる。

以上を第一段階とすると、次には改革プログラムを策定する第二段階が訪れる。もとより一階梯から二階梯へは決して単線的なプロセスではなく、プログラムの作成を進める上で初めて問題の所在が明確になる、フィードバックの現象も稀ではない。一旦描かれたデザインが、関連の諸制度との体系を保つという理由から、あるいは進行中の他の改革との整合性を図るため、仕切り直しとなることもある。むしろ通常はこうした何度かの思考回路の循環を経て螺旋状に、プログラムの選択と確定に至るものであろう。

そのプログラムの選択・確定を左右するのは、その時々の時代思潮や歴史観、法律学を初めとする専門科学の理論水準、過去になされた政策の経験、諸外国・諸地域の制度事情（改革モデルの選定）、予算などプログラムの実施可能性、そしてこのプログラムで影響を受ける人々の利害状況といった要因である。これを練り上げていく過程では意見の対立が生まれることも珍しくないが、対立の局面は多様であって、理念や原理に関わる次元もあれば、改革の手順や進め方、優先順位の振り方にそれが起因することもある。後者は往々、収拾容易な低度の対立と見なされがちだが、衝突が感情的なものまで昂じれば、理念対立の場合以上に落とし所を見出すことは難しい。それゆえに改革に関わる人々が属する組織の思惑も、また彼らが一個の人間として持つ感情も、ともにプログラムの策定に影響を及ぼす。

こうした複雑な過程を経て改革のプログラムが決定されると、次にはこれに沿う形で人的・物的資源の投入が行なわれ、プログラムの実現が図られる（第三段階）。このとき、右の資源の不足を理由にプログラムが縮小されて実施に至ることもある。また改革に着手せしめた問題群がすでに解決を見たとの理由に基づき、あるいは問題群に重大な見落としがあったとの理由に因って、プログラムの遂行が延期ないしは放棄を受けることもある。このプログラム施行の過程もまた、その策定の過程と同じように、改革の一局面を構成する。

こうして改革は断行され、設計された新制度は実現されるが、通常はここで改革時には予期しなかった問題が発生し、これが制度の新たな展開を促す（第四段階）。その原因は様々で、当初の問題認識が甘かったり、策定されたプログラムが内容的に不十分だったり（処方箋自体が適切を欠いている場合もあれば、第二段階における対立がプログラムの一貫性を損なう結果を来すこともあるだろう）、施行過程で投じらるべき各種の資源が足りなかったり、といった理由が想定される。さらにこれらの後ろを向いた原因だけでなく、問題群の認識からプログラムの策定、施行に至るまでのタイムラグが、避け難く新たな問題を引き起こす場合も考えられる。加えて新しい制度そのものが、元来想定された目的や理念とは全く別個の、あるいは所期の目的以上の成果を挙げることで、既存の他の諸制度との間に齟齬を導く事態も稀ではない。このようなとき通常は、個々的な制度の運用の改善により、続いては部分改正という手法によって、諸制度間の調整が図られる。しかし時には敢えてコストを顧みず、制度の全面的な再改革が選択される場合も存在する。この場合には、第四段階はそのまま新たな第一段階への階梯である。さらに個別の運用の改善や部分改正を続ける中で所期の制度が実質的な変態を遂げ、かえって逆に齟齬を増幅させる結果を呼んだり、再改革がデファクトに先取りされるケースも否定できない。

以上のような改革のサイクルを想定するとき、過去の議論は、先ず第一に何が改革さるべきなのか改革の問題群が明瞭でなく（改革に携わった人々の問題把握が徹底を欠いている場合は少なくないが、同時に研究者がこの点を煮詰めぬままに議論を進めていないかも問う必要がある)、第二に特に第二段階での意見の対立を大きく取り上げ、かつこれをもっぱら理念や原理の対立として一律に扱う傾向があり、第三に論者の間に法や制度に対する関心が弱いため、それらが相対的に自律したシステムゆえに内包する固有の論理を見落としがちで、第四段階の考察が単調なものに陥りやすい、といった問題点があるように思われる。

④　改革の展開過程について以上のような概念化を試みるとき、一八六四年を起点とする約半世紀、具体的にはこのときから一九〇五年革命の前後までの四〇年は、ロシアの裁判史における「司法改革時代」であると見ることができる。この頃までに「アレキサンドル二世の新法」が全国化しただけではない。まさにこの時期、新法に対する再改革の気運が高まり、その構想とそのための担い手が胚胎を見たということによって、一八六四年の制度は改革のサイクルを一回転することになった。

本書はこの四〇年のサイクルを四つの章から分析する。第二章では裁判諸法の起草の過程を辿ることで、第三章では裁判諸法の構造を整理することで。続く第四章では一八六四年以降の司法政策の展開を追い、最後に終章第五章で二〇世紀のロシア司法を取り巻く状況を横断的に俯瞰して、再改革に向かう構図を展望する。但し本論の前提として、次節においてこの改革の対象となった旧制につき、改革の対象という観点からの再構成を行なった上で一瞥をしたい[18]。以上を通じて近代ロシアの司法制度が動く様を多角的に描き出すことができたならば、筆者の意図は達成されたことになる。

限られた紙幅の中にあって何をどの程度に論ずるかは、起点となった一八六四年の改革が裁判機構と手続法の双方にわたる大々的な制度の改廃を行なうものであっただけに論点が多く、解決の難しい問題である。先ず裁判諸法の起草過程に関しては、過去に筆者は弁護士法制の形成という角度から検討をしたことがあるので[19]、詳述を避けて注も最小限に抑えることにした。このため第二章では、叙述を司法改革に着手した当局が抱く問題意識、当初は小規模だったこの改革が漸次対象領域を拡げたその背景、そして改革の各段階での構想の概要、以上の点に絞ってある。法学教育の分析も、改革主体の形成を論じる上で不可欠だが、これも多くを別稿に譲った。[20] 次に裁判諸法の内容については、その後の制度の推移を辿るに必要な限度でこれを整理し、比較法の観点から見たロシアの制度の特徴と、法の背後の基本の理念を浮き彫りにするよう努力した。ここでは叙述の中心を裁判の機構の面に置いたので、新しい訴訟法にはごく簡単に触れたにすぎない。注もまた、やはり最小限の範囲に止めている。

これに対して第四章では若干叙述を詳しくし、合わせて多少の注を増やした。だがこの章では個々の制度の変転を、法改正の理由も含めて委細漏らさず記録することは行なわなかった。裁判諸法に対するその後の改正は数多く、時の流れに沿う形でこれらを遍く記述をしても、表見的には前後の間の脈絡を欠く個別雑多な手直しとしか映らないからである。このためここでは新しい制度を行なう中から生じた諸問題を論壇の議論の中に浮かび上がらせ、これへの対応を整理することで、制度の歩んだ方向を描くという方法を取っている。この点で裁判諸法の施行過程は重要な論点の一つであるが、これも別稿で論じたので、[21] 本書では特に一八九〇年代に展開した裁判諸法の再検討の試みに光を当てることにした。最後に、最終章で概説した司法再改革に関しては、その本格的な展開がストルイピン期で本書が対象とする時期を越えているため、これを正面から論ずることはしなかった。

巻末には利用した文献の一覧ではなく、主要史料と研究の解題を置くに止めた。特に二章、三章で注を圧縮したこともあり、本論で注記しなかった文献を多数目録として掲げるよりも、史料状況を展望して帝政期のロシア法研究に必要な工具を整理しておく方が、研究史の現状を考えると有益であると見たからである。

*

一、本書で用いた法令、法案の略称は、次のとおりである。

国基――一八五七年版『ロシア帝国法律集成』[22] 第一巻第一部「国家基本法」。Основные государственные законы.

セナート――一八五七年版『ロシア帝国法律集成』第一巻第二部第三分冊「セナート設置法」。Учреждение Правительствующего сената.

省――一八五七年版『ロシア帝国法律集成』第一巻第二部第四分冊「省設置法」。Учреждение Министерств.

県制――一八五七年版『ロシア帝国法律集成』第二巻第一部「一般県制」。Общее губернское учреждение.

文――一八五七年版『ロシア帝国法律集成』第三巻第一分冊「文官勤務法」。Устав о службе по определению от правительства.

旧民訴――一八五七年版『ロシア帝国法律集成』第一〇巻第二部「民事訴訟法」。Законы о судопроизводстве и взысканиях гражданских.

商――一八五七年版『ロシア帝国法律集成』第一一巻第二部II「商事法集成」。Свод учреждений и уставов торговых.

刑――一八五七年版『ロシア帝国法律集成』第一五巻第一分冊「刑事刑・矯正刑法典」。Уложение о наказаниях уголовных и исправительных.

旧刑訴――一八五七年版『ロシア帝国法律集成』第一五巻第二分冊「刑事訴訟法」。Законы о судопроизводстве по делам о преступлениях и проступках.

農――一八六一年二月一九日法「農奴解放法一般規程[23]」。Общее положение о крестьянах, вышедших из крепостной зависимости.

司法――一八六四年一一月二〇日法「司法機関設置法[24]」。Учреждение судебных установлений.

刑訴――一八六四年一一月二〇日法「刑事訴訟法[25]」。Устав уголовного судопроизводства.

民訴——一八六四年一一月二〇日法「民事訴訟法[26]」。Устав гражданского судопроизводства.

治刑——一八六四年一一月二〇日法「治安判事の科する刑についての法律[27]」。Устав о наказаниях, налагаемых мировыми судьями.

規程——一八六五年一〇月一九日法「一八六四年一一月二〇日裁判諸法施行規程[28]」。Положение о введении в действие Судебных уставов 20 ноября 1864 года.

公証——一八六六年四月一四日法「公証制度に関する規程[29]」。Положение о нотариальной части.

陸裁——一八六七年五月一五日法「陸軍裁判法[30]」。Военно-судебный устав.

司法案——「司法機関設置法改正案」（ムラヴィヨーフ委員会案）。Проект новой редакции Учреждения судебных установлений.

民訴案——「民事訴訟法改正案」（ムラヴィヨーフ委員会案）。Проект новой редакции Устава гражданского судопроизводства.

刑訴案——「刑事訴訟法改正案」（ムラヴィヨーフ委員会案）。Проект новой редакции Устава уголовного судопроизводства.

二、法令、判例の引用については以下の方式に依る。

ПСЗ——『ロシア帝国法令全書[31]』。Полное собрание законов Российской империи. 引用の際は法令番号の他、検索の便のため法令裁可の日付を付す。ПСЗ, собр. 2, т. 39, No. 41475, 1864 11/20. とは、一八六四年一一月二〇日法（『ロシア帝国法令全書』第二輯、第三九巻、法令番号第四一四七五号）を指す。

Гр. ——セナート民事破毀部判決[32]。Решение Гражданского кассационного департамента Правительствчющего сената. 判例の引用は帝政期の慣例に従う。Гр. 1867/228. とは、一八六七年第二二八号判決を指す。

Уг. ——セナート刑事破毀部判決[33]。Решение Уголовного кассационного департамента Правительствчющего сената. 判例の引用法は右に同じ。

О. С. ——セナート両破毀部総会（または第一部両破毀部総会）判決[34]。Решение Общего собрания кассационных департаментов (первого с кассационными департаментов) Правительствующего сената. 判例の引用法は右に同じ。

Опред. Соед. Прис. ——セナート第一部両破毀部合同会議決定[35]。Определение Соединенных присутствий первого и кассационных департаментов Правительствующего сената. 判例の引用は帝政期の慣例に従う。例えば Опред. Соед. Прис. 4 Мая 1895 г. По Сборнику 1896 г., стр. 358-370 とは、「一八九五年五月四日セナート第一部両破毀部合同会議決定。一八九六年版決定集三五八〜三七〇頁」を指す。

三、紙幅の都合で、雑誌および頻出の史料の引用については、以下の略語を用いた。

Дело——『司法部改造資料』。Дело о преобразовании судебной части. т. 1-74, СПб. この資料集成（文献略解参照）からの引用には、ギャンシェフの同資料目録に付された番号を付記する慣行がある。本書でも初出の際に資料の書目と番号を転記することにし、以後は資料番号のみ記載するに止めている。

ПодМ——『ムラヴィヨーフ委員会準備資料』。Высочайше учрежденная коммисия для пересмотра законоположений по судебной части. Подготовительные материалы. т. I-XII, СПб., 1894-96.

Труды——『ムラヴィヨーフ委員会活動記録』Высочайше учрежденная коммисия для пересмотра законоположений по судебной части. Труды. т. I-IX, СПб., 1895-1899.

Отчет Петербурга за ** г. ——ペテルブルク弁護士評議会**年度年次活動報告。Отчет совета присяжных поверенных при С.-Петербургской судебной палате за ** г. СПб., 1878-1917. タイトルには年により若干の異動がある。

Отчет Москвы за ** г. ——モスクワ弁護士評議会**年度年次活動報告。Отчет совета присяжных поверенных округа Московской судебной палаты за ** г. М., 1879-1917. タイトルには年により若干の異動がある。

Отчет Коммиссии за ** г. ——ペテルブルク弁護士補委員会**年度年次活動報告。Отчет коммиссии помощников присяжных поверенных округа С.-Петербургской судебной палаты за ** г. СПб., 1884-1917.

ИРА——История русской адвокатуры. т. 1-3, М., 1914-1916.

СудР——Н. В. Давыдов, Н. Н. Полянский (под ред.). Судебная реформа. т. 1-2, М., 1915.

СудУ——Судебные уставы 20 ноября 1864 г. за пятьдесят лет. т. 1-2 и дополнительный том, Пгд., 1914.

ВЕ——Вестник Европы

ГМ——Голос минувшего

ЖГУП——Журнал гражданского и уголовного права

ЖМЮ——Журнал министерства юстиции

ИА——Исторический архив

МВ——Московские ведомости

МС——Морской сборник

НВ——Новое время

ОЗ——Отечественные записки

РВ——Русский вестник

РС——Русская старина

РЮ——Российская юстиция

СудВ——Судебный вестник
СудЖ——Судебный журнал
ЮриВ——Юридический вестник
ЮриЗ——Юридические записки
ЮриЛ——Юридическая летопись

四、引用の邦語文献はごく僅かなので、初出の際にフル・タイトルを掲げ、再出の際には単行書については著者名を掲げて前掲書とし、雑誌論文についてはタイトルのみを略記した。これに対し欧文の文献については、各章ごとに改めてタイトル、発行年、発行地を掲記するのを旨とした。
五、引用文中の［　］は、筆者が挿入したものである。
六、ロシア国内で生じた事件については、その日付はユリウス暦により表記した。一九世紀で一二日、二〇世紀で一三日を加えるとグレゴリオ暦となる。

（1）井上毅伝記編纂委員会編『井上毅伝　史料編第一』国学院大学図書館刊、一九六六年、二二頁。引用に当たっては、旧字のみ新字に改めた。「俄国」は「俄羅斯（オロス）」すなわちロシア。保安法官、すなわち治安判事制の理解に一部難があるが、井上の制度理解はよく肯綮に中っている。
（2）司法改革研究史については、巻末の文献略解も参照。なおここに言う「実体」に関わる議論とは、制度の動態、すなわちその運用の態様に目を向ける「実態」論だけでなく、「実態」認識の前提となる、実定法上如何なる制度がそこに置かれているのかという制度の静態論も包含する。制度の「実態」に着眼するよう強調するのは歴史家の思考の常であるが、静態の理解なくして制度の動態は語り得ないというのが、筆者の基本的な立場である。
（3）例えばわが国で帝政ロシアの統治機構を論じた最初の仕事は、歴史家の手になるものであった。和田春樹「近代ロシア社会の法的構造」『基本的人権』第三巻、東京大学出版会、一九六八年。

（4）かつてのソヴィエト法研究の事情については、藤田勇「ロシア法学研究への手引書」『窓』第四三号、一九八二年、が簡潔にこれを伝える。ペレストロイカ期、ポスト社会主義期における革命前のロシア法研究の動向は、(i)実践的な動機に基づく旧制の紹介、(ii)歴史の見直し、あるいはロシア自由主義の再評価という問題関心と結びついた帝政末期の法思想の発掘、(iii)ソ連社会主義の性格を規定した負の要因としての革命前ロシアの法文化の剔抉と、これを整理することができる。(ii)については特に本国で体制転換前後に啓蒙的な紹介が熱心になされ、(iii)についてはわが国でも、大江泰一郎『ロシア・社会主義・法文化——反立憲的秩序の比較国制史的研究』日本評論社、一九九二年、といった成果が出された（近年では、例えば大江泰一郎「ロシア史における訴訟と社会秩序」『歴史学研究』第七一七号、一九九八年、といった論攷が出ている）。ただ歴史家の眼で見ると、論者の間に総じて「一九一七年以後」への問題意識が強くあるためか、かえって逆に分析視角や論点がこれによって規定され、革命前のロシアを捉える切り口が狭くなっている印象がある。特に本国の研究に顕著であるが、これらの中に時として、かつての亡命者のロシア論やロシア史観、あるいは冷戦期の西側のロシア・ソ連研究を思い起こさせる周回遅れの議論が見られるのは、このためであろう。

（5）Н. П. Ерошкин. История государственных учреждений дореволюционных России. Изд. 3-е, М., 1983, стр. 18-19.

（6）西側における代表的な研究が、E. Amburger, *Geschichte der Behördenorganisation Russlands von Peter dem Grossen bis 1917*. Leiden, 1966 である。近年の本国の業績は、Государственность России. Словарь-справочник. кн. 1-2, М., 1996-99; Высшие и центральные государственные учреждения России 1801-1917. т. 1, СПб., 1998。

（7）帝政時代の法古事学の遺産があるロシア中世史の分野を別とすると、歴史家の間では全体として法史・制度史に対する関心は低い。その理由はかなり複雑で、恐らくはそのこと自体が思想史や知識社会史からの一つの研究対象足り得る。最初に指摘できるのは、ここでは一九世紀・二〇世紀を対象とする近・現代史の領域で特に研究者の層が厚く、長く研究テーマの中心を革命運動史を核に置いた政治史が占めたことである。この時期を対象とする歴史学では「権力対民衆」という座標軸が主題を画定する傾向が強く、この種の二項図式を以ては解明の難しい問題領域、ないし主題の発見とその解決にこれと異なる思考の回路が要請される領域は、研究者から素通りをされる様相があった。それゆえにリーガル・ヒストリーおよびビジネス・ヒストリーは、今日でもなお研究が手薄い。

次に第二の事情としては、法に対する論者の眼差しが挙げられよう。一つには右の対抗図式に規定をされて、また一つには法の一般理論を専門としない歴史家に議論が委ねられたこともあり、研究者の間では命令説、すなわち法を「国民に対し強制を通じて一定の行動を義務づける、国家権力の制定した規範」と見なす見解が、ごく当然のこととして受け止められている節がある。この種の見方は——そこに論理の飛躍があるにも拘らず——、往々、国家制定法のみが法であり、（国家制定法だけが法源であり）、それは社会の全てを蔽ってそこに欠缺はあり得ない、あってはならないとするイメージと結びついており、こうした視線を警察国家ロシアという素朴な実感と綯い混ぜにしてそのまま歴史分析に投影すると、制定法とりわけ実体私法に大きな空白領域を持ち、この部面では種々の慣行が行なわれた帝政ロシアは、国家法が人々の生活を細かく規律していながらそれが空文化して行なわれない全くの非法社会であるかのように観念されることになる。制定法の虚構性というこの表象は、当然ながら、今度は法や制度の研究を些事徒事と斥ける方向で作用する。

制定法の虚構を言うこのイメージの系として、一九世紀この方、研究者は法の二元説、すなわち住民の多数を占める農民身分の間では国家制定法は行なわれず、もっぱら慣習法が適用をされた、と説くのが常であった（これもまた、人々の制度や法への関心を削ぎ落とすに足る立論であることは言うまでもない）。だがこの種の二重構造論の背景に、制定法のみを法源と見なす歴史家の通念（ここからは農村で慣習法が行なわれているという事実自体が、何かあり得べからざる逸脱もしくは変態として、受け止められることになる）が介在し、ために国家法と民間の「生ける法」との隔絶が実態以上に強調される結果に陥っていないかは、今日改めて考えられてよい論点である。近年の実証研究はすでに単純な二元説を疑問視するに至っており、例えば農民の郷裁判所の判例を分析したJ・バーバンクは、「ロシアにおける法の唱道者は、慣習法を進歩的・合理的な成文法とのコントラストの中に特徴づけ描き出すことによって、農民の法実践と『公式の』法実践との間の共通性に目を閉ざしてきた」「郷裁判所は、口頭の慣習を正統化するどころか、実質的には、農村の住民を以前にも増して国家法や教養ある社会の書かれた文化に結びつけるものであった」と結論している（Jane Burbank, "Legal Culture, Citizenship, and Peasant Jurisprudence: Perspectives from the Early Twentieth Century," Peter H. Solomon, Jr. (ed.), *Reforming Justice in Russia, 1864-1996*. New York, 1997, p. 88, 90）。

にも拘わらず二元説が長く通説となっているのは、思うに、法に対する先の通念に加えて、右の図式に論者の種々の価値関心や歴史観が盛り込まれ、この枠組みが単なる法の分析視角以上のものになっているがためであろう。例えば郷裁判所の法実践や農村の種々の慣行の中に農民の「自治」や「無政府」の精神を読み込んだり、裁判を嫌悪し形式主義を排除する「ロシア精神」の発揚を見る見解。逆に郷裁判所を法的安定性を欠く「ウォッカが判決を左右する裁判所」と見て、農村的ロシアの「後進性」の例とする主張。あるいは慣習法領域と制定法領域の「懸隔」を強調することで、ナロードとヴラースチ、ナロードとオープシチェストヴォとの越え難い溝の例証とし、ここに帝政末期の社会変動の原因を訴求しようという歴史観（この立場は、「農村的スラヴ的慣習法的ロシア」と「都市的西欧的制定法的ロシア」との対比という形で、さらに歴史哲学的な潤色を受けることもある）。慣習法を論じながら、これまで農民慣習法や郷裁判所に寄せた関心とは対照的に、都市の慣習、すなわち商取引の慣行や商事裁判所に目を向けた研究が皆無に近いのは奇妙なことだが、この現象も法の二重構造論の背後に隠された、論者のこの種の哲学や史観を考えれば得心が行くと思われる。

(8) 革命情勢論に立って司法改革の過程を整理した、本国における代表的な研究が、Б. В. Виленский. Подготовка судебной реформы 20 ноября 1864 года в России. Саратов, 1963; Его же. Судебная реформа и контрреформа в России. Саратов, 1969 である。

(9) 当然このような観点からは、「開明官僚」の形成過程という次なる主題が生じてくる。これについてはW・B・リンカーンの一連の研究が著名であるが、特に一八六四年改革を準備した「改革派」については、R・ウォートマンが彼らの内面の精神世界にまで立ち入って論じた優れた研究を残した。Richard C. Wortman, *The Development of a Russian Legal Consciousness.* Chicago, 1976.

(10) 本国の史家がアメリカの研究者と共同して「大改革」についての論文集を出していることが、このような変化を象徴する。B. Eklof, J. Bushnell, L. Zakhrova (eds.), *Russia's Great Reforms, 1855–1881.* Bloomington and Indianapolis, 1994（露語版 Л. Захарова, Б. Эклоф, Дж. Бушнелл (под ред.). Великие реформы в России. 1856-1874. М., 1992. 但し刊行年次の遅い英語版には、露語版にない論文も収録されている）。

(11) 近年の研究動向は前注に挙げた論文集で窺うことができるが、これまで議論の乏しかった他の制度改革にも光を当てて「実証」的な考察を深めること、また改革推進勢力の中にある多様な問題関心を掘り当てることで、「保守派」「改革派」の対抗図式に深みを与えること、にあると言えよう。

(12) 本国でも、この道具立てを用いて一八六四年改革の過程を整理した研究が近年現れており、ヴィレーンスキーの研究（注8）に代わって通説となった。М. Г. Коротких. Самодержавие и судебная реформа 1864 года в России. Воронеж, 1989（増補版 М. Г. Коротких. Судебная реформа 1864 года в России. Сущность и социал-правовой механизм формирования. Воронеж, 1994）。

(13) その希有な例外が、F. B. Kaiser, *Die russische Justizreform von 1864: zur Geschichte der russischen Justiz von Katharina II. bis 1917.* Leiden, 1972 である。本書においてカイザーは、裁判諸法の各草案を整理して改革構想の展開過程を時系列的に跡づけるという、内的法史を試みている。

(14) 竹中　浩『近代ロシアへの転換——大改革時代の自由主義思想——』東京大学出版会、一九九九年、二頁。

(15) 注8に挙げた一八六九年のヴィレーンスキーの著作に代表される立場である。彼は「ロシアにおける一九世紀後半の司法改革および司法反改革は、国内革命運動の直接の帰結にして、第一次、第二次の革命情勢の産物であった」と言う（Виленский. Судебная реформа и контрреформа в России. стр. 3）。

(16) これはザイオンチコーフスキーの次の研究に代表される。П. А. Зайончковский. Российское самодержавие в конце XIX столетия (Политическая реакция 80-х—начала 90-х годов). М., 1970. 本書は明瞭な全体像の提示、教育・司法・出版・地方行政と内政の全部

門に目配りをする編別の構成、繁簡ところを得た雄勁な叙述といった特色のために、内外で多くの支持者を獲得してきた。欧米ではカナダのH・W・ウィーランが、ザイオンチコーフスキーの枠組みを発展させて、「保守派」と「リベラル派」の内隙を専制の理念とツァリーズム官僚のプロフェッショナリズムの間の確執として読み替える、よりソフィスケートされた議論を提示している。H. W. Whelan, *Alxeander III and the State Council. Bureaucracy and Counter-Reform in Late Imperial Russia.* New Brunswick, New Jersey, 1982.

(17) このような主張は一九八〇年代の欧米で、農民行政や地方自治制の再検討を進める中から現れた。司法改革についてこの観点から過去のアプローチの見直しを図ったのが、Jörg Baberowski, *Autokratie und Justiz. Zum Verhältnis von Rechtsstaatlichkeit und Rückständigkeit im ausgehenden Zarenreich 1864-1914.* Frankfurt am Main, 1996である。全体で八〇〇頁を越える大作で、各章それぞれ独立をした論文集と言えなくもないが、筆者の視点はその最終章のエピグラフ、「人間と同じく国民にも成熟の時があり、国民を法律に従わせる前にこの時を待たねばならぬ。しかしある人民の成熟を知ることは、常に容易とは限らない。そしてもし成熟の先を越すと、作品は失敗となるのである」(Jean-Jaques Rousseau, *Du contrat social.* Paris, 1966, p. 82)に、凝縮されている。近代的・西欧的な司法制度をロシアに導入しようとした一八六四年改革は、まさにこの「成熟の先を越す」行為であり、都市と農村の間に横たわる「国の文化的・法的二元性」が結局は改革を画餅に終わらせた、というのがバベロフスキの結論である。

(18) もとよりこの旧制には、これを支えた独自の制度理念が存在しており、本来はこの点を踏まえた上で、別個独立の分析対象とされるべきものである。だがこの問題は本書が扱う範囲を越える。

(19) 拙稿「帝政ロシアの弁護士法制――弁護士法の起草過程と一八六四年司法改革――」(一)(二)、『社会科学研究』第四一巻、第五号、第六号、一九九〇年。

(20) 拙稿「近代ロシア法学史序説――帝政ロシアの知の断層――」『神戸市外国語大学外国学研究所研究年報』第三六号、一九九九年。

(21) 拙稿「『帝国』の司法秩序――一八六四年一一月二〇日法の施行過程――」『神戸市外国語大学外国学研究所研究年報』第三七号、二〇〇〇年。

(22) Свод Законов Российской империи, повелением гос. имп. Николая I-го составленный. Изд. 1857 года. т. 1-15, СПб., 1857.

(23) ПСЗ, собр. 2, т. 36, No. 36657, 1861 2/19.

(24) ПСЗ, собр. 2, т. 39, No. 41475, 1864 11/20.

(25) ПСЗ, собр. 2, т. 39, No. 41476, 1864 11/20.

(26) ПСЗ, собр. 2, т. 39, No. 41477, 1864 11/20.
(27) ПСЗ, собр. 2, т. 39, No. 41478, 1864 11/20.
(28) ПСЗ, собр. 2, т. 40, No. 42578, 1865 10/19.
(29) ПСЗ, собр. 2, т. 41, No. 43186, 1866 4/14.
(30) ПСЗ, собр. 2, т. 42, No. 44575, 1867 5/15.
(31) Полное собрание законов Российской империи. собр. 1, т. 1-45, СПб., 1830; собр. 2, т. 1-55, СПб., 1830-84; собр. 3, т. 1-33, СПб., 1885-1917.
(32) 判例集 Решения Гражданского кассационного департамента Правительствующего сената. т. 1-56, СПб., 1867-1916 を利用。
(33) 判例集 Решения Уголовного кассационного департамента Правительствующего сената. т. 1-58, СПб., 1866-1916 を利用。
(34) 私撰判例集 А. К. Гаугер (сост.). Сборник решений Общего собрания кассационных и первого с кассационными департаментов Правительствующего сената за 30 лет (1866-1896 г.). СПб., 1897 を利用。
(35) 判例集 Сборник определений Соединенных присутствий первого и кассационных департаментов Правительствующего сената, образованных на основании и 119^1 и 119^5 ст. Учреждения судебных установлений. СПб., 1896; Сборник определений Соединенных присутствий первого и кассационных департаментов Правительствующего сената, образованных на основании и 119^1 и 119^5 ст. Учреждения судебных установлений за 1895-1901 гг. СПб., 1902 を利用。

二　予備的考察——司法改革の歴史的前提

①　司法改革が国家による司法制度の整備を意味するとすれば、ロシアにおけるその前提は、分領諸公国の併合によりモスクワ国家へ裁判権の集中が進んだ一五、一六世紀まで遡ることになる。もとより当時にあっては裁判機構に明確な管轄の区分もなく、司法と行政は観念的にも未分化のままで、審級の秩序もなお萌芽的にのみ見られるにすぎない。しかも続く一六、一七世紀が農奴制の形成期で、貴族の農民支配が確立をする時期に当たっていたか

ら、そこにおいては裁判権の国家的統一の隙間を縫って領主裁判権が根を下ろすという複雑な事態が進行した。その後一八世紀になって、国家化された裁判の組織に中央から地方へ体系的な編成を与え、これを動かす一律の基準（手続法）を定めるという作業が行なわれ、以後「大改革」に至るまでの制度の骨格が形成をされる。その後のロシアの裁判制度は訴訟手続についてはピョートル期に、また裁判所の構成面ではエカチェリーナ二世の時代に、その沿革を持つのである。(1)『ロシア帝国法律集成』全一五巻（一八三二）は、これら一八世紀の諸改革そして一九世紀初頭の中央官制の改革によって誕生した、国家の統治機構の見取図であると見ることができる。(2)

そこで最初に一八五七年版『法律集成』に基づいて、裁判所の構成を見ておきたい。(3)各裁判所の組織法は、主として『法律集成』第二巻「一般県制」に、中央省庁の地方機関の組織規範と並ぶ形で置かれている。条文のこの配列が如実に示しているように、司法と行政の職分の別は依然曖昧なままであった。内務省の地方機関たる警察(4)は、被害額三〇ルーブルを越えない初犯または再犯の窃盗事件・詐欺事件等の裁判権を留保していて、これは「微罪処分」полицейская расправа の名で呼ばれる（旧刑訴　第八四二条～第八六五条）。また民事事件でも、法は警察が管轄する「非訟事件」бесспорное дело について定め、ここに不動産に関わる占有の訴え等を含めている（旧民訴　第二条～第一二二条）。逆に都市住民の第一審の裁判所たる市参事会（市政庁）は、都市の若干の経済行政を所管する（県制　第四五三五条）。他にも例えば県知事は、「法律の執行者、法律の守護者」「秩序の監視者」「県の主」と命名され（県制　第三五八条）、後述のように特に刑事司法の運営に深い関わりを持っていた。国家の作用を法を定立する立法とこれを施行する執行に二分し、立法と執行を峻別すること。――これが『法律集成』の編纂をリードしたM・M・スペラーンスキーが描くロシアの国制の根本規範で、そこでは司法も行政もともに法律の執行と位置づけられて、同一の国家作用と見なされていたのである。(5)

第一審の裁判所は、この市参事会 Городовой магистрат（人口の少ない市においては市政庁 Ратуша）と郡に置かれる

郡裁判所 Уездный суд で、ともに民・刑双方の事件を管轄した（県制　第二二条、第二三条、第四〇二六条、第四五三四条）。市参事会（市政庁）の管轄は都市身分の事件に限られており（県制　第四五三四条）、市の裁判所が管轄しない全ての民事・刑事の事件は郡裁判所の管轄である（県制　第四〇二六条）。また両首都の場合には、市の裁判所の特則として宮廷裁判所 Надворный суд が置かれ、首都住民の民・刑事件を管轄した（県制　第四五一一条〜第四五二四条）。

これら第一審裁判所の上訴審が、各県に設置の民事院 Палата гражданского суда と刑事院 Палата уголовного суда である（県制　第二四〇八条、第二四三〇条。但し特定の事件につき第一審となる）。何れも事実審で、第一審とは異なって全ての身分の者に対して管轄を持つ。

最上級の裁判所は、一二の部 департамент から構成されるセナート Правительствующий сенат であった。境界画定部と紋章部それに第一部〜第五部はペテルブルク、第六部〜第八部はモスクワ、そして第九部と第一〇部はワルシャワに置かれた（セナート　第一一条）。第一部、境界画定部、紋章部を除く九つの部が裁判機関で、合わせて審理部 судебные департамент の名で呼ばれている（セナート　第三五条〜第五二条）。また部の裁判で後に述べる事情が生じたときは、事案を各部合同の会議（セナート総会 общее собрание）に移送をすることになっており、ペテルブルクに第一総会（第一部〜第三部および紋章部で構成）と第二総会（第四部、第五部、境界画定部より構成）、モスクワとワルシャワにモスクワ総会とワルシャワ総会が置かれていた（セナート　第五三条〜第六三条）。

以上が通常裁判所で（図1-1）、各裁判所は裁判官と裁判所事務局に勤務する裁判所書記 секретарь らの職員によって構成された。裁判官の任用では、第一審の裁判所を中心に、各身分による選挙制が採られている（表1-1）。対して検察官の場合には、任命制を採用する（表1-2）。彼らの職務は公訴の提起と維持ではなく、裁判所を初めとする国家機関の活動の監督にあり、この「ツァーリの目」という職掌を意識してのことである（セナート

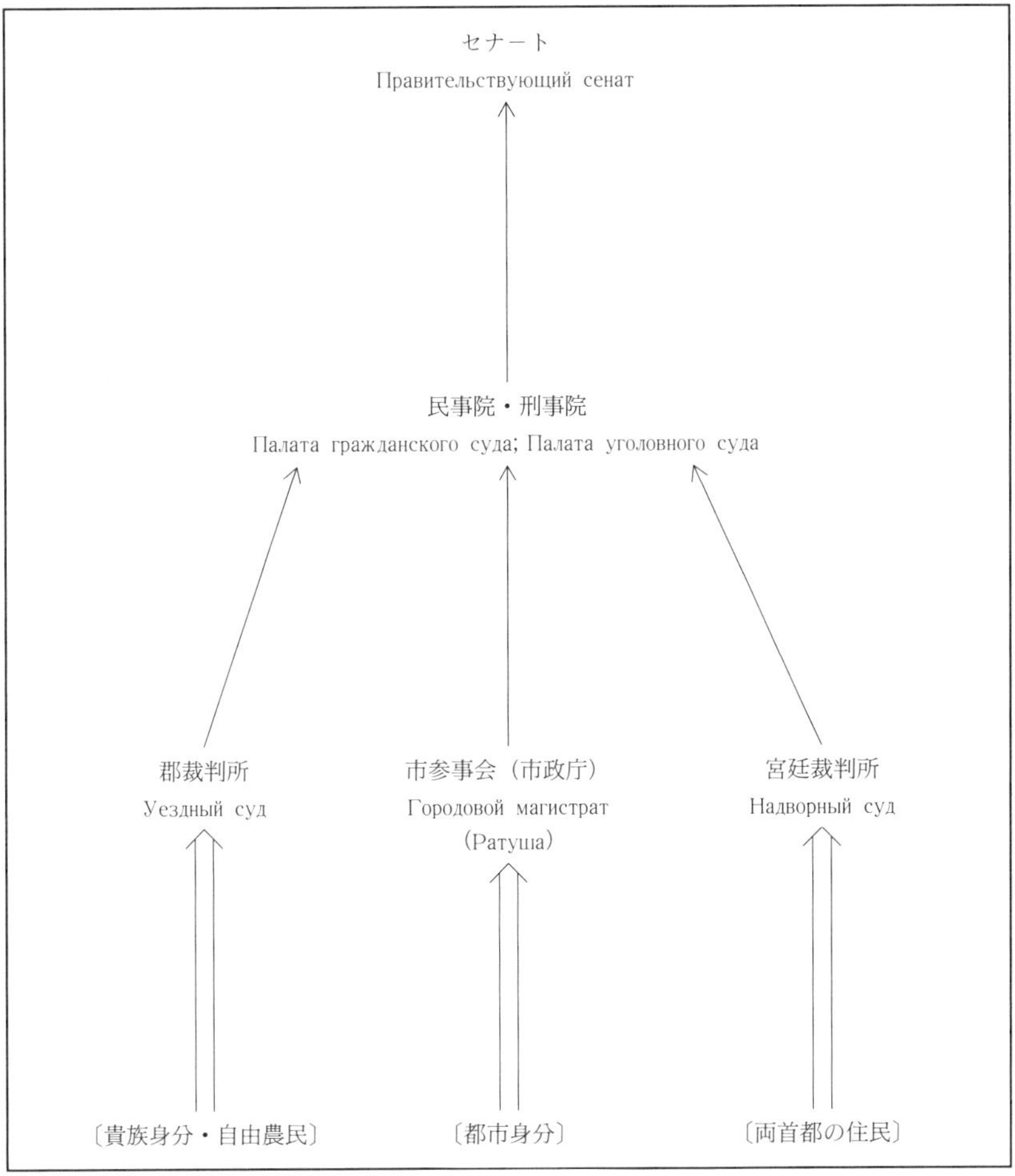

図 1-1　通常裁判所の構成（19 世紀前半）

表1-1　通常裁判所の人的構成（一般県制の施行地域）

機　関	官　　名	任用方法	官　等
セナート	首席評定官 Первоприсутствующий	評定官中より毎年勅令によって任命［19］	Ⅰ～Ⅲ
	評定官 Сенатор	三等官以上の官吏から皇帝が任命［5］	Ⅰ～Ⅲ
刑事院 民事院	院長 Председатель	県の貴族の選んだ候補者から皇帝が任命（2376）	Ⅴ
	副院長 Товарищ председатели	司法大臣が選任し皇帝が任命（2379）	Ⅵ
	陪席判事 Заседатель	貴族と都市住民による選挙（2380）	Ⅶ
郡裁判所	所長 Уездный судья	郡の貴族による選挙（4014）	Ⅶ
	陪席判事 Заседатель	貴族と村落住民による選挙（4015）	Ⅸ
市参事会	ブルゴミストル Бургомистр	都市住民による選挙（4528）	Ⅶ～Ⅸ
市政庁	ラートマン Ратман	都市住民による選挙（4528）	Ⅸ～XⅣ
宮廷裁判所	所長 Судья Надворного суда	セナートによる任命（4514）	Ⅶ
	陪席判事 Заседатель	セナートによる任命（4514）	Ⅸ

注：（　）内は，一般県制の条文，〔　〕内は，セナート設置法の条文．

表1-2　検察官の任用（一般県制の施行地域）

官　　名	任用方法	官等
セナート上席検事　Обер-прокурор	司法大臣の提案に基づき勅令によって任命［270］	Ⅳ
県検事　Губернский прокурор	司法大臣の提案に基づき皇帝が任命（2464）	Ⅵ
県監督官　Губернский стряпчий	司法大臣が任命（2465）	Ⅶ
郡監督官　Уездный стряпчий	県検事の選んだ候補者より司法大臣が任命（4073）	Ⅸ

注：（　）内は，一般県制の条文，〔　〕内は，セナート設置法の条文．

第二一条。県制　第二四七三条、第四〇七五条）。彼らはセナート各部と総会、それに県と郡とに置かれ、司法大臣が検事総長 генерал-прокурор を兼摂した（省　第一九〇六条）。制度の趣旨を反映して、県検事は法制上は県知事からは独立しており、その指揮命令を受けることはないとされる[6]（県制　第二五〇〇条、第二五〇一条）。

　表見的にはシンメトリカルな裁判組織は、しかし各種の特別裁判所の存在によってきわめて複雑なものになった。一九世紀前半のロシアには実に多くの特別裁判所が存在し、これを編成する原理も、当事者の身分の別を根拠とするもの、管轄事件の特性を基礎に置くものと、一様ではない。前者は国有地農民（自由農民）に対する裁判組織に代表され、第一審を村審判所 Сельская расправа、上訴審を郷審判所 Волостная расправа と言う。主として国有地農民相互間の訴額一五ルーブルまでの民事事件と微罪事件を扱うもので、これを越える事件については郡裁判所が管轄する（県制　第四九五八条〜第四九七八条、第五三八五条〜第五四四五条）。一八三〇年代のいわゆるキセリョーフ改革の所産であり、その組織および手続は一八三九年の「農村裁判法」に規定がある。(7) また領主農民（農奴）に対しては依然として領主裁判権が及んだ他、農村共同体の内部では共同体規制を維持するための内済が行なわれた。農民身分に対しては国家による裁判権の接収は未完成で、この時期にはまだ統一的な「農民裁判権」すら観念できなかったことになる。

身分の別に基礎を置く特別裁判所としては、他に教会裁判所 Духовный суд と陸海軍の軍法会議 Военный суд を挙げねばならない。何れも本来は聖職者あるいは軍人という部分社会の内部規律を維持するための制度であったが、双方ともにこの枠を越え、俗人あるいは文民に対して広く裁判権を有していた。婚姻の無効や解消といった俗人の婚姻事件は教会裁判所の管轄である。そしてまた、一九世紀の第二四半期、ニコライ一世の時代には、軍事法の適用による迅速・峻厳な処罰を意図して、軍法会議が様々な地域で様々の人に、そして様々の犯罪に対して、積極的に活用をされた。(8)

一方、所管の事件の特性を基礎に組織をされた裁判所には、良心裁判所 Совестный суд や商事裁判所 Коммерческий суд があった。前者は未成年者や心神喪失者のなした刑事事件、親子間の財産上その他の紛争を扱うもので各県に置かれた（県制　第二四三八条〜第二四六二条）。後者はアレクサンドル一世期に主要港湾都市に設置され、商事紛争を管轄した全身分的裁判所である(9)（商　第一三〇〇条）。

② 一九世紀の前半までに裁判制度の組織化が進んだことは、ここに得られた裁判の機構を統一的な基準の下に動かしていくことを可能にした。『法律集成』第一〇巻第二部「民事訴訟法」、第一五巻第二部「刑事訴訟法」であ

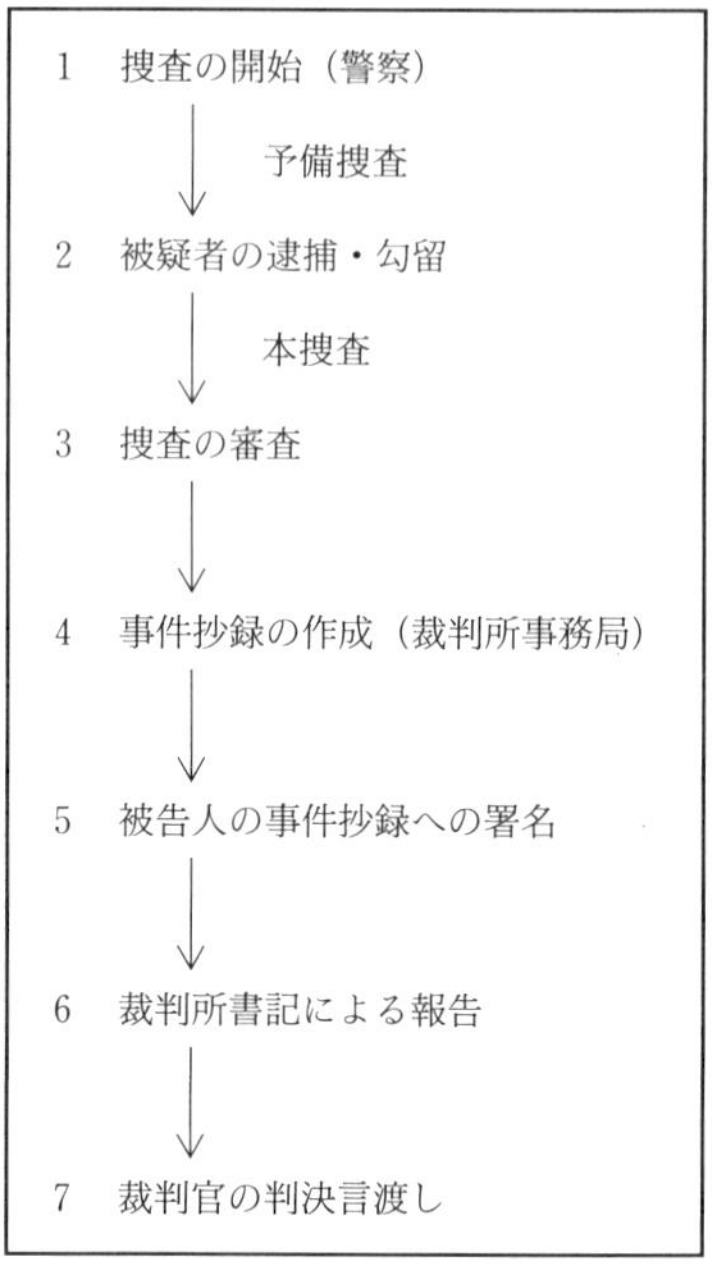

図 1-2　19 世紀前半の刑事訴訟

る。但し特別裁判所の簇出により裁判組織の体系性がなお外観に止まったことと対応して、そこには通常手続の他に実に多くの特別手続が、訴訟当事者の属する身分や請求の内容に即する形で、あるいは犯罪の類型に合わせる形で存在する。全てを論じることはできないから、ここでは通常手続だけを取り上げよう。

最初に西欧近世の糺問訴訟の影響が濃厚な刑事手続から瞥見する（図 1-2）。この時代には、「民事訴訟は刑事訴訟と同一の原則の上に立っていた」[10] からである。全体は警察による捜査 следствие、裁判所の審理 суд、警察による判決の執行の三局面からなっていた（旧刑訴　第一条～第四条）。捜査はさらに予備捜査 предварительное следствие と本捜査 формальное следствие の二つの段階に分かれている。先ず予備捜査は警察が告訴・告発・検察官の指示等により、または自らの職権によって始めるもので（旧刑訴　第三四条、第三五条）、ドイツ普通法訴訟に言う一般糺問 inquisitio generalis（「罪体の確認」）に相当する。対して特別糺問 inquisitio specialis（「被疑者が犯人であることの証明」）に当たるのが被疑者の逮捕後行なわれる本捜査で、警察は被疑者を尋問し証拠を集め、これらを調書に記載して、事件を裁判所へと送致する。

本捜査では、取調べ中の被疑者の身分が聖職者・軍人・商人・町人・国有地農民・無期休暇中の下級官吏・その他特別の官庁に所属の身分の者であるときには、原則として被疑者と同じ身分の者が取調べに立会うとされた。特に聖職者・商人・町人の三身分には常任の身分代表 депутат が置かれている（旧刑訴　第一四九条～第一六四条）。これは刑事弁護制度に類似するが、身分代表の立会いは取調べの客観性の確保が目的であり、身分代表が被疑者に有利な材料を探して警察に提供することは期待をされていないから、彼らを被疑者の弁護人と見ることはできない。

裁判所の審理は、捜査が適正になされたか、事案の解明に必要な事項に見落としがないかを調べることから始められる（捜査の審査 рассмотрение следствия）。このとき必要ならば裁判所は、捜査を補充し、自ら被告人を取り調べても差し支えない（旧刑訴　第二八五条、第二八七条）。こうして審査が終了すると、裁判所事務局の手によって事実関係や証拠を記した一件書類（事件抄録 выписка）がまとめられ、関連の法条を付した上で、裁判官に提出された（旧刑訴　第三五一条、第三五二条）。裁判官と被告人とが対席するのは、捜査の審査および判決言渡しのときだけなので（旧刑訴　第二八七条、第四九三条）、実質的にこの抄録が裁判官の唯一の判断資料である。但しその重要性にも拘わらず、抄録の要式性はきわめて乏しい（旧刑訴　第三四九条、第三五〇条参照）。

以上のように刑事手続は、被疑者・被告人を手続の客体とする糺問主義、書面審理（事件抄録の作成）と結びついた間接主義、そして捜査も審理も公開しない密行主義を基調とした。この書面主義・間接主義・密行主義の諸原則を応用したのが、図1-3の民事通常手続である。判決手続の中心は

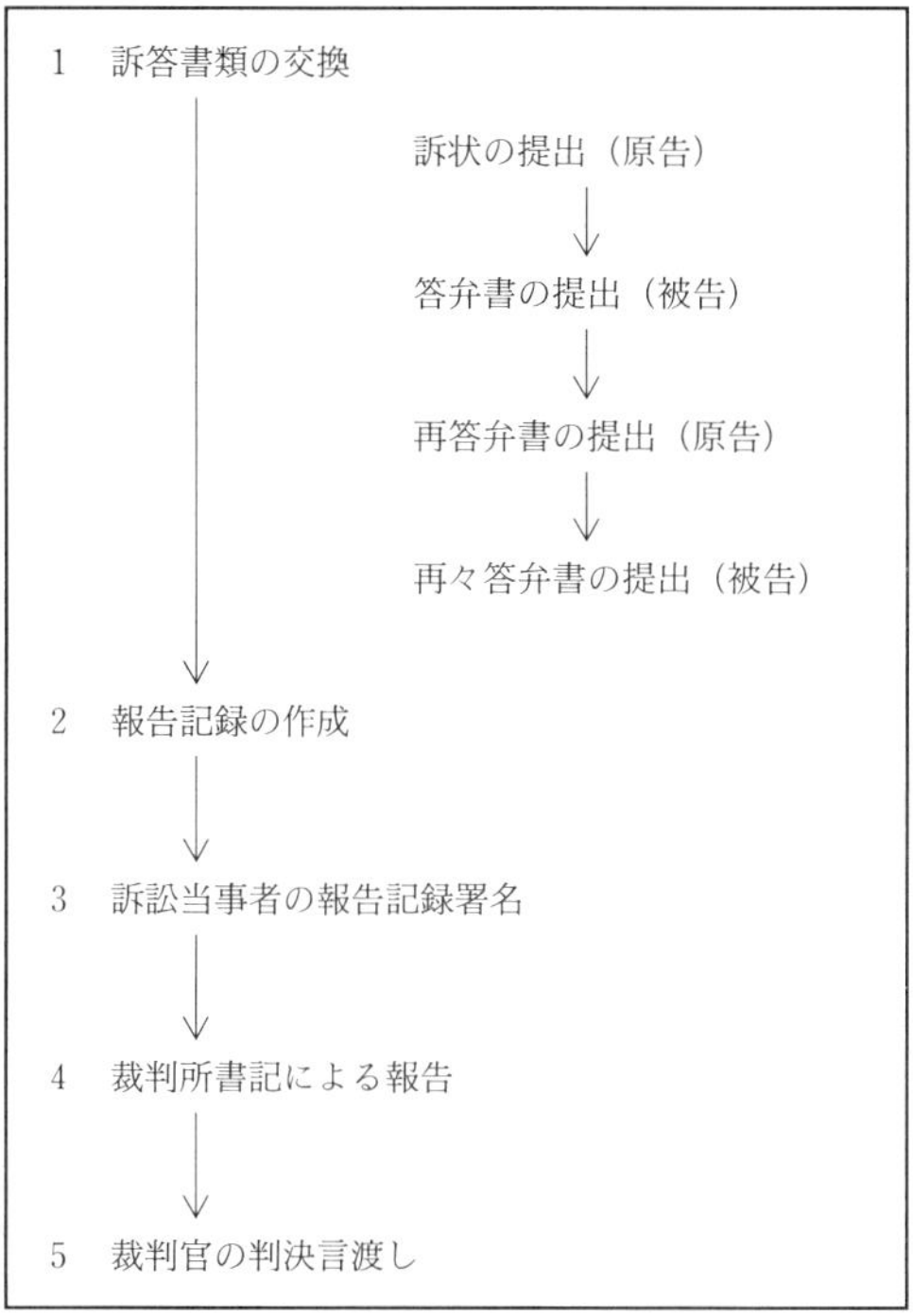

図1-3　19世紀前半の民事訴訟

原告・被告双方が書面で行なう攻撃・防御の過程にあり、ここでは訴訟は請求の趣旨、その原因、証拠方法を逐一記した訴状の提出を以て係属する（旧民訴　第二四二条〜第二六八条）。適式にこれが作成されている場合には、裁判所は被告を呼び出して、その答弁書 ответ を提出させる。今度はこれに原告の再答弁書 возражение、続いて被告の再々答弁書 опровержение の提出が続く（旧民訴　第二九二条〜第二九七条）。表面的には訴訟資料の収集をめぐって弁論主義の採用を見ているようだが、そうではない。「裁判所は……当事者の提出した書証、彼らの行なった証言の真実性について然るべき調査 справка をしないまま判決をしてはならない」（旧民訴　第四四一条）とあり、帝政期の民訴法学が説くところでは、これは裁判所に職権探知を義務づけた規定であった[11]。

こうして訴答書類の交換が済み、争点が決定されると判決となる。先ず裁判所事務局は提出の訴答書類から双方の主張と証拠を抜粋し、これに関連の法条を擬律した書面を作成する（旧民訴　第四四五条〜第四四六条）。報告記録 докладная записка、別名事件抄録 выписка で、訴訟当事者（または代理人）はここに署名をするため呼び出された（旧民訴　第四四七条〜第四四八条）。続いて書記が抄録に署名をし、これを読みあげ裁判官に争点について説明をしたあと、彼らの評議に移るのである（旧民訴　第四六一条〜第四六七条）。結局ここでも裁判の帰趨を左右するのは、事件抄録の内容である。

特に刑事事件を中心にして、裁判の確定には複雑な手続が必要であった。先ず被告事件が身分の権利や一身上・身分上の特権・特典の剝奪を伴う重罪事件の場合には、第一審判決は職権で刑事院へと移審され、ここで再検討される（旧刑訴　第三六四条）。これを再審査手続 ревизия と言い、いみじくもこうした事件では下級審の裁判は「判決」 приговор ではなく「意見」 мнение と呼ばれた（旧刑訴　第三五四条）。次に刑事院判決は、無罪判決の場合も含め、県検事による訴訟記録の精査の後、県知事に提出されてその承認を受けねばならない（旧刑訴　第四〇七条）。県知事が刑事院の判決に異議を止めた場合には、事案はセナートに移送をされる（旧刑訴　第四一三条）。これに対して第一審の判断に対する被告人の上訴権は、「判決」すなわち再審査の対象とならない軽微な事件に限って認められるに止まる（旧刑訴　第四六二条、第四六三条）。重罪事件に関しては職権で上級審に移審をされるので、被告人に上訴権を認めずとも彼らは十分保護されるというのが刑事訴訟法のタテマエである（旧刑訴　第四六一条）。

以上のように、再審査手続は後見的な立場から公正な裁判の保障を図ることを狙いとした。職権探知に見るように、民事訴訟の場合にも随所でこの種の後見主義が行なわれている。公益性の強い事件では再審査手続が取り入れられ、例えば不動産をめぐる国と私人との訴訟において国が敗訴をしたときは、国側代理人（県監督官）が控訴をせずとも事案は第二審へと移される（旧民訴　第七〇六条）。またセナート審理部の裁判では、評決の成立に全評定官の意見の一致を必要とし、これが得られぬ場合には事案はセナート総会に移される（旧民訴　第五八八条）。総会では評決の成立に評定官の三分の二の多数でよいものの、なお評決がまとまらぬときは、事案は国家評議会へと移送をされる（旧民訴　第五九四条）。あるいはまた、審理部の裁判に上席検事がプロテストし、このプロテストに法相（検事総長）が同意をしたときは、やはり総会を開いて改めて審理をやり直す（旧民訴　第五八八条）。——このように民事訴訟でも上訴制度は複雑で、請願委員会 Комиссия прошений への再審申立てまで含めると、裁判が確定するまでに通常一二〜一三の審級を経る必要があったと言われている。(12)

③　法が執拗なまでに原判決の再審査に拘泥したのは、司法部の持つマン・パワーへの不安に起因していた。『法律集成』第三巻は劈頭に「文官勤務法」を置き、文官の任用制度を定めている。任官に当たって考慮となるのは出生・年齢・知識の三つで（文　第一条）、年齢一四歳に達していること、一定の身分に生まれたこと、以上が就官能力とされる（文　第三条、第八条）。対して「知識」すなわち学歴は、担税身分に属する者やユダヤ人など、この能力を欠く者の就官無能力を解除する（文　第四条、第五条）。しかし学歴それ自体は任官に必要な要件ではなく、任官時の官等やその後の昇進における特典として勘案されるに止まっていた。「知識」を測定するための任用

試験の制度はなく、裁判官・検察官ら裁判職にあってすらも、任用に当たって特段の法学識を求められることはない。それゆえに裁判職の教育水準は決して高いものではなく、特にこれは選挙職について著しかった。ニコライ一世その人すら、「貴族による選挙は常に政府の期待に応えているとは言い難い。最良の貴族は勤務を逃げるか、選挙に加わらないか、課された職務の遂行に必要な質を備えぬ人の選出に関心も持たずに同意をするかの何れかである。このため司法部に勤める者の間には、法律の知識が十分でない者が少なからず見受けられる」と洩らしている[13]。裁判職の事務能力の水準についてはすでに多くの研究があるが、書面審理と言いつつもそこには読み書き不如意の者も少なくなかった[14]。

スタッフのこの脆弱を考慮して、法は証拠の評価や法の解釈のあり方をめぐりいくつかの制約を設けることで、裁判官の法律判断の過程を統制しようと図っている。第一に、事件抄録に列挙をされた証拠の証明力につき、かなり煩瑣な法定証拠主義を採用し、裁判官の自由心証を排除した（旧民訴　第三一五条～第四四〇条。旧刑訴　第三一六条～第三四八条）。刑事事件の場合には全ての証拠は完全証拠と不完全証拠に二分され（旧刑訴　第三〇四条）、有罪とする完全証拠が揃わぬときは嫌疑の度合いに応じて嫌疑刑を言い渡したり、被告人の雪冤宣誓を求めたりする（旧刑訴　第三一三条）。第二に、上級審・下級審の別を問わず、法の欠缺に直面をした裁判所は司法を拒否する義務を負った。「如何なる裁判所も明白な法律が存在しない事案に対して、裁判を行なってはならない」（県制　第二八一条）。こうした場合、下級審は予め県庁と協議の上でセナートに伺いを立てる必要がある（同）。だがそのセナートも、「正確な法律が存在しない事案について裁判を行なってはならず、新しい法律の制定、または現行の法規の補足もしくは改正が求められる場合には判決案を作成し、全ての事案は司法大臣の意見を添えて、司法大臣から国家評議会を通し皇帝に提出される」（セナート　第二二七条）。確かに硬直した規定であるが、司法部の人的な力量に対する為政者の懸念、立法と執行を峻別する統治理念、そして裁判官を判決の自動機械とみなす一八世紀の啓蒙学説[15]、これらがそこに集約的に表現されているわけである。

もとより右の状況では、裁判職を補完してあるいは実質的に彼らに代わって、制度を動かすノウハウに長けた黒子の存在が必要であった。一つは書面主義と抱き合う形で裁判過程に根を下ろした裁判所書記で、彼らは言わば裁判所のための実務家と言える。[16]もう一つは当事者のための実務家で、こちらは代訟人 стряпчий, ходатай と総称され、訴訟の代理で生計を立てていた人々である。民事訴訟で書面審理を行なう以上、訴答書類を作成し事件抄録に署名する識字能力は必要であり、ここに訴訟代理が職業として成り立つ基盤が存在した。もっとも法は、特に法律が禁じた者を別として、誰もが訴訟代理人足り得ることとしていたから（旧民訴　第一八五条）、裁判職と同様に、代訟人となる上で特段の要件を必要としたわけではない。その出身も現職の裁判所書記から退職官吏、零落した地主、破産した商人に至るまで、様々である。[17]

実際の民事訴訟では、代訟人を間に挟んで裁判職の振付師たる裁判所書記に如何に巧みに「話をつける」かが、裁判の帰趨を決するポイントになった。ロシアの古典文学は、凡百の史料にもまして生き生きと、当時の裁判の具体相を描いている。[18]

［代訟人ピョートル・］モギーリツェフは堂役の息子で、ザポローチェから七ヴェルスタ離れた村に生まれた。教区は貧しく、父は息子を神学校に入れてやれなかった。このためピョートルはまだ子供だったが、郡学校を出るとすぐ郡裁判所に書記として入った。……裁判所勤めを彼は大事にしていたが、それは取るに足りない俸給のためではなく、この職が彼に一定の社会的地位を与え、訴訟の依頼者と関係を持つことを可能にしたからである。生活の主たる糧は勤務からではなく、あちこちからやってくる個人的な内職から得ていた。自分の郡だけでなく近在の郡の地主も、彼を頭の切れる書記として知っており、彼に訴訟の代理 ходатайство по делам を委任していた。それで彼の部屋は一種の事務所といった観を呈していて、そこでは彼の庇護の下、二人の書記が働いて

いた。……私の母はよくこう尋ねたものである。

「法律だとどうなるのか、言っておくれ」

「法律では、かくかくしかじかです」

「なるほど。でも彼ら（相手方）もまた『法律に従って』同じことを言っているのだから、彼らの考えでは法律はわれわれに味方していないことになるよ」

「こういった場合は、別の法律を引き出すことができます。ある法律が該当しなくとも、別の法律が当てはまるでしょう。『法令全書』を掻きまわして、セナートの指示でも探し出しましょう。ですから奥さん、安心して私にまかせて下さい」

……「でも仮に」と彼女は言った。「あんたが別の法律を見つけたとしても、彼らも第三の法律を引き合いに出すかも知れない」

「第三の法律に対しても釈明書を書くことはできますし、第三の法律を添えた訴状が、上書きのうえ却下されるよう取り計らうことも可能です。頭とペンとインクがあれば、その他のことは自ずとなるようになります。大切なことは急ぐことなく、ただ期日には遅れないよう、粛々とことを進めることです。事件が際限なく長引いて、そのこと自体が高くつくことに相手も気づき、うろたえることでしょう。そのときはもうこちらのものです。期限がきてしまうか、和解に応じるかです」

一八六四年の改革では、以上の制度がトータルな批判に晒された。それはこの時期までに裁判制度が、外国人に「陋悪蛮野」と呼ばれたような機能不全の状態に陥ってしまったからである。

（1）訴訟手続を律したのは、一七一六年の「審判または裁判訴訟の概略」（ПСЗ, собр. 1, т. 5, No. 3006, 1716 3/30）、および一七二三年の「裁判の方式について」（ПСЗ, собр. 1, т. 7, No. 4344, 1723 11/25）、また裁判所構成を基礎づけたのは一七七五年の「県設置法」（ПСЗ, собр. 1, т. 20, No. 14932, 1775 11/7）である。

（2）以上詳しくは、Б. И. Сыромятников. Очерк истории суда древней и новой России（До издания Свода Законов）. СудР. т. 1, М., 1915.

（3）以下に概括するのはヨーロッパ・ロシアにおける裁判の組織である。

（4）警察は郡部と市部とで別個に組織され、「一般県制」にその組織法と作用法についての根拠規定がある。郡警察のみ述べておくと、地方警察署長 земский исправник 以下の幹部スタッフを貴族身分が選挙すること（県制　第二五二六条）、その職務は犯罪捜査や被疑者の逮捕といった司法警察だけでなく、保安警察、衛生警察等いわゆる行政警察の万般に及ぶこと、に特徴がある。「一般県制」はこのような警察の事務について、これを(i)法律の執行の監視、社会の安寧の維持と福利の増進（法令の公布、防犯・防火、善良の風俗の維持など）、(ii)国庫事務（徴税）、(iii)裁判事務（司法警察作用の他、微罪処分、送達、判決の執行など）、(iv)軍役事務（徴兵）の四つに大別している（県制　第二五三九条）。

（5）この点につき詳しくは、「帝政ロシアの弁護士法制」（一）、五三～五七頁を参照。スペラーンスキーは一八〇九年の建白書『国憲序説』Введение к Уложению государственных законов で、「その根本において司法権 власть судная は執行権 власть исполнительная 以外の何ものでもない。裁判の対象となる全ての事案、全ての紛争は、本質的には法律に対する不服申立て жалоба に他ならない。司法権はこの違反を確認し、法律の効力を回復する。すなわち法律を執行するのである」と述べている。М. М. Сперанский. Проекты и Записки. М.-Л., 1961, стр. 172.

（6）実態はこの限りでなく、四等官で「県の主」たる県知事と六等官の県検事との力量の差は歴然としていて、県検事は行政監督の機能を十分に果たし得なかった。この点は多くの文献が指摘をしているが、ここでは最新の研究として、О. В. Морякова. Система местного управления России при Николае I. М., 1998, гл. IV を挙げておく。

（7）ПСЗ, собр. 2, т. 14, No. 12166, 1839 3/25. 法がいみじくも村審判所を「国有地農民の私的な裁判所 домашный суд」と呼んだように（県制　第五三八五条）、その実質は国有地農民の共同体の裁判権能を国家法上認めたものに他ならない。

（8）正教会の教会行政や教会裁判については、一八四一年の「宗務局法」Устав духовных консисторий（ПСЗ, собр. 2, т. 16, No. 14409, 1841 3/27）に定めがあり、それ以外の宗派については『法律集成』第一一巻第一部に所収の各規定に依る。また軍法会議は『陸軍法規集成』Свод военных постановлений 第五部第二分冊の軍事司法に関する規定を法源とする。これには簡にして要を得た研究が残されている。John P. LeDonne, "The Administrations of Military Justice under Nicholas I," *Cahier du monde russe et soviétique*, tome 13, No. 2, 1972; Do, "Civilians under Military Justice during the Reign of Nicholas I," *Canadian-American Slavic Studies*, vol. 7, No. 2, 1973.

（9）商事裁判所の沿革については、「帝政ロシアの弁護士法制」（一）、五八頁を参照。

（10）В. Бочкарев. Дореформенный суд. СудР. т. 1, стр. 225.

（11）В. В. Васьковский. Курс гражданского процесса. т. 1, М., 1913, стр. 399-400.

（12）Судебные уставы 20 ноября 1864 года, с изложением рассуждений, на коих они основаны. Изд. 2-е, ч. 1, СПб., 1867, стр. 24. 請願委員会については、「請願委員会設置法」（『法律集成』第一巻第二部第五分冊）に規定がある。

（13）А. Д. Градовский. Системы местного управления на Западе Европы и в России // Собрание сочнений А. Д. Градовского. т. 9, СПб., 1904, стр. 507.

（14）注6に記載のモリャコーヴァの研究の他に、欧米ではR・ウォートマンの研究が豊富なデータを提供している（Wortman, op. cit., ch. 3.）。ザイオンチコーフスキーの研究から一八五三年の民事院長・刑事院長四五人の教育水準を拾っておくと、高等教育二四・四%、中等教育三一・一%、初等教育六・七%、家庭教育三七・八%という状態であった。П. А. Зайончковский. Правительственный аппарат самодержавной России в XIX в. М., 1978, стр. 173.

（15）よく知られているように、エカチェリーナ二世の『大訓令』（一七七六）には、「法律の文言ではなく、法律の精神を考慮すべしとの格言ほど、危険なものはない」（第一五三条）といった、『犯罪と刑罰』からの借用が見られる。

（16）周知のように書記職は貴族身分と担税身分の中間に位置する人々の間で代々継承されたので、彼らの間では実務上のノウハウが蓄積される傾向があった。

（17）詳しくは、「帝政ロシアの弁護士法制」（二）、四三〜四六頁。

（18）М. Е. Салтыков-Щедрин. Пошехонская старина // Собрание сочнений в двадцати томах. т. 17, М., 1975, стр. 131-133.

第2章　一八六四年の司法改革

一　司法改革前史

① 後に政策当局をして制度改革に着手せしめた直接の理由は、その著しい訴訟遅延の実態であった。一八四八年の司法省年次報告を、法相B・H・パーニンは、管下の各裁判所の旧受・新受・既済・未済の件数を逐一数えることから始めている。――この年のセナート民事新受件数は一〇、七一九件、前年から受け継いだ旧受事件は四、六九〇件である。以上合わせた一五、四〇九件のうち、既済は一〇、七四七件で、四、六六二件が未済として翌年に回された。昨年の新受件数は一〇、四〇一件だから、新受事件の増加にも拘わらず、未済件数は減少している。刑事院では未済件数は前年に比べ増えているが、これは刑事院事務局の予算が十分でないためである。だがこうした困難な状況にあっても、ペテルブルク刑事院、チェルニーゴフ刑事院等、いくつかの刑事院は未済事件を減らすことに成功している。また民事院では全体として前年に比べ既済件数の増加が見られる。確かに若干の民事院では未済件数はかなりの数に達しているが、これはそれ以前からの旧受事件が厖大なためで、この年に限って見れば状況はむしろ好転を見た。最後に、第一審の裁判所では、若干の県を除くと民事・刑事とも前年よりも未済件数は増加したが、裁判を軌道に乗せるためすでに多くの措置を講じたので、これらが実施をされたならば、未済件数は恐らくは減るものと思われる……。(1)

法相のこの弁明は些か苦しい。繰り返される彼の必死の抗弁の中に、問題状況の深刻さがかえって垣間見られると言うべきであろう。セナートの未済事件が二八件減ったとはいえ、この年扱った事件の三分の一、四、六〇〇件余りが翌年に持ち越されていることは由々しい事態と言わねばならない。しかも下級審では、民事・刑事の別を問わず、第二審（民事院・刑事院）、第一審（郡裁判所・市参事会・宮廷裁判所）とも、未済事件が前年の旧受件数を上回っている（表2-1）。未済事件は確実に裁判所に堆積していく趨勢にある。

パーニンの後任Д・Н・ザミャートニンは、この点ではるかに率直な記録を残している。司法改革前年の年、一八六三年の年次報告を繙いてみよう。[2]――一八六四年一月一日現在の全国の未済事件（民事・刑事とも）のうち、訴訟係属して二〇年以上経過するもの五六一件であった。一五年以上は一、四六六件、一〇年以上六、七五八件、一年未満は二六、〇九五件……。これはあくまで第一審の数字である。この時点での第一審未済事件は合わせて一三九、四五六件（民事八四、一九四件。刑事五五、二六二件）であった。旧受事件は一三三、九五三件（民事八三、四三九件。刑事四九、五一四件）、新受事件は二五二、九四一件（民事七三、七六〇件。刑事一七九、一八一件）である。未済すなわち翌年の旧受件数が前年の旧受を上回り、裁判所には着実に事件が積もっている。

この現象の背後にある問題の根は実は相当に深いものである。そこに訴訟手続と裁判組織の双方にわたる問題点を見て取ることは、決して難しいことではない。事件抄録の要式性の乏しさが閲読に当たる裁判職の苦労を助長し、裁判所の職権探知の義務や複雑煩瑣な上訴制度が訴訟遅延を引き起こすことは、容易に想像されるであろう。書面審理の中核をなす訴答書類の交換には、短いときで四ヶ月、長い場合は二年を必要としたが、訴答書類の提出に関する法の規定はきわめてルーズで、初めてこの種の期間が決められたのは一八五五年のことであった。[3]あるいはま

表 2-1　未済事件の堆積（1848）

〔単位：件〕

	民事事件			刑事事件		
	第一審[a]	第二審[b]	セナート	第一審[a]	第二審[c]	セナート
旧　受	33426	20828	4690	36308	8701	69
新　受	76773	55860	10719	138889	40292	3635
事件総数	110199	76688	15409	175197	48993	3704
既　済	75089	54983	10747	137421	38698	3694
未　済	35110	21705	4662	37776	10295	10

注：[a]郡裁判所，市参事会（市政庁），宮廷裁判所．
[b]民事院．
[c]刑事院．
典拠：Отчет Министерства юстиции за 1848 год. [б.м.], [б.г.], стр. V, VI, X, XV, XIX より作成．

た、犯罪捜査、訴状の送達、裁判の執行等、裁判事務の万般を負った警察の過大な職務の重圧も、訴訟遅延の原因として挙げねばならない。過剰な負担は、送達や執行あるいは捜査の遅れとなって結局裁判に跳ね返ってくる。

並行して制度を運用する「人」の側にも問題があった。欠陥は裁判職に法学識を要求しない任用制度の欠に止まらない。司法予算は貧弱で、民事院・刑事院の年度予算は三、〇〇〇〜四、七〇〇ルーブルと、県財務局（二〇、〇〇〇〜三〇、〇〇〇ルーブル）あるいは県庁（一六、〇〇〇〜二〇、七〇〇ルーブル）と比べ格段に低い。このために裁判職は薄給で、県財務局長の年四、四〇六ルーブルに対し、民事院長、刑事院長は年一、一四三ルーブル六五カペイカに止まる。[4]この水準では、司法部に優秀な人材を確保することも困難であり、実情を知悉する同時代の外国人から、「誠実な裁判官は両の手で双方から受け取るが、しかしそのどちらにも判決を売り渡さない[5]」と、論評される有り様であった。こうした状況なればこそ、例えば民事事件において、事件抄録を作成する裁判所事務局に働きかけて訴訟が有利になるよう取り計らい、不利な場合はなるべくこれを長引かせ手続を紛糾させるといった、古典文学に活写された種々の工夫と取り引きが、現実的意味を持ってくる。こうして密室の公開されない書面審理と裁判の腐敗と訴訟遅延は、ここで一つに縒り合わされる。

従って訴訟遅延の背後には非効率な手続から組織編成の欠陥まで、組織を支える人的基盤の脆さも含めた複合的な制度の危機が存在していたと見なければならない。司法改革とはこのような危機の打開の試みである。とはいえどこからこれに手を着けるかは、問題が複合的であるだけに、決して自明な事柄ではない。手続か、人か、組織の編成そのものか。事実、一八六四年の改革に至るまでには、一九世紀第二四半期に遡る試行錯誤の長い前史が存在した。

②　帝国の司法行政を職掌した司法省は、一八〇二年の中央官制の改革で生まれた。所管の事項は、裁判官・検察官の執務の監督、人事黜陟、会計経理、庁舎の営繕といった事務である。但し第一審を中心に広く裁判職の選挙

制が行なわれていた一九世紀の前半ではその持つ人事権は限られており、本省機構も大臣官房（定員一三）に司法局 департамент Министерства юстиции（定員九五）と簡素なもので、多くの部局を抱え込んだ内務省や大蔵省とは比較にならない規模の小さな組織であった。(6) さらに裁判制度に関わる法制の調査立案も、かつて『法律集成』編纂を担当した皇帝直属官房第二部が握っていて、司法省の専権ではない。要するに、それは官界の傍流に位置する二流官庁だったのである。

パーニン（任　一八三九〜六二）は、第九代の法相である。博覧強記を以て鳴り、衒学的な語学の才は衆の認めるところであった。当時としても屈指の貴族で、家門は一六世紀に遡り、九県に二〇、〇〇〇を越える農奴を有していた。しかし同時に、彼は帝権に逆らって祖父、父と二代にわたって失寵をした不遇の一族の末でもあった。父祖のアリストクラティズムは、彼の代では「フロンドを欠いた貴族主義」に変形したと言われている。「忠誠を誓った者の義務として、私は最初に皇帝陛下の考えを知らねばならないと思っている。直接・間接の別を問わず、何らかの形で陛下が私と別の考えをお持ちであると知ったときは、私は直ちに自己の考えを捨て、これに逆らってでも行動することが、私の務めであると考えている」(7)。こうして君主の意思にひたすら忠実であることを、パーニンは自らの格率とした。狷介だが無私とも、杓子定規の形式主義者とも、彼が月旦される所以であった。

七年間の次官時代（一八三二〜三九）を含めると、司法省でのパーニンの在職期間は三〇年の長きに及んだ。こうした下では当時の司法政策に、彼のパーソナリティーが自ずと滲んで来ざるを得ない。規律と服従、すなわち司法部の綱紀の粛正を軸とした人事管理がパーニンの政策の柱であり、そこには裁判官の職権行使の独立といった考え方は見られない。例えば次官時代の三七年、ペテルブルクで訴訟遅延を理由とする宮廷裁判所の人事一新事件が起きている。更迭された裁判官と裁判所書記からは新たに二つの部が組織され、未済事件の処理に当たるよう命じられた。二年以内にこれを終えない場合には、俸給の支払いを停止するとの条件の下においてである。(8) また法相に就任するや、パーニンは直ちに全国の司法官衙を監察し、検察官には裁判所の活動状況を監督させ、以て訴訟の促進を図った。さらにまた、裁判職が地域の利害と結びつくことを警戒したパーニンは、任命制のポストについては裁判職を臨時の職務代理という形式で任用し、頻繁な人事異動を断行した。もとより異動の内示を受ける裁判職の個人の希望や家族の事情は慮外にある。

これと並んでパーニンは、司法部の人事権を本省に一元化することに腐心した。統制強化の実を挙げんがためである。選挙職たる民事院・刑事院の院長について、パーニンは彼らの法律的素養の低さを理由に任用制度の改革を目論み、四三年、法改正に成功した。[9] 県の貴族が選んだ候補者が法定の欠格事由に該当するとき、法相は院長職務代理を任命できることになったのである（県制　第二三七七条）。民事院・刑事院の事務局についても、四六年と五二年の法改正で、司法省はここに橋頭堡を確保した。[10] 四六年法に従えば、裁判所書記は県庁が選んだ三人の候補者の中から法相が選ぶ。五二年法では、県庁に代わって民事院または刑事院が候補者を選び、ここから法相は裁判所書記を任命する（県制　第二三九〇条）。裁判審理の実質的な主宰者である事務局を、司法省は直接把握しようと試みたのである。

③　パーニンの人事政策を支えたのは、一九世紀第二四半期になって進展を見た法学教育の組織化であった。[11] 確かにそれ以前にも法律的知を制度化する試みが存在しなかったわけではない。ロシアにおける法学講義の歴史自体は、お傭い外国人ストルーヴェ（ベルギー人）とディルタイ（オーストリア人）がそれぞれ科学アカデミーとモスクワ大学で、ローマ法と自然法を講義した一八世紀の後半に始まっており、一七五五年に設立されたモスクワ大学も、法学、医学、哲学の三学部から構成の世俗的大学として出発した。しかし当時の学生数は一七八七年の時点でも三学部合わせて八二人を数えるにすぎず、法学部講座も法学概論（自然法、諸国民の法、ローマ法）、ロシア法（国家の組織法）、政治（外交史）の三つに止まる。しかも一七六四年まで教授はディルタイ一人であり、その後も

講学の中心は外国人のスタッフによる大陸の自然法思想の紹介に置かれた。[12] 質・量ともに法学教育を語るには、一八世紀のロシアは貧相である。

この点では、その後のロシアの高等教育体制の礎石を置いたアレクサンドル一世の学制改革も同様であったと言うことができる。この改革では法学部は独立の学部としては認められず、法律科目は道徳・政治学部において講義された。一八〇四年のモスクワ大学新学則[13]では、構成の学部は道徳・政治、物理・数学、医学、文学の四学部、また道徳・政治学部の講座は(i)教義神学、道徳神学、(ii)聖書解釈、教会史、(iii)思弁哲学、実践哲学、(iv)自然法、公法、国際法、(v)ロシア帝国の民事・刑事の訴訟法、(vi)主要諸国の過去および現在の法、(vii)古文書学および経済学、となっている（第二四条）。法学教育というものの、その内容は実定法の講義とは切れている。このとき学制改革が目ざしたのは、法科エリートの養成ではなく、知識の有機的統一の上に立つ全人的な経倫の士を育てることだったからである。それに加えて依然続く教員スタッフの外国人依存、そして『法律集成』編纂前の時代でもあり、当時のロシアの実定法がきわめて錯綜した状態にあったことが、右の講学のあり方を規定していた。

状況が変化するのは、一八二九年と三一年の二回にわたり、官房第二部が合わせて一五人の若者をベルリン大学に派遣して、自前のスタッフの養成に乗り出してからであった。一八二八年一月、スペラーンスキーはニコライ一世に次のように建言した。――ロシアに公正な裁判を根づかせるには、明瞭にして確固たる法律、そして学識のある裁判官と法学者とが必要である。前者については、目下法典編纂が進んでおり、近い将来、展望が開けてくると思われる。だが問題は後者である。各大学にそれぞれ二人、せめて一人のロシア人教授を配さなくてはならないが、このための準備は国内の大学では覚束ない、と。[14] ベルリン行はこの計画に基づくもので、こうしてサヴィニーの下に学んだ留学生は一八三四年までに帰国をし、各地の大学へと散って行って、ロシア人法学教授の第一世代を形づくることになる。

人的な基盤作りと並行して、ニコライ一世の時代には物的施設の整備が進んだ。一八三三年には哲学部、法学部二学部からなる聖ヴラジーミル大学（キーエフ大学）が設立され、これに続いて三五年に、既存四大学（ペテルブルク、モスクワ、ハリコフ、カザン）を対象としたいわゆる一般大学法の制定があった。[15] 法学部はこのとき漸く独立し、帝国大学は哲学、法学、医学の三学部から構成となったのである。法律学の科目体系も大きく変わり、次の七講座制に変えられた。(i)法学概論、ロシア国家法（国家基本法、諸身分の法、国家機関の組織法）。(ii)ローマ法、ローマ法史。(iii)民法（普通法、特別法、地方法）。(iv)福祉及び予防の法 Законы Благоустройства и Благочиния。(v)税法、財政法。(vi)警察法、刑法。(vii)国際法原理。――全人的教養の陶冶を言う前の時代と袂を分かって、『法律集成』にまとめられた自国の実定法の教授が目ざされていることが分かるであろう。

ここに見る法律学への追い風を如実に表現しているのが、「司法部に勤務する若者の教育」を標榜して同じ三五年に開学した、司法省所管の帝立法学校 Императорское училище правоведения である。[16] 一二歳以上一七歳未満の名門世襲貴族の子弟を対象とする六年制寄宿学校で、その設立はニコライ一世の甥に当たるП・Г・オリデンブールグスキーが、「教育があり知識に精通した官僚が裁判所事務局に不足していることが、一つの重大な欠陥となっている」と、建議したことに由来している。[17] 教育内容の充実のため、一八三八年に早くも学則改正があり、[18] 就学年限を一年延ばして前期四年（準備課程）を一般教養、後期三年（最終課程）を専門科目に充てることになった。左に掲げるのは、その改正後のカリキュラムである（新学則　第一三条）。就学年齢が低いため一般教育に置かれた比重は小さくはないが、大学法学部には見られない訴訟実務の講座が置かれていて、ここに法律実務家の養成をいう創設者の意図が表われている。

(i)準備課程――神の法・教会史、ロシア語・スラヴ語、ラテン語、ドイツ語、フランス語、世界史・ロシア史、地理学、数学、博物学・物理学、論理学・心理学。

(ii)最終課程――法学概論、ローマ法、国家法（諸身分の法および国家諸機関の設置法）、民法・土地法、刑法、法医学、民事・刑事の訴訟法、地方法、財政法・警察法・経済学、民事・刑事の法律実務、比較法。

法学校の卒業生には一定期間、司法部に勤務する義務が課されていた。官費学生六年、私費学生四年と新学則は定めている（第四六条、第四八条）。パーニンは法学校の卒業試験に毎年必ず立ち会っており、卒業生を入省後、積極的に登用をした。法相が人事権を握ったポストに対し、卒業生を初めとする高等教育の修了者を優先的に充てたのである。また学則は、法学校の卒業生に任官に際し官等上の特典を与えることを明記している[19]。これら一連の措置によって、司法省は法学校に優秀な人材を囲い込み、自前で育てて司法部に確保しようとしたわけである。

こうして一八三〇年代後半になると、ロシア人スタッフの養成と専門の教育機関の整備を通じて、一定の法学識を備えた人材を実務に継続的に提供していくシステムが、次第に形成されるに至った。もとよりこれで問題が全て解決を見たわけではない。ベルリンで留学生が学んだものは、「一切の法は歴史的であり、従って法律学もまた歴史的でなければならない」とする歴史法学の基本的なパラダイムと、その方法論としての精確・厳密な史料探索、すなわち法源研究であった。それゆえに、法律学への追い風といっても、第一世代、そして彼らの薫陶を受けた第二世代の手によって一八四〇年代に花開いたのは、法史学ないし古事学である。対照的に教義学・解釈学は未成熟で、この時代の実定法講義は、『法律集成』の条文を抜粋、要約、祖述する「解説法学」に止まっていた[20]。――無論このドグマーティクの低迷は、実務の側から講壇に向けた教義学への要求が長く微弱であったことの反射であったと言えなくもない。そしてまた、裁判官の擅断を排除するとの理由によって彼らに法の解釈を禁止していた状況では、折角の法学識も活かされず法的思考も深まらない。何よりも当時の訴訟手続では、裁判実務は法的推論を実践する場というよりも、両当事者と裁判所書記との交渉の舞台となっている。

だがにも拘わらず、講学の組織化を媒介として司法部が一定水準の人材の安定的な供給源を得たことは、やはり

表 2-2　大学法学部卒業者数（1840-62）

〔単位：人〕

	ペテルブルク	モスクワ	カザン	ハリコフ	キーエフ	計
1840	35(15)	26(10)	13(5)	40(14)	8(4)	122(48)
1845	50(27)	46(10)	16(8)	48(19)	25(10)	185(74)
1850	49(37)	78(25)	5(4)	45(15)	31(5)	208(86)
1855	32(25)	46(20)	4(2)	27(13)	18(8)	127(68)
1860	65(60)	73(43)	9(5)	10(4)	17(11)	174(123)
計*	1011(706)	1251(455)	212(106)	736(252)	440(161)	3650(1680)

注：*1840〜62 年の合計．（　）内は学士 кандидат 取得者．

典拠：Записка с таблицей о числе лиц, получивших юридическое образование в Русских университетах с 1860 по 1863 г. (составлена Окуневым) // Дело 26, No. 1, стр.4-7 より作成．

新たな制度の展開に向けた一里塚であった。帝立法学校の卒業生は年平均二五〜二六人にすぎなかったが、累計すると一八四〇年の第一期生から七九年の第四〇期生まで、一、〇三六人を数えた[21]。大学法学部の卒業者数は表2-2に見るとおりで、一八四〇年から六二年まで五大学合わせて三、六五〇人だった。絶対数は多いとは言えない。しかし第一審を中心に裁判職の選挙制が広く採られていたこの時代では、任命制のポストに充てるプールとしては、この数といえども貴重である。事実、一八六一年の『司法省雑誌』は、「今では県の任命制の司法職はほとんどが法学の学位取得者であり、郡裁判所の書記の中にも近時大学卒業生が現われ始めた」と報じるのである[22]。表2-3は、このような法学教育の成果を示す若干の統計上の数値である。

④　上に政策があれば、下にはその対策がある。司法官養成はともかくとして、綱紀の粛正政策が司法部の機能不全の克服にどの程度貢献したかは疑わしい。規律の強化はむしろ現場の混乱を惹起したからである。未済事件を形式的に減らすために、年度末には多くの事件が他の裁判所へと移送をされた。事態の抜本的な改善には訴訟手続の改正を初めとする制度の見直しが必要だったが、パーニンの施策は結局そこへは及ばなかった。彼の抱く歴史観は歴史の有機的発展を説く歴史法学のそれに近く、法制の人為的改変には消極的だったからである。

この時期の制度改革の停滞ぶりは、迅速な捜査を目的として、三七年に司法省が第二部と共同で取りまとめた刑事訴訟法改正案「捜査について」Проект о следствии によく表れている。刑事司法の場合にも裁判の長期化は著し

表 2-3　県の任命制司法官の教育水準
〔単位：人（%)〕

	刑事院・民事院の副院長		
年	1850	1856	1860
高等教育	22(26)	25(29)	25(28)
帝立法学校	18(21)	21(24)	25(28)
大学など	40(48)	46(53)	50(56)
非高等教育	44(52)	41(47)	40(44)
計	84(99)	87(100)	90(100)

	県検事			県監督官		
年	1850	1856	1860	1850	1856	1860
高等教育	25(47.2)	25(42.4)	33(55.9)	26(29.9)	41(42.3)	36(35.6)
帝立法学校	14(26.4)	11(18.6)	17(28.8)	13(14.9)	23(23.7)	7(　6.9)
大学など	11(20.8)	14(23.7)	16(27.1)	13(14.9)	18(18.6)	29(28.7)
非高等教育	28(52.8)	34(57.6)	26(44.1)	61(70.1)	56(57.7)	65(64.4)
計	53(100.0)	59(100.0)	59(100.0)	87(100.0)	97(100.0)	101(100.0)

典拠：Richard C. Wortman, *The Development of a Russian Legal Consciousness*. Chicago, 1976, table 8-4より作成。

かったが、ここでは特に捜査の長期化が深刻とされ、この課題に取り組んだものである。[23] 全体は通常の刑事事件の捜査を論じた第一部と職務犯罪の捜査手続を扱う第二部に分かれており、総じて規定の精緻化が目立つ。そこには捜査機関や検察官の客観義務を強調し（第一二四条、第一三一条）、あるいは常任の身分代表の立会いを自由農民の被疑者にも拡大するなど（第一二九条）、後見的な立場から被疑者の保護を強化する試みもある。だが書面主義・密行主義の判決手続はそのままに、そこに至る捜査の過程に改善を施そうと言うのであるから、詰まるところそれは現行手続の部分的改正の域を出ない。しかも皇帝が手続法より実体法の見直しを優先するよう指示したため、国家評議会ではこの案すらも審議未了のままに終わった。[24]

その改正刑法草案を官房第二部がまとめたのは、一八四四年のことである。この年八月一四日、パーニンは第二部長官Д・H・ブルードフに宛て、刑事司法の欠陥に関して自己の所信を披瀝している。――問題は著しい審理の遅延である。それは主として捜査の不備とその遅れとに因っている。背景には捜査に当たる警察の絶対的な人員不足、身分代表や鑑定医の到着の遅れ、事件の配点や事務の引き継ぎの不手際がある。さらに根本の原因は、「捜査に対する一貫した各県共通の監督手続」を欠くことである……。[25] 綱紀粛正の方針が、捜査手続の改正にそのまま反映されていると言えるであろう。

これに対してブルードフの見解は、一一月に皇帝に出された意見書において明らかにされた。彼は外交官から出発して、国民教育省次官、内務大臣を歴任し、その後司法大臣を経て、三九年に第二部長官そして国家評議会法律部会議長に就いた人である。青年時代、詩作に耽って文学サークル「アルザマス」会を組織したり、晩年は科学アカデミー総裁を務めるなど、パーニンとは世代と生き方のスタイルを異にしており、タイプとしては一時代前の哲学的・経世的な官僚に当たっている。[26] 法制官僚としての功績は、右の刑法改正を主導していわゆる一八四五年刑法典[27]をまとめたことで、現行刑法を母体として広く同時代の刑法典、ナポレオン刑法典（一八一〇）やバイエルン刑法典（一八一三）を参照したとは、その編纂の弁である。[28] もっとも現実に法典の基調をなすのは峻厳苛酷な重罰主義で、これをナポレオン刑法典やバイエルン刑法典と同列の、いわゆる近代刑法典と見ることはできない。例えば担税身分に対しては依然固有の刑罰として、体刑を付加刑として置いている（刑　第一九条、第三四条）。総則部分の規定は乏しく、条文は異様にカズイスティックで、その条数は二、二二四を数えた。言うなれば四五年刑法典は、外国法に明るい文人政治家の開明性と、長く政府の要職にあって身分制秩序の維持に努めた者の守旧性とが、一つに凝縮された法律であった。

この二面性が、そのまま刑事手続のあり方に対するブルードフの態度となった。この頃、三月前期のドイツにおいて胎動していた刑事司法の新潮流、口頭・公開・弾劾主義を唱道し糺問主義を批判する「改革された刑事訴訟法」の動きには、彼も注意を向けてはいるが、ロシアでの実現の可能性には冷淡である。例えば先の意見書は、弾劾主義や公開主義を次のように批判する。そこにかつて八年にわたって内相を務めた者の眼を見ることは、難くはない。

「起訴状の作成に当たり、また弁護士の反論に対しては全力で、ときには詭弁まで用いて公訴の維持を義務づけられる公訴官の設置は、それだけで現在わが国の検察官が有している意義、すなわち秩序の維持者にして、かつまた虐げられた者全ての擁護者 охранитель порядка, но с тем вместе и защитник всех притесняемых という意義を一変させることになる。それは被告人と司法部のもっとも重要な官吏との間の品のない言い争いの原因となり、これを通じてどちらの側でも、至高の権力に対する尊敬と信頼という不可欠の感情が、弱まっていくことになる」

「思想穏健な者も含めて、多くの者に熱望されている裁判の公開には、確かに有益な面もある。なぜならそれは、裁判官の恣意を抑制し、注意深く慎重に行動するよう、彼らを促すからである。だがこれには重大な不都合もある。往々指摘があるように、〔裁判を公開すると〕恐ろしい醜悪な行為が頻繁にほとんど間断なく吹きこまれることになり、民衆の頭脳はこのような行為に対しても慣れてしまう。しかしこれは善悪に対する無関心とさほど変わらぬのであって、頭が弱く思慮の浅い者の場合は、無法と犯罪への誘いと大差ないのである[29]」

糾問主義と密行主義は、ロシアにおいて依然不動の刑事訴訟の原理であった。ベルリン留学の第一世代で、帰国後モスクワ大学で教鞭を取ったС・И・バールシェフは、四二年、論文「弾劾訴訟に対する糾問訴訟の優位について」を著している。曰く、「糾問訴訟では被告人に対する防御の手段は、他のどこにもまして多い。糾問訴訟の目的は被告人の追及ではなく、最高度の実体的真実の究明にあるので、糾問官自身、被告人に防御手段を提供する義務を負っている」。また言う。法律の知識を欠く者に裁判を公開しても凡そ無意味で、傍聴席は空席か、時間を持て余す閑人で埋められるのが落ちである。しかのみならず、それは無聊の慰みどころか、徒食者が将来の犯罪に備えて教訓を引き出す場ともなりかねない、と[30]。

こうして三〇〜四〇年代に断続的に続けられた刑事手続の再考は、理論的にも現行制度の全面的な再検討に結びつくものとはならなかった。法改正の作業自体、偶さかブルードフが一年近くロシアを離れた事情もあって、結局立ち消えの事態となった。これに代わって一八四〇年代末になると、今度は民事判決手続の改正問題が生じるのである。

（1）Отчет Министерства юстиции за 1848 год. [б. м.], [б. г.], стр. VI, XII, XVII, LXI. 次節において見るように、一八四八年は一八六四年改革の事実上の始まりの年である。

（2）Отчет Министерства юстиции за 1863 год. СПб., 1865, стр. 468-469. 全国六五の県および州、そして四つの市の統計である。

（3）ПСЗ, собр. 2, т. 30, No. 29830, 1855 11/21. この改正前は、三回呼び出し被告がなお答弁書を提出しないときはこれを敗訴とし（一八四二年版『ロシア帝国法律集成』第一〇巻　第六分冊　第二二九二条）、再答弁書、再々答弁書の提出は裁判所がその都度提出期間を定める（同　第二三〇四条）とあるにすぎない。

（4）Министерство юстиции за сто лет. 1802-1902. Исторический очерк. СПб., 1902, стр. 74-75.

（5）A. Leroy-Beaulieu, *L'Empire des Tsars et les Russes*, tome II, Paris, 1893, p. 291.

（6）司法省定員は、一八三一年一一月四日の法律（ПСЗ, собр. 2, т. 6, No. 4906, 1831 11/4）によって定められた。これが司法改革時まで行なわれている。

（7）П. А. Валуев. Дневник. 1847-1860 гг. РС, 1891, т. 72, No. 10, стр. 149-150. パーニンのパーソナリティーにつき詳しくは、Richard C. Wortman, *The Development of a Russian Legal Consciousness*. Chicago, 1976, ch. 7; А. Г. Звягинцев, Ю. Г. Орлов. 《Неуклонно осуществлял волю императора》. Генерал-прокурор Виктор Никитич Панин // Тайные советники империи. Российские прокуроры. XIX век. М., 1995 を参照。生来の大貴族の誇りから家柄の低い下僚と話をすることを厭ったので、結局司法局長М・И・トピーリスキーとしか口を利かなかったとか、一度出した命令は絶対撤回しなかったため、事務処理のミスから休暇願を出していない別人が本人に代わって休暇を取る羽目になったとか、彼のワンマンぶりを物語る奇怪なエピソードには事欠かない。

（8）Министерство юстиции за сто лет. стр. 68-69. これには後日談があり、その後一八四一年にこれらの事件の処理状況を調べたところ、なお数千件が未済のままになっていることが判明して、「自分の目と鼻の先」で起きている混乱にニコライ一世を卒倒させたという。この事件を契機に全国の司法官衙の監察が実施されるのである。

（9）ПСЗ, собр. 2, т. 18, No. 16875, 1843 5/19.
（10）ПСЗ, собр. 2, т. 21, No. 20618, 1846 11/18; т. 27, No. 25944, 1852 1/28.
（11）以下、一九世紀前半の法学教育について、詳しくは、「近代ロシア法学史序説」第二章を参照。
（12）一八世紀のモスクワ大学法学部については、М. В. Кожевников. Краткий очерк истории юридического факультета Московского университета // Московский государственный университет. Ученые записки, вып. 180, отд. 2, 1956, стр. 5-12. 邦語では、大木雅夫「帝政ロシアにおける大学立法と法学教育の発展・1」『法律時報』第四七巻第八号、一九七五年、九六～九八頁。
（13）ПСЗ, собр. 1, т. 28, No. 21498, 1804 11/5.
（14）Я. Барщев. Историческая записка о содействии Второго Отделения Собственной Его Императорского Величества Канцелярии развитию юридических наук в России. СПб., 1876. стр. 8-10.
（15）ПСЗ, собр. 2, т. 8, No. 6558, 1833 11/8; т. 10, No. 8337, 1835 7/26.
（16）ПСЗ, собр. 2, т. 10, No. 8185, 1835 5/29. 帝立法学校につき詳しくは、橋本伸也「一九世紀前半ロシアにおける教育の身分制原理とエリート学校」『京都府立大学学術報告　人文・社会』第五一号、一九九九年、および「帝政ロシアの弁護士法制」（一）、七四～七六頁。
（17）オリデンブールグスキーの一八三四年一〇月二六日付ニコライ宛書簡。Г. Сюзор. Ко дню LXXV юбилея Императорского Училища Правоведения. 1835-1910 гг. СПб., 1910, стр. 19-23.
（18）ПСЗ, собр. 2, т. 13, No. 11363, 1838 6/27.
（19）新学則では、在学中の成績に応じ九～一二等官を与える、となっていた（第五〇条）。大学の場合は得業生 действительный студент 一二等官、学士 кандидат 一〇等官であり、修士号を取得すると九等官、博士号を得ると八等官が与えられる（文　第一七二条、第一八〇条）。
（20）当時の法古事学と解説法学については、「近代ロシア法学史序説」二三～三一頁。
（21）Н. Ренненкампф. Судьбы привиллегированных и непривиллегированных юристов (к статистике юридического образования в России с 1863 г.). ЖГУП, 1881, кн. 1, стр. 82. 法学校は当初生徒数七二名を以て出発したが、一八五〇年には三〇〇名近い在校生を抱えたとされる。Сюзор. Указ. соч., стр. 187.
（22）Юридическая консультация в Казанском университете. ЖМЮ, 1861, No. 7, стр. 234.
（23）その後パーニンは一八四二年から、捜査期間について毎年統計を取り始めており、ブルードフに宛てた後述の一八四四年の文書では、各地の長期捜査事件が拾われている。いくつか例を取ると、チェルニーゴフ県ではこの時点で未解決の事件として一八一五年に捜査に着手したもの一件、一八三四年に着手したもの五件、一八三五年に着手したもの五件とされ、またヴィリナ県では四五三件が捜査の終了まで八年（一八三二〜四〇）を要した、となっている。В. Плетнев. Работы по составлению проектов судебного преобразования до 1861 года. СудР, т. 1, стр. 277.

(24) Там же, стр. 274-276.

(25) Там же, стр. 277-278.

(26) ブルードフについては、すでにいくつか評伝がある。帝政期のものとして、Е. П. Ковалевский. Граф Блудов и его время. СПб., 1866、近年の研究として、А. Г. Звягинцев, Ю. Г. Орлов. 《Мечтал о благе России》. Генерал-прокурор Дмитрий Николаевич Блудов // Тайные советники империи、およびWortman, op. cit., ch. 6。

(27) ПСЗ, собр. 2, т. 20, No. 19283, 1845 8/15. 正式の名称は、「刑事刑・矯正刑法典」Уложение о наказаниях уголовных и исправительных。

(28) [Д. Блудов]. Общая объяснительная записка к проекту Нового уложения о наказаниях уголовных и исправительных. [СПб., 1844], стр. 54-55.

(29) Плетнев. Указ. статья, стр. 279.

(30) С. Барщев. О преимуществе следственного процесса пред обвинительным. ЮриЗ, т. 2, 1842, стр. 130, 141-142.

二　司法改革の起点——一八五七年『新民事訴訟法草案』

①　一八四〇年代後半になって新たに民事手続法の改正が浮上した直接の契機は、一四等官И・バターシェフの所領と債務をめぐる二〇年裁判について、パーニンが皇帝に行なった報告であった。四八年一一月一六日、驚いたニコライはブルードフに、この「類例のない訴訟遅延」の原因を明らかにするよう下命した。これが発端である。ブルードフは一一月二五日、次いで翌年一月二六、二七日、自己の見解を表明している。「現行の規定は、多くが

訴訟の促進どころかむしろ迅速な裁判の妨げとなっている」「よりよき手続、さほどに複雑でない手続は、私人の利益のためだけでなく、社会の信用を維持するためにも、国民の繁栄を保持するためにも必要である」。ニコライが彼の意見に同意をしたことで、第二部は法相と協力して、新しい民事訴訟法の起草に着手することとなったのである。[1] 後の一八六四年改革は、直接にはこの手続法改革に端を発する。

成案を得たのは一八五〇年であった。けれどもそれが『新民事訴訟法草案』[2] として、国家評議会に上程となるのは、ニコライが没し、ロシアがクリミア戦争に敗れた後の一八五七年まで待たねばならない。法案の提出が遅れたのは、原案の細部をめぐって第二部と司法省との間で意見の調整が甚だ難航したことに因る。[3] しかも登極したアレクサンドル二世の側に、法改正への強い意欲が存在したかは疑問であった。即位直後の五五〜五六年の大臣の異動は、軍事・治安・国家財政・外交の各部門に集中していて、これは新帝の主たる関心が以上四つの領域にあったことを示している。ブルードフもパーニンもこのような流れの外にあって、引き続きその地位を保っていた。

民事司法の再考は、この段階では明らかに、先帝の遺事を処理する業務にすぎなかったのである。こうして司法改革は、当初は裁判制度全般の見直しとも、ましてや後に「大改革」と総称される同時代の諸改革とも結びつかない、単発的な手続法の改正作業として出発をすることになった。

② 一八五〇年案の修正案たる『新民事訴訟法草案』は、五七年六月八日に国家評議会法律部・民生部合同部会 Соединенные департаменты законов и гражданских и духовных дел Государственного совета に上程された。[4] これには『新民事訴訟法草案付帯説明書』が付されていて、立法趣旨が述べられている。冒頭ブルードフはかつてニコライに行なった上奏を繰り返し、公平な判決が迅速に得られないときは「法律に対する信頼の感情」が失われ、流通・取引に困難を来すと、訴訟遅延の弊害を憂慮した。従って、「よりよき手続、さほどに複雑でない手続は、私人の利益のためだけでなく、社会の信用を維持するためにも、家族といえども相互の適法な関係を築くためにも、またそれ

以上に重要なことだが、義務の神聖性と不可侵性という観念が民衆の間に根づくためにも、必要である」[5]。

ブルードフの見るところ、現行制度の欠点はそれが依拠する「弁論主義的職権主義」состязательно-следственная система に求められる。例えば訴答書類の交換は原告・被告それぞれ二回となっているが、裁判所は争点が明確になったと判断するまで何度でもその提出を認めるから、当事者は主張を出し惜しみ、それだけ訴訟は遅延する。判決の基礎となる報告記録の作成も裁判所事務局に委ねられ、「事案は裁判官によってではなく、裁判所事務局によって裁判されている」状態である。とはいえ「個々的な改正では、われわれは望んでいる目的を達成できないだけでなく、かえってこれから遠ざかってしまうことになるだろう」。ここから彼が用意した処方箋は、「根底から悪の原因を取り除くこと」、すなわち「現行制度と全く異なる、一般的普遍的な原則の上に立脚した別の制度を採用する必要がある」と言うものであった[6]。

この目的から、彼は各国民事訴訟法の比較検討を行なっている。特にブルードフが注目するのは、一七八二年のオーストリア法、一七九四年と九五年のプロイセン法、一八〇六年のフランス法、一八二〇年のジュネーヴ法、そして大陸諸国におけるフランス法の継受である。先ずプロイセン法に対しては、フリードリヒ訴訟法典（一七八一）とその挫折、弁護士制度を廃止して準備手続も裁判官に主宰せしめた職権主義的民事訴訟の失敗が止目をされる。次にオーストリア法に対しては、準備手続に関する規定がよく整っていると評価され、フランス法については、口頭主義を採用し弁論主義に徹した点が長所だが、準備手続に関する規定が弱い、と総括される。この点、ジュネーヴ法では改善が見られ、今では多くの国々がフランス法を継受している。例えばバーデン（一八二八年法）やプロイセン（一八三三年法、一八四六年法、一八五一年法）に見る如し。そこでは準備手続は書面主義に依拠するものの、こうして整理をされた争点は、フランスに倣って公開の場で口頭により提起をされる「混合的な」システムが採られている、と[7]。

ブルードフの結論は、この「混合主義」смешанная система を採用して、現行の判決手続に弁論主義と口頭主義の要素を付加することであった。訴訟は訴えの提起によって係属し、争点は訴答書類の交換を通じて確定し、裁判所による判決に至る。ここに彼は次のような改正を持ち込んだ。

(i)訴答書類の交換——審理のための準備は、当事者自身に委ねられねばならない。しかし彼らが手続を故意に遅らせたりすることのないよう、攻撃・防御は双方ともに二回とし（第二三八条）、訴答書類の提出期間を法定する（第二三一条、第三〇七条、第三二五条）。これと併せて訴答書類の要式性も強化する（第一七一条～第一九三条、第二六〇条～第二七五条、第三〇八条～第三一七条、第三二六条～第三三一条）。「訴訟の過程で当事者が提出する書類の内容を正確に規定することは、裁判所での審理を容易にするだけではない。それは裁判所で訴訟を行なう全ての者を、訴訟物やこれと関連するあらゆる事情を論理的に、いわば体系的に述べることに次第に慣れさせていくので、彼らが自己の権利をよりよく理解し、あるいはその請求に根拠がないことを理解する可能性を与える。これによって裁判所が訴訟事件を減らすことが可能となる[8]」。

(ii)欠席判決主義の採用——被告が正当な事由なく期日を懈怠して答弁書を提出しなかったときは、原告の申立てに基づき、裁判所は欠席判決をなすことができる（第二八九条～第二九六条）。また原告の再答弁書、被告の再々答弁書が期日を懈怠し提出されなかった場合は、相手方当事者は裁判所に対し、証拠調べに入り、または裁判が機に熟しているときは判決を行なうよう求めることができる（第三二一条、第三三五条）。

(iii)職権探知の廃止と弁論主義化——職権で事案を調査することを裁判所に認めた現行規定（旧民訴　第四四一条）は削除する。証拠の収集は当事者に委ねられねばならない。

(iv)報告裁判官の新設と報告記録の廃止——訴訟係属後の手続を主宰するため、報告裁判官 член-докладчик の制度を置く（第二〇四条）。訴答書類交換後の報告記録の作成は止め、代わって報告裁判官が訴答書類を朗読する

（第五八四条）。報告は訴訟当事者に公開され、当事者はここで意見を述べることができる（第五八七条、第五八八条）。報告記録の廃止に伴い、裁判所事務局による法条の擬律も廃止される。

(v)上訴制度――複線的な二審制を採用する。すなわち訴額一、二〇〇ルーブル以下の事件は郡裁判所または宮廷裁判所を第一審とし、一、二〇〇ルーブルを越える事件は民事院を第一審とする（第九七条、第一〇一条）。郡裁判所・宮廷裁判所第一審事件は民事院を第二審、民事院第一審事件はセナートを第二審とする（第一〇二条）。セナートへの控訴は民事院第一審事件に限って認められ（第七〇一条）、民事院が控訴審の場合はこの判決に対するセナートへの上訴は許されない（第七五四条）。また郡裁判所・宮廷裁判所が管轄の事件のうち、訴額が三〇〇ルーブル以下のものは控訴を許さず、一審限りで確定する（第一〇二条、第六四二条）。

ブルードフ構想の眼目は、審級の簡素化や欠席判決主義の導入により訴訟の促進を図るとともに、報告裁判官制度の採用によって、訴訟遅延と裁判の腐敗の原因であった裁判所事務局を判決手続から排除することにあった。職権主義への批判といっても、そこに一貫して流れるのは、裁判所の不必要な介入を排除して負担を軽減したいとする、制度の設営者の視点である。職権探知の廃止に関して、彼は次のように喝破した。弁論主義の「導入とともに、裁判所はそれに相応しくない全く無益な、訴訟にとって時に有害ですらある、多くの仕事から解放されよう。……裁判所はその本来の職務に見合った仕事、非難を込めた疑いが向けられることのないような仕事のために、より多くの時間を割くことができるようになろう。これによって裁判所は、その高い使命に相応しい尊敬と信頼をさらに獲得することとなるであろう(9)」。

③　見られるように、草案は現行制度と断絶した手続法の革新を目ざすとうたいつつも、争点の整理を書面で行ない、口頭で結果を裁判官が報告するという、従来からの書面主義に口頭主義を接ぎ木していく折衷的な内容となった。受訴裁判所が当事者の主張を直接に聴くのではないという点で、それは依然として間接主義に立脚する。

こうした草案の微温性は、一つには、その原型である一八五〇年案にパーニンが強く抵抗したことに由来している。人為的な制度の変更に懐疑的なパーニンは、法律の起草に際して外国法を援用するのは極力避けるべきだと考えた。事に臨んで諸国の法制を渉猟し、融通無碍に「混合主義」を抽き出してくるブルードフの方法に、彼は強く批判的であった[10]。

このような立法の方法論での対立の他に、第二部と司法省との間には、個々の問題でも争いがあった。例えば欠席判決主義の導入は、帝国の広大な版図のゆえに、また公認の訴訟代理人の不在のために、ロシアの国情に合わないとパーニンは言う。さらに複線的な二審制に対しても、民事院の負担増に繋がるとして、彼はこれを疑問視する。とりわけ議論が紛糾したのは、上訴制度の簡素化を目ざすブルードフが、一八五〇年の原案でセナート上席検事のプロテスト（プロテストに基づき事案を総会に移送して再審査する制度）を廃止しようと企てたこと、そしてまた事件抄録の作成を廃止し報告裁判官制の導入を試みたことである[11]。パーニンはプロテストの廃止に検察機構、従って司法省の権限の削減を図る意図を見た。また報告裁判官の試みは、彼には裁判所事務局の充実を目ざすその政策への挑戦と思われた。この結果、一八五七年草案は検察の立場に配慮して、事後のプロテストに代えて事前に検察官の意見を聴き、評議に移ることにしている（第七三二条、第七三五条）。

もっともブルードフの依って立つ原理の古さも深刻で、単に司法省との確執だけが草案不徹底の原因ではない。例として、パーニンも言う訴訟代理人の問題を取り上げよう。草案は報告裁判官の制度を設け、裁判所事務局を裁判過程から排除しようと試みている。だがこの目的は、「混合主義」に依拠せずとも、訴訟当事者またはその代理人が直接に裁判官の面前で互いに口頭で弁論し、主張を闘わせることで争点を明らかにしていく方法に依っても、達成できた筈である。現に当時の立法として、一八五〇年のハノーファー民事訴訟法が、口頭弁論から得られた資料を裁判の主たる判断資料にするという、徹底した口頭主義・直接主義を打ち出している[12]。

ブルードフがそこまで進まなかったのは、当事者の弁論能力を補う有能な訴訟代理人の存在に対し悲観的で、ロシアにはこの方向での法改正を可能にする現実的な基盤がないと考えていたからである。『付帯説明書』は次のように述べている。

「弁護人 защитник による裁判所への訴答書類の提出、また訴答書類の体系的な抜粋に基づいた弁護人の報告は、わが国ではほぼ全面的に不可能である。わが国には弁護士 адвокат または弁護人という層が存在せず、この十分な準備のできた人々を見つけだすことすらも、少なくとも現在のところ期待できないからである[13]」

この主張を、単に法曹人口の不足を言う事実についての認識と見てはならない。この消極論の背後には、法律知識の大衆化が既存の秩序の動揺に繋がることを警戒する、老練な政治家の嗅覚があった。

「法律の規定が増え始め、それゆえ厳格な論理的配列を持った若干抽象的な規則の形でこれを述べねばならなくなると、これらを完全に理解するには特別の知識が必要となる。こうした知識は、法に対する専門的で基礎的な研究から得られるものである。従ってわが国の法律が執行者の不足から言わば死文と化したりしないよう、あらゆる面で有能で信頼するに足る благонадежный 官吏を養成することに、常に全力を挙げて努める必要がある。［だが］仮に基本的な法律知識が政府の使用する人々の間を越えて、他の階級、他の階層にまで広がるならば、恐らくは国家にとって有害でありさらには危険であることを、見失ってはならない。確かに、裁判所の面前での弁論に不可欠な良質な訴訟代理人がわが国に形成されるためには、法律知識が政府の使用する人々の外まで広まることが疑いもなく望ましく、また必要ではあるけれども[14]」

かつて治安対策の観点から弾劾主義や公開主義を否認したブルードフは、ここでも同じ理由から、法曹階層の形成に向けた制度的な基盤づくりに躊躇している。『新民事訴訟法草案』は、訴訟代理権の範囲を明文化したり（第四〇条）、新たに訴訟代理人の報酬に関する規定を設けたり（第五三条）、さらに訴訟代理人の本人に対する責任を明確にすることに努めたりして（第五二条）、代訟人の三百代言的活動の規制を行なった。[15] だがにも拘わらず、それは根本のところで徹底を欠き、不十分であった。草案は依然全ての者に訴訟代理資格を開いていたからである（第三八条、第五九条、第六一条）。

改革はこうして始まったが、それは怖ず怖ずとしたものであった。

（1）П. Н. Майков. Второе Отделение Собственной Его Императорского Величества Канцелярии 1826–1882. СПб., 1906, стр. 354; Записка Государственной Канцелярии об основных началах судоустройства и судопроизводства гражданского и уголовного (Дело 18, No. 1), стр. 30–33.

（2）Проект нового устава судопроизводства гражданского (Дело 1, No. 1).

（3）Дело 18, No. 1, стр. 2–3.

（4）改革法案の国家評議会への上程および審議の日時は、В. Яковлев. Хронологические данные к Истории составления Судебных Уставов 20 ноября 1864 г. СудУ, т. 1, стр. 701–755 で知ることができる。これについては、以下特に注記しない。

（5）Общая объяснительная записка к проекту нового устава судопроизводства гражданского (Дело 2, No. 1), стр. 2–3.

（6）Там же, стр. 4–5, 77–103. ブルードフは訴答書類の交換、証拠調べ、報告記録の作成、上訴制度の四点にわたって現行法を批判検討している。

（7）Там же, стр. 29–39.

（8）Там же, стр. 110.

（9）Там же, стр. 104–105.

（10）この点に自国の歴史や民族性への関心が高まるニコライ時代に頭角を現わしたパーニンと、アレクサンドル一世期の人文主義の下で育ったブルードフの、生きた時代の相違がある。

（11）Особые по некоторым вопросам Записки, представленные комитету, Высочайше Учрежденному для рассмотрения проекта нового устава судопроизводства гражданского (Дело 2, No. 2), стр. 3–29, 47–124.

（12）И. Мордухай-Болтовской. Гражданский процесс. СудУ, т. 2, стр. 549–550.

（13）Дело 2, No. 1, стр. 116.

（14）Там же, стр. 146-147.
（15）詳しくは、「帝政ロシアの弁護士法制」（二）、八一～八三頁。

三　司法改革作業の進展

① 合同部会における『新民事訴訟法草案』の審議は、一八五七年一一月一五日に開始され、以後五九年九月二三日まで、合わせて三九回に及んだ。この間五八年に、ブルードフは草案を補足する二つの関連法案を出している。一つは五月一四日の『略式手続による民事事件手続規程草案』である。[1] それは迅速な解決を要する事件、少額のため厳格な手続が不要と思われる事件、具体的には借家・信用売買・労働契約等に関わる訴えを、係争額の如何に依らず、原告が特に異議を止めぬ限り、略式手続に委ねることを内容とする。この手続では口頭による訴えが認められ、争点整理も口頭で進められる。五七年草案の混合主義からさらに進んで、ここでは口頭主義に徹している。

もう一つは一二月一六日に上程された、『代訴士法草案』であった。[2]「代訴士」присяжный стряпчий とは「裁判所で宣誓をした代訟人」のことを言い、『代訴士法草案付帯説明書』では「公的な代理人」とも呼ばれている。[3] それは次のような内容を持つ。

(i)代訴士の任用――代訴士は郡裁判所と民事院に配置され（第一条）、県知事と民事院長の提案に基づき、司法省が任命する（第二条）。就任に際して、代訴士は民事院で宣誓をする（第五条）。

(ii)資格要件――代訴士は、大学またはこれと同等の教育施設において優秀な成績で法律学の課程を修了し、かつ第一審または第二審の裁判所（民事院、郡裁判所または市参事会）における実務経験を有する者から、主に任用される。この経験には、他人の訴訟を代理したことも含まれる（第三条）。

(iii)代訴士の身分――代訴士は国家に勤務する者ではなく、国からの俸給も官等昇進の権利も持たない。しかし代訴士は裁判所書記と同格にあるとみなされ、官吏としての他の特権は全て享受する（第八条）。

(iv)監督関係――代訴士は付置裁判所の長と県検事に直接監督され、さらに司法省の最高監督 высший надзор の下に置かれる（第七条）。

(v)代訴士の業務と報酬――代訴士は、民事事件の訴訟代理（訴答書類の作成）に従事する。自ら訴訟追行することを望まぬ者、訴訟代理人を私人の中から選任することを望まぬ者は、受訴裁判所に付置された代訴士に対して訴訟を委任することができる（第一一条）。その報酬は司法省が承認した報酬基準表（第六条）に依り、または代訴士との報酬契約に基づき、決定される（第一一条）。

任用資格は必ずしも必要的ではないけれども、草案は訴訟代理資格の専門化に道を開いたものと言え、その後の弁護士法制の起源と言える内容となった。確かに一見の限りでは、この草案は従来法律専門職の組織化に消極的だったブルードフの態度と矛盾をしているが、もとよりそこに思想の転向が介在していたわけではなく、ブルードフの見るところ、代訴士制度はあくまで『新民事訴訟法草案』の混合主義を補完するべきものであった。『付帯説明書』の解説には、代訴士を置く実益として、(i)裁判所に「公的な代理人」を付置すれば、訴答書類を当事者に直接送達する手間を省略でき、結局訴訟の促進に繋がる、(ii)訴答書類の作成に「公的な代理人」を介在させることによって、書類の不備を予防する効果がある、とある。プロイセンで蹉跌したフリードリヒ訴訟法典の教訓から、今や西欧諸国では「訴訟の長期化を防ぐために、また細かな形式や手続を省いて適切に事件を進行させるために、必要な法律知識を備え、かつその誠実さの保障である道徳的な資質を有した者の間から代訴士を任命し、彼らを何らかの形で政府の監督下に置くことが必要である」と、広く認識されるに至った、と。[4]

とはいえ、以前法曹階層に対して向けたブルードフの警戒心は、なお健在であった。彼は西欧諸国の経験と言っても、フランスのアヴォカに範を取ることは峻拒されねばならない、と言う。なぜならば、アヴォカは自律した団体を持つ「独立の身分」を形成し、今や「その真の使命とは一致しない政治的意義を獲得した」からだ。[5]

ブルードフが着目するのは、「司法機関の監督下にある訴訟当事者の代理人」たるアヴーエであった。[6]確かに、代訴士が各裁判所に付置されること、自由職業的性格を持たず、国家の手により任命され、その監督の下に置かれること等に、ブルードフの代訴士とフランスのアヴーエとの類似点を窺うことができるであろう。もっともブルードフはフランスのアヴーエの背景にある株制度には触れていないし、さらに草案はアヴーエ強制の制度を取らず、本人訴訟も、そしてまた代訴士以外の者が訴訟代理を行なうことも、許容していた。

職業株は別としても、最後の点は準拠モデルの逸脱とも言え、草案はここでもやはり不徹底である。代訴士制度を欠くことが送達の不便と訴答書類の不備を招くと言うのであれば、代訴士強制もしくは代訴士代理原則の採用は、論理必然の要請であろう。だがブルードフは、ここで再び法曹人口を引き合いに出して、次のように釈明した。「総じて何か新しい制度を施行する場合は、とりわけ課された職務を満足に遂行していく有能な人材の提供に成否がかかっているような制度を施行する場合は、若干の漸進性を堅持せねばならない」。[7]——ここに表明された漸進主義とそれゆえに帰結する折衷性とは、一貫してその後の議論にも垣間見られるブルードフ構想の特徴である。

② 続く五九年は、改革作業が拡大を見た年であった。三月二七日に『代訴士法草案』の合同部会審議が始まり、続いて四月一九日に『新民事訴訟法草案』第八編として、強制執行手続の改正案が第二部より合同部会へ上程された。[8]新たに独自の執行機関を創設して、判決の執行を警察の所管から外すことがその主眼である。

一方、九月に『新民事訴訟法草案』の審議を終えた合同部会は、同案修正案[9]をまとめるとともに、訴訟遅延は現行手続の欠陥のあくまで表象にすぎぬと断じて、ロシアの民事司法の積弊を二五項目にわたって整理している。主だった意見を掲げておこう。通常手続以外にも種々の特別手続が存在すること（第一項）。「警察権と司法権との混合」（第二項）。「管轄の不明瞭性」（第三項）。「特別の身分的裁判機関、すなわち市参事会・市政庁・宮廷裁判所の存在」（第四項）。「職権主義の存在」（第八項）。「被告欠席の場合の欠席判決の手続の完全な欠落」（第一三項）。裁判所事務局の密行性（第一五項）。多数の審級（第二〇項）。「意見の一致を見ぬことによる、セナート審理部から総会へ、さらに国家評議会へという事案の移送。ここに生じる司法権と立法権との混合」（第二一項）。「訴訟代理人の権利・義務に関する規定の不備」（第二五項）[10]。――ここでは単に訴訟手続に関する主題だけでなく、第二四項、あるいは第二一項など、司法権や裁判組織の編成に関わる問いも出されている。こうして問題の所在について認識を大きく深めた合同部会は、審議を締め括るに当たり、「民事訴訟法の最終的裁可を待つことなく、直ちに裁判所構成法の起草に取りかかる」よう、第二部に求める決を採った[11]。

一〇月二七日、この国家評議会決議に基づき、皇帝はブルードフに、『新民事訴訟法草案』の成立を待たずに直ちに裁判組織の見直しに着手するよう下命した。このとき次の六項目の改正指針が示されている。(ⅰ)裁判官を増員し、裁判所事務局を縮小すること。(ⅱ)市参事会（市政庁）、宮廷裁判所と郡裁判所、また民事院と刑事院とを、それぞれ統合すること。(ⅲ)裁判所の長を任命制に改めること。(ⅳ)新たに執行士制度を設けること。(ⅴ)各裁判所に検察官と代訴士を付置すること。(ⅵ)公証事務を裁判所から分離すること[12]。――これは構想としてはかなり大きな制度改革である。

③　手続法の改革が裁判所構成の見直しにまで連動したのは、それが当時始まった農奴解放事業と密接に関わっていたからであった。すでによく知られているように、当初の解放方針は農民の耕作地に対する所有権を領主の側

に認めた上、彼らに領主権をも留保させる甚だ消極的なものである（一八五七年一一月のナジーモフ宛詔勅[13]）。だがこれは、翌五八年末になって大転換した。この年一二月四日に採択された新たな一二項目のプログラムは、「農民を漸次土地所有者にする」と定め（第七項）、旧農奴を「自由村落身分」に編入すると規定した（第二項）。さらに領主権は廃止され（第五項）、農民は訴訟の主体としての当事者能力を認められる（第一項）[14]。ここからは、従来領主が有した警察権や裁判権を改めて如何に編成するか、裁判上の権利主体の地位を得た農民の紛争処理のシステムを今後どのように築くかとの、裁判所の構成に関わる問いが必然的に生じて来ざるを得ない。

ブルードフの手続改革の構想自体、この問いに繋がる論点を内包していた。『新民事訴訟法草案』の複線的二審制である。またその『付帯説明書』は、「現在選挙による裁判官で構成されるわが国の裁判所に、任命の裁判官若干名を加えることで、これを強化する」とも提言している。さらにこの文書は、右の一部任命制への移行に伴なう財源の捻出手段にも触れ、裁判所事務局の縮小や第一審・第二審裁判所の統廃合に言及していた[15]。

ブルードフが翌六〇年四月一四日に合同部会に上程した『裁判所構成規程草案[16]』は、以上の構想を膨らませたものであった（図2-1）。全国の裁判所はセナート、控訴院 Судебная палата、郡裁判所 Уездный суд、治安裁判所 Мировой суд、村審判所 Сельская расправа の五種類とされ（第一条）、各県に控訴院（第三条）、各郡に郡裁判所（第四条）、郡の下の区画である地区 участок に治安裁判所を（第六条）、それぞれ置くと規定する。また現行の市参事会（市政庁）および宮廷裁判所は、郡裁判所と統合される。これにより第一審のレベルでも全身分共通の裁判管轄が実現するが、『裁判所構成規程草案付帯説明書』は、身分の別で裁判籍が異なるようでは管轄の確定が困難になり、徒に裁判制度が複雑になると述べている[17]。

セナートについてはこの案でも従来同様部に分けられて、ペテルブルクに第一部〜第五部を、モスクワに第六部〜第八部を置くとされた（第二条）。目新しいのはセナート・ペテルブルク総会である。これは確定した「最終

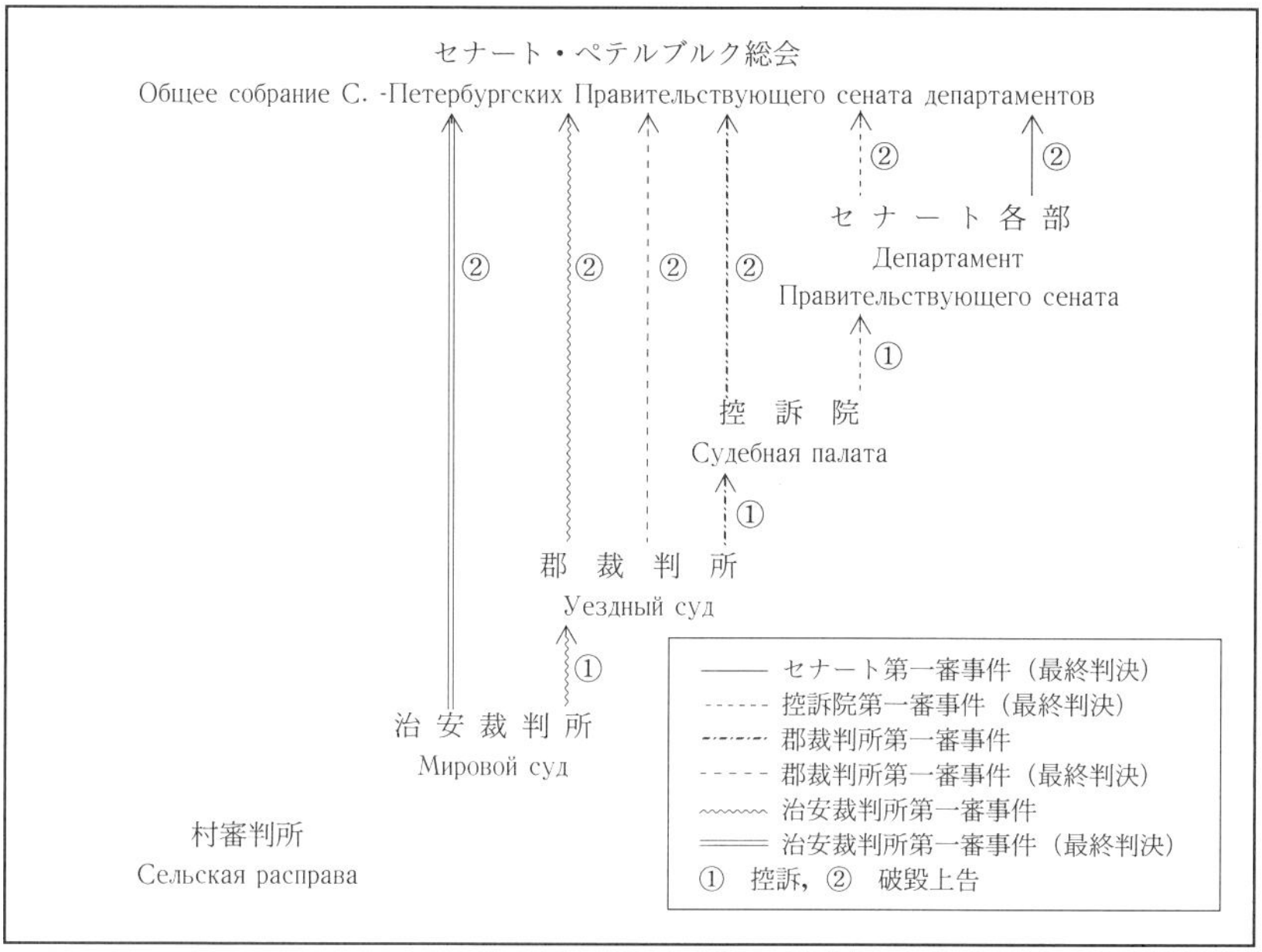

図 2-1　『裁判所構成規程草案』（1860）

判決」окончательное решение, окончательный приговор を、「破毀の手続により」審理することを目的とする（第一二二条）。これによって総会は、事案を再審査する事実審から、「多種多様な個々の事例に法律が正確・的確に適用されているかを公平に監視する」法律審へと、改組をされる[18]。ちなみにこの事実審二・法律審一という審級は、一八六四年に採用されたプランである。

草案と農奴解放との密接な連関を示すのは、村審判所と治安裁判所の二つであった。村審判所は名称こそ国有地農民を対象としたこれまでの裁判組織と同一だったが、ここでは「農村の全住民に共通の制度」とされている[19]。そこに旧農奴を「自由村落身分」にするとした、先の解放プログラムの反映がある。もっとも、草案は村審判所の組織構成については別途定めるとし（第八条）、細目は農奴解放法に委ねていた。結局この問題は以後司法改革の議論からは切り離されることになり、農奴解放法で郷裁判所という農民身分に固有の特別裁判所が組織をされる一因となった（農　第九三条～第一一〇条）。

より直接に解放事業の影響が見られるのが、領主権廃止後の新しい裁判組織として立案された治安裁判所である。『裁判所構成規程草案付帯説明書』は語っている。――これまで領主農民の間では、「如何なる民事事件もなかったし、動産をめぐる少額紛争の審理に当たる民事裁判所を設ける必要もまたなかった」。しかし今や農奴の解放と警察の機構改革が予定され、警察の裁判事務の廃止が考えられている。ところが「整った制度を持つ諸国では、どこでも少額の紛争の審理、軽微な犯罪の処罰、さらに時によっては犯罪捜査その他の事務を一定の範囲で委ねられた、裁判官または裁判所が存在している」。紛争の大部分はそこでは和解 примирение によって終了し、和解が不可能な場合にも、口頭の略式の手続に基づき一回の審理で終了している。そこで、この種の裁判所をロシアにも設け、治安裁判所と呼ぶことにしたい……。[20]

このブルードフ発言の要点は、治安裁判所が警察に代わってその裁判事務を継承すること、それは民事事件も扱うこと、その際当事者の和解が重視されること、である。[21]何れもイギリスの justice of the peace よりも、フランスの justice de paix を想起させる内容である。それに加えて草案は、治安裁判所は一名の治安判事 мировой судья から構成される単独制の裁判所であると定めていた（第二〇条）。この点もまた、当時のフランスの justice de paix と共通する。「整った制度を持つ諸国」がどこを指すのか、『付帯説明書』には具体的な言及がないが、以上の点からフランスの制度がこのときモデルになっていたと推測される。もともとロシアにとってフランスの治安判事制は、すでに王国領ポーランドで行なわれていた関係から――前身のワルシャワ公国時代に移植をされたナポレオンの遺産であった――、言わば馴染みの制度であった。なおブルードフはこの草案と同じ四月一四日、『治安裁判所管轄民事事件判決手続規則案』、および『治安裁判所管轄微罪事件判決手続規則案』を合同部会に上程して、治安判事が管轄する民・刑事件の手続を明らかにしている。[22]

表 2-4 『裁判所構成規程草案』における裁判官の任用方法（1860）

官　　名	任用方法
控訴院　Судебная палата	
県大判事　главный губернский судья	皇帝が任命（11，286）
控訴院部長　председатель департамента Судебной палаты	貴族身分の選挙に基づき，皇帝が任命（12，286）
控訴院副部長　товарищ председателя департамента Судебной палаты	法相が任命（12，286）
控訴院上級判事　советник Судебной палаты	法相が任命（12，286）
控訴院判事　заседатель Судебной палаты	貴族・都市民・農民の三身分が選挙し，法相が承認（12，286）
郡裁判所　Уездный суд	
郡裁判所所長　председатель Уездного суда	貴族身分が選挙し，セナートが承認（14，286）
郡裁判所副所長　товарищ председателя Уездного суда	法相が任命（14，286）
郡裁判所取調判事　член следователь Уездного суда	法相が任命（14，286）
郡裁判所判事　заседатель Уездного суда	貴族・都市民・農民の三身分が選挙し，法相が承認（14，286）
治安裁判所　Мировой суд	
治安判事　Мировой судья	貴族身分が選挙し，県大判事が承認（286）

注：（　）内は，『裁判所構成規程草案』の条文．

以上と並んでブルードフは、裁判制度を人的側面から強化していくことに意を配った。裁判官の任用は表見的には以前と変わらず、任命制と選挙制とを併用する（表2-4）。しかし『裁判所構成規程草案』では初めて裁判官の任用資格が明示をされて、法学教育の修了と二年以上の実務経験が要件となった（第二九三条）。さらに草案第六編は、司法と行政の「分離」отделение を掲げ、裁判所構成員の懲戒責任を司法部内部で問うこととしたり（第二二九条〜第二八三条）、司法行政上の監督権を上級機関に集中させ司法部の求心化を図るといった措置を打ち出している。この監督権には、「言うなれば家長のようなもの」と形容された[23]、各裁判所の長が持つ所轄裁判所の構成員に対する監督権（第二〇二条、第二〇六条、第二〇七条）、県大判事 главный губернский судья、すなわち控訴院の長が持つ、控訴院管内の郡裁判所・治安裁判所の構成員に対する監督権（第二〇八条～第二一〇条）、そして郡裁判所の長が持つ管内の治安裁判所に対する監督権（第二一一条～第二一二条）の三つがある。

小括すると、この草案でブルードフは、農奴解放の要請に見合う形で裁判機構の改組を行ない、人材の登用基準を明確なものとし、司法部独自の懲戒や監督の仕組みを建てて各裁判所の連繫の強化を図ろうとした。巨視的に見るならば、この作業はこれまで影の薄かった司法部門を統治機構の中に析出する試みと言うことができる。

④　合同部会で『裁判所構成規程草案』の審議が始まったのは、上程から約一年後の一八六一年六月であった。合同部会は六〇年五月から一年近くを、司法省の実務家や国家評議会議員が『新民事訴訟法草案』合同部会修正案に寄せた様々な意見を検討することに当てたので、議事が遅滞したのである。この間に審議に進捗が見られたのは僅かに『代訴士法草案』だけで、こちらは六〇年春にブルードフ原案の修正案、次いで六一年六月にその再修正案がまとめられた。なおこの修正・再修正の過程で、代訴士の呼称は「弁護士」присяжный поверенный の名に変わっている。

この『代訴士法草案』が再修正案へと至る過程は、原構想のアヴーエ的代訴士に自由専門職としてのアヴォカの要素を付け加えていくプロセスになった[24]。再修正案では、弁護士は民事院に配置され（第一条）、資格の取得に当たっては『代訴士法草案』における規定とほぼ同一の学歴（教育資格）と実務経験（職歴資格）を求めている（第六条）。だが『代訴士法草案』にない新機軸として、再修正案（および修正案）は弁護士評議会 Совет присяжных поверенных なる団体を置き、弁護士名簿の管理に与からしめた。以下、この再修正案の骨子を掲げよう。なおアヴォカ的要素の付与と言っても、フランスのようにアヴーエと並んでアヴォカを組織する二元主義は採用されていない。

(i)弁護士評議会——評議会は各県の弁護士から互選され、「県に居住する全ての弁護士を監督する」（第七条）。

但し評議会議長は民事院検事長が兼任する（同）。評議会の職務は次の如し（第八条）。
・弁護士資格申請の第一次審査。
・弁護士の活動に寄せられた当事者からの苦情の審査。弁護士が依頼者の意向や利益に沿って法律・規則その他職務上の義務を遵守しているか否かの監督。
・弁護士の活動の態様について、裁判所に提出する証明書の交付。
・受救権ある無資力者に対する無報酬の訴訟代理人の指定。
・弁護士報酬について紛議ある場合の裁定。
(ⅱ)弁護士資格の取得――弁護士資格は民事院によって与えられるが、希望者は最初に弁護士評議会に資格申請をしなければならない（第一一条）。民事院は資格要件や欠格事由の有無を調べ、さらに評議会の意見や申請者の「道徳的資質」を総合的に判断して、諾否を決する（第一二条）。

(ⅲ)弁護士の懲戒――弁護士評議会は、所属弁護士に対する懲戒権を持つ。処分の内容は警告、戒告、一年以下の業務停止、除名、刑事裁判所への送致の五種類とする（第九条）。

(ⅳ)弁護士の業務――弁護士は民事事件の訴訟代理に従事する。弁護士強制主義は採用せず、本人訴訟も許容されるが、「十分な数の弁護士」が居住する都市では、訴訟代理人は弁護士の中から選任されなくてはならない（第一三条）。


こうして懲戒権と間接的だが自己補充権とを享受する弁護士団体の設立が認められ、限定的とは言うものの、弁護士代理の原則も肯定されることになった。これにより、半官的な存在であった代訴士の自由職業化と専門職化が進んだのである。とはいえ「司法機関の監督下にある訴訟当事者の代理人」という構想の出自は、検察官が評議会議長の職を務める点に、あるいは民事院が弁護士資格を与える点に、依然垣間見ることができる。弁護士業務も民事の訴訟代理に限定され、刑事弁護は予定されていない。再修正案といえども、それは『新民事訴訟法草案』を補完する付属の制度という枠内にあった。

代訴士構想のこの「頭打ち」は、当初想定された小幅改革の枠を越え次第に拡大していったブルードフ案が孕んでいた、ある限界を示していた。プランの拡大は、『新民事訴訟法草案』から『代訴士法草案』へと至るように、内在的な法の論理に促された場合もあれば、『裁判所構成規程草案』に見るように、外の要因が強く働いた例もある。構想はなしくずし的に膨らんでおり、そこには必ずしも一貫した見取図がない。換言すると、改革の対象領域の拡大とともに、法案相互の連関が見失われる可能性が次第に高まっているのである。その後の作業は、結果的にはこの危惧が現実化していく過程となった。

（1）Проект положения о производстве дел гражданских порядком сокращенным (Дело 1, No. 2).
（2）Проект постановлений о присяжных стряпчих (Дело 4, No. 3).
（3）Объяснительная записка к Проекту постановлений о присяжных стряпчих (Дело 4, No. 7), стр. 3.
（4）Там же, стр. 4-10.
（5）Там же, стр. 10-11.
（6）Там же, стр. 11-12.『付帯説明書』は、フランスの訴訟手続は各国で広く採用を見たものの、アヴォカとアヴーエの弁護士二元主義を採用する国はどこにもなく、ドイツの一部、オランダ、ピエモンテ、ナポリ、ギリシア等、何れもそこでの弁護士 адвокат はフランスでアヴーエが行なう業務に従事しているとし、比較法の観点から見てもアヴォカではなくアヴーエの方に普遍性があるのだ、と結論する。
（7）Там же, стр. 12-13.
（8）Проект правил о порядке исполнения судебных решений по делам гражданским (Дело 1, No. 1-8).
（9）Проект устава судопроизводства гражданского, рассмотренный в Соединенных департаментов гражданского и законов Государственного совета (Дело10, No. 2). 修正案は一八五七年原案と大同小異の内容である。

（10）Журнал Соединенных департаментов гражданского и законов Государственного совета о главных началах, принятых ими при рассмотрении Проекта нового устава гражданского судопроизводства（Дело 10, No. 1), стр. 5-6.
（11）Там же, стр. 31.
（12）Общая объяснительная записка по проекту положения о судоустройстве（Дело 4, No. 8), стр. 2.
（13）全文は、Журналы Секретного и Главного комитетов по крестьянскому делу. Пгд., 1915, т. 1, стр. 33-35.
（14）全文は、Там же, стр. 297-300.
（15）Дело 2, No. 1, стр. 143-144.
（16）Проект положения о судоустройстве（Дело 4, No. 4).
（17）Дело 4, No. 8, стр. 24, 38.
（18）Там же, стр. 53-56.
（19）Там же, стр. 38.
（20）Там же, стр. 40-41. 警察改革については第五節を参照。
（21）「和解の мировой 裁判所という名称自体がすでに示しているように、紛争の際の治安裁判所の主たる義務は、相争う当事者の合意と和解に向けた措置を取ることでなくてはならない」（Объяснительная записка к проекту правил о порядке производства спорных гражданских дел, подлежащих ведомству судов мировых // Дело 4, No. 5, стр. 2)。これを受けて『裁判所構成規程草案』は、「民事事件での治安判事の主たる目的は、相争う当事者の和解である。これが不調の場合に限り、治安判事は事案を審理し、法律に従い判決を言い渡す」と定めている（第二二条）。
（22）Проект правил о порядке производства спорных гражданских дел, подлежащих ведомству судов мировых（Дело 4, No. 1); Проект правил о порядке производства дел по маловажным преступлениям и проступкам, подлежащим ведомству судов мировых（Дело 4, No. 2).
（23）Дело 4, No. 8, стр. 61.
（24）修正案と再修正案の詳細は、「帝政ロシアの弁護士法制」（二）、九五～一〇九頁、を参照。

四　急進的改革論の台頭

（1）司法改革と論壇

① 一連のブルードフ法案が国家評議会に上程された五〇年代後半は、相対的に自由な言論空間の形成を背景にして、広く公論が湧出した時期に当たっていた。第一の舞台は論壇つまりジャーナルである。新帝即位後の検閲の緩和は、ペテルブルクの『同時代人』、モスクワの『ロシア報知』や『ロシア談話』といった各種政論ジャーナリズムの勃興を招いた。さらに「分厚い雑誌」と総称されるこれらの総合誌と並行して、この時期初めて法律の専門誌も登場する。司法省機関誌『司法省雑誌』Журнал министерства юстиции（一八五九年刊）、ベルリン留学の第一世代П・Г・レートキンが編集に当たった『法律雑記』Юридические записки（一八五九年刊）、続く第二世代の法制史家Н・В・カラチョーフの『法律報知』Юридический вестник（一八六〇年刊）、啓蒙的で一般向けの色彩が強いП・А・サルマーノフの『法律雑誌』Юридический журнал（一八六〇年刊）等である。これらの定期刊行物に国外で刊行されるゲルツェンの『鐘』や『ロシアからの声』が加わり、ここにロシアは諸雑誌の饗宴の時代を迎える。[1] こうした総合誌や専門誌は、直接あるいは間接に（諸外国の事情の紹介という形で）、裁判をめぐる諸問題に言及していて、側面から司法改革への関心を掘り起こす役を担った。

もう一つの舞台は、農奴解放プランの検討のため、一八五八年までに各県で組織された県委員会であった。彼らの代表は二度に分かれて五九年と六〇年に首都に招かれ、地方貴族の利害や立場を表明した。もとよりそこでの主要なテーマは農民の新しい土地の利用のあり方だったが、警察組織あるいは裁判制度など、領主＝農民関係の変化に伴う今後の地域の統治機構のあり方も彼らの主題の一つとなった。[2] こうして地方の「社会」が政策決定に引き入れられたことによって、司法改革も中央の司法当局と法制官僚の狭い議論の枠の中には納まらなくなってきた。

地方貴族の主張の例として、А・М・ウンコーフスキーら第一回の招集代表が奉呈した、いわゆる「五人の請願」（一八五九）を取り上げよう。この意見書は、農奴解放に関しては、領主＝農民間の義務的関係を直ちに廃止し、領主が零落しない程度の適切な価格で農民に分与地を買い取らせるとの即時解放論を展開していたが、これに続けて「独立した司法権力を樹立すること」を求めている。具体的には陪審制、そして口頭・公開の手続を持ち、行政権力から独立し、地方官憲の責任を裁判を通して直接追及できるような司法機関の設置である。(3)この場合ウンコーフスキーには、ロシア社会の現状について、「全ての執行権力がチノーヴニクの手の中にある」「民衆の全生活が政府の後見の下にある」「全てが上級の権力機関の許可を待って行なわれる」「経済も警察も、犯罪捜査も純粋に司法的な事務さえも、そこでは全てが執行権力に委ねられる」という認識があった。ここに広くロシアを蔽う権力の濫用が生じると彼は言う。(4)ウンコーフスキーの論理では、司法改革は地域社会の自律を確保するための戦略であり、裁判の公開も住民の司法参加も裁判による官吏の責任追及も、何れもそのための戦術だったことになる。

「社会」の自律、あるいは自律した「社会」と中央集権的「国家」という対抗軸は、当時の論壇を席捲した社会認識のシェーマである。(5)これまでもっぱら設営者の都合という観点から議論が進められてきた司法改革に、この角度から新たな意味づけがなされたことは、後の一八六四年改革に自由主義的な性格を与える契機となった。

② ウンコーフスキーの主張は、司法制度の外側から改革を手繰り寄せた議論に他ならなかったが、当時の論壇にはいわゆる内的視点から司法改革にアプローチした論攷も多数存在した。外からの観点だけではブルードフ諸案との接点がなく、議論は嚙み合わないままに単なる評論に終わったであろう。問題を法に内在的な角度から見つめる思索が出てきたことで、主題は深められたのである。

こうした一連の論攷の中で、質・量ともに群を抜くのは、К・П・ポベドノースツェフの「民事訴訟改革論」

（一八五九）である。多彩な論点を散りばめたこの論説で、最初に注目されるのは訴訟観の転換である。彼は「訴訟を無条件に道徳的な悪と見なし、一国の訴訟件数が少ないことを、国内の平和と繁栄の徴と考える者には同意し難い」と、「少ない訴訟」と「小さな司法」を良しとする通念を疑問視する。[6]「訴訟自体は、単なる市民生活の現象である。社会関係の発展は、それに続いて必然的に訴訟の増大を生む。訴訟を事件 дело［用事・用件］と呼ぶのは故なしとしない。市民の間で用事が増えれば増えるほど、訴訟も増大をするのである」。商工業の発達が弱いところでは訴訟件数は僅かであるが、こうした社会では市民の財産はほとんど保障をされることなく、権利概念もまた未発達である。だから「国家の第一の事業は、各市民が自己の権利を擁護し展開できるよう、市民に公平な裁判を提供し、訴訟の手続・方式を整備することである。第二の、これに劣らず重要な事業は、市民が裁判に訴える必要がなるべくないよう配慮することである」。[7]健訴濫訟をそのまま肯定するものではないけれども、ここでは「社会の発展──→多くの訴訟──→大きな司法──→権利観念の生成と発展」という法発展の構図が提示をされて、司法改革は為政者が正面から取り組むべき課題であると意識されている。

この方策として彼が最初に打ち出すのは、口頭主義の手続である。ポベドノースツェフは念頭に裁判所事務局の密室司法と結びついたロシアの書面審理の実態を置き、裁判官の背後の書記が実質的に訴訟の帰趨を左右しているこの状態が、裁判を形骸化させていると痛憤する。目ざすところは生々とした裁判である。「物言わぬ書面に代わって裁判官の面前に生きた人々が現れたとき、目の前で実際に当事者の生々とした対論が行なわれるとき、裁判官は初めて本当の裁判官となる」。[8]

当事者による弁論を補充し、裁判を活性化させる手段として、続いては弁護士制度が取り上げられる。とはいえ、議論はブルードフとは対蹠的な位置にあった。「弁護士を裁判所に付属してここに従属する官吏に変え、弁護士の数に制限を設け、彼らを裁判所において下級の行政官吏と同等の地位に任じるならば、法律は弁護士が奉仕すべき目的の達成を妨げることになるであろうし、市民が自らの擁護者を選任する自由に制限を置くことになるだろう」「知的能力が発達をした階層は何であれ社会の危険分子であるとの理由から、弁護士層の廃止もしくは弱体化を求めるのは、全く理性を欠くだけでなく、社会秩序にとって高度に危険である」[9]。さらにポベドノースツェフは、活気ある裁判の実現のため、公開主義を要求する。裁判の公開は法廷に緊張感を持ち込んで裁判官がルーティンに陥るのを防ぐとともに、社会の中に権利義務の観念や法律に対する尊敬の念を育んでいく啓蒙的な効果がある[10]。

議論の結びは、裁判所構成の原則についての指摘であった。彼は「訴訟手続の改善を図ると同時に、裁判所を一群の国家機構の中でそれに相応しい権限と意義とを持ったものにしなくてはならない」と力説し、そのための第一の条件は「行政からの司法の分離」отделение суда от управления にあるとする。その内容は具体的には、「司法は行政の事項には関与せず、行政もまた司法に属する紛争の解決と法律の解釈には介入しない」との、権力の棲み分け論である。司法も行政もともに法律を適用して社会の秩序を維持することを目的とするが、司法権はあくまで個別の問題だけを取り扱う。裁判官がこの枠を越え、判決が社会生活にどのような影響を及ぼすかまで考えて行動することは、許されない。対して行政は、絶えず時とところの諸条件を念頭に、目的を達成する上でもっとも迅速で確実な手段の選択に努力する。そこでは個々人それぞれの状況だけに止まらず、社会全体に対する関係も考慮に入る。このように活動の態様が異なるのだから、両者は分けられなければならないのだ、と[11]。

右に瞥見した限りでも、議論はブルードフよりラディカルである。ウンコーフスキーが政治思想の次元でまとめた諸問題は、ここでは訴訟法の立場から読み返され、各論の裏付けを得ることによって、より説得力を増している。ちなみにここでポベドノースツェフが拾った各種の論点は、この頃、多くの論者の手によって精粗様々に扱われていた主題であった。ブルードフ構想と対比するとき、これらを急進的改革論と命名することができるであろう。

③　多くの急進改革の議論の中で、その斬新さで異彩を放つのが刑事司法論である。中でもC・И・バールシェフの改説は、時代の変化を象徴する事件となった。『ロシア報知』に発表の一八五七年論文「刑事訴訟における口頭主義と公開主義」で、彼は口頭主義・直接主義・公開主義を弾劾訴訟、書面主義・間接主義・密行主義を糾問訴訟の属性と規定し、一転、次のように弾劾訴訟の優位を説いて見せた。——公開主義には裁判を衆目に曝すことで、裁判官に公正で客観的な訴訟の指揮を迫る利がある。それはまた、国民の刑事司法への信頼を高めるから、ここからは権利意識や法律を尊重する態度が培われる。次に手続が直接主義に立って進められると、法廷で被告人を目の当たりにした裁判官はよくその人物を知ることができ、証言の任意性を自分の目で確かめることが可能になる。対して間接的な書面審理の場合には、裁判官の判断資料は被疑者有罪の予断に満ちた糾問調書に限られるため、裁判官には加工を受けた形でしか真実を知る術がない。従って真実発見の手段としても、弾劾訴訟は糾問訴訟より優れている。さらに秘密裡に手続が進む書面主義では、脅迫あるいは拷問といった取調べ時の糾問官の違法行為が明るみに出ることは稀であるが、直接主義・口頭主義に立つならば、被告人は裁判官に糾問官の違法を訴えることができる。そして最後に、弾劾訴訟の下においては、書面主義下で数年、時に一〇年を越えた刑事裁判が、数ヶ月で結審する利も存在する。すなわち、口頭主義は裁判の迅速化を促して、訴訟費用を引き下げる……[12]。この議論は、K・ミッターマイアーの『口頭主義・弾劾主義・公開主義・陪審裁判』（一八四五）に触発されたものである。ここでのバールシェフは論の立て方が直線的で、主張は糾問訴訟と弾劾訴訟の二項対比に終わっているが、論理が素朴で明解な分、刑事司法の焦点が逆に明瞭に浮かんでいる。

それゆえにバールシェフ論文は直ちに論壇の反響を見出すことになった。後にレートキンと組み『法律雑記』の編集に当たったK・Я・ヤネーヴィチ＝ヤネーフスキーは、五七年、「ロシアの実定法における刑事訴訟の公開主義と口頭主義」を、同じ『ロシア報知』に発表している。内容は野戦軍法会議 полевой военный суд の訴訟手続の解説で、彼はここから「わが国では言葉の完全な意味での公開主義が存在している」「被告人質問、および事案の解明のための証拠調べは、傍聴人同席の下、裁判官によって行なわれている」「公開主義の原則は、わが国の法律、制度と一致しないものではない」との結論を与えた[13]。即決を旨とするのが野戦軍法会議の目的だから、書面に依らず審理が口頭で行なわれるのはむしろ当然のことであるが、こうして奇矯な着眼に訴えてでも、口頭・公開の刑事訴訟がロシアにとって異質の原理でないことを、彼は説こうとしたのである。『法律雑記』における彼は積極的な啓発活動を行なっており、ここには毎号のように、「フランスにおける陪審裁判の導入、発展、現状」（一八五九）、「イギリスの陪審裁判」（一八六〇）といった論文が掲載された[14]。

その陪審についてバールシェフは、やはり五七年に発表をした別の論文で、詳しく効用を語っている。――第一は真実発見への寄与にある。犯罪の解明には、法律知識と経験が必要だが、「さらに生活と人間に対する知識も不可欠である」。しかし職業裁判官、つまり「裁判官＝チノーヴニク」は出身が特定の階層に偏っていて、自分の職業的世界から人間を眺めるにすぎないから、この点甚だ心許ない。これに対して陪審員は「全ての社会階層から取られており」、絶えず別の世界に属する人と接するため、社会をより深く知っている。第二に陪審には政治的な効用があり、刑事司法に対する信頼を確保するのに好適である。陪審員は民衆の中から選ばれるため、「裁判官＝チノーヴニク」よりも遙かに容易に人々の信頼を獲得する。しかも陪審員として司法の実現に加わった者が社会の中へと持ち帰る職業裁判官への信頼感は、人々の間に刑事司法への信頼を広め、今度はこれが職業裁判官の励みになる。最後に第三の効用として、この制度が法と現実との隙間を埋めていることも、見落としてはならない。なぜならば「陪審員は法律ではなく良心に従って裁く」がゆえに、法律が現実に対しあまりに苛酷と思われるときは、彼らは法律の効力を否定するからである。また逆に、このように法を変更することで、陪審員は法の発展を促しもする。要するに、「生活を法に持ち込むことで、陪審員は同時に法を生活に持ち込んでいる[15]」。

続く五九年のバールシェフ論文「刑事裁判において必要とされる保障について」は、この間の彼の思索の到達点を示すものとなった。ここでバールシェフは、糺問主義の欠陥は審問 следствие（犯罪行為を取調べ真実を明らかにする作業）と訴追 обвинение の二つの機能を、糺問官が兼ねるところにあると断じた。糺問官は審問に携わる者として「真実の発見」を求められ、被疑者に有利な事情も不利な事情もともに等しく追求して行くことを迫られる。だが一方で、糺問官は犯罪摘発の訴追者として、犯跡が消え犯罪者が逃亡しないよう、あらゆる機会を捉えては犯罪捜査に着手するよう要請される。この結果、審問は往々性急に、単なる風評の存在だけで審問対象も不明なままに始まるから、結局は場当たり化して長期化する。しかも糺問官は訴追者として被疑者に有罪の予断を以て臨むので、審問の公正が期待をできず、詰まるところ審問は被疑者の嫌疑を強める方向でなされる他ない。典型的には、これは誘導・拷問といった糺問官の自白獲得志向に表れている……。以上のように論じてバールシェフは、審問と訴追の二つの機能の分離を求めた。「弾劾訴訟ではある者が訴追し、他の者が審問に当たる」。すなわち訴追、被疑者の弁護、公平な審問という、これまで糺問官一人に課せられてきた諸機能を分散し、訴追人と被告人とが進める手続を軸に据えて、裁判官には糺問官の持つ審問機能を割り当てること、――これが彼の理解する弾劾主義であった[16]。

さらにバールシェフは、この弾劾化の前提を当事者間の平等に見て、ここから刑事弁護人制度を基礎づけている。「凡そ格闘というものは、技量の等しい戦士が同一の武器をもって行なうときに初めて成功する」「防御側・攻撃側の均衡を回復するためには、攻撃側と同じく防御側も独自に代表者を立てなくてはならない[17]」。

もとより刑事手続の弾劾化とは言うものの、国家訴追に止めるのか被害者訴追や民衆訴追も採用するのかと言うような、未決の論点は依然多い。だが弾劾主義の導入や陪審制度の効用が、かつての糺問主義の理論家により提唱され、刑事弁護人制度の意義が強調されているのを見るとき、論壇で共鳴を呼んだ見解とブルードフ構想との懸隔は瞭然である。

（2）オルタナティヴの模索

① 論壇における以上のような改革論議は、先に述べた意味での急進性や諸国の制度・学説に寄せた旺盛な関心といった点に、互いを繋留するものがあった。さらにもう一つの共通項は、論者の歩んだ経歴にある。ポベドノースツェフは一八四六年に帝立法学校を卒業し、モスクワ・セナートに勤務して、五七年からその総会の上席書記を務めていた。ヤネーヴィチ＝ヤネーフスキーも同様に、四八年に帝立法学校を卒業後、勤務に入った人である。バールシェフやレートキンら長老クラスのアカデミシャンと並行して、彼らのような一回り若い実務家が、積極的に発言をしている。彼らの他にも、裁判所から独立をした弁護士制度の必要を説くΓ・K・レーピンスキー（一八五二年帝立法学校卒）、精力的にイギリス法の紹介をしたM・И・ザルードヌイ（一八五五年帝立法学校卒）、ハノーファー民事訴訟法の紹介に当たったA・A・クニーリム（一八五八年帝立法学校卒）など、実務家出身の論客は多い[18]。かつて三〇年代に種を播かれたロシアの法学教育が、ここに開花をしたと言えるであろう。

この人々を口頭主義や公開主義を核とする裁判制度に向かわせたのは、何よりも、書面審理と密行主義が支配する彼らの現場の体験であった。「昔の裁判所！　思い出すだけでも髪の毛は逆立ち、鳥肌が立つ」と、一八四二年に帝立法学校を卒業したИ・C・アクサーコフは回想している。「そこでは最末端に、古手のごまかし屋の取調官がいて、全て外見は法律の規定に沿った形を取りつつ、将来の判決の基礎を捏造している。続いて郡のレベルでは、選挙された貪欲な貴族裁判官の関与の上で、あるいは、これも同じように犯罪的だが貴族裁判官の全く与かり知らぬままに、私腹を肥やす裁判所書記が一件書類から『事件抄録』を作り上げ、これに途方もない、と言っても形式ではなく内容から見てのことであるが、途方もない結論を与えている。そして最後に、何年も引き延ばされた末に、事件は刑事院へと行く。そこでは全く同じ運命が待っているのである[19]」。

ポベドノースツェフが活気ある生々とした裁判を求めて止まないのも、このような実体験に根ざしていた。ことさらに規律を揚言するパーニンの粛正政策自体、彼には問題の是正どころか、第一線で働く者の自負を逆撫でする行為に思われた。ロンドンに住むゲルツェンに宛て、彼は密かに書き送っている。「大臣の出す多くの命令は、コップで海の水を汲み出そうとする馬鹿な子供の話を思い起こさせる。パーニン伯の考えが、職務上有害だと彼が見た、あるいは彼が法律違反だと考えた出来事によって、失敗したと想定しよう。こうした場合往々彼は、将来の不正を防止するため、自分の省で一般的な措置を取ることが必要だと考える。通達が作成されて、送付される。だが今日まで、誰もこのような通達の中に、生きた思想、実際的な措置を見出していない。厖大なパーニン伯の通達の集成は、将来の歴史家にとって、ロシアの形式主義の精神がその極端な代表者の下で、どれだけ子供っぽい命令にまで達しているかを示す証拠となるであろう[20]」。

これらの実務家の間には、言論活動に止まらず、さらに具体的実践を模索していく者もあった。五〇年代末から六〇年代初頭にかけて作られた、様々な学習サークルである。その一つ、ペテルブルクのスターソフ＝アルセーニエフ・サークルを取ってみよう。司法省の中堅・若手の官僚が集まったこのサークルは、一八五九年に、Д・В・スターソフ（一八四七年帝立法学校卒）、П・О・ティゼンガウゼン（一八五五年帝立法学校卒）、К・К・アルセーニエフ（一八五五年帝立法学校卒）、В・В・サマールスキー＝ブイホーヴェツ（一八五五年帝立法学校卒）、Д・Б・ベールの五人によって組織された。発端は五七年に、パーニンが『新民事訴訟法草案』をベールやアルセーニエフに検討させたことだったが、この集まりが拡大して、五九年から定期的に勉強会を持つに至ったものである。この沿革からサークルは、当初は官房第二部の起草した各種の法案を取り上げ議論をしていた。しかし間もなく彼らはこれに飽き足らなくなり、内外の裁判事件から興味ある事例を抜き出して、模擬裁判を試みた。アルセーニエフは書いている。「サークルが最初に論議したのは、賃貸借契約は賃貸物の所有者がこれを他人に売却したときにも有効であるかという問題だった。これを肯定したのが私であり、ベールは売買は賃貸借を破るという原則を擁護して、オポネントに立った」。討論は往々深更に及び、議論を通じて物事を冷静に多角的に見つめる姿勢と相手を説得する弁論術とが養われたと、後年彼は回顧している。サークルは、一足先に新しい訴訟手続を身体で覚える、生きた学校だったと言うのである[21]。

このサークルはメンバーの公務多忙が原因の自然消滅に至るまで、約一〇年にわたって存続した。毎回の出席者は、平均一五〜二〇人、延べにして四五人を越えたとされる。彼らの多くはその後ロシアの法曹界の中心となった。一八六四年の改革後スターソフは初代のペテルブルク弁護士評議会議長を務め、アルセーニエフは第二代議長となった。サマールスキー＝ブイホーヴェツも、やはりペテルブルクで弁護士登録を行なった。一方ベールとティゼンガウゼンは、在朝法曹の道を歩み、後にそろってセナート入りする。在朝組ではこの他に、名判官と賞される先にも挙げたクニーリム、あるいはИ・И・シャムシーンといった人がいる。さらにA・A・ポロフツォーフ、あるいはA・A・サブーロフなど、ここには後に司法官から政治家に転じて名をなした人も存在する。アルセーニエフの回想では、「将来における司法官と弁護士の同盟」は彼らの間の共通の了解事項であった[22]。

後に生まれるロシアの法律学の学会は、起源をこの種の同人的なクラブに持っている。こうした学習サークルは、論壇を実践と結びつけ、将来の人材を養成し、法曹各界の結節点を形作ったことになる。

②　急進改革の議論には、学習サークル以外にも具体的実践と結びつく回路があった。一八五〇年代後半になって急浮上した、軍事司法の再編という課題である。軍法会議の組織法および手続法は起源を一八世紀のピョートル立法に持っており、沿革的にもまた制度の運用の実態面でも当時の糺問的な刑事訴訟の祖型だったが、軍当局の間では峻厳苛酷なこの制度が兵士の脱走を誘発しているとの反省が、軍紀の回復が急務となったクリミア戦後の状況

の中で生まれていた[23]。

議論はとりわけ海軍において活発であった。海軍省法務局長П・Н・グレーボフは、その理由を次のように説明している。「適切な裁判制度を求める声は、他のどの省庁にもまして、海軍省で強く感じられる。海軍の将士は外洋航海を行なうので、不断に外国人との接触がある。外国では裁判がどのように行なわれているか、将校や兵士の人格が法律でどれほど尊重され保護されているか、将兵たちは外国人からこのことを聞き、また現にこれを自分の目で見る。わが国の裁判と見比べるとき、彼らの自尊心は傷つけられ、別の秩序に服したいという誘惑が、心の中に刻み込まれざるを得ない」「軍事力の強さ、その安定性は、将兵の自尊心が傷つき辱められていると感じて現在の秩序を尊重しなくなるときに、常に崩れるものである[24]」。

当時海軍のトップに立っていたのは、五五年に海軍総裁 главный начальник флота и морского ведомства に就任した、「赤い大公」皇弟コンスタンチンであった。彼は五七年七月に法務局に特別委員会を設置して、軍事司法の改革に着手している。五九年にグレーボフをフランスに、К・С・ヴァルラントをイギリスに送って両国の裁判事情を調べさせたのも、この活動の一環である。さらにコンスタンチンは、司法省から中堅クラスの実務家を引き抜き、改革に備えた。この頃、司法省では司法部の現状に飽き足らない人々の退官、あるいは転出といった人材の流出が顕著に見られ[25]、海軍省は彼らの不満の捌け口となったのである。その後コンスタンチンの片腕として活躍するД・А・オボレーンスキー（一八四二年帝立法学校卒）、後の法相Д・Н・ナボコフ（一八四五年帝立法学校卒）と言ったように、この時期移籍した者の中には大物が多い。グレーボフ（一八四五年帝立法学校卒）もヤネーヴィチ＝ヤネーフスキー（一八四八年帝立法学校卒）も、この時期の転出組である。このことは、実務の間で支持者を広げつつあった急進改革の主張が、海軍省という些か特殊な領域においてではあるが、現実化される機会を得たことを意味していた。

軍法会議の改革をめぐって省内の議論をリードしたのは、グレーボフの視察報告「フランスにおける海軍訴訟手続」（一八六〇）であった。その結論はフランスをモデルに据えた抜本的な制度改革の提唱である。「全てのヨーロッパ諸国の中で、フランスの司法制度は裁判所の改善にすでに着手し、また着手しようと考えている他の諸国民、諸政府の範となるまでに発達を遂げ、広い尊敬をかち得ている」[26]。グレーボフはパーニン流の歴史の有機的発展という史観を斥け、歴史とは元来有用な実例の詰まった教訓集に他ならないと立言する。ゆえに自国固有の伝統を理由に外国の制度の継受に消極的な、「経験的・歴史的漸進主義」опытно-историческая постепенность は、その実、歴史とは如何なるものかを弁えない謬論にすぎぬ、と[27]。

同時にフランス・モデルの強調には、かねてのブルードフの持論である、大々的な改革は政治の混乱の雷管になるとの慎重論を封じる意味が込められていた。大革命後のフランスが取った厳格な権力分立制に立つ司法権の編成と司法部の非政治的性格を、グレーボフは積極的に評価する。「裁判組織はその本質上政治的な存在ではなく、民衆のあらゆる政治的運動とは距離を置いている。この証明が過去五〇年のフランスの現実である。われわれはそこに、かつて第一帝政に奉仕した公開・口頭の裁判が、ブルボンの復古王朝にも、オルレアン家の王朝にも、共和国にも、そして今またナポレオンの王朝にも仕えているのを見る。裁判機構は、その性格上、主として保守的な組織なのである」[28]。——このような権力分立論は、権力の棲み分けと相互の不干渉を言うポベドノースツェフの「権力分離」観に近い。

グレーボフはフランスの司法の原則を、次の六点に集約した。(i)裁判所の独立。裁判所が司法部の外から影響されないこと。(ii)訴訟手続の公開と裁判活動の報道。(iii)口頭主義。(iv)判決の最終性 окончательность と不変更性 неизменность。(v)被告人の防御権の保障。(vi)破毀裁判所による法律と訴訟手続の監視。(ii)と(iii)の公開主義と口頭主義に関しては、理由に司法に対する民衆の信頼の回復や生々とした心証形成への寄与が挙げられている。次に訴追者の利益のためにも被告人の利益のためにも、(vi)の訴訟手続の遵守が必要とされ、さらに(v)の防御権保障の要請からは、刑事手続の弾劾化と刑事弁護人制度の確立が帰結すると言う。また裁判官が自己の良心に従って慎重に裁判をするようになるためには、(iv)で指摘があるように、判決が最終的で変更不能でなければならないと強調される。そして最後に(i)の裁判所の独立に関しては、そこには裁判所の機構的独立 самостоятельность судов と、裁判官がその地位を保障され良心と法律にのみ従うという裁判官の独立 самостоятельность судей との、二つの意味があるとしている。前者は先の棲み分け論で、「全ての司法事務は裁判所へと集中され、裁判所はどこにも服することなく、省、県知事その他の行政機関や行政官の影響の外に置かれる」と説明された。(29)

この六項目は、そのまま一八六〇年の軍法会議の改革試案に取り入れられた。а主要な軍港に裁判所（軍法会議）を置き、上官の裁判への関与を排してこれを独立的な機関とする。б各裁判所に公訴に当たる訴追官 судный пристав と犯罪の捜査に当たる捜査官 следственный пристав とを設置する。в審理は直接裁判官の面前で行ない、これを一般に公開する。г被告人には助言者 советник または弁護人 защитник を介して防御する権利を与える。д有罪か無罪かの判断は、裁判官の自由心証にこれを委ねる。е判決は最終的なものにして、海軍省法務局を破毀審に変え、原判決に手続違反や刑の量定の誤りがあるときに限り法務局に上訴を認めることとする。——以上が凡その構想である。(30) 試案は軍関係者、法律実務家、法学者らに送られて彼らの意見が求められたが、バールシェフはこれに対し、「他の諸国が何れもこの実現に全く別の手段を必要とした諸原則が、平和的改革の方法によりわが国の裁判制度に取り入れられた」と、歓迎した。(31)

六一年、以上の意見も参考の上で最終案を作成するため、オボレーンスキーを長とする新しい委員会が設置された。問題は通常裁判所を不問にしたまま軍法会議を改革することの是非だったが、オボレーンスキーは即時断行論であった。試案に対し彼は次のように書いている。「公正な裁判の確立のため、司法改革はロシアにとって緊急かつ明白な要求である。だが司法当局は、この誰もが認める要求に何ら適切な答えを与えておらず、まさにそのことで、彼らは国民の要求に無関心であるとの、当然の批判を受けている。これに対して海軍省は、司法改革の必要性を認識し、この善き意図を実行に移した」「海軍軍法会議の改革構想が実現すれば、帝国の通常裁判所は以前のような無秩序に止まっていることはできない[32]」。

特別裁判所の改革は通常裁判所の改革を誘引するとのオボレーンスキーのこの予見は、真実を穿つものを持っていたと言えるであろう。軍法会議をめぐる議論にやや遅れて、官房第二部は遅ればせながら刑事手続の再検討に入ったからである。

（1）法律専門誌の刊行など、一八五〇年代後半の法学を取り巻く状況については、「近代ロシア法学史序説」四五〜四六頁、を参照。

（2）この点に関しては、А. И. Скребицкий. Крестьянское дело в царствование Императора Александра II. Материалы для истории освобождения крестьян. т. 1, Бонн на Рейне, 1862, Отдел административный に実に豊富な資料がある。

（3）Н. П. Семенов. Освобождение крестьян в царствование Императора Александра II. Хроника деятельности комисий по крестьянскому делу. т. II, СПб., 1890, стр. 935-937.

（4）[А. М. Унковский]. Соображение по докладам Редакционных коммисий // Голоса из России. кн. IX, Лондон, 1860, стр. 10-11, 15-16.

（5）竹中前掲書、五一〜五九頁。

（6）例えばスペラーンスキーは、国制改革に関する一八〇三年の意見書の中で、「全能のポリツァイが不可能であるということが、あらゆる民事の争訟の原因である。従ってポリツァイが改善されればされるほど、争訟は少なくなる」と述べている。М. М. Сперанский. Проекты и Записки. М.-Л., 1961. стр. 96.

（7）К. Победоносцев. О реформах в гражданском судопроизводстве. РВ, т. 21, 1859, стр. 562, 572. この論文につき詳しくは、「帝政ロシアの弁護士法制」（二）、一一三〜一一五頁、を参照。

（8）Победоносцев. Указ. статья, РВ, т. 22, 1859, стр. 18.

（9）Там же, стр. 165.

（10）Там же, стр. 180-182.
（11）Там же, стр. 183-186.
（12）С. Баршев. Об устности и гласности уголовного судопроизводства. РВ, т. 10, 1857, стр. 178-197, 206-211.
（13）К. Яневич-Яневский. О публичности и устности уголовного судопроизводства по русскому положительному праву. РВ, т. 11, 1857, стр. 83-84, 89.
（14）Его же. О введении, развитии и современном состоянии суда присяжных во Франции. ЮриЗ, т. 3, 1859; Его же. О суде присяжных в Англии. ЮриЗ, т. 4, 1860.
（15）С. Баршев. О суде присяжных. РВ, т. 9, 1857, стр. 5-6, 7-8, 97-99. バールシェフは、イギリスの司法がそのアーカイックな特性にも拘わらず大変によく機能しているのは、国民の信頼と裁判官との精励が、陪審制を媒介として、相携えて進んでいることに起因すると述べている。
（16）Его же. О необходимых гарантиях уголовного суда. РВ, т. 20, 1859, стр. 186-197.
（17）Там же, стр. 198.
（18）Г. Репинский. Поверенные по делам. ЮриВ, 1860/61, вып. 5; М. И. Зарудный. Суды общего закона（Common Law）и справедливости（Equity）в Англии. ЖМЮ, 1862, No. 12; А. А. Книрим. О ганноверском гражданском судопроизводстве. ЖМЮ, 1862, No. 3. 彼らの略歴は、Сюзор. Указ. соч., стр. 336-510.
（19）И. С. Аксаков. О старых судах（по поводу усилившихся нападений в газетах и в обществе на новый суд）// Сочнения И. С. Аксакова, т. 4, М., 1886, стр. 655-656.
（20）［К. Победоносцев］. Граф В. Н. Панин. министр юстиции // Голоса из России, кн. VII, London, 1859, стр. 52-53.
（21）К. Арсеньев. Из воспоминаний // Право, 1902, No. 3, стб. 117, 119-121.
（22）Там же, стб. 118, 122. スターソフ＝アルセーニエフ・サークルについて詳しくは、「近代ロシア法学史序説」四二〜四四頁、を参照。
（23）この問題につき詳しくは、「帝政ロシアの弁護士法制」（二）、一二九〜一三九頁、を参照。
（24）П. Н. Глебов. Введение, или объяснительная записка к проекту устава морского судоустройства и судопроизводства. МС, т. 46, 1860, стр. 40.
（25）帝立法学校を卒業し、司法省への義務的な勤務に入った者について見ると、一八五六年には二七％、五八年には三八％、六一年には四四％が退官している。「帝政ロシアの弁護士法制」（二）、一三七頁、表11を参照。

(26) Его же. Морское судопроизводство во Франции. МС, т. 44, 1859, стр. 101.
(27) Там же, стр. 103-104.
(28) Там же, стр. 349-350.
(29) Его же. Введение. стр. 26-31.
(30) Там же, стр. 52-54. 海軍省の改革試案は Проект устава о военно-морском суде. СПб., 1860.
(31) Свод замечаний на проект устава о военно-морском суде. ч. 1, СПб., 1861, стр. 31. バールシェフはその上で、裁判所の独立、裁判の公開、口頭主義、被告人の弁護権の保障、の四原則をさらに徹底すべきだとしている。
(32) オボレーンスキーがB・A・アルツィモーヴィチ（一八四一年帝立法学校卒）らとまとめた、改革試案に対する意見書の一節。Там же, ч. 1, стр. 266-267.

五　旧構想の限界——一八六〇／六一年『新刑事訴訟法草案』

①　各地の県委員会が発足をした一八五八年の春、皇帝は内務・司法・国有財産の三大臣に、地方における警察力を如何に強化していくべきか、所論を農民問題総委員会に提出するよう下命した。この時点では領主権の廃止は決まっていなかったが、今後の警察組織のあり方は解放に備えて予め検討を済ませておくべき事柄であった。これまで民事司法を中心に制度の改善を考えてきたブルードフに、刑事手続全般の再検討を促したのは、この警察改革の動きである。

主務官庁である内務省の方針は、警察スタッフの専門性を高めるとともに、組織改革と警察業務の精選を通じてその機動力を向上させることにあった。(i)警察の職務から警察に固有でない事務は外す。(ii)郡部と市部の警察組織を統合する。(iii)合議制原則による警察事務の処理方式は廃止する。(iv)警察スタッフは任命制とし、彼らに十分な俸給を与える。(v)領主＝農民間の紛争の解決のため、従来の裁判機構とは別個の、また警察からも独立の、特別の機関を設立する。[1]――当然ながらここからは、犯罪捜査や微罪処分を初めとした警察のいわゆる「裁判事務」の取り扱いが、新たに問題となって来ざるを得ない。

スリムな警察というこのプランには少なからざる異論があったが、内務省の計画は紆曲の末に結局承認を見ることになった。一八五九年三月二五日法「郡警察と領主＝農民間の紛争審理機関設立のための主要原則に関する件」О главных началах для устройства уездной полиции и учреждений для разбора споров и недоумений между помещиками и крестьянами である。[2]全体は二章からなっていて、第一章では新しい警察組織の見取図が、第二章では解放後の領主＝農民間紛争の処理機関が、それぞれ素描をされている。このうち警察に関しては、郡部と市部で別立てだった従来の組織を今後は郡警察署 уездное полицейское управление に一元化し（合わせて郡警察署長 уездный исправник を任命職に変更する）、「捜査部門 следственная часть は執行警察 исполнительная полиция から切り離されて、特別の各郡二名の捜査官 следственный пристав を捜査のために設置する」との案が示された（第一章第一条、第二条、第六条）。機構改革とともに専従の司法警察職員を創設しようと言うのである。[3]

原則に対する肉付けは、三月二七日に設置された県・郡制度委員会 Комиссия о губернских и уездных учреждениях（座長Н・А・ミリューチン）で行なわれた。最初に法制化されたのは司法警察に関わる部分で、一八六〇年六月八日の三つの法律、I「取調官設置法」Учреждение Судебных Следователей、II「取調官に対する訓令」Наказ Судебным Следователям、III「犯罪となりうる事件の捜査手続に関する警察への訓令」Наказ полиции о производстве дознания по происшествиям, могущим заключать в себе преступление или проступок が、これに当たる。[4]眼目は犯罪の捜査取調べの権限を、郡と市とに新設の取調官 судебный следователь に委ねることである。取調官は警察から被疑事件の送致を受けて、または犯人の自首、告訴、告発もしくは裁判官や検察官の請求によって、または現行犯や犯罪があると思料するときは職権によって、捜査に着手し（I　第一八条）、被疑者の発見と有罪・無罪に関する全ての証拠の収集に努め（II　第七条、第八条）、裁判をなすのに必要な資料を揃えたと判断したとき、事件を管轄の裁判所へと送致する（II　第一〇九条）。但し捜査が恣意に流れぬように、法は次の措置を取った。a 捜査は裁判所の指示・点検を受ける。被疑者の勾留に当たっては、取調官は一昼夜以内にその理由を裁判所に送らなければならない（II　第八六条）。б 取調官には高等または中等教育施設の課程を修了し、かつ一定の実務経験ある者を「優先的に」充てる（I　第三条）。в 取調官は司法官（郡裁判所の裁判官）とし、県検事の同意を得て県知事が行なう提案に基づき、法相が任命する（I　第二条）。――ここでは取調官の専門性の向上と、その活動の司法的コントロールが目ざされている。

新法の取りまとめで中心的な役を果たしたのは、司法省から委員会に出向したН・И・ストヤーノフスキー（一八四一年帝立法学校卒）であった。彼は四六年から五四年まで母校で訴訟法を講じており、実務と理論の双方に明るかった。(5) 新法が持ち込んだ刑事手続の変更は確かに部分的ではあるけれども、基調には捜査の適正化が置かれており、これは必罰主義的な現行制度に見直しを迫る内容となっている。

② 官房第二部は、犯罪捜査の不備を指摘する一八五七年一二月の司法省年次報告を受けて、すでに五八年から刑事訴訟法一部改正（捜査手続）の作業に入っていたが、(6) その後警察改革の「主要原則」が打ち出されるという状況の中で、新しい構想を『新刑事訴訟法草案』にまとめて、一八六〇年から翌年にかけ国家評議会に上程した。(7) 日時は捜査に関する第一編～第三編が一八六〇年六月二日、審理および刑の執行に関する第四編～第六編が六一年一〇月八日、国事犯など特別の刑事手続を定めた第七編が六一年一二月一五日である。

この草案にも『付帯説明書』が置かれていて、ブルードフは議論を大陸諸国の刑事司法の動向を見極めることから始めている。彼は刑事手続の歴史には、純職権主義 начала порядка чисто следственного ないし糺問主義 начала порядка инквизиториального の方向と、弾劾主義 порядок обвинительный、より正確には職権的弾劾主義 порядок следственно-обвинительный の流れとがあり、前世紀にベッカリーアらの糾問主義批判があって以後、一九世紀の刑事司法は押し並べて純職権主義から職権的弾劾主義へと移行した、とする。――一七九九年のプロイセン法、一八一三年のバイエルン刑事訴訟法は、審問の終結の際、弁護士が記録を閲覧・検討して、被告人のために弁護することを肯認した。一八〇三年のオーストリア法は、罪証の総体 совокупность улик による証明を認めて、糾問官の自白獲得志向を改めようとした。トスカーナのレオポルト大公は、フィスカルという名の、証拠を集めて裁判所に被疑者を訴追する官吏を置き、現行法に古代ローマの弾劾主義を受け継ぐ規定を盛込んだ。フランス治罪法（一八〇八）はトスカーナの例に続くもので、この他にイギリスから陪審制度を借用している。それ以後、フランス法は各地において継受された。イタリアでは三一年に教皇領で、次いで一八四三年、カルロ・アルベルトの法典によりピエモンテ、サヴォイアおよびサルデーニャで。さらに陪審制は採っていないが、一八一九年のナポリ刑事訴訟法。他に職権的弾劾主義を採用した例としては、マルタ島（一八二九）、ギリシア（一八三四）、ポルトガル（一八三七）、イオニア諸島（一八四一）等が挙げられる。スペインの一八四一年法案、ハンガリーの一八四三年法案はフランス法とよく似ており、ドイツ諸邦では一八四三年のヴュルテンベルク刑事訴訟法、一八三五年と四三年のバーデン法が、この主義に立つ。また一八四八年には、フランクフルト国民議会が職権的弾劾主義と陪審裁判を全土で実施することを決めた。陪審制はその後オーストリアとザクセンでは廃止されたが、職権的弾劾主義は依然維持され、これを一八五三年七月二九日のオーストリア刑事訴訟法が確認している……。(8)

ブルードフは、これまで糾問訴訟の下で融合していた訴追と審問を、公訴官 официальный обвинитель による訴追（予審開始の請求）と予審判事による予審の二つに分かった点に職権的弾劾主義の特徴があるとし、これによって予審の目的は明確になり予審期間も短縮されると、分離の効用を力説した。予審が終結し、裁判所が公判付託を請求すると、今度は起訴状が公訴官の手で作成される。その謄本は被告人に交付され、このとき被告人には弁護人の選任が認められる。公判廷では証拠が全て提出され、証人の証言、公訴官の論告、弁護人の最終弁論と続いていく。真実は口頭・公開の両当事者の討論を通じて発見され、判決は被告人の自白に依るのではなく、全ての証拠を考慮して得られる裁判官の心証に基づき言い渡される……。結論は、次のとおりである。「職権的弾劾的な訴訟方式は、旧来の純職権的な訴訟に対して、ほとんど無条件に優れている」「職権的弾劾主義は、二つのきわめて重要な利点を提供する。訴訟の促進と、被告人に対し無罪を証明するもっとも信頼できる手段を与えることである[9]」。

以上の議論は、現状把握・理論認識の双方ともに、バールシェフの説く弾劾主義と実質大きく隔たるものとは思われない。だがにも拘わらずブルードフは、最後のところで大きく舵を右に取って慎重論を展開した。職権的弾劾主義は「現行の制度と大きく異なっており、民衆の間でも政府組織それ自身の間でも、これに対する事前の準備がないまま突然にこの方式を導入することは、改革どころか衝突と混乱を帰結して、われわれが望んでいた目的から引き離してしまう[10]」。その理由を、彼は再び法曹人口不足論の中に求めている。現在の検察官に訴追者という職務を委ねるには、彼らの数は余りに少ない。しかも弾劾主義の実施には、単に検察官の動員だけでは事足りない。訴追者と並んで弁護人を確保しなければならないが、「短期間に良質の弁護士を十分な数で提供するのは不可能で、このときまで弾劾主義的刑事手続の導入はできない」。加えて訴追者と弁護人との間の討論を適切に判断できる経験を積んだ裁判官も必要で、この面でも弾劾主義の導入には当面支障がある[11]。さらに全く同じ根拠から、彼は陪審裁判の可能性も否定する。「現在わが国に陪審による裁判を導入することが有益であるとは言い難い。国民の大部分が、法学教育は言うに及ばず、もっとも初歩的な教育ですら受けていないとき、また権利や義務や法律についての観念が未発達で、他人の権利の侵害が……ありふれたこととみなされたり、犯罪を剛胆さとみなし、犯罪者を不幸な人とみなしているようなときに、この種の裁判が機能すると想像するのは、安易と言うものである[12]」。――結局ここまで来てしまうと、ブルードフの具体的な提言は、理論は理論、現実は現実と割り切った折衷論とならざるを得ない。「理論に夢中になり、可能な改善全てを一気に達成する夢を追うことなく」「成功の確実性」верность успеха に目を向けよう、というわけである[13]。

このような起草方針のため、『新刑事訴訟法草案』は主として現行法の部分的改善を行なうものとなった。現行の煩瑣な一五の刑事特別手続の整理をし、軍法会議の文民に対する裁判権を限定しようとした点は、草案の功績の一つである。しかし肝心の通常手続は、糾問的捜査、これに基づく書面の作成、書面に依る裁判という骨格を維持し、ただ密行的な書面審理と糾問性を若干緩和するに止まっている。次が主たる改正点だが、これは言わば「混合主義」の刑事司法版になった。(i)取調官の活動規則を詳細に定めて、恣意的な捜査の防止に努める。(ii)捜査の最終段階に新たに被疑者最終尋問の手続を置き、被疑者の親族、友人もしくは知人、または裁判所の弁護士の立会いを認める（第六三三条）。(iii)報告記録 докладная записка は裁判所事務局に代わって取調官が作成し（第六四三条）、その閲覧や釈明書 объяснение の提出のために、被告人には弁護人の選任を許す（第六四八条）。(iv)報告記録に基づく報告を広く一般に公開する（第六七二条）。釈明書は報告終了後に朗読され、続いて検察官が意見を陳述する（第六七九条）。(v)証拠法については、完全証拠・不完全証拠の区別を廃し、如何なる要件の下に何が適法な証拠とみなしうるのか、単に証拠評価の指針を定めるだけとする（第六八三条～第七一〇条）。しかし嫌疑刑は廃止せず、ただ名称のみ「証拠不十分による放免」に変更する（第七二九条）。従って、放免後、時効の完成前に有罪となる新たな証拠が発見されたときは、捜査と審理が再開される（第七三六条）。

中途半端な帰結を呼んだブルードフの漸進主義を、全くの杞憂に基づく立論として一蹴するのは行き過ぎであろう。しかし彼の漸進主義には目標に辿り着く戦術としての自覚がなく、達成すべきゴールまでの具体的プログラムを欠いていたから、結局主張は情況に振り回され、ここに議論が埋没をする結果となった。このため司法改革の明確なプランを求める声が高まるにつれ、ブルードフ構想は説得力を失っていき、最後には新しい計画に取って代られるのである。

（1）Записка сенатора Я. А. Соловьева о крестьянском деле. РС, т. 33, 1882, No. 3, стр. 563. このプランは内務省地方部によってまとめられた。地方部長のЯ・А・ソロヴィヨーフは、警察業務の純化のためには司法改革（警察の裁判事務の見直し）と「新しい地域的・経済的機構の創設」が必要であると述べている（Там же, стр. 564）。この後段が後のゼムストヴォ改革に発展するわけである。なお警察改革の詳細については、R. J. Abbott, *Police Reform in Russia, 1858–1878*. Ph. D., diss., Princeton Univ., 1971、および「帝政ロシアの弁護士法制」（二）、一四〇～一四三頁を参照。
（2）ПСЗ, собр. 2, т. 36, No. 34277а, 1859 3/25.
（3）解放後の領主＝農民間紛争の処理機関としては、郡に治安判事 Мировой судья と郡審判所 Уездная расправа を置くとされている（第二章第一条）。農奴解放法に言う、調停員 мировой посредник と郡調停員会議 уездный мировой съезд に当たる。
（4）ПСЗ, собр. 2, т. 35, No. 35890, 1860 6/8; No. 35891, 1860 6/8; No. 35892, 1860 6/8.
（5）ストヤーノフスキーについては、評伝 А. Ф. Кони. Николай Иванович Стояновский // Отец и дети судебной реформы. М., 1914 を参照。帝立法学校での講義録 Н. И. Стояновский. Практическое руководство к русскому уголовному судопроизводству. СПб., 1852 が残されている。
（6）一八五七年一一月七日に、ブルードフは刑事手続のあり方について自己の見解を新帝に披瀝する機会を持ったが、このとき彼はかつて一八四四年に先帝に奉じた意見書を改めてアレクサンドルに提出している。一八五〇年代半ばになっても、ブルードフは基本的には以前と同様、弾劾主義や公開主義に消極的だったわけである（Плетнев. Указ. статья, стр. 278）。その彼が五八年に捜査手続の見直しに着手したのは、前年の司法省年次報告でパーニンが持論である捜査手続改正の必要を繰り返し、これに新帝が賛同をしたことに因る。「帝政ロシアの弁護士法制」（二）、一三九～一四〇頁、を参照。
（7）Проект нового устава судопроизводства по преступлениям и проступкам（Дело 6, No. 1）.
（8）Общая объяснительная записка к проекту нового устава судопроизводства по преступлениям и проступкам（Дело 7, No. 1）. стр. 8–17.
（9）Там же, стр. 17–22.
（10）Там же, стр. 70–71.
（11）Там же, стр. 71–72.

（12）Там же, стр. 131-132.
（13）Там же, стр. 72.

六　転　換——一八六二年「司法部改造の大綱」

①『新刑事訴訟法草案』が国家評議会に上程の頃、既述のように合同部会は『新民事訴訟法草案』修正案に寄せられた各界の意見を議論していた。修正案を国家評議会の全議員と実務法曹に送付して彼らの見解を聴くことにしたのは、一八五七年から国家評議会事務局に勤めていたС・И・ザルードヌイの提案に負い、この方式はその後『裁判所構成規程草案』や『新刑事訴訟法草案』の審議においても踏襲された。ザルードヌイは司法省に在勤の一八四〇年代から裏方として民事訴訟法の改正に加わった人で、国家評議会に転任後、五八年にこの問題で国外視察を願い出てフランス、スイス、イタリアと廻り、この結果、論壇の改革論と歩調を一にするに至っていた。[1] 彼はとりわけイタリア法に明るく、サルデーニャ民事訴訟法（一八五四）、ピエモンテ裁判所構成法（一八五九）、そしてサルデーニャ民事訴訟法の改訂（一八五九）と続くイタリアの法統一とその近代化を凝視していたのである。

こうして法案を広く一般の討議に委ねたことは、改革の基本構想をめぐる官房第二部と実務の間の見解の開きを浮き彫りにする結果になった。現場のブルードフ批判としてはもっとも早い、オボレーンスキーの『新訴訟法草案批判』（一八五八）を取り上げてみよう。上司のコンスタンチンが要路の高官に送ったため、彼らの間に原構想への懐疑が醸し出されたと、今日伝えられる文書である。冒頭、オボレーンスキーは書いている。「道路や整備された交通手段の欠如が、今日までロシアの物質的力の発展にとって躓きの石であったとすると、裁判の欠陥もまた、政府が国内建設のために取った試み全てを流産させ、行政の改革、商工業の発展、道徳水準の向上を妨げてきた今日まで越えがたい障害であった。そしてまた農民と地主の間の適切な関係を定めるという問題も、この両者を仲介する権力、つまり裁判所が適切に組織をされない限り、未解決のままに止まろう」。しかしオボレーンスキーの見るところ、『新民事訴訟法草案』はこうした期待を全く裏切る。例えばブルードフは「個々的な改正」の非を唱え、「根本から悪を取り除く」ことを主張する。だがその提案は、詰まるところは訴答書類の要式性を強化して、報告裁判官制を導入するとの二点に尽きる。またブルードフは、裁判職が法律に疎く、この点で裁判所書記に及ばないことを指摘する。しかし彼の建言にはスタッフの質の向上に関する施策は何もなく、結局これでは裁判官による報告の効果も覚束ない(2)。

とりわけ批判が厳しいのは、ブルードフの法曹人口不足論である。オボレーンスキーはここにブルードフの自家撞着を見た。起草者は一方で法曹人口の不足を言いながら、他方で法律知識の普及を虞れ、法の知識がある者を危険視している。だが「何人も法律の不知を以て抗弁することを得ずと国家基本法が述べているのに、なぜ基本的な法律知識が市民の間に広まることが危険なのか」。しかも現在すでにロシアには、法制化されてはいないものの事実上の弁護士である代訟人が存在する。彼らに対する法的規制は何もないから、依頼者を欺き背信行為を働いても罰せられない。このことが人々の弁護士不信の原因となっている以上、正面から弁護士制度を認めることがむしろ逆に望ましい。「弁護士身分を形づくるだけの、充分な法律知識を持った人材がわが国には存在していると確信をする指標はどこにあるか。毎年大学法学部と帝立法学校を卒業する何百もの若者は、どこへ行ってしまうのか。もし弁護士が国制の一部となり、法的な組織化を受けたならば、若者の大部分は喜んでこの職業に向かうであろう(3)」。

——この反論には、帝立法学校の卒業生オボレーンスキーのアイデンティティーが掛かっていた。

刑事手続に関しては、セナート上席検事M・Φ・ゴリトゴーエルの『新刑事訴訟法草案批判』が論点を簡潔に、だが満遍なく取り上げている。草案は「以前と同じく職権的ないし糺問的な手続の上に立っている」。それは「現代社会が求めている、弾劾手続の原理に立つ根本からの改造を行なっていない」。例えば裁判の公開が不十分で、捜査段階では弁護人の選任が許されていない。確かに手続の弾劾化を行なうだけの用意が果してあるのかは、大変に難しい問題だが、「弾劾手続の導入を原則に据えない限り、これに向かって準備をすることはできないし、弁護士を制度化しない限り、優秀な弁護士はわが国には永久に生まれないだろう」。

僅かに、陪審制を時期尚早と見る点で、ゴリトゴーエルはブルードフに同意している。しかしここでもゴリトゴーエルは、「将来における陪審制の導入に向けた一歩となるような根本の原理の上に立って、司法部の改造を行なう必要がある」と、陪審裁判は今後の実現目標であると明言した。結論としてゴリトゴーエルは、直接主義、裁判の公開、捜査の段階からの弁護人の参加、審級の削減、破毀裁判所の設立が新しい手続の原則であるとし、あるべき刑事司法の概要を二四ヶ条にまとめて見せた(4)。彼はそこで、治安裁判所または郡裁判所（第一審）、控訴院（控訴審）、セナート刑事部（破毀審）という審級図を描いている。

特に第二部の刑事手続改革案を熱心に検討したのは、モスクワ県検事Д・А・ロヴィーンスキーであった。批判されるのはここでも構想の不徹底性で、最初に実質的な嫌疑刑の温存が取り上げられ、「社会」の自律という観点からこれに論評がなされている。骨子は、完全証拠を欠くとの理由で中途半端に嫌疑ある者を「社会」に放置するよりは、事実認定を積極的に「社会」に委ねる方が良いではないかとの、陪審裁判の提唱である。ロヴィーンスキーには、法定証拠主義と言いながら、現実の証拠規則の運用は裁判官によりまちまちで、恣意に流れているという、空洞化した証拠法の認識があった。彼はまた、「社会」が犯罪者を非難し処罰することが制度上可能なところでは、多くの場合、人は慎重に振る舞うものだと、陪審制に犯罪抑止の効果も見ている(5)。

ロヴィーンスキーは以上に続き、陪審裁判のアウトラインを素描している。そのプランでは、陪審に付される事件とは身分の剝奪の刑に当たる罪に係る重罪事件で、最初に取調官の取調べを必要とし、取調官、治安判事、検察官の三者の協議で訴追が決定されるとする。陪審名簿は治安判事が作成し、第一回の公判期日で、両当事者より陪審員の選定がなされる。公判手続は対審の原則に立脚し、交互尋問制を採用して、裁判官は被告人尋問や証人尋問は行なわない。被告人には、このとき弁護人の選任も許される。裁判長は最後に事件を要約し、陪審員の評決に移る……。[6] ここにロヴィーンスキーが描いた裁判の構図は、交互尋問制に見るように手続の当事者主義化という点で、職権的弾劾主義に躊躇する草案の先を行なっている。

以上三つの事例を瞥見した。各草案を実務家の討議に供したことで、論壇において提起され海軍省で具体化された構想が、司法改革の場に公然と流れ込んだ恰好である。

② 第二部が国家評議会法律部民生部合同部会に提出した改革法案は、一八六一年夏までに、合わせて一四に及んだ。[7]『新民事訴訟法草案』『裁判所構成規程草案』『新刑事訴訟法草案』の三つを核に、『代訴士法草案』を初めとする関連の法案が上程されたわけである。うちこの時点で合同部会が修正案をまとめていたのは、『新民事訴訟法草案』と『代訴士法草案』の二つだけで、『裁判所構成規程草案』は漸く六月二日に審議に入り、『新刑事訴訟法草案』は未だ審議に入っていなかった。警察改革の取りまとめや農奴解放事業に忙殺された、と合同部会は釈明している。[8]

だが改革の停滞の真因は、他にあったと見るべきであろう。一連のブルードフ法案にはそれぞれに様々な沿革があり、起草期間はきわめて長期にわたっている。それが一つのプランの下に成案を見たものではない以上、法案相互の斉合性や全体を貫く体系性が確保されているとは言い難い。[9] しかもこうした欠陥は、ブルードフには特徴的な採長補短の折衷主義と彼特有の漸進主義で絶えず増幅されている。五九年の裁判所構成の再考以来、議論の範囲が拡がるにつれ、作業は次第に収拾がつかなくなってきた。

膠着した事態に打開のきっかけを与えたのは、四月に新任の内相П・А・ヴァルーエフが、夏の休暇を終えた皇帝に宛てて、六一年九月に行なった上奏であった。この年二月に成立した農奴解放法の施行状況に関するこの意見書でヴァルーエフは、司法改革の動向についても言及した。「現在ヨーロッパ・ロシア全域で生じている経済的変革の緩和のためには、様々な産業分野での活動を強化し、企業家精神を奨励する必要がある。これに対する根本的な障害が、わが国の裁判所構成と訴訟手続の欠陥にあることは、すでに以前から指摘されている」。だが彼はこの改革の帰趨に関し、各法案の成立が何時になるのか「確信を以て予測することは未だできない」と結んでいた。[10]

一驚した皇帝は意見書の余白に、「ブトコーフはこれら全ての法案が何時国家評議会で最終的検討に付されるのか報告しなければならない」と書き込み、国家評議会事務総長В・П・ブトコーフに改革法案の審議経過を問い質した。ブトコーフは審議の難航を率直に認め、法案が相互の関連を欠くことがその原因と弁明した。彼は、個々の法案の審議の前に全体の改革原則を定立するよう献策している。これに続いてブルードフも、予めブトコーフと協議の上で、一〇月一九日に同趣旨の上奏を行なった。その案文はブトコーフがザルードヌイに命じて用意させている。[11]

一〇月二三日、アレクサンドルはこの上奏に述べられた今後の作業方針を了承した。大略、次のような内容である。[12]

(i)国家評議会法律部・民生部合同部会は、司法改革の主要な基本原則 главные, основные начала について意見書をまとめ、国家評議会総会に提出すること。この意見書では、裁判所構成、民事訴訟、刑事訴訟、新制度への経過規定について触れておくこと。

(ii)この意見書の作成は、合同部会議長であるブルードフの最高監督 высший надзор の下に国家評議会事務局が行ない、事務総長ブトコーフが直接これを統轄する。

(iii)この意見書は、合同部会次いで国家評議会総会に諮り、皇帝に提出される。
(iv)総会においてこの基本原則を審議・決定の後、第二部起草法案の最終的な修正を行なう。
(v)修正作業は、国家評議会事務局に委ねる。その際、事務総長は適宜第二部や司法省の協力を求めることができる。
(vi)修正された法案は、合同部会を通して国家評議会総会に提出され、審議される。

この措置は、事実上第二部を改革から閉め出す内容である。ブルードフが「最高監督」に就いたのは、国家評議会法律部会議長として合同部会を主宰していたことに因るもので、官房第二部の長官としての資格ではない。しかもこの年一二月六日には、彼は四半世紀にわたって務めた第二部長官の職を解かれ（後任M・A・コルフ）、翌年一月一日を以て国家評議会議長に就任していた（後任の法律部会議長はП・П・ガガーリン）。帝国文官最高の地位とは言うものの、実質は中空に浮く名誉職にすぎない。

巧みにブルードフを追い落としたブトコーフは、政界の遊泳術に長け、時流を捉えて勝ち馬に乗る生き方をする人であった。「ブトコーフは当初農奴制の擁護者であったが、皇帝がこのような見解に与しないと知るや、態度を一変させ、農奴解放事業の熱心な推進者となった」とは、『国家評議会事務局一〇〇年史』が伝えるその人となりである。(13)事務総長として法案審議の促進を図る立場にあったブトコーフは、一般の討議に付された法案に風当たりがきわめて強いのを知り、ブルードフを見限ったのである。

もっとも陸軍省出身で長くカフカース行政に携わってきたブトコーフには、裁判に対する知見は乏しく、実際の事務の中心にはザルードヌイが立つことになった。彼がこのとき「基本原則」の取りまとめのため選んだのは、A・M・プラーフスキー（国家評議会事務局）、H・И・ストヤーノフスキー（国家評議会事務局）、П・H・ダネーフスキー（国家評議会事務局）、Д・П・シュービン（国家評議会事務局）、A・П・ヴィリンバーホフ（国家評議会事務局)、Н・А・ブツコーフスキー(モスクワ・セナート上席検事)、К・П・ポベドノースツェフ(モスクワ・セナート上席書記)、Д・А・ロヴィーンスキー(モスクワ県検事)の八人である。[14] ストヤーノフスキー、ポベドノースツェフ、ロヴィーンスキー、ヴィリンバーホフは帝立法学校の卒業生、ダネーフスキーとシュービンはそれぞれキーエフ大学とモスクワ大学で法学を修め、プラーフスキーはヴィリナ大学を卒業後、地方法の編纂や王国領ポーランドでの立法事業に従事してきた経歴を持つ。理工系出身のブツコーフスキーとザルードヌイは、正規の法学教育は受けていないが、両者にも二〇年に近い実務の経験の蓄積があった。

こうして発足した作業委員会の活動成果は二つあった。第一が『裁判所構成・民事訴訟・刑事訴訟の基本原則に関する国家評議会事務局意見書』[15]で、六一年一〇月から一二月にかけまとめられ、翌年一月二二日に全ての国家評議会議員に送付された。冒頭でこれまでの改革作業の経過を略述したあと、裁判所構成、民事手続、刑事手続、経過規定のそれぞれについて、合同部会での審議の模様や各法案の『付帯説明書』を概観し、最後に法案の骨子を個条書きに並べたものである。全体としてブルードフ構想の摘要と見てよい。そして第二は『国家評議会事務局所見』と題された、民事手続や刑事手続、裁判所構成に関する一連の文書[16]で、こちらはアレクサンドルが新たに法律部会議長となったガガーリンの上奏を容れ、六二年一月に「現在西欧諸国にあって学説、実務の双方を通じ疑いもなく価値あるものと認められ、これに依拠して司法部を改造すべき主要原則」について所見を述べよ、と命じたことに基づいている。[17] 第二部案をコメントした部分と「大綱」основные положения と命名された改革の基本方針を展開した部分でなっているが、右の経緯から明らかなように、『所見』では作業委員会の見解が自由に表明されている。その作成は二月から三月末のこととされ、発端となったガガーリンの上奏はやはりザルードヌイの進言に基づく。[18]

以上二種類の文書のうち、合同部会で「基本原則」を定める際の叩き台とされたのは、官房第二部の枠から自由な『所見』の方であった。六二年四月九日、皇帝は二つの文書を上覧に付したコンスタンチンの意見に従い、「国家評議会事務局が作成した所見および大綱を、国家評議会法律部・民生部合同部会の審議に委ねる」ことを決定した。[19]この頃ブルードフは老齢のためか病気がちで、コンスタンチンが国家評議会議長の職を代行していたのである。この立場を利用し彼は兄に働きかけて、大きく改革作業を旋回させた。

③　合同部会の「大綱」審議は六二年四月二八日に開始され、一六回、平均して週に二回の早いペースで七月三〇日に終了した。コンスタンチンは事前に積極的に根回しし、合同部会議長を務めたガガーリンを自陣に引き入れ、迅速な審議の実現を図った。会議では彼と新任の第二部長官コルフとがよく原案を擁護して、議案の早期通過に貢献した。[20]対立はあったが、それが作業委員会の構想を根底から覆すものとはならず、原構想がほぼ大筋で認められたのはこのためである。

合同部会を通過した「大綱」は民事手続一四一条、刑事手続一五七条、裁判所構成九〇条からなる。[21]ガガーリンはこれを二九ヶ条に要約して、アレクサンドルに上奏した。これは原構想と合同部会成案のエッセンスであり、また一八六四年の裁判諸法の原型でもあるので、以下に抄訳しておきたい。[22]

一　裁判所構成と訴訟手続全般について

(i)司法権は執行権、行政権、立法権から分離される。行政当局は民事・刑事の司法事件の裁判には加わらない。裁判所も行政事項に対する介入から排除される。司法事件から生じた立法上の諸問題については、この事案の裁判とは別に、司法大臣を通じて、国家評議会での検討に付される。

(ii)民事・刑事とも軽微な事件の審理は、［普通］裁判所や警察の所管から外す。この事件の審理のため、郡の全身分が土地所有者の中から選出する治安判事 мировой судья を置く。

(iii)治安判事は、地区治安判事 участковый мировой судья と無給の名誉治安判事 почетный мировой судья の二つと

する。両者の権限は同一である。

(iv)より軽微な事件は、治安判事により終審的に審理される。これより大きな事件には控訴が認められる。合同部会の多数意見は、治安判事の判決に対する控訴は普通裁判所 общее судебное место に行なうとの意見である。対して少数意見は、治安判事管轄事件の特性に鑑み、控訴は治安判事会議 мировой съезд に行なうべし、とする。

(v)適宜必要に応じて郡裁判所と市参事会とを統合し、これを地方裁判所 окружный суд と命名する。

(vi)刑事院と民事院とを統合し、二～三県に一つ、あるいはそれ以上の割合で、控訴院 судебная палата を組織する。

(vii)地方裁判所と控訴院の長および判事は任命制とする。

(viii)セナートは帝国の最高の裁判機関として残し、ここに破毀裁判所を設置する。破毀裁判所（セナート破毀部 кассационный департамент правительствующего сената）は審級を構成するものではなく、また事実を審理するものでもない。破毀部が行なうのは、訴訟の手続と法律の正しい統一的な解釈の監督である。少数意見は破毀部以外に事実審である現行の審理部を残しておくことを提案するが、多数意見は第一部、境界画定部、紋章部を除いてセナートの他の部は廃止すべきだと考える。

(ix)全ての裁判所に検察官を、セナートの各部には上席検事を配し、司法大臣の管轄に置く。

(x)各裁判所に、民事事件の訴訟代理と刑事事件で被告人の弁護に当たる弁護士 присяжный поверенный を置く。

(xi)今後は訴訟を公開する。法相〔パーニン〕は公開は地方裁判所と控訴院に限るべきだと主張するが、合同部会多数意見はセナートの審理も公開さるべしとの考えである。

(xii)多くの審級がある現状を改め、今後は二審制とする。少数意見は軽微な事件は地方裁判所を第一審、控訴院を控訴審とし、大きな事件については第一審を控訴院、控訴審をセナート審理部、破毀審をセナート破毀部にすべきだ、とする。多数意見は複線的審級制を否定し、事件の軽重に関わりなく、第一審を地方裁判所、控訴審を控訴院、破毀審をセナート破毀部に置くよう主張する。

(xiii)事件の報告準備は事務局ではなく、裁判官がこれを行なう。

二　民事手続について

(xiv)訴状を受理した裁判所が自ら全ての事情を明らかにするという、現行の職権探知主義 следственный процесс に代え、弁論主義 состязательный процесс を導入する。事情を明らかにするのは裁判所でなく当事者であり、裁判所は当事者自身が提出した資料にのみ基づいて判決を言渡す。

(xv)裁判官の面前における、口頭での当事者の弁論 словесное состязание を認める。また通常の手続の他に、略式の手続を設ける。

(xvi)通常手続からの例外は、ごく限られた場合に限って認められる。

(xvii)判決の執行に当たるのはこれまでのように警察ではなく、裁判所の直接の監督下にある執行士 судебный пристав である。

三　刑事手続について

(xviii)訴追権 власть обвинительная、すなわち犯罪の発見と被疑者の追求は司法権から切離されて、検察官へと委ねられる。検察官は取調官が進める取調べの監督に当たる。

(xix)検察官は被疑者が裁判に付されるべきだと思料する場合は、起訴状を作成する。

(xx)裁判所は書証や物証を吟味し、被告人・鑑定人・証人・事件の参加者の証言を求め、あるいは攻撃側と防御側の討論を認めて、取調べを点検 поверка する。

(xxi)刑事事件では、被告人が有罪か無罪かを最初に決したのち、刑の量定をする。
(xxii)被告人の有罪・無罪は、裁判官の心証 внутреннее убеждение に従って決められる。証拠の形式に依拠した証拠理論〔法定証拠主義〕は廃止される。

(xxiii)判決は、被告人は有罪または被告人は無罪、とする。嫌疑刑は認められない。

(xxiv)被告人の有罪、無罪は、重大な事件については陪審員によって、軽微な事件については裁判官によって、決められる。
(xxv)陪審員は三つの名簿から選出される。第一の名簿には貴族が、第二の名簿には都市住民が、第三の名簿には郷や村団の役職に従事した農民が登載され、県知事にこれらの名簿が提出される。法相は陪審員の開廷名簿はここから県知事が作成すると主張するが、多数意見は県知事は候補者名簿が適切に作成されたか点検するに止まるとの考えである。なお陪審員の評決は、多数決による。
(xxvi)国事犯の審理には陪審員は加わらない。この種の事件は控訴院で裁判され、ここに評決の権利を持つ県と郡の貴族団長、都市の市長、一名の郷スタルシナーが参加する。

(xxvii)刑の量定は法律に基づく。しかし被告人に減軽事由があるときは、裁判所は刑を一等または二等減ずることができ、さらに特赦を請願することもできる。

(xxviii)現行手続では、貴族その他の特権身分に属する被告人から身分の権利を剝奪する判決の場合は、セナートと国家評議会で審議したのち、皇帝の裁可を仰ぐこととなっている。法相はこの制度を今後も残すべきだと主張するが、合同部会の多数意見はこの制度を廃止して、皇帝に対する裁判所の特赦の請願に変更するよう提言する。蓋し処罰に当たるのは法律と裁判所であって、至高の権力からはただ慈悲のみが流れ出づるべきだからである。

(xxix) 刑事事件の判決の執行は、警察により行なわれる。

合同部会審議の焦点は、もはや口頭主義や弾劾主義、陪審制の是非にはなく、これらの原理を具体化する方途の如何に置かれている。ブルードフ構想は僅かに裁判所の構成面でその痕跡を止めているが、ここでも中心は破毀審や治安判事の組織の方法如何にある。議論は遠くへ進んでしまった。

こうした中で、パーニンはほとんど一人で流れに抗した。合同部会でパーニンは、セナートの審理は非公開のままとすること、国家犯罪は陪審不適事件とすること、特権身分の権利の剝奪に関わる判決を皇帝の裁可に付すべきことを強調した。ガガーリン上奏は触れていないが、民事訴訟で皇族を一方の当事者とする事件については、特別の判決手続に依るべきことを主張したのも彼である。また刑事手続の「大綱」を審議の際、「社会の秩序と安寧」を守るため、軽度の犯罪の被疑者については裁判に依らず、行政庁が独自に身柄を監獄その他に拘禁しても差し支えないと訴えたのも、パーニンであった。濫上訴防止のため、民事事件の破毀上告には担保の供与を命ずるべきだとの彼の主張は正理であるが、この流れでは高踏的な印象を与える。[23] 司法制度の権威主義的再編と身分に基づく裁判特権を維持することに、彼は執着したのである。

国家評議会総会の審議は、これらの対立点を中心に、八月二七日、九月三日、九月四日の三回にわたって行なわれた。[24] うちいくつかはここでも依然決着を見ず、両論併記のまま皇帝の裁断に委ねられた。しかしアレクサンドルは対立個所では主として多数意見を採用し、パーニン側の抵抗は奏功していない。

こうして皇帝の裁可によって、作業委員会の構想は正式に以後の司法改革の方針として決定を見た。同年九月二九日法「司法部改造の大綱」Основные положения судебной части である。[25]

(1) 帰国後五九年に彼がまとめた一一の文書（Дело 9 に所収）は、何れも個別のテーマを扱っているが、簡易迅速な少額訴訟手続の整備や、国庫訴訟にも弁論主義を導入するよう訴えており、彼が論壇の急進的改革論と問題意識を共有していたことを示している。なおこの時期のザルードヌイについては、Гр. Джаншиев. С. И. Зарудный и судебная реформа. Историко-биографический эскиз. М., 1889, стр. 43-68 を参照。

(2) Князь Д. Оболенский. Замечания на проект нового порядка судопроизводства в России // ОР ГБЛ, ф. 169, картон 44, No. 22, л. 1, 4 об. - 11. この文書自体、コンスタンチンの命で書かれたと言われている。

(3) Там же, л.13-14 об.「法律が所定の手続を以て公布されたるとき、何人も法律の不知を以て抗弁するを得ず」(国基　第六二条)。

(4) [М. Ф. Гольдгоер]. Замечания на проект нового устава уголовного судопроизводства (Дело 17, No. 8) // Замечания по проекту устава судопроизводства уголовного и по другим предметам, относящимся до преобразования судебной части в России. СПб., 1862, стр. 1-5, 21-28.

(5) [Д. А. Ровинский]. Устройство уголовного суда (Дело 17, No. 11) // Замечания по проекту устава судопроизводства уголовного и по другим предметам, относящимся до преобразования судебной части в России. стр. 13-20. ロヴィーンスキーは一八四四年に帝立法学校を卒業後、司法部に勤務し、モスクワ刑事院副院長を経て、五三年よりモスクワ県検事を務めていた。当時としても屈指の刑事裁判のエキスパートである。

(6) Там же, стр. 24-28.

(7) 次のとおり。(i)民事訴訟関係——『新民事訴訟法草案』、『治安裁判所管轄民事事件判決手続規則案』『非訟的な債務証書に基づく執行手続に関する件』『略式手続による民事事件の判決手続に関する件』『仲裁手続に関する件』『特別の争訟の判決手続に関する件』『民事事件の判決の執行に関する件』『訴訟費用に関する件』。(ii)刑事訴訟関係——『新刑事訴訟法草案』『治安裁判所管轄微罪事件判決手続規則案』『刑事裁判における費用に関する件』『刑事事件の特別の手続に関する件』。(iii)裁判所構成関係——『裁判所構成規程草案』『代訴士または弁護士に関する規程』。Журнал Соединенных департаментов законов и гражданских дел Государственного совета о преобразования судебной части в России (Дело 19), стр. 4-5.

(8) Там же, стр. 7.

(9) この点については、すでに同時代人の指摘がある。Воспоминания генерал-фельдмаршала графа Дмитрия Александровича Милютина. 1860-1862. М., 1999, стр. 448.

(10) Записка П. А. Валуев Александру II о проведении реформы 1861 г. ИА, 1961, No. 1, стр. 79. 意見書には一八六一年九月一五日という日付が入っている。

(11) Гр. Джаншиев. Эпоха великих реформ. Исторические справки. Изд. 10-е, СПб., 1907, стр. 422; Его же. С. И. Зарудный и судебная реформа.

стр. 97-98.

（12）Дело 19, стр. 8-9.

（13）Государственная канцелярия 1810-1910. СПб., 1910, стр. 189. 一八三二年陸軍省出仕、『陸軍法規集成』の編纂に従事ののち、カフカース委員会、大臣委員会、シベリア委員会事務局に勤務。一八五三年、国家評議会事務総長。一八六五年、国家評議会議員、と言うのがブトコーフの略歴である（Там же, стр. 189)。

（14）Дело 19, стр. 9, прим. 彼らの略歴は、Государственная канцелярия. Примечания. стр. XII-XIII.

（15）Записка Государственной Канцелярии об основных началах судоустройства и судопроизводства гражданского и уголовного (Дело 18, No. 1).

（16）Дело 18, No. 2. これは Соображения Государственной канцелярии об основных началах という表題で始まる一連の文書である。Соображения Государственной канцелярии об основных началах гражданского судопроизводства по проекту, составленному Вторым отделением Собственной Его Императорского Величества канцелярии и рассмотренному Соединенными департаментами законов и гражданских дел Государственного совета и по замечаниям, доставленным на этот проект; Соображения Государственной канцелярии об основных началах уголовного судопроизводства по проекту, составленному Вторым отделением Собственной Его Императорского Величества канцелярии и по замечаниям, доставленным на этот проект; Соображения Государственной канцелярии об основных началах особенных родов судопроизводства уголовного по проекту, составленному Вторым отделением Собственной Его Императорского Величества канцелярии; Соображения Государственной канцелярии об основных началах судоустройства по проекту, составленному Вторым отделением Собственной Его Императорского Величества канцелярии и рассмотренному Соединенными департаментами законов и гражданских дел Государственного совета и по замечаниям, доставленным на этот проект.

（17）Дело 19, стр. 10.

（18）Джаншиев. С. И. Зарудный и судебная реформа. стр. 100. 作業委員会での議論の模様は、М. Г. Коротких. Судебная реформа 1864 года в России (Сущность и социал-правовой механизм формирования). Воронеж, 1994, стр. 132-148.

（19）Дело 19, стр. 11.

（20）詳しくは、Коротких. Указ. соч., стр. 148-169.

（21）Дело 19, стр. 133-154, 257-284, 349-366 に所収。

（22）全文は、И. В. Гессен. Судебная реформа. СПб., 1904, стр. 263-267.

（23）Дело 19, стр. 115, 163-164, 107-108.

(24) 八月二七日に民事訴訟法、九月三日に刑事訴訟法、九月四日に裁判所構成法の改革原則が話し合われた。その議事録は、Журнал Общего собрания Государственного совета о преобразования судебной части в России (Дело 20).

(25) ПСЗ, собр. 2, т. 37, No. 38761, 1862 9/29. 第一部「裁判所構成」が九一条、第二部「刑事手続」が一五七条、第三部「民事手続」が一三八条である。

七　裁判諸法の成立

① 「大綱」を裁可したことで、次なる課題はこの肉づけの如何となった。皇帝はこの作業を引き続き国家評議会事務局に委ね、ここにブトコーフを長とする起草委員会が設置された。続いて一〇月二一日、パーニンが司法大臣を免じられ、その後任に司法次官ザミャートニン、新次官にストヤーノフスキーが就く人事があった。両者の下で大臣官房を預かったのはベールである。起草委員会には、司法省に戻ったストヤーノフスキーを別として、「大綱」の原案作りに携わった人々が横滑りし、彼らを核に次の人々から構成された。

(ⅰ)裁判所構成法部会――А・М・プラーフスキー（部会長）、Е・Е・ヴラーンゲリ、П・Н・ダネーフスキー、Я・Г・エシポーヴィチ、Д・А・ロヴィーンスキー、Н・Г・プリンツ、А・Д・ジェルトゥーヒン。

(ⅱ)刑事訴訟法部会――Н・А・ブツコーフスキー（部会長）、П・А・ズーボフ、М・Е・コヴァレーフスキー、Я・Г・エシポーヴィチ、А・С・リュビーモフ、Е・А・ペーレッツ、М・Н・ポポーフ、Н・Г・プリンツ、Б・И・ウーチン。

(ⅲ)民事訴訟法部会――С・И・ザルードヌイ（部会長）、К・П・ポベドノースツェフ、Н・В・カラチョーフ、

А・Ф・ブイチコーフ、Д・П・シュービン、С・Н・シェチコーフ、В・И・グーリン、А・П・ヴィリンバーホフ、А・А・クニーリム、Г・К・レーピンスキー、М・С・ヴォルコーンスキー（途中参加）、О・И・クヴィースト（同）、В・И・バルシェーフスキー（同）。

各部会には必要に応じて参考人も加えられ、その数は四九人に上った。そこにヤネーヴィチ＝ヤネーフスキー、グレーボフ、ゴリトゴーエルといった人々を（何れも刑事訴訟法部会）、あるいはサマールスキー＝ブイホーヴェツ（民事訴訟法部会）といった名を、見ることができる。この他に刑事訴訟法部会の参考人には、後にペテルブルク弁護士会の大立者となるП・А・アレクサーンドロフ、П・В・マカリーンスキー、В・Д・スパソーヴィチ、А・Н・トゥルチャニーノフらが参加をしている。[1]

起草委員二八人中一三人、参考人四九人中一七人は、帝立法学校出身の実務家であった。[2]実務の経験のない法学者は、法古事学のカラチョーフとブイチコーフ、刑事法学のスパソーヴィチ（前ペテルブルク大学教授）、論壇でイギリス法の紹介に努めたウーチン（同）と、ごく少ない。司法改革は実務法曹が主導する形で遂行されたのである。

裁判所構成法部会は六二年一一月六日に第一回の会合を開き、翌六三年九月一二日まで四七回の審議を持った。民事訴訟法部会は一一月三〇日から六三年一〇月二四日まで九一回、刑事訴訟法部会は六三年一月一四日から六月三〇日まで八九回開かれた。法案の起草は、各部会で先ず編別構成を決定し、次いで各編の起草担当者を決め、案文が整い次第、部会全体会議を開いて他編との調整を図る方式で進められた。こうしてまとまった部会案を今度は起草委員会総会に諮り、起草委員会原案とするのである。その総会は六三年四月一〇日に始まり、一一月一五日まで計二一回が民事訴訟法、八月八日から一〇月一〇日まで計八回が裁判所構成法に当てられている。刑事訴訟法の審議日時は明らかではない。

以上の作業を経て起草委員会は、一八六三年一二月二四日、詳細な『付帯説明書』と合わせ、合同部会に『裁判所設置法草案』『刑事訴訟法草案』『民事訴訟法草案』の三法案を提出した。(3) 但し『刑事訴訟法草案』と『民事訴訟法草案』はそれぞれ通常の判決手続を扱ったもので、特別手続について起草委員会原案がまとまるのは翌六四年のことである。この部分はこの年の四月から五月にかけ、合同部会に上程された。

起草作業と並行して委員会は、六二年の秋から翌年にかけ、ロヴィーンスキーとストヤーノフスキー（司法次官に転出後はコヴァレーフスキー）に、両首都及びその近隣の諸県について司法統計の収集に当たらせた。一八六四年の夏には、ザルードヌイも故郷ハリコフの調査をした。何れも新制度の施行に備えた作業である。(4)

② 「大綱」は裁可の翌日、六二年九月三〇日に公表された。一〇月七日にブトコーフは、各紙誌の編集者に対し、各界の「大綱」への反響をたとい断簡零墨なりと国家評議会事務局にまで一報あるよう、文相A・B・ゴロヴニーンを通して申し入れた。続いて八日、「大綱」は有識者および各省庁の関係者へと発送され、彼らの意見が求められた。一二月一日までと期限を限ったにも拘わらず、三九五人が回答を寄せ、起草委員会の手で『司法部改造大綱批評集』としてまとめられている。(5) 全六巻、総計数千頁の大冊で、回答の約八割は実務家の手になる。

法案の起草に当たっては、こうして集まった資料の他に、適宜外国の立法を参照することになっていた。表2-5は起草委員会で翻訳された外国法の一覧である。他に『付帯説明書』にはフランス治罪法、ニューヨーク、マサチューセッツ、ヴァージニアの各州の刑事手続、フランス、オルデンブルク、ワイマールの民事訴訟法に言及がある。フランス本国は無論のこと、イタリア、ジュネーヴ、西南ドイツの諸邦等、全体としてフランス法系の占める比重はかなり大きい。一九世紀の半ばの時点では、統一的な法典を持ったフランス法は時代の先端を行く法制であり、このこと自体は異にするに足りない。但し次章で見るように、裁判諸法は単なるフランス法の翻訳ではない。

③ 一八六四年春の起草委員会原案（民事・刑事の特別手続）の合同部会上程を以て、司法改革は最終段階に

入った。この年二月、老ブルードフの死に端を発して、国家評議会議長にガガーリン、後任の国家評議会法律部会議長に第二部長官M・A・コルフ、そして空席となった第二部の長官にパーニンが座る異動があったが、パーニンの再登板が改革の流れを左右することはもはやなかった。

この段階で法案の帰趨に影響したのは、各省大臣の動向である。六三年末になって、関係省庁は起草委員会原案に意見を述べることを許されたもので、特に主管大臣であるザミャートニンは省内にストヤーノフスキーを長とする検討委員会を設置し、精力的に原案の検討に取り組んだ。この結果、司法大臣意見書は逐条的・包括的な内容となり、単なる字句の補正も含めると、修正の提案個所は一、〇〇〇を越える。とはいえ彼の提言は、「大綱」の与えた枠組みと抵触するものではもとよりない。(6)

対して他の大臣の意見書は、その省益に関わる主張が多い。例えば蔵相M・X・レイテルンは、『民事訴訟法草案』が治安判事管轄事件の裁判費用を免除していること（第一分冊　第一四一条）に、

表 2-5　起草委員会が翻訳した主要な外国法

フランス	民法（証拠編のみ）
イタリア	サルデーニャ民事訴訟法（1854，1859）
	ピエモンテ裁判所構成法（1859）
	ピエモンテ地方行政組織法（1859）
	サルデーニャ民事訴訟法施行令（1860）
ジュネーヴ	治安判事法（1842）
	刑事陪審法（1844，1848 年補足）
	裁判所構成法（1848）
	自由弁護士法（1851）
	強制執行法（1852）
	民事訴訟法（1819）
ベルギー	裁判所構成法草案（1862）
ハンガリー	民事訴訟法（1852）
オーストリア	民事訴訟法（証拠法のみ）
ドイツ諸邦	プロイセン裁判所構成法
	ヴュルテンベルク民事訴訟法（証拠法のみ）
	バーデン民事訴訟法（証拠法のみ）
	ハノーファー民事訴訟法（訴訟費用の部分）
	バイエルン民事訴訟法（訴訟費用の部分）

この他にロシア，フランス，ジュネーブ，サルデーニャの各民事訴訟法の条文対照表が作成されている．

典拠：Опись дела о преобразовании судебной части в России // Гр. Джаншиев, Основы судебной реформы. М., 1891, стр. 35 и след.;　F. B. Kaiser, *Die russische Justizreform von 1864. Zur Geschichte der russischen Justiz von Katharina II. bis 1917*. Leiden, 1972, S. 408 より作成．

財政上の見地から難色を示している。[7] 一方内相ヴァルーエフの場合には、起草委員会の構想する司法と内務の関係が不満であった。警察が司法機関によって統制されるのを嫌った彼は、『刑事訴訟法草案』がいわゆる狭義の捜査дознание の際の警察官吏の違法な行為に、検察官は懲戒の裁判を提起できると定めたこと（第四三一条）に反撥した。検察官が懲戒の裁判を提起するには、処分対象者の上級庁との協議を経ることを必要とする、と言うのが対案である。[8] 各論では彼は起草者側と激しく対立し、法の施行が課題となった一八六五年に入っても、内務省管下の調停員と治安判事の関係をめぐって、再び衝突を繰り返した。調停員は治安判事制施行とともに廃止され彼らの職務は治安判事に移されると言うブトコーフに対し、ヴァルーエフは反統合論を展開して、治安判事の設立までは調停員が全ての身分の少額・微罪の事件を裁判すると、逆に調停員権限の拡大を図ったのである。[9] 蔵相、内相の反論は確かに個別の論点だが、この二人が強力な異議を挟んだことは、新制度の施行や運用を考える上で、両省の意向が無視できないことを暗示している。

合同部会の審議は六四年三月四日に始まって、『民事訴訟法草案』を七月一日まで一八回、次いで『刑事訴訟法草案』を五月一三日から六月一七日まで一一回、さらに六月一七日から二七日まで『裁判所設置法草案』を計四回、それぞれ討議し、原案を修正の上、可決した。国家評議会総会の審議は夏休み明けで、『民事訴訟法草案』が九月一六日、『刑事訴訟法草案』は九月二三日と二五日、また『裁判所設置法草案』は『司法機関設置法草案』Учреждение судебных установлений. Проект と名を改めて一〇月二日、それぞれ審議されている。合同部会や総会で各省庁の省益がそのまま通ることはなかったが、いくつか次章で見るように、この段階で言わば原案の「急進性」を現実に引き戻すような方向での修正が施されている。

こうした経過を経て、一一月二〇日、皇帝は三法案を裁可した。同じ日、治安判事制の発足に伴い、第二部長官コルフの下で準備された「治安判事の科する刑についての法律」Устав о наказаниях, налагаемых мировыми судьями

も裁可を見ている。[10] これらを「一八六四年一一月二〇日の裁判諸法」Судебные уставы 20 ноября 1864 года、または「皇帝アレクサンドル二世の裁判諸法」Судебные уставы Императора Александра II と言う。

裁判諸法の成立と前後して、側面から司法改革を牽引した軍事司法と警察について、制度改革が実現した。前者については、「陸軍裁判法」Военно-Судебный Устав および「海軍裁判法」Военно-морской Судебный Устав が、六七年五月一五日に成立した。[11] 海軍省にオボレーンスキー委員会が発足してから新法制定まで若干時間の開きがあるのは、作業を陸軍省と共同で進めることになったからである。陸軍ではこの間、六一年一一月に、陸相がН・О・スホザネートからД・А・ミリューチンに交替をする人事があった。翌年一月一五日、ミリューチンは長文の意見書を皇帝に奉じ、ここに軍制改革が口火を切る。[12] この意見書の第四章が軍法会議の改革を提起している。

一方警察改革は、新内相のヴァルーエフが「大きな警察」にこだわったため難航したが、漸く六二年になって最初に臨時規則という形で地方警察の機構改革が行なわれ、[13] 続いて六四年になって、経済行政の警察業務からの切離しが実行された。警察に代わって公衆衛生や運輸通信網の整備に従事する県と郡のゼムストヴォを、同年一月一日の法律でヨーロッパ・ロシア三三県に実施することを決めたのである。[14] これまで警察力の効率化を主眼に推進されてきた改革に、「社会」の自律（自治）という観点が加わったことで、ここに新たな地平が拓けている。その後五月二五日に、ゼムストヴォ法施行法が制定をされた。[15]

以上を以て、一九世紀の第二四半期に遡る司法改革の作業は一段落した。当初のそれはごく限られた小幅な改革にすぎなかったが、五〇年代後半に入り他の一連の諸改革と互いに連動しあうことで、制度の全面的な組み替えに至ったのである。最終的に法改正を導いたものは、第一線で裁判実務を担った者の動向であった。彼らの間で法改正への意欲が生まれ、ジャーナリズムを媒介として社会の中に改革に対するコンセンサスが広く形成されたことで、司法改革は初めて現実のものとなったのである。

(1) 各部会の起草委員および参考人の氏名は，Объяснительная записка к проекту Учреждении судебных мест (Дело 50), стр. 1; Объяснительная записка к проекту Устава уголовного судопроизводства (Дело 52), стр. 1-2; Объяснительная записка к проекту Устава гражданского судопроизводства (Дело 55), стр. 1-2 に依る。

(2) Сюзор. Указ. соч., стр. 240-241.

(3) Учреждении судебных мест. Проект (Дело 49); Проект устава уголовного судопроизводства (Дело 51); Устав гражданского судопроизводства. Проект (Дело 54).

(4) ロヴィーンスキーの調査報告は，Сведения о положении дел судебного ведомства в губерниях Московской, Тверской, Ярославской, Владимирской, Рязанской, Тульской и Калужской (Дело 30)，ストヤーノフスキー＝コヴァレーフスキーの調査報告は，Соображения действительного статского советника Ковалевского о составе будущих судебных мест в губерниях, причисленных к С.-Петербургскому судебному округу (Дело 31)，ザルードヌイの調査報告は，Судебно-статистические сведения по Харьковской губернии (Дело 32)。

(5) Замечания о развитии основных положений преобразования судебной части в России. ч. 1-6, СПб., 1863 (Дело 21-26). その要約は，Свод замечаний и предположений о развитии основных положений преобразования судебной части в России (Дело 28).

(6) Замечания министра юстиции на проект Устава гражданского судопроизводства (Дело 59, No. 1); Замечания министра юстиции на проект Устава уголовного судопроизводства (Дело 59, No. 3); Замечания министра юстиции на проект Учреждения судебных мест (Дело 59, No. 6).

(7) F. B. Kaiser, *Die russische Justizreform von 1864. Zur Geschichte der russischen Justiz von Katharina II. bis 1917*. Leiden, 1972, S. 388.

(8) Судебные уставы 20 ноября 1864 года, с изложением рассуждений, на коих они основаны. Изд. 2-е, ч. 2, СПб., 1867, стр. 180-181.「狭義の捜査」とは，事件発生後，取調官に事件を送致するまでに警察官吏が行なう活動を指す。

(9) Соображения коммисии, Высочайше учрежденной для окончания работ по преобразованию судебной части, о слиянии мировых крестьянских учреждений с мировыми судебными установлениями (Дело 65, No. 12), стр. 1-10.

(10) ПСЗ, собр. 2, т. 39, No. 41475, 1864 11/20; No. 41476, 1864 11/20; No. 41477, 1864 11/20; No. 41478, 1864 11/20.

(11) ПСЗ, собр. 2, т. 42, No. 44575, 1867 5/15; No. 44576, 1867 5/15.

(12) Всеподданнейший доклад по военному министерству 15-го января 1862 года // Столетие военного министерства. 1802-1902. Приложения к Историческому очерку развития военного управления в России. СПб., 1902, стр. 70-183.

(13) ПСЗ, собр. 2, т. 37, No. 39087, 1862 12/25.

(14) ПСЗ, собр. 2, т. 39, No. 40457, 1864 1/1.
(15) ПСЗ, собр. 2, т. 39, No. 40934, 1864 5/25.

第3章　裁判諸法の構造と動態

一　改革の基調

①　民事訴訟法は三分冊一、四〇〇条、刑事訴訟法は三分冊一、二五四条、司法機関設置法は九編四二〇条からなっていた。最初の二つの手続法は、第一分冊で治安判事の下での手続、第二分冊で通常手続、第三分冊で特別手続を規定している。司法機関設置法では通常裁判所の組織と権限、法曹三者の資格要件や彼らの任用方法について規定がある。皇帝は法案の裁可に先立って、「迅速で公正、寛大にしてわが臣民全てに平等な裁判をロシアに樹立せしむること」「司法権の地位を高め、これに然るべき自立を与えること」「人民の間に法律に対する尊敬の念を確立すること」が改革の目的なのだと宣言をした(1)。

新しい司法権の編成原理は、ガガーリンがその上奏で述べたような、「権力分離」отделение властей、ないし権力の棲み分けの論理であった。行政機関は今後は民事・刑事の司法事件の裁判には加わらない。旧法が認めた警察による微罪処分や県知事による原判決の承認制度はこれに伴い廃止され、通常裁判所は「民事・刑事の全ての事件」を管轄する（司法　第一条）。ゆえに裁判所が法の欠缺に籍口し、裁判を拒否することは禁止をされる（民訴　第一〇条。刑訴　第一三条）。当然、法の欠缺を理由として国家評議会に照会手続を取ることも認められず、ここに司法は立法と行政から分離をされてその「地位を高め」、「自立」を果たす。——もとより、こうした論理の裏面として、司法部が行政に介入することは許されず、裁判所は行政事件を扱わない。フランスの権力分立観は濃厚で、裁判拒否の禁止をうたった右の民事訴訟法の規定自体、フランス民法典第四条から取られている(2)。

迅速、公正、平等そして司法の自立といった主題と並んで、改革にはなお二つ、秘められたモチーフが存在した。第一は広い意味での法の統一、法の地域的・身分的分散の克服で、[3]例えば司法機関設置法は、通常裁判所の裁判権は「全ての身分の人に及ぶ」と規定をする（司法　第二条）。一方二つの手続法は、当事者の属する身分に基礎を置いた旧法の特別手続を清算し、判決手続を極力単一化することに努力した。新法の定める刑事特別手続は、(i)教会に関わる犯罪（信仰に対する罪や聖職者の犯罪）、(ii)刑法典第三編に規定された国事犯、(iii)官吏の職務犯罪、(iv)国庫に対する罪、公共の福祉や安寧に関する罪などいわゆる行政の各部と関わる罪、(v)軍人と文民の管轄の競合する事件の五つ、また民事特別手続は、(i)国庫に関わる訴訟、(ii)官吏の違法な職務行為によって生じた損害に対する賠償請求訴訟、(iii)適法な婚姻から生じた一身上・財産上の諸権利に関する事件および嫡出否認の訴え、(iv)和解手続・仲裁手続の四つである。「大綱」を審議の際にパーニンが唱えた皇族のための民事特別手続を置く案は、皇帝がその手で却下していて、ここではアレクサンドル自らが「平等な裁判」の例を示した恰好になった。[4]

　これと並んで司法機関設置法は、特別裁判所の整理を進めた。同法が定める通常裁判所は、治安判事、治安判事会議、地方裁判所、控訴院そして破毀裁判所としてのセナートの五つ（司法　第一条）、別に法律を以て定めるとされた特別裁判所は教会裁判所 Духовный суд、軍法会議 Военный суд、商事裁判所 Коммерческий суд、農民裁判所 Крестьянский суд、異族人裁判所 Инородческий суд の五つである（司法　第二条註）。ニコライ一世の時代には広く文民に対する裁判権を有していた軍法会議は、このとき軍の内部規律の維持を目的とした制度であることが明確にされ（刑訴　第二二一九条～第二二二七条）、軍事裁判権の限定というこの方針は六七年の軍法会議改革へと引き継がれた（陸裁　第二四〇条～第二四八条）。教会裁判所については六〇年代後半から宗務院を中心に改革の動きが本格化するが、[5]俗人の事件で教会裁判所が管轄するのは、婚姻事件および教会罰（公開の懺悔または破門）のみを法定刑とする刑事事件（刑訴　第一〇〇二条）に限られる。

　最後に農民裁判所（郷裁判所）は、ブルードフが農奴解放法に丸投げをした沿革から、司法改革では手つかずに置かれた制度だったが、六六年一月にこの制度が国有地農民の間でも施行をされたことによって[6]、新たな展開の端緒が生まれた。農民身分の少額事件と微罪事件を扱う裁判所が組織法レベルで一律の規制を受けたため、単一の農民裁判権を想定することが可能となり、ここに農民裁判権と通常裁判権の関係の如何が問われたのである。この問いは具体的には、農奴解放法で終審裁判所と規定され（農　第九六条、第一〇九条）、上訴手段が閉ざされていた郷裁判所の判決に、如何なる形で上訴の道を開くのかという問題として展開をする[7]。これについては先ず王国領ポーランドの司法改革が最初の答えを出しており、バルト三県の農民裁判所の再編がそれに続いた。しかしヨーロッパ・ロシアの郷裁判所に回答が与えられるのは、二〇世紀を待たねばならない。

隠されたもう一つのモチーフは、論壇で盛んに論じられた「国家」と「社会」の変奏曲、言うなれば司法秩序における両者の共棲ないしは協働であった。具体的な制度論では、この主題は住民の司法参加のあり方として現れている。五つの通常裁判所のうちセナート破毀部は法律審、残り四つは事実審で（司法　第五条）、後者はさらに講学上、いわゆる「普通裁判所」общие судебные места と「地域の裁判所」местные суды に分けられる（図3-1）。両系列の裁判所は管轄を互いに異にするだけでなく、裁判官の任用制度も別にしていて、普通裁判所の裁判官が国家の任ずる職業的な法曹であるのに対し、治安判事は地域社会が選出をする素人裁判官である。もっとも「国家」の裁判所たる地方裁判所の場合でも、刑事事件の審理陪審に見るように、「社会」の参加を排除するものではない。

このように、二つの要素は新しい司法を支える二本の軸を構成した。両者は時に、制度を担う主体としての法専門職と非専門人、訴訟手続の理念としてのフォーマリズムとインフォーマリズムといった、ヴァリエーションを描くこともある。しかし後述するように、裁判制度の運営上、二つの軸の何れに力点を置くべきかは、立法者の間にも温度差があり、後年の司法政策はこの問いを一つの焦点として動くのである。

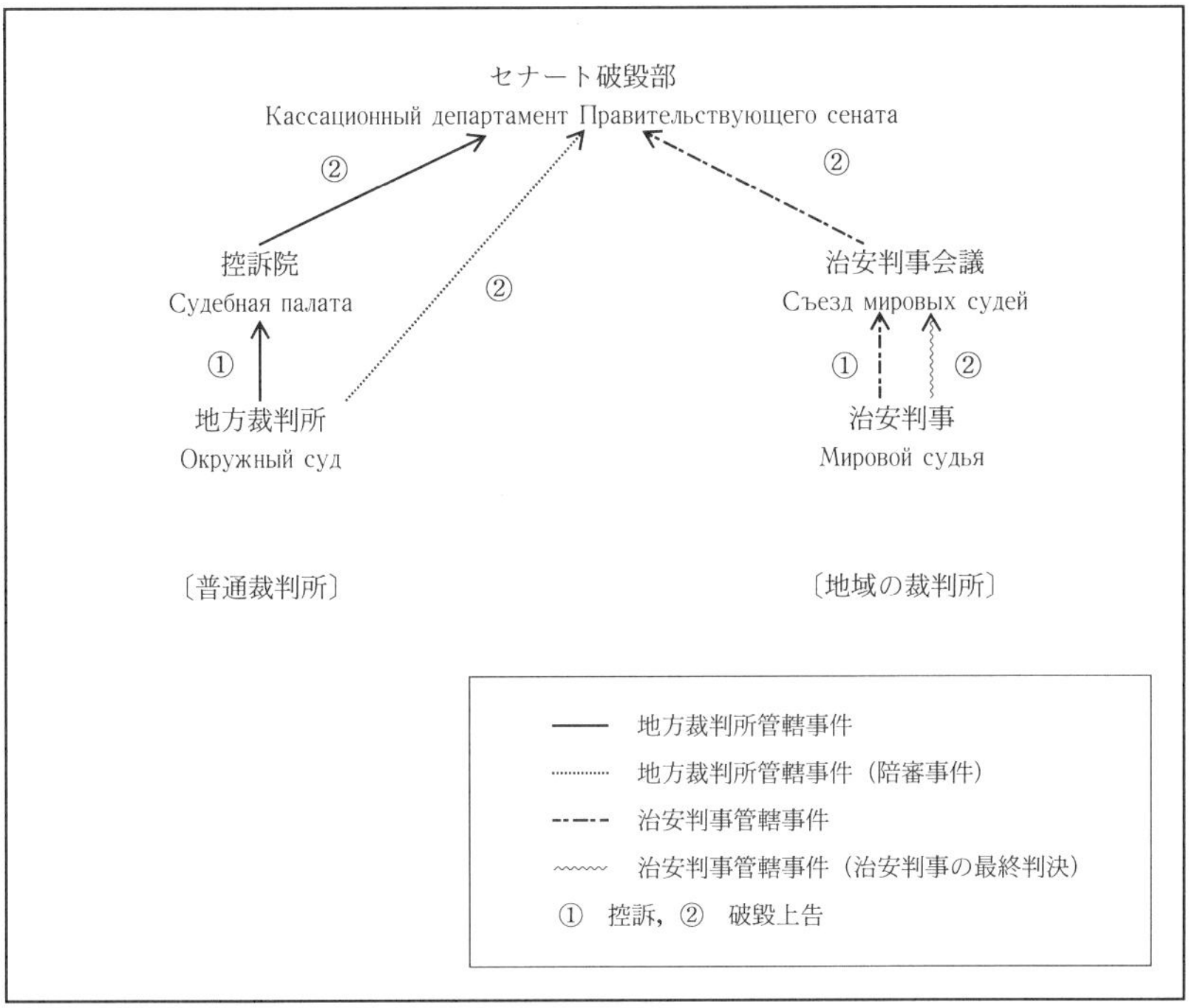

図3-1　通常裁判権の編成（1864）

②　訴訟審理の基礎に置かれたのは、これも論壇でホットなテーマとなった、口頭主義・直接主義・公開主義の諸原理であった。民事通常手続（図3-2）を例に取ると、事件抄録の作成は止め、訴答書類を交換して争点整理が終了すれば、直ちに裁判官の面前で口頭弁論が開かれる。のみならず、裁判所が特に異議を止めぬ限り、両当事者は合意によって準備手続を省略し、第一回の口頭弁論に入ることも可能であった（民訴　第三四八条）。さらに新しい訴訟法は旧法の職権主義を捨て、「判決は当事者によって提出された証拠のみに基づく」（民訴　第三六七条）、「裁判所は請求のない事項について判決を言い渡してはならない」（民訴　第七〇六条）と、弁論主義、処分権主義の採用を明らかにしている。

この手続の当事者主義化は、弾劾主義に立脚した新しい刑事手続（図3-3）にも

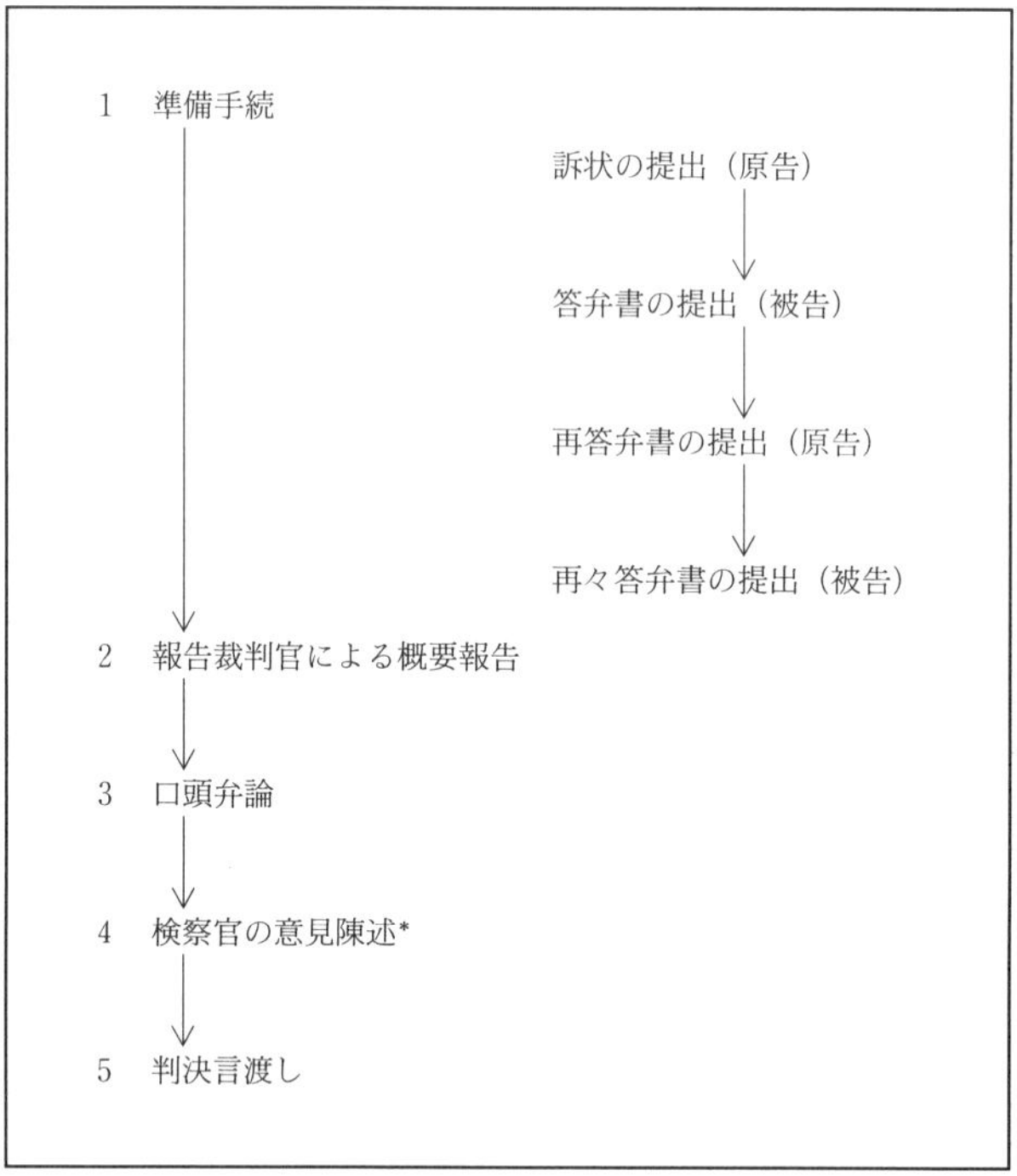

図 3-2　民事通常手続（1864）

注：*国庫事件，未成年者の事件など（民訴　第 343 条）．

また及んだ。旧法において一体であった訴追と審判の二つの機能はここで初めて分離され、治安判事が管轄する微罪事件および一部の親告罪を別として、[8] そこでは検察官が犯罪の訴追に当たるとする[9]（刑訴　第二条〜第五条）。相手方たる被告人には、検察官の公訴提起後、起訴状謄本の送達を受けた時点で弁護人の選任を認め[10]（刑訴　第五五七条）、その当事者的地位を保障した。確かに起訴前の被疑者の弁護人選任権を否認したことで、公判前手続の糺問性は消えなかったが、[11] ここにいくつか刑事人権規定が置かれたことは旧法にはない新機軸で、やはり無視さるべきではない。「何人も法律の定める場合を除いては拘禁されない。また法律の定めていない場所には抑留されない」（刑訴　第八条）。さらに、裁判官または検察官は、所轄の区域で「権限ある機関または者の決定なくして」拘禁されている者がいることを知ったときは、「不当に自由を奪われた者を直ちに解放しなければならない」（刑訴　第一〇条）。これらの人身保護条項と結びついた事件の参加人の捜査に対する異議申立て（刑訴　第四九一条〜第五〇九条）、捜査活動の立会いなど検察

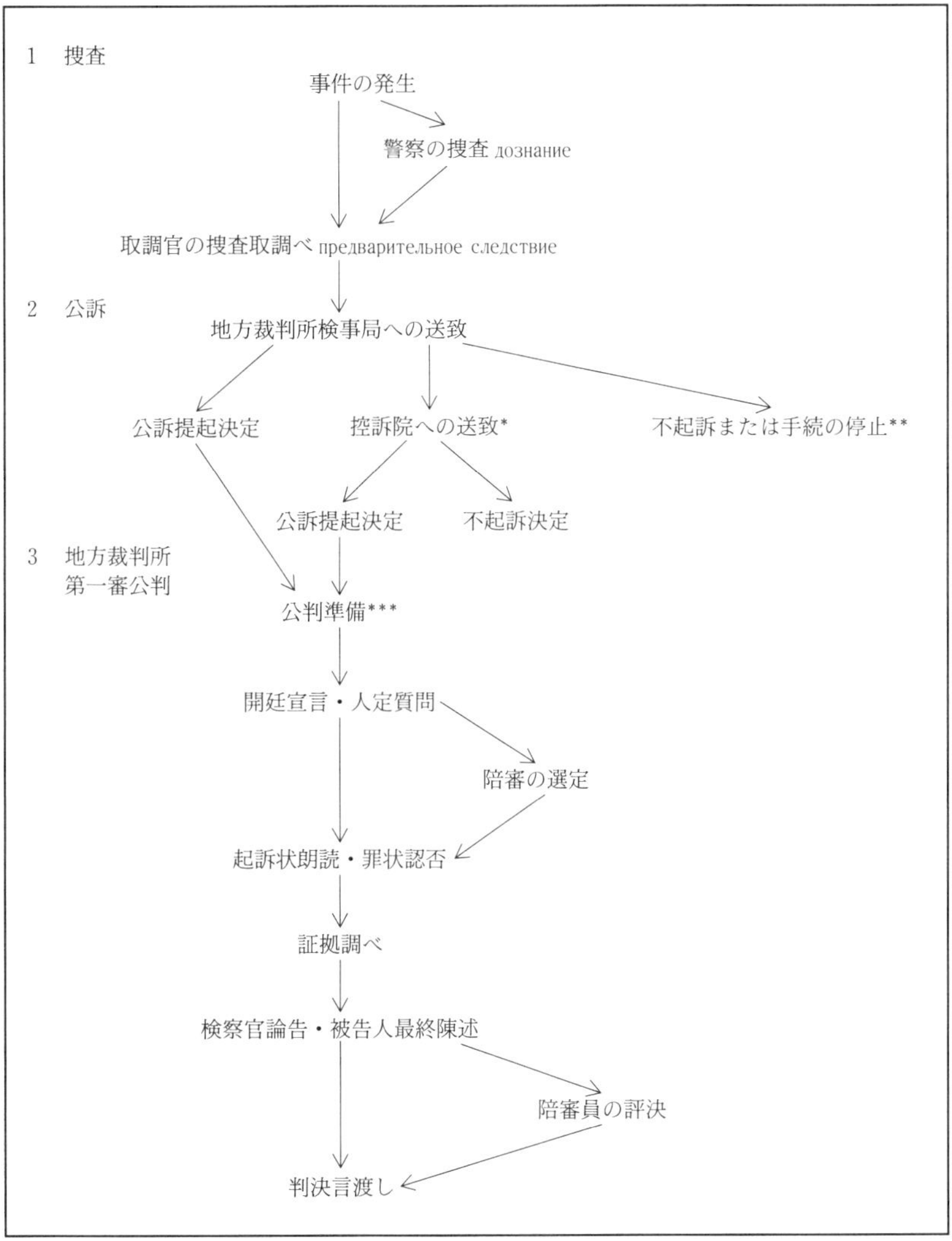

図 3-3　刑事通常手続（1864）

注：*検察官が起訴相当とした事件で，法定刑が身分の権利の制限・剝奪を伴うもの（刑訴　第523条）．

　**この決定は被疑事件の軽重に応じてその後地方裁判所または控訴院に送られ，その点検を受ける（本図では省略）．

　***陪審員開廷名簿の作成，弁護人の選任，証人申請など．

官による捜査の監督（刑訴　第二七八条〜第二八七条）、そして捜査の端緒をなす事由や逮捕・勾留・押収等の強制処分の法定（刑訴　第二九七条〜第四六六条）によって、捜査の適正を図るというのが、新刑訴法の立場である。しかも犯罪が発生したときは、警察官吏は事件を一昼夜以内に取調官または検察官に送致しなければならないとすることで（刑訴　第二五〇条）、犯罪捜査を法曹資格を持つ取調官の専権とし（刑訴　第二四九条）、捜査の質の向上を計ろうとした。

最後に、裁判の公開は民事と刑事の別を問わず原則になった。民事訴訟の場合には、事件の報告ならびに口頭弁論は公開の法廷で行なうとされ（民訴　第三二四条）、例外の任意的公開停止事由として、事案が宗教、公共の秩序または道徳性の観点から非難に値すると思われるときは、裁判所は自らの判断により、または検察官の請求によって、公開を停止できるとする（民訴　第三二五条）。また両当事者が公開の停止を申立て、裁判所がこれに相応の理由があると認めるときも、公開の停止が認められる（民訴　第三二六条）。しかし何れの場合にも、判決の言い渡しは公開の法廷で行なわなくてはならない（民訴　第七〇〇条）。刑事事件も同様で、公開の停止が許されるのは次の四つに限定をされた。(i)被告事件が神への冒瀆、聖物の侮辱、または信仰に対する中傷であるとき。(ii)家族法上の権利に対する犯罪。(iii)女性の名誉と貞操に対する犯罪。(iv)性的な放縦、自然に反する行為または売春の周旋が被告事件であるとき（刑訴　第六二〇条）。何れにあっても停止には「明白な必要」がなければならず、またその際に裁判所は、如何なる理由に基づき公開を停止し、また非公開の法廷において如何なる訴訟行為を行なうのかを決定しなければならない（刑訴　第六二一条）。しかも判決の言い渡しには、やはり公開の法廷が必要であった（刑訴　第八三一条）。なお同じ一一月二〇日に裁可された「定期刊行物での判決の掲載の許可に関する件」がプレス公開について規定し、言い渡された判決は言うまでもなく、公開された法廷での審理の過程全てを報道することを認めている。(12)

以下本章では「国家」と「社会」という二つの軸足、あるいは司法の自立といった観念に注意をしながら、これらの主題が制度の中にどのように具体化されたのか、裁判組織と法曹制度に則して整理する。続いては法の施行と新しい司法の活動の模様について、一八六〇年代、七〇年代を対象に瞥見する。

（1）ПС3, собр. 2, т. 39, No. 41473, 1864 11/20.

（2）次の民事訴訟法の規定とコード・シヴィルの条文とを対照されたい。民訴第一〇条「法律の不完全、不明瞭、不十分または抵触を口実として裁判を停止することは禁止される。この規則の違反に対しては、有責者は裁判拒否として責任を問われる」Воспрещается останавливать решение дела под предлогом неполноты, неясности, недостатка или противоречия законов. За нарушение сего правила виновные подвергаются ответственности, как за отказ в правосудии. フランス民法典第四条「法律の沈黙、不明瞭または不十分を口実として裁判することを拒否する裁判官に対しては、裁判拒否につき有罪として訴追することができる」Le juge qui refusera de juger, sous prétexte du silence, de l'obscurité ou de l'insuffisance de la loi, pourra être poursuivi comme coupable de déni de justice.

フランス的権力分立観の影響をもっとも強く留めているのは、行政官吏はその職務犯罪について任命権者の決定に依らなければ訴追されないとの（刑訴　第一〇八八条）、いわゆる「行政的保障」административная гарантия の制度である。この条項は、行政上の職員 les agents du Gouvernement はコンセイユ・デタの決定なくして訴追されないと規定する、一七九九年憲法第七五条に起源を持つ。フランスではこの条項は濫用的・行政妨害的訴追を排除するためと説明されたが、ロシアでも「行政権の司法権からの分離は、行政官が司法事務に関与しないという意味だけでなく、司法官が行政の事務に関与しないと言う意味においても必要である」と力説された。Журнал Соединенных департаментов законов и гражданских дел Государственного совета о преобразовании судебной части в России (Дело 19), стр. 239.

（3）起草委員の一人カラチョーフは、その後一八七〇年代初頭から、ドイツ諸邦の法の統一を目的として一八六〇年から毎年のように開催されているドイツ法曹会議をモデルに、全国の学者・実務家を集めたロシア法曹会議の召集に向けて努力をしている。

（4）Выписка Высочайших резолюций, последовавших по мемории общего собрания Государственного совета, по журналам о преобразовании судебной части, предъявленная Государственному совету (Дело 20, No. 2), стр. 2.

（5）Gregory L. Freeze, *The Parish Clergy in Nineteenth-Century Russia. Crisis, Reform, Counter-Reform*. Princeton, New

Jersey, 1983, pp. 340-345.

（6）ПСЗ, собр. 2, т. 41, No. 42899, 1866 1/18.

（7）農民行政の主務官庁たる内務省は郷裁判所を行政機関の系列に囲い込むことを目ざし、これを承けて一八六六年二月一四日法が管轄違いや刑の量定の誤り等の法令違反に限って郡調停員会議に上訴することを認めた（ПСЗ, собр. 2, т. 41, No. 43014, 1866 2/14）。これに対し司法省は、一八七一年にセナート民事破毀部評定官М・Н・リュボシチーンスキーを長とする調査委員会を置き、郷裁判所の控訴管轄を治安判事会議に据える構想を提起した。しかしこれは内務省の反対で実現していない。РГИА, ф. 1587, 1904 г. оп. 1, д. 1, л. 18 об.

（8）法は通常手続（地方裁判所が第一審管轄権を持つ刑事事件の手続）では国家訴追主義、検察官による起訴独占主義を取っており（刑訴　第四条）、犯罪の被害者には、フランス法に倣って、付帯私訴原告 гражданский истец として手続に加わることを認めるに止めていた（刑訴　第六条）。例外は親告罪事件のうち和解による終了が認められたもので、これは被害者が訴追をする（刑訴　第五条）。対して治安判事が管轄する微罪事件では、検察官の起訴独占は放棄され、手続は被害者の告訴による他、警察その他の行政機関の通知によっても開始される（刑訴　第三条、第四二条）。

（9）捜査が終了すると事件は取調官から検察官へと送致され、地方裁判所検事正は捜査結果を検討の上、公訴提起、不起訴（訴訟手続の中止）または手続の停止（いわゆる先決問題が存する場合）の決定をする（刑訴　第五一〇条）。公訴を提起するときは、地方裁判所に起訴状を送り、そこで公判の準備が始められる（刑訴　第五一九条、第五二三条、第五四三条）。しかし事件がより重大な、身分の権利の剝奪・制限に関わる事件の場合は、起訴状は控訴院へと送られて（刑訴　第五二三条）、公訴の是非がここでさらに検討をされた（刑訴　第五二九条〜第五三四条）。この種の事件は陪審に付される事件に当たっており（刑訴　第二〇一条）、地方裁判所は控訴院（重罪起訴部）の起訴相当との決定を俟って公判の準備を開始する（刑訴　第五四三条）。

（10）被告人は弁護人の私選に代えて、裁判所に弁護人の指定を申し立てることもできる。申し立てを受けた裁判所は弁護士の中から、弁護士が不足する場合は司法官試補から、弁護人の指定をする（刑訴　第五六六条）。これが官選弁護 казенная защита の制度で、指定を受けた弁護士には、原則として事件を受任する義務があった（司法　第三九四条）。

（11）起草委員会草案（Проект устава уголовного судопроизводства // Дело 51）第二五五条は、「取調べに際して被疑者は弁護人を持つことができる。取調べの最初にこのことは被疑者に告知される」と定めていたが、この規定は国家評議会の採るところとはならなかった。改革の最終段階で、国家評議会が原案の「急進性」を引き戻した例の一つである。

（12）ПСЗ, собр. 2, т. 39, No. 41481, 1864 11/20.

二　裁判組織

（1）普通裁判所——地方裁判所・控訴院

① 二つの普通裁判所のうち、地方裁判所 Окружный суд は所長 председатель 一名と判事 член 若干名から構成され、数郡に一ヶ所設置をされる、第一審の裁判所であった（司法　第七七条）[1]。取調官 судебный следователь も身分の上では地裁判事とみなされるので、ここに所属し地区に分かれて執務する（司法　第七九条）。他に地方裁判所を部に分けるときは、所長が属する部を除き、各部には部の事務を総括する裁判官として副所長 товарищ председателя を置く（司法　第七八条）。もっとも司法行政事務の処理については、日常の事務を運営会議 распорядительное заседание で、特に重大な案件の場合については裁判所総会 общее собрание で行なうので[2]（司法　第一五一条、第一六〇条）、所長・副所長が司法行政に果たす役割は大きくない。

裁判体は三人以上の合議制で（司法　第三条、第一四〇条）、地方裁判所は治安判事が管轄しない民・刑事件を管轄する（民訴　第二〇二条。刑訴　第二〇〇条）。このうち法定刑が身分の権利の制限・剝奪を伴う重罪事件は、陪審によって審理をされる（刑訴　第二〇一条）。統計では地裁の実体裁判のうち実に七五・七%が、陪審に付された事件であった[3]。一八四五年刑法典の厳罰主義を反映して、窃盗の加重類型も全て重罪となったからである。

陪審裁判の導入に当たって合同部会は、この国では「上層の身分」に属する裁判官と「下層の身分に属する被告人」の間では、物の考え方、習慣、生活様式の開きが大きく、それゆえ「ロシアでの陪審裁判の実施は、他のどの国にも増して必要である」と考えた[4]。このため陪審に引き入れられる「社会」は比較的広く取られている。表3-1は陪審の選定手続で、陪審候補総名簿は各郡で陪審資格を有する者を網羅した言わば形式上の候補者名簿、陪審

表 3-1　陪審の選定手続

1　陪審候補総名簿 общий список присяжных заседателей **の作成**

① 陪審候補総名簿の作成．毎年ゼムストヴォ郡会によって任命される臨時委員会（両首都では一般市会とゼムストヴォ郡会の合同会議）は，毎年９月１日までに前年度の陪審候補総名簿を点検して新規有資格者の登載，資格喪失者の抹消を行ない，各郡の陪審資格保持者を網羅した陪審候補総名簿を作成する．(89，90)

② 総名簿の縦覧．縦覧期間は１カ月で，名簿に対し不服が申し立てられたときは，臨時委員会はその補訂を行なう．(91，92，93)

③ 県知事への提出と点検．総名簿は10月１日までに県知事に提出され，県知事は11月１日までに総名簿を点検して，臨時委員会に差し戻す．県知事は誤って名簿に登載された者を抹消する他，名簿に対する不服申立てが臨時委員会に認められなかった者について，その資格を検討する．(94)

④ 総名簿の公告．総名簿は県報に掲載される．県知事によって名簿から抹消された者は，名簿発表後１カ月以内に，セナート第一部に不服を申し立てることができる．(94，95，96)

2　陪審候補年次名簿 очередной список присяжных заседателей **の作成**

① 拡大臨時委員会．年次名簿は，郡貴族団長を議長に臨時委員会の構成員に郡市の治安判事１名を加えた，拡大臨時委員会で作成する．(97)

② 陪審候補年次名簿の作成．拡大臨時委員会は，陪審候補総名簿から，両首都で1200人，人口10万人以上の郡で400人，10万人に満たない郡で200人の陪審候補を抽出し，陪審候補年次名簿とする．年次名簿の作成に当たっては，候補者の道徳的資質その他の理由を考慮する．(98，99，100)

③ 陪審候補補充名簿の作成．拡大臨時委員会は，年次名簿の他に，総名簿から陪審裁判の開廷地に住所地を有する者を抽出して，陪審候補補充名簿とする．補充名簿登載者は，両首都で200人，その他の都市で60人とする．(101，102)

④ 年次名簿・補充名簿登載者の分割．拡大臨時委員会は，年次名簿と補充名簿の登載者を４グループに分割する．毎年第１四半期に呼び出しを受ける陪審候補の開廷名簿は第１グループから，第２四半期は第２グループから，第３四半期は第３グループから，第４四半期は第４グループから，作成される．(107)

3　陪審候補開廷名簿の作成

裁判所は第１回公判期日の３週間前に，年次名簿から30名の陪審候補，補充名簿から６名の予備候補を，籤により抽出する．[550，551]

4　陪審の選定

① 陪審候補の呼び出し．開廷名簿に登載された30名の陪審候補は，特別の理由のない限り，第１回公判期日に出席しなくてはならない．出席者が30名に充たない場合は，予備候補から補充をする．[648]

② 陪審候補の忌避．攻撃側は理由を付さずに６名まで，防御側は忌避されずに残った陪審候補が18名に充たなくなるまで，30名の陪審候補を忌避することができる．[656]

③ 陪審の選定．裁判長は忌避されずに残った陪審候補の中から順に１人ずつ籤を引いて，14名を抽出する．陪審を構成するのは最初に選ばれた12名で，残り２名は事故あるときにこれに代わる補充陪審員を務める．[658，659，660，661]

注：(　) は司法機関設置法，[　] は刑事訴訟法の条文．

候補年次名簿は実際に事実認定なし得るだけの判断能力ある者を拾い上げた実質上の候補者名簿と見ることができる。陪審名簿の作成に行政当局（県知事）は事後的に、点検という形で加わるにすぎず、名簿の管理は実質的に毎年ゼムストヴォ郡会によって任命される臨時委員会（および拡大臨時委員会）、つまりは陪審員を送り出す「社会」に委ねられている。後に改めて指摘するが、[5]これはロシア法制の一つの特徴と言うことができる。

このうち総名簿への登載資格を持つ者は、身分の別に関わりなく、その郡に二年以上居住する二五歳以上七〇歳以下のロシア国民とされた（司法　第八一条）。但し社会的信用を欠く者や裁判を理解する能力に欠けていると思われる者は陪審欠格者として除外され[6]（司法　第八二条）、聖職者、陸海軍の現役軍人、陸海軍に勤務の文官、国民学校の教師および私人の下で働く奉公人は、職業的な免責者として免除をされる（司法　第八五条、第八六条）。こうして篩をかけられた者のうち、一定の官職もしくは公職に就いている者、または一定額の財産を保有する者を総名簿に登載するのである（司法　第八四条）。すなわち(i)名誉治安判事、(ii)五等官以下の全文官（裁判官、検察官、地区治安判事、裁判所書記官、執行士、公証人、副知事、財務担当官吏、警察官吏を除く）、(iii)貴族身分や都市身分の身分団体の選挙職、(iv)郷裁判所の裁判官あるいは郷スタルシナーなど、郷や村の役職経験者。あるいは財産上の資格として、a一〇〇デシャチーナ以上の土地を所有すること。または、б その他一定額の不動産を所有すること（両首都では二、〇〇〇ルーブル以上、県市および特別市では一、〇〇〇ルーブル以上、その他地域では五〇〇ルーブル以上）。または、в俸給や資産、事業などから一定額の年収を得ていること（両首都では五〇〇ルーブル以上、その他の地域では二〇〇ルーブル以上）。――ここにもロシアの陪審制の一つの特徴が現れている。フランスから陪審制を取り入れた一九世紀の大陸諸国は、陪審員には有産の上層市民を想定し、陪審資格に「財産と教養」の二つを課すのが通例だったからである。[7]「教養」について特段の識字能力すらも求めることなく、また決して高いとは言えない財産資格を置いているロシアの陪審は、むしろ相対的には平民化した制度であり、現実にも農民身分に属する陪審員が

表3-2　陪審員の身分構成（1883）*

〔単位：%〕

県	ペテルブルク		モスクワ		ヴラジーミル		ニジェゴロド		カザン	
	A	B	A	B	A	B	A	B	A	B
官　吏	53.0	15.6	46.2	8.3	29.5	6.7	24.2	6.4	44.0	3.6
商　人	13.4	8.6	32.4	15.7	10.0	10.0	31.0	3.9	21.5	5.4
町　人	10.0	10.0	13.2	20.4	7.5	17.6	11.0	9.8	26.5	11.6
農　民	4.6	53.9	8.2	55.6	53.0	65.7	33.8	79.9	8.0	79.4
雑階級人	19.0	11.9	—	—	—	—	—	—	—	—

注：*陪審候補年次名簿および補充名簿に基づく身分構成．
A：首都（または県市）を含む郡．
B：その他の郡．
典拠：А. К. Афанасьев. Состав суда присяжных в России // Вопросы истории, 1978, No. 6, стр. 200（Таблица No. 1）, 201（Таблица No. 2）より作成．

少なくない（表3-2）。
陪審員は一二名で、その選定は裁判長の開廷宣言と被告人人定質問の後に行なわれた。これに続いて手続は起訴状朗読、罪状認否、証拠調べ、検察官の論告と被告人最終弁論と進行し、裁判長が事件を要約し証拠について説示をした後、裁判長の設問に答える形で陪審員は事実問題について評決する（図3-3）。罪状認否に先立って陪審員を選んでいるのは、アレインメントの制度は採らないからである。評決方式も英米の全員一致主義ではなく、フランスに倣った単純過半数主義で、同数の場合は被告人に有利な意見を採用した（刑訴　第八一三条）。

評決の効力は、「社会」の参加の態様を示すものとして重要である。先ず評決の種類について、有罪、無罪の評決の以外に、有罪だが酌量に値するとの評決がある（刑訴　第八一四条）。この場合、裁判所は刑を減軽しなければならない（刑訴　第八二八条）。峻厳な実体法を考慮した陪審員が、被告人への苛酷な処罰を避ける目的から無罪評決を濫発することを虞れた措置で、[8] 治罪法第三四五条を改正したフランスの一八三二年四月二八日の法律第六条に前例がある。第二に、無罪の評決がなされたときは裁判所は「被告人は自由である」と言い渡し（刑訴　第八一九条）、有罪の評決がなされたときは検察官に求刑を求め、被告人に発言を求めたあと、量刑について判決する（刑訴　第八二〇条〜第八二八条）。このように陪審員の評決は裁判所を拘束するが、例外として、合議体の職業裁判官全員が無罪の被告人に有罪の評決がなされていると認めたときは、陪審を一回に限って更新し、審理をやり直した（刑訴　第八一八条）。陪審の評決に基づき言い渡された判決には、被告人は事実問題を争って控訴をすることは許されなかった（刑訴第八五四条）。但し一定の事由があれば、破毀上告が認められる（刑訴　第八五五条）。

②　控訴院 Судебная палата は、陪審事件を除く地裁管轄第一審事件の控訴裁判所で、数県・数州を併せてつくる控訴院管区 округ судебной палаты に一ヶ所置かれた[9]（司法　第一一〇条）。これはいくつかの部 департамент に分かれ、各部は部長 председатель 一名と判事 член 若干名から構成される（司法　第一一一条、第一一二条）。また司法行政事務の処理のため、地方裁判所と同様に運営会議と総会を置き、控訴院部長中、控訴院総会の議長を務める者を控訴院長 старший председатель と呼ぶ（司法　第一一三条）。かつてブルードフが『裁判所構成規程草案』で描いた県大判事に相当するが、新法の控訴院長には管内の下級裁判所の裁判官に対する司法行政上の監督権は与えられていない。この種の権限を与えることは、院長を「司法行政担当の役人」судебно-административный чиновник に変えてしまう、公正な裁判という目的は人材の確保や手続の公開を通じて達成されるべきだ、と起草委員会は結論する[10]。

控訴裁判所としての権限の他に、控訴院は身分の権利の制限・剝奪を伴う重罪事件の公訴を提起し（刑訴　第五二九条～第五三八条）、また若干の職務犯罪（刑訴　第一〇七三条）と四五年刑法典第三編に規定された国事犯（刑訴　第一〇三〇条）の第一審管轄権を持っていた。このうち国事犯の裁判では、裁判体に職業裁判官のほか、貴族・都市民・農民の身分代表、すなわち県と郡の貴族団長、市長、郷スタルシナーが参加をする（刑訴　第一〇三二条）。これを控訴院特別法廷 Особое присутствие Судебной палаты と言い、身分代表は事実認定のみならず職業裁判官と共に刑の量定にも参与した（刑訴　第一〇五五条）。判決への控訴は許されず（刑訴　第一〇五七条）、ただ一定の事由があるときはセナート刑事破毀部への破毀上告が可能である（刑訴　第一〇五八条）。

「社会」の参加のこの復古的形態は、「刑事手続の大綱」を国家評議会が審議した際、パーニンの主張が容れられた数少ない項目の一つであった。国事犯を通常の陪審に委ねたのでは「国家や社会、政府が無防備に置かれる」、しかし職業裁判官だけで国事犯を裁いては裁判の公正が疑われる、だから裁判に身分代表を参加させ「政府からも社会からも等しく信頼を獲ちえた法廷」を組織しよう。[11]——逆説的だが合同部会のこの結論は、裁判諸法を起草の当時、パーニンのような人にあっても、人々の裁判への信頼を確保するには、たとえ正則を外れた形であれここに「社会」が加わることが必要だと、認識されていたことを示している。

(2) 地域の裁判所——治安判事・治安判事会議

① 少額・微罪の事件を管轄する治安判事 Мировой судья は、各郡・各市に置かれた単独制の裁判所であった（司法　第三条、第一二条）。郡はここに所在の市とともに、また両首都では市内数区 часть が集まって、一つの治安判事管区 мировой округ を構成する（司法　第一二条、第一三条）。管区はさらに治安判事地区 мировой участок に区分され、各地区に一名の地区治安判事 участковый мировой судья を、管区全体に若干名の名誉治安判事 почетный мировой судья を置く（司法　第一四条〜第一六条）。前者は地区に住所を定めて、「どこでも」「いつでも」訴えを聴き、必要な場合はその場で事案を審理する（司法　第四一条）。同じく名誉治安判事も、申立てを受けたときは、これを取上げ審理する（司法　第四六条、第四七条）。裁判費用は何れにあっても原則として免除をされる（民訴　第二〇〇条。刑訴　第一九八条）。ただ地区治安判事に事故あるときに、これに代わって執務をするのが本来の名誉治安判事の職責なので（司法　第四三条）、名誉治安判事は執務に要した費用も含めて職務の対価を一切受けない（司法　第五〇条）。ブルードフ以来のフランスの制度の影響は、ここでも民事事件では判決手続に先立って和解を前置していることに表れている（民訴　第七〇条）。「審理が開始となる以前に、またすでに審理の途上であっても、

事件を平和的に終わらせること миролюбное(sic) прекращение дел が、この制度の主たる任務でなくてはならない。従ってこの裁判所は治安裁判所 суд мировой（和解の裁判所）の名を以て知られる」[12]。

フランスにない特徴は、こうした母法の沿革を引き継ぎつつも、治安判事の任用について「全ての身分による」選挙制を採用したことであった（司法　第一〇条）。それは「治安判事の裁判の最大の資質は和解である」という以上、「両当事者の信頼を受けた仲介者 посредник」を住民に提供するためには、彼らにこれを選挙させるに如くはない、との論理に基づく[13]。フランスの治安判事は、共和暦一〇年熱月一六日（一八〇二年八月四日）の元老院議決（第八条）、そして一八一四年六月四日の憲章（第六一条）を経て任命制に変わっているから、ロシアは制度の趨勢の逆を行っているのである。しかもフランスの治安判事は、その後も例外裁判所としての特異性を失っていき、周知のように今日では小審裁判所として小額の通常民事事件と刑事の違警罪事件を管轄する第一審普通裁判所になっている。

ロシアの治安判事制に、このようなフランス的方向を辿る契機が存在しなかったわけではない。問題の所在を示すものとして、最終の国家評議会審議の段階で起草委員会原案に加えられた修正について見てみよう。ザミャートニンの提案に基づき、国家評議会は次のような事物管轄の引き上げをした。(i)民事事件（民訴　第二九条）――a 訴額五〇〇ルーブル以下の動産をめぐる契約や債務に関する訴訟。б 訴額五〇〇ルーブル以下の損害賠償事件。в 名誉毀損に関する事件。г 占有回収の訴え。д 共有物の持分に関する訴訟。(ii)刑事事件（刑訴　第三三条）――法定刑が a 譴責 выговор、注意 замечание もしくは訓戒 внушение、б 三〇〇ルーブル以下の罰金、в 三ヶ月以下の拘留、または г 一年以下の監獄拘禁に当たる罪に係る微罪事件。一方起草委員会の原案[14]では、治安判事の管轄は訴額一〇〇ルーブル以下の民事事件（第一条）、法定刑一〇〇ルーブルの罰金を越えない刑事事件（第三二条）、となっていた。

ザミャートニンの意図は、「わが国は他のヨーロッパ諸国ほどには民富が発展していないので、民衆に廉価な裁判所を与えねばならない」とする、住民のアクセスへの配慮にあった[15]。数郡に一ヶ所の第一審（地方裁判所）は、改革前の第一審（郡裁判所）と比較して土地管轄が広域化したから、住民の出訴・応訴の都合に合わせ治安判事の事物管轄を拡げることには相応の理由が存在する。だが地裁判事の年俸が二、二〇〇ルーブル、地方裁判所書記一、二〇〇ルーブルという俸給水準（司法　第二三八条付則Ｉ）を考えると、修正により小額裁判所としての治安判事の性格はかえって不明瞭になっている。それゆえにここから直ちに次の問いが導かれよう。管轄の拡大に伴う新受件数の増大に、各地区一人の治安判事は対処し得るか（地区の細分化あるいは治安判事の増員など執務体制のあり方）。高度な法的判断が必要なハード・ケースを扱う蓋然性が高まる中で、当事者の和解を目的とし、任用に特段の法学識を要しない治安判事にこれを委ねることが果たして妥当か（法専門職と非専門人の協働のあり方）、と。

この設問の根幹には、任用制度を初めとした治安判事の独自性を如何に位置づけるかという制度理念の問題がある。この修正に見るように、一八六四年の時点では、迅速、廉価、少額といった理念が交錯したままで、回答は未だ煮詰まっていない。この問題は、後年様々に展開される治安判事制論議の中で繰り返し反芻されることになる。

②　治安判事会議 Съезд мировых судей は治安判事管轄事件の控訴裁判所で、治安判事管区内の地区治安判事と名誉治安判事が定期的に集まって開く合議体である（司法　第一七条、第五一条）。治安判事会議議長 председатель съезда мировых судей は三年任期で地区治安判事、名誉治安判事が互選して決めた（司法　第三五条、第五三条）。治安判事の判決のうち、訴額が三〇ルーブル以下の民事事件、宣告刑が訓戒、注意もしくは譴責、一五ルーブル以下の罰金、または三日以下の拘留である刑事事件は控訴が許されなかったが（民訴　第一三四条、第一六二条。刑訴　第一二四条）、これらについても一定の事由があるときには治安判事会議に対し破毀上告が可能であった（民訴　第一八九条。刑訴　第一七六条）。

治安判事の集合体を控訴管轄に持ってきたのは、ロシアに独自の措置となった。フランスにおける治安裁判所の控訴審は、時代によって名称は変わるが、tribunal de district, tribunal départemental、そして一九世紀に入ってからは tribunal d'arrondissement と、第一審管轄権を持つ普通裁判所に置かれたからで、ガガーリン上奏が述べるように、この二元的審級には「裁判所構成の大綱」を審議の際に論争があった。以下、国家評議会総会における議論を見る(16)。

先ず治安判事会議の反対派は、常時開催されない治安判事会議が控訴審では住民の利用に難を来すとの裁判に対するアクセス論、そして治安判事の寄り合いが同僚の第一審判決を取り消すことは心理的に難しかろうとの馴れ合い体質への懸念論を引き合いに出して、地方裁判所を控訴審とするよう要求した。曰く、「治安判事は普通裁判所の一審級に他ならない」。上訴制度の趣旨からして、控訴審には原審よりも法律知識の蓄積豊富な人材が配置されなくてはならないが、治安判事会議ではこの要請が充たされない。そして第二に、法律の執行は常に統一を必要とするが、治安判事会議が控訴審では法の執行のされ方が治安判事会議の数ほどに異なってくるから、恣意的な法の運用という不信感が人々の間に引き起こされる、と。

これに反駁して賛成論者は、最初のアクセス論に対しては、控訴審を地方裁判所に求めると、数郡一ヶ所の地裁配置の帰結として「身近で迅速、廉価な裁判所」という制度目的が損なわれると論難する。さらに反対論者の他の論点に対しては、次のように応酬して、治安判事の独自性を前面に出した。第一に、インフォーマルな手続で事案の解決に尽くすのが治安判事のあり方だから、控訴審が法学識に富む者を常に揃える謂われはない。第二に、治安判事は形式に囚われることなく、裁判で地域の慣習を援用することも許されているから（民訴　第一三〇条）、広い版図を有したロシアのこと、たとえ同種の事案といえども全てが一様に裁判される必要はない。第三に、このように「良心に従って」по совести 審理を進める治安判事の手続上の特色を考えれば、地方裁判所を治安判事の控訴審とすることは、「同一事件が二種類の異なる手続により審理される」弊を生じ、かえって適切を欠くことになる。さらにまた、地方裁判所が控訴審では、人々の目に治安判事が地方裁判所の下部組織であるかの印象を与え、治安判事の権威の失墜、信頼の低下を結局は来す……。

以上の主張に治安判事会議の反対派は、治安判事は「拘束力ある司法機関」で、治安判事が「万人に共通な法律に従わずに、人間の数だけ様々な良心に従うことは、法律の有益な作用を損ね、裁判の実現を個々の人間の恣意に委ねることを意味しよう」と批判した。彼らは、賛成論者のこのような議論は治安判事を「法律の外に置かれた特権的な身分」に変えることになりはしないか、と懸念している。

この論争も詰まるところ先の管轄論争と同様に、「国家」と「社会」、法専門職と非専門人、フォーマリズムとインフォーマリズムの二つの要素の兼ね合いをめぐる争いである。専門人による裁判を紛争処理の中核に据え、これに従い裁判所を全国でヒエラルヒッシュに組織をするか。法的な一律の事案の処理よりも、個々のトピックの解決と案件処理の具体的な妥当性を追求するか。治安判事会議派はパーニン、ガガーリン、コンスタンチン大公ら、そして地方裁判所派はレイテルン、Д・А・ミリューチン等であった。開明派のミリューチンとは思想信条で対極に立つП・А・シュヴァーロフ（皇帝直属官房第三部長官代理）も、ここでは地方裁判所派に左袒する。「大改革」期の秩序構想を、「保守とリベラル」といった単純な党派対立に還元し得ない例である。

最後には議論は皇帝の裁断に委ねられ、このときアレクサンドルは賛成論者、すなわち治安判事会議派の主張を採用した。(17) 論争は形の上では両論を止揚する形で終局し、司法機関設置法は治安判事会議を設立し審級の二元構成を支持しつつ、他方において両系列を統合する全国一ヶ所、単一の法律審をペテルブルクに置いたのである。

（3）セナート破毀部

①　控訴裁判所として治安判事会議や控訴院が言い渡した全ての判決（民訴　第一八四条、第八九二条。刑訴　第一七二条、第八五四条）、地方裁判所で審理した陪審事件（刑訴　第八五四条）と治安判事管轄の控訴制限事件の判決（民訴　第一三四条。刑訴　第一二四条）は、何れも事実問題を争って上訴することが許されず、最終判決 окончательное решение の名で呼ばれた。しかしこれらに対しても、次の何れかの事由があれば、破毀上告が認められる（民訴　第一八六条、第七九三条。刑訴　第一七四条、第九一二条）。(i)原審の判決に法律の適用・解釈の誤りがあること。(ii)原審に判決に影響を及ぼす重大な手続の違背があること。(iii)原審の裁判が管轄違反の裁判であること。

治安判事の控訴制限事件を別として（これについては治安判事会議が管轄する）、この破毀の裁判を管轄したのが、ペテルブルクに新設のセナート民事破毀部 Гражданский кассационный департамент Правительствующего сената、および刑事破毀部 Уголовный кассационный департамент Правительствующего сената である[18]（司法　第一一四条、第一一五条）。原判決が取り消されると破毀部は自判することなく、事件を原審と同等の他の裁判所に移送した（民訴　第一九三条、第八〇九条。刑訴　第一七八条、第九二八条）。それは破毀部が法律審として、「法律の正確な効力の保持と、帝国の全ての裁判所による法律の統一的な執行を監視する」ことを目的としたことに因る（司法　第五条）。

この破毀部もフランスの破毀院に由来の制度であった。但し破毀判決の拘束力の問題では、母法にはない独自の発展を見ることができる。ロシアでは原判決が破毀されて下級審へと移送されると、受移送審は破毀判決に示された破毀部の法的判断に従う義務を負った（民訴　第一九四条、第八一三条。刑訴　第九三〇条）。「法律の正確な意味を明らかにする際に、裁判所はセナートの意見に従わなくてはならない。セナートの意見に基づき言い渡された第二の判決に対する破毀の申立ては、如何なる場合も受け付けない」（民訴　第八一三条）。これに対してフランスでは、すでによく知られているように、一八三七年四月一日の法律が定める破毀院連合部判決を除き、受移送裁判所は破毀院の法律解釈に羈束されなかった[19]。ロシアにおいては、破毀審の持つ法律解釈統一機能がフランスよりも強力だったのである。

② 元来セナートは一八世紀に遡る歴史の古い組織であり、破毀部の創設に伴って、旧制に種々の手直しが行なわれている。第一に、破毀部評定官については三年以上控訴院の裁判官またはセナートもしくは控訴院の検察官を務めた者から勅任するとの、人事改革（任用基準の明確化）が実施された（司法　第二〇八条）。第二に、事実審二、法律審一という新しい審級システムの確立に伴い旧審理部の整理があり、結局一二部からなる旧組織は一九世紀の末までに六つの部へと統合を受けた（第一部、第二部、紋章部、審理部、民事破毀部、刑事破毀部）。

各部合同の組織についても、表3-3に見るような改組がある。両破毀部総会は地方裁判所や控訴院の総会に相当する司法行政の処理機関、第一部両破毀部総会は司法機関と行政庁の権限争議の最終的な裁定機関（司法　第一一七条。民訴　第二四四条。刑訴　第二四五条）、また第一部民事破毀部合同会議は四等官以上の行政官の事務処理の懈怠・過失・遅延から生じた損害賠償訴訟を管轄する（民訴　第一三一七条、第一三三二条）。第一部刑事破毀部合同会議は、官吏の職務犯罪の訴追をめぐって行政庁と検察官とが意見を異にするときに、訴追の可否を決定するため開かれる[20]（刑訴　第一〇九四条）。七二年の刑事訴訟法改正[21]で生まれたセナート特別法廷は、特に重大な国事犯の裁判を管轄する。これは五〇人裁判、一九三人裁判といった七〇年代ナロードニキの政治裁判の舞台として名高い。なお両破毀部総会には、首席評定官を置くとあるが（司法　第一一九条）、一八六五年の裁判諸法施行規程ではこのポストは民事または刑事の破毀部首席評定官の兼任である（規程　別表）。

以上の他に、行政部と呼ばれたセナート第一部と紋章部についても一八六五年に改組の試みがあった。ザミャートニンの提唱にかかる、第一部紋章部総会を新設し、行政法規の解釈・補足・改正について先議権を与えるという

表 3-3　20 世紀初頭のセナート

六部

第一部　Первый департамент
第二部　Второй департамент
紋章部　Департамент герольдии
審理部　Судебный департамент
民事破毀部　Гражданский кассационный департамент
刑事破毀部　Уголовный кассационный департамент

四総会

第一総会——第一部，第二部，紋章部より構成
第二総会——審理部，刑事または民事破毀部より構成
両破毀部総会　Общее собрание кассационных департаментов
第一部両破毀部総会　Общее собрание первого и кассационных департаментов

三合同会議

第一部民事破毀部合同会議　Соединенное присутствие первого и гражданского кассационного департаментов
第一部刑事破毀部合同会議　Соединенное присутствие первого и уголовного кассационного департаментов
第一部両破毀部合同会議　Соединенное присутствие первого и кассационных департаментов
特別法廷　Особое присутствие
最高懲戒会議　Высшее дисциплинарное присутствие

典拠：Свод законов Российской империи. Изд. 1894 г. с Продолжением 1902 г. т. 1, ч. 2, кн. 4, Учреждение Правительствующего сената. ст. 10, 11, 12, 28.

案である。だがこれは、改革はセナートと司法省の権限の拡大に繋がると見た諸大臣の反撥から、実現していない(22)。

（4）司法省と検察

①　パーニンの時代と同様に、司法省は裁判・検察組織の経理出納、司法官の人事黜陟、さらに彼らの職務の執行の監督といった司法行政事務を掌理した。中心をなすのはやはり人事行政だったが、改革で人事管理のシステムには全面的な見直しが行なわれた(23)。県大判事構想を斥けた起草委員会は「裁判所の自立と裁判官の独立なくしては、言葉の真の意味での裁判を考えることはできない」、このためには「裁判所や裁判官を人的な上命下服関係のあらゆる影響の外に置く必要がある」と述べ、パーニンの綱紀粛正政策の克服を目ざしたのである(24)。

司法機関設置法には、この点で様々の工夫

がある。裁判所の内部行政は裁判所総会や運営会議が司るので、控訴院長、地裁所長の司法行政上の権限は限られている。監督権について見ると、各裁判所の長は所内における迅速で正しい事務の処理と正確な職務の遂行を監督し、失策を発見したときはこれを除き、「懲戒手続で責任を問うための措置を取る」（司法　第二五一条）。だが裁判官の懲戒を請求するには裁判所（具体的には裁判所総会）の決定を必要とし、長による単独の懲戒請求は認められない（司法　第二七二条）。

「一般監督」общий надзор と命名された司法大臣の監督権は、司法監察（司法　第二五六条）を別とすれば、間接的に主にこの裁判所の長を介する形で行なわれた（司法　第二五四条）。各裁判所と検事局は、毎年初めに前年の活動報告を司法省に提出することになっている（司法　第一七四条）。法相は未済件数の増加や裁判事務の遅滞を認めたときは、これを除去する措置を取るよう裁判所の長に提案し、その原因について長の説明を求めるとされる（司法　第二五五条）。また法相は、裁判所の内部規則や事務処理規則の違反が生じぬように、各級検事局の長に対して適法な措置を取るよう委ねると言う（司法　第二五九条）。もっとも実際に検察官がなし得るのは、裁判所やその構成員の失策を発見したときに、裁判所の長にこの事実を通知することに止まる（司法　第二五三条）。ただ裁判事務の遅滞が裁判所の懈怠によって生じていると思われるときは、法相は責任者の懲戒を請求することができる（司法　第二五八条）。

その裁判官の懲戒を行なうのは、司法省ではなく裁判所とされた。手続は裁判に準じた方式により進められ、管轄の裁判所[25]は事案を運営会議で先議したのち、裁判所総会で処分を決する（司法　第二七四条、第二七七条）。また上級の裁判所には管下の下級裁判所および検察官を除くその構成員に対する監督権があり、破毀部は全国の裁判所とその構成員に、控訴院は治安判事と治安判事会議を除く控訴院管区内の裁判所とその構成員に、地方裁判所は地方裁判所の構成員に、それぞれ監督権を持つ（司法　第二四九条）。治安判事会議もまた、治安判事管区内の全ての治安判事を監督する（司法　第六四条）。その内容は原状の回復を図り、必要と認めるときは「懲戒の手続を請求する」ことで（司法　第二五〇条）、これは直接的という点で法相の一般監督の権限よりも強力である。

裁判所内部の事項は、裁判所規則で取扱いを決めるとされた。ここでも裁判所の自立が意識をされており、全ての裁判所に適用される「一般規則」общий наказ の制定・改正は立法手続に依るとあって（司法　第一六七条）、司法省単独では定め得ない。さらに各裁判所の内規である「個別規則」особый наказ の場合には、原案を各裁判所で作成し、その裁判所の運営会議と総会に諮って決定してよく（司法　第一六九条）、法相は異議あるときはこれをセナート両破毀部総会に申し立て得るのみである（司法　第一七一条）。しかも破毀部個別規則の場合には、両破毀部総会で承認ののち、法相に通知されるだけであった（司法　第一七二条）。

② 法相は引き続き検事総長を兼ねていたが（司法　第一二四条）、検察制度に対しても職務内容、組織編成、双方にわたって改革があった。先ずその職掌が「司法部に関する事務」と規定をされた（司法　第一三五条）。具体的には、刑事事件で訴追官として活動し、また民事では公益的な立場から国庫事件や未成年者、失踪者、聾唖者の事件について意見を述べる（民訴　第一七九条、第三四三条）。他に治安判事会議では、法の助言者という立場で、評議に先立ち、提出された証拠の意義や法の適用に関して意見を述べる（刑訴　第一六六条）。以前のような行政の一般監督は行なわない。

この新しい職務に合わせて、検事局 прокурорский надзор はセナート破毀部、控訴院および地方裁判所にこれを付置することになった（表3-4）。組織は上命下服の原理に立ち、地方裁判所検事正は控訴院検事長の指揮に服し、控訴院検事長とセナート上席検事は検事総長の指揮を受け、検事局の内部では長たる検察官が他の検察官を指揮命令する（司法　第一二九条）。ヒエラルヒーの例外をなすのは、「検察官は事件に関して裁判所に自己の意見を述べるときは、自らの信念と法律にのみ従う」（司法　第一三〇条）との規定である。これは「筆は隷属しているが言葉

表 3-4　新しい検察組織

付置機関	官　　名
セナート破毀部	検事総長　генерал-прокурор セナート上席検事　обер-прокурор Правительствующего сената セナート上席検事補　товарищ обер-прокурора Правительствующего сената
控　訴　院	控訴院検事長　прокурор Судебной палаты 控訴院検事　товарищ прокурора Судебной палаты
地方裁判所	地方裁判所検事正　прокурор Окружного суда 地方裁判所検事　товарищ прокурора Окружного суда

は自由である」la plume est serve, mais la parole est libre という、階統的服従を緩和するフランスの原則の継受であろう。

但し以上の制度の変化に対し、現実の方は追いついていない。裁判諸法の施行は漸進的に進んだから旧組織の廃止は緩慢で、新法制定から二〇年を経過した一八八七年の段階でも、検察官の約一割は旧検察に補職をされている状態であった。[26] しかもこの間、農民行政（一八六六）、兵事行政（一八七四）、労務行政（一八八六）、地方自治（一八九〇）といった具合に、県の合議制行政機関に検察官の出席を求める立法が相次いだ。[27] これは「司法部に関する事務」には収まらない。その後一八九六年の司法大臣令『検察官活動指針』は、この種の「行政事務」を刑事事件の立件、法律の維持（民事事件での意見陳述、裁判所やその構成員の失策の通知）と並ぶ、検察の第三の職務と認め、[28] 検察に対し「法律顧問」юрисконсульт、すなわち法制のエキスパートとして地方行政に助言を与えるという役割を振っている。[29]

中央省庁の間では、このような法律顧問、法制局としての機能は、一八八〇年代以降、新たに司法省が担当した。この点については後述する。

（1）地方裁判所の土地管轄が及び範囲を地裁管区 судебный округ と呼び、帝政末期（一九一四）の地裁総数は一一〇を数えた。刑事事件については、裁判体を地裁管区の裁判所所在地以外の場所でも開くことができ、これを地方裁判所巡回法廷 Окружный суд на выездах と呼ぶ（司法　第一三八条）。

（2）詳しくは、拙稿「一八六四年の司法改革」『神戸市外国語大学外国学研究年報』第三三号、一九九六年、五六頁、注3を参照。例えば裁判所総会は裁判官補充人事の候補者の決定、司法官の懲戒審理、裁判所個別規則の制定、裁判所年次報告の作成と管下の下級裁判所の年次報告の検討といった事務に当たる（司法　第一六〇条）。

（3）一八七二～七八年の平均である。一八七九～八三年は七三・六%であった。Е. Н. Тарновский. Итоги русской уголовной статистики за 20 лет (1874-1894 гг.). СПб., 1899, стр. 36.

（4）「刑事手続の大綱」を審議した際の議論。Дело 19, стр. 183-184.

（5）第四章第一節注43を参照。

（6）取調べまたは公判中の者、裁判により免官となった者、破産者、浪費による被後見人、盲人や聾唖者、ロシア語を解さない者、等がこれに当たる。

（7）フランスでは、陪審資格は陪審制の導入時（一七九一）には選挙人資格を有する者、すなわち能動市民にして一定の財産を保持する者に限られていたが、二月革命後普通選挙が行なわれるに及んで変貌を遂げ、一八四八年八月七日のデクレによって、財産上の要件は外されるに至った。しかしフランス型陪審を継受した大陸諸国はこれとは逆の方向で発展を見せ、陪審制はブルジョア的な財産秩序を維持する制度として改造を受けた。ドイツ諸邦を例に取ると、この地の名望家自治に見合う形で多額納税者や学位保持者、公証人、弁護士等、有産市民層に限って陪審員の資格を認めることが通例である。この点ではサルデーニャ王国や統一後のイタリア王国においても同様であった。ドイツ諸邦の事例につき、Peter Landau, “Schwurgerichte und Schöffengerichte in Deutschland im 19. Jahrhundert bis 1870,” A. P. Schippa (ed.), *The Trial Jury in England, France, Germany. 1700-1900.* Berlin, 1987, p. 271, 273を参照。わが国では、三成氏が一連の論攷でフランス型陪審の変容を指摘されている。三成賢次「陪審制と参審制——近代ドイツにおける司法への民衆参加——」佐藤篤士・林　毅（編）『司法への民衆参加——西洋における歴史的展開——』敬文堂、一九九六年。

（8）Дело 19, стр. 223-224.

（9）一九一四年に控訴院は一四であった。ペテルブルク、モスクワ、ハリコフ、チフリス、オデッサ、カザン、サラトフ、ワルシャワ、キーエフ、ヴィリノ、イルクーツク、オムスク、タシケント、ノヴォチェルカースクの各控訴院である。

（10）Объяснительная записка к проекту Учреждении судебных мест（Дело 50), стр. 175-178.

（11）Дело 19, стр. 232-236. 控訴院特別法廷については、Гр. Джаншиев. Возникновение суда сословных представителей（Материалы для истории судебной реформы). ЖГУП, 1890, No. 8を参照。「大綱」原案を準備した国家評議会事務局は、国事犯の審理についても陪審裁判を実施するよう求めていた。

（12）Дело 19, стр. 19.

(13) Там же, стр. 300, 309-310.
(14) Устав гражданского судопроизводства. Проект (Дело 54, No. 2); Проект устава уголовного судопризвотства. (Дело 51).
(15) Гр. Джаншиев. Страница из истории судебной реформы. Д. Н. Замятнин. М., 1883, стр. 34.
(16) 治安判事会議反対派の主張は、Государственный совет в Общем собрании 27 Августа 1862 г. (Дело 20, No. 1-а), стр. 1-9. 賛成派の主張は、Там же, стр. 9-18.
(17) Дело 20, No. 2, стр. 1.
(18) 他にセナート刑事破毀部には、四等官以上の官吏や控訴院の裁判官・検察官の職務犯罪に対する第一審管轄権、控訴院が第一審の管轄を持つ八等官から五等官までの官公吏の職務犯罪の控訴管轄権がある（刑訴　第一〇七五条、第一一一三条）。
(19) 詳しくは、野田良之「フランスにおける民事判例の理論」『法学協会雑誌』第七五巻第三号、一九五八年、二五六〜二五九頁。
(20) 前節注1に述べた「行政的保障」のためである。
(21) ПСЗ, собр. 2, т. 47, No. 50956, 1872 6/7.
(22) ザミャートニンのプランには幅があるが、基調は最高の統治機関という一八世紀的なセナートの伝統の復権にあった。詳しくは、А. М. Нолькен. Судебная реформа 1864 года и первый департамент Правительствующего сената. ЖМЮ, 1905, No. 2; Е. А. Правилова. Административная юстиция в России: Проект реформы Сената 1862-1867 г. г. // Проблемы социально-экономической и политической истории России XIX-XXвека. СПб., 1999.
(23) 司法官の任用制度も変化したが、これについては次節を参照。
(24) Дело 50, стр. 174.
(25) 控訴院の裁判官についてはセナート破毀部、取調官も含めた地方裁判所の裁判官と治安判事については控訴院が管轄する（司法　第二七〇条）。
(26) この時点で、検察官七三六人のうち七八人（一〇・六％）が旧検察に補職されていた。Н. В. Муравьев. Прокурорский надзор в его устройстве и деятельности. т. 1, М., 1889, стр. 524.
(27) 具体的な立法例は、「一八六四年の司法改革」八六頁、注14。
(28) Наказ Министра юстиции, генерал-прокурора, чинам прокурорского надзора судебных палат и окружных судов. СПб., 1896, стр. 2.
(29) Муравьев. Указ. соч., т. 1, стр. 447.

三　法曹諸制度

（1）司法官・治安判事

① 五つの通常裁判所を支える職業的な法律職は、司法官 должностное лицо судебного ведомства と裁判所付置職 лица, состоящие при судебных местах に二分される。司法官とは裁判官と検察官、そして裁判所や検事局に置かれる書記官の総称で、合わせて一つの職業身分を構成し、書記官を起点とする職階制（表3-5）に従って、転官・転任を繰り返しつつ、順次上級の裁判所や検事局に補任をされる。

旧制と異なり、人事行政（任用・昇進）は明朗化された。先ず司法官任官に当たっては、初めて明確な基準が設けられた。法は就官能力[1]の他に、一定の学歴（教育資格）と職務経験（職歴資格）を課している（表3-6）。教育資格は三種類で、(i)法律学の課程の修了を示す大学その他の高等教育施設の証明書を有すること、(ii)法律学の試験に合格したことを示す高等教育施設の証明書を有すること、(iii)過去の職歴から司法に関する知識があることが証明されること、以上の何れかを充たせば足りる（司法　第二〇二条）。(iii)に見る抜け道はあるものの、ロシアの官吏法制上、ここで初めて学歴が任官の要件となったのである。

表3-7は司法官任用の手続で、実質的な人事権者は、この表が示すように皇帝に人事を提案する法相である。但し控訴院および取調官も含めた地裁の判事人事では、法相の提案に先立って「下からの上申、上からの選出または任命」представление снизу и избрание или назначение сверху と呼ばれる手続が置かれ、恣意的な人事に対する一定の歯止めが期待をされた。欠員がこの両職に生じたときは、それぞれの裁判所の総会が補充人事の候補者を決め法相に上申するもので、法相はこれを参考に、皇帝に人事を提案する（司法　第二一三条～第二一五条）。もっとも起

表 3-5　司法官の年俸と官等

裁判所		検事局	
両破毀部総会首席評定官	9000 руб.（III）		
破毀部首席評定官	8000 руб.（III）		
破毀部評定官	7000 руб.（III）		
		破毀部上席検事	7000 руб.（IV）
		破毀部上席検事補	4500 руб.（V）
破毀部上席書記	2800 руб.（VI）		
破毀部上席書記補	1800 руб.（VII）		
		破毀部上席検事付書記	1500 руб.（VIII）
控訴院長	6000 руб.（IV）		
控訴院部長	5000 руб.（IV）	控訴院検事長	5000 руб.（IV）
		控訴院検事	4000 руб.（V）
控訴院判事	3500 руб.（V）		
控訴院書記	1800 руб.（VII）		
		控訴院検事長付書記	1500 руб.（VIII）
控訴院書記補	800 руб.（VIII）		
地方裁判所所長	4500 руб.（IV）		
地方裁判所副所長	3500 руб.（V）	地方裁判所検事正	3500 руб.（V）
地方裁判所判事	2200 руб.（V）		
		地方裁判所検事	2000 руб.（VI）
取調官	1500 руб.（VI）		
地方裁判所書記	1200 руб.（VIII）		
		地方裁判所検事正付書記	1000 руб.（VIII）
地方裁判所書記補	600 руб.（IX）		

草委員会原案は国家評議会審議の段階で希釈され、上申は法相の提案権を羈束せず、また控訴院長・控訴院部長、地裁所長・副所長は下からの上申の対象とならないと修正されている。[2]

裁判官に対しては身分保障、すなわち不罷免性 несменяемость の原則が認められた。法律の定める場合を除き、裁判官は「願いに依らずして罷免をされず、同意に依らずしてある任地から他の任地へと異動を受けることはない[3]」（司法　第二四三条）。ここに言う例外的な罷免事由は、(i)一定期間内に着任しなかったとき（司法　第二二八条）、(ii)重病のため一年間勤務し得なかったとき（司法　第二二九条）、(iii)刑罰を受けたとき（司法　第二九五条）、(iv)債務のため民事拘留または破産宣告を受けたとき（司法　第二九六条）、の

表 3-6　司法官の職歴資格

裁　判　所	検　事　局（210）
破毀部評定官（208） セナート上席検事，セナート上席検事補，控訴院検事長，控訴院長，控訴院部長，控訴院判事を 3 年以上務めた者	破毀部上席検事 12 年以上司法実務に従事していた者 破毀部上席検事補 8 年以上司法実務に従事していた者
控訴院長・控訴院部長（207） 司法部に勤務し，控訴院検事長，控訴院判事，地方裁判所所長または地方裁判所副所長以上の職を 3 年以上務めた者 控訴院判事（206） 司法部に勤務し，地方裁判所判事または地方裁判所検事正以上の職を 3 年以上務めた者	控訴院検事長 8 年以上司法実務に従事していた者 控訴院検事 6 年以上司法実務に従事していた者
地方裁判所所長・地方裁判所副所長（206） 司法部に勤務し，地方裁判所判事または地方裁判所検事正以上の職を 3 年以上務めた者 地方裁判所判事（203，204） ①　司法部に勤務し，地方裁判所書記以上の職を 3 年以上務めた者 ②　10 年以上弁護士を務め，弁護士評議会または弁護士の付置された裁判所から，「正確・誠実・非難を受けることなく」弁護士の職務に携わったことを示す証明書を発行された者 取調官（203，204，205） ①　司法部に勤務し，地方裁判所書記以上の職に 3 年以上就いていた者 ②　10 年以上弁護士を務め，弁護士評議会または弁護士の付置された裁判所から，「正確・誠実・非難を受けることなく」弁護士の職務に携わったことを示す証明書を発行された者 ③　25 歳以上の司法官試補で司法実務に 4 年以上従事しており，付置された裁判所と検事局の長より，取調べに関する十分な知識があると認められた者	地方裁判所検事正 6 年以上司法実務に従事していた者 地方裁判所検事 4 年以上司法実務に従事していた者
書記官（211） 書記官については，司法官に共通の教育資格（202）のみで足りる．	

注：(　) は司法機関設置法の条文.

表 3-7　司法官の任用手続

裁　判　所	検　事　局
両破毀部総会首席評定官（216） 破毀部首席評定官（216） 破毀部評定官（216） 　勅令により皇帝が任命 破毀部上席書記（217） 　破毀部上席検事の提案に基づき，法相が承認 破毀部上席書記補（217） 　破毀部上席検事が任命	破毀部上席検事（219） 　法相の提案に基づき，勅令により皇帝が決定 破毀部上席検事補（221） 　法相の提案に基づき，皇帝が決定 破毀部上席検事付書記（223） 　破毀部検事局が決定
控訴院長（212） 控訴院部長（212） 控訴院判事（212） 　法相の提案に基づき，皇帝が任命 控訴院書記・同書記補（218） 　控訴院長が選出し，控訴院で承認	控訴院検事長（219） 　法相の提案に基づき，勅令により皇帝が決定 控訴院検事（221） 　法相の提案に基づき，皇帝が決定 控訴院検事長付書記（223） 　控訴院検事局が決定
地方裁判所所長（212） 地方裁判所副所長（212） 地方裁判所判事（212） 取調官（212） 　法相の提案に基づき，皇帝が任命 地方裁判所書記・同書記補（218） 　地裁所長が選出し，地方裁判所で承認	地方裁判所検事正（221） 　法相の提案に基づき，皇帝が決定 地方裁判所検事（222） 　控訴院検事長の提案により，法相が決定 地方裁判所検事正付書記（223） 　地裁検事局が決定（223）

注：(　) は司法機関設置法の条文.

四つである。(i)と(ii)については所属裁判所の総会の議を経て（司法　第二二八条、第二三〇条）、(iii)と(iv)ではセナート両破毀部総会の審議により（司法　第二九五条、第二九六条）、当該の裁判官を免じ得る。従って、重大な職務上の義務違反もしくは著しい職務の怠慢ゆえに、あるいは彼らの品位汚辱の行状を以て、裁判官を免ずることは法の想定するところではないのである。定年についても特段の定めを欠くことを考えると、諸外国と比較しても裁判官の身分の保障は厚いと言えるであろう。(4) 確かに職務上の義務違反や品位汚辱の行為は、裁判官の懲戒原因を構成するが、裁判官に対する懲戒処分は一種類で、警告処分 предостережение に限られていた(5)（司法　第二六四条）。

　昇進制度が随伴する裁判組織のヒエラルヒーは、若干の水平的措置によって緩和された。司法官の俸給は法定されたが（司法　第二三八条）、例えば地裁判事であれば任地に関わりなくその俸給は同額である（表3-5）。同じ第一審の裁判官でも任地によって俸給表の等級が細かく分かれ、パリやセーヌの裁判官に高い号俸が当てられていたフランスの例を考えると、これはやはり際立っている。また裁判官の官名も、破毀部首席評定官から地裁判事まで八種であるのに、官等の幅は取調官まで含めても四ランクである。司法部に上命下服の関係が持ち込まれることを警戒していた起草者は、キャリア・システムの取り扱いでも慎重な対応を見せたことになる。

②　素人裁判官である治安判事は、年齢二五歳以上で一定の学歴および財産を有する「地域住民」местные жители の中から選出された（司法　第一九条）。選挙の三ヶ月前に郡貴族団長が有資格者名簿を作成し、これを縦覧に供して県知事その他の関係人から異議がなければ、この名簿からゼムストヴォ郡会（両首都の場合は一般市会）が地区治安判事と名誉治安判事を選挙する（司法　第二六条〜第三二条、第四〇条）。当選者の名簿はセナート第一部に提出され、その承認を受けることになっている（司法　第三七条）。彼らは控訴院判事や地裁判事と同等の五等官で（司法　第七一条）、任期は三年（司法　第二三条）、在任中は不罷免性の適用がある（司法　第七二条）。任用の際の教育資格は、(i)高等もしくは中等教育を修了したこと、(ii)右に相当の試験に合格したこと、または(iii)司法事件の手続に関する実務的知識を得ることのできる職に三年以上就いていたこと、である（司法　第一九条）。このように法学識は治安判事に必須の任用の要件ではない。

議論を呼んだのは、財産資格の方であった。財産を資格要件に据えた理由は、単独制の任期職という彼らの執務環境から、治安判事の独立性の確保には安定した生活の基盤が必要だ、との判断に因る[6]。その具体的内容は、(i)ゼムストヴォ郡会の直接選挙権を得るのに必要な規模の二倍の土地を有していること、(ii)評価額一五、〇〇〇ルーブル以上の土地以外の不動産を有していること、(iii)両首都の場合には評価額六、〇〇〇ルーブル、その他の都市では

三、〇〇〇ルーブル以上の不動産を所有していること、の何れかである（司法　第一九条）。中心は(i)で、その規模は地域によって異なるものの、平均して四〇〇〜五〇〇デシャチーナとなる。中規模の領主ということになるが、独立性の確保が目的だから、資格の算定に当たっては、本人所有の不動産に止まらず両親や妻の所有する不動産も含めてこれを評価し、さらに所有する不動産が各地に散在するときはその全体を評価の対象額とした(7)（司法　第一九条）。

ここには一つの隘路がある。ロシア貴族の分散的な所領の構造を考えると、右の規定は現実に見合った計算式と評価できる。しかしこれでは必ずしも治安判事の在地性は保障をされない。「地域の裁判所」と命名された治安判事を地域社会の中から選出できるか、地域社会に根を下ろす「両当事者の信頼を受けた仲介者」を果して確保できるかは、この式からは定かではない。結局制度の趣旨をどう生かすかは、こうした条件を充たす候補者の中からこれに相応しい治安判事を選出するゼムストヴォの意思と努力の如何ということになるであろう(8)。しかもここで見落とせないのは、無報酬の名誉治安判事については格別、地区治安判事の俸給および事務処理経費もゼムストヴォの支給とされたことで（司法　第四四条）、この結果、執務体制の整備も含めた制度の充実・発展は、司法当局の手を離れ、挙げて地方の運営意欲や財政状況に掛かることになった。

問題は、新しい司法を担う一方の柱と期待をされた「社会」の側に、改めて投げ返された恰好である。治安判事制の帰趨は「大改革」後の地域社会の発展や地方政治の動向に、さらには地方制度を所管する中央の内務省の政策に、委ねられた。

（2）裁判所付置職(1)——執行士・公証人・司法官試補

裁判所付置職は、執行士 судебный пристав、公証人 нотариус、司法官試補 кандидат на должности по судебному ведомству、それに弁護士 присяжный поверенный 四者の総称であった。何れも司法機関設置法第九編で規定されるが、公証人についてのみ、その詳細は一八六六年四月一四日法「公証制度に関する規程」Положение о нотариальной части において定められた。[9] 同一の編で規定されるも付置職という概念は擬制的で、敢えて四者を一つに繋ぐ統一的な性格は乏しい。

比較的共通なところが多いのは、送達（司法　第三二一条）、判決の執行（司法　第三二二条）、法廷警察などの法廷内業務（司法　第一四三条）に携わる執行士と、「裁判所の監督の下に文書を作成し、その他公証に関する事務を行なう」（司法　第四二〇条）公証人である。ともに定員の定めがあり（司法　第二九八条。公証　第四条）、執行士は地方裁判所、控訴院、セナート破毀部にそれぞれ置かれ、各裁判所の長（破毀部については上席検事）によって任命される（司法　第二九七条、第三〇〇条）。また治安判事会議にも執行士を置くことを妨げない（司法　第六〇条）。公証人は両首都の他、県市と郡市に配置され、地裁所長の提案に基づき控訴院長が任命する（公証　第三条、第一六条）。なお地方裁判所に付置された公正証書保管所 Нотариальный архив には、上級公証人 старший нотариус が置かれた（公証　第四二条）。保管所は不動産の権利証書や公正証書の保管に当たるもので、上級公証人はこれら書類の謄本および抄本の付与、不動産に関する文書の認証に従事し、保管所の管理に携わる（公証　第一五四条）。

共通点の第一は、それぞれ公の職務を担う存在ながら手数料収入に依存する自由職的性格で、その額は執行士の場合は法定され（司法　第三一三条）、公証人の場合には嘱託人との合意に基づき、または報酬基準表に依り決められる（公証　第二〇八条）。執行士は手数料制・俸給制（司法　第三一二条）の併用だが、公証人の収入は手数料に一本化されている。[10] さらに執行士の場合には、控訴院管区を単位として執行士評議会 совет судебных приставов なる任意団体を設立し、同業者の職務執行の監督・懲戒、職務上生じた紛議の解決、手数料の分配等を行なうことが認められた（司法　第三三三条、第三四〇条）

第二は負の共同性であった。両職ともに司法官に見るような厳格な任用資格を欠き、任用に当たって執行士には「道徳性」と「職務に必要な能力」を、公証人には「文書を作成する能力」と公証事務に必要な法律知識を求めると、法は漠然と語るに止まる（司法　第三〇〇条。公証　第一五条）。僅かに上級公証人のみ、その任免は地方裁判所判事に準ずるとされる（公証　第四三条）。

司法官試補は両者以上に負の性格が強い付置職であった。法は、法相、控訴院長または地裁所長は、高等教育施設で法律学の課程を修了した者またはこれに相当する法律学の試験に合格したことを示す証明書を有する者の中から試補を採用し、彼らは修習後、取調官または書記官に就くとする（司法　第四〇七条〜第四〇九条、第四一七条）。また試補は地方裁判所や控訴院、検事局に配属され（司法　第四〇八条）、取調官が不足するとき、および特に必要があるとき、裁判所の許可を得て取調べをし（司法　第四一五条）、弁護士が不足をするときは裁判所の長より指定をされて官選弁護人となる（司法　第四一六条）、という。だが肝心の試補の修習期間やその内容については規定がなく、しかも彼らは無給とされた（司法　第四一二条）。司法官の養成という一律の規整が望まれる事項にも拘わらず、細目は全て試補が置かれた各裁判所の個別規則に任されたのである。

（3）裁判所付置職(2)――弁護士職（弁護士および弁護士補）

① 四つの付置職の中で自由専門職という性格を前面に出すのが、弁護士 присяжный поверенный である。第一に、執行士や公証人と異なって、弁護士については定員がない。第二に、資格が弁護士自身によって与えられた。国家による資格試験の制度はなく、希望者は法の定める欠格事由[11]の不存在と資格要件（教育資格・職歴資格）の充足を示す書類を添えて、弁護士評議会 совет присяжных поверенных に申請する（司法　第三七九条）。評議会は右の形式的要件の有無に加えて、「道徳的資質」の疑わしい者を排除するため「必要と思われる全ての資料」を審査し、

諾否を決する（司法　第三八〇条）。

教育資格は、司法官と同一の高等法学教育の修了とされた（司法　第三五四条）。但し弁護士の場合には、職歴を以て法学教育を代替する抜け道を認めないので、この要件は司法官よりやや厳しい。次に職歴資格とは、(i)司法部に勤務し、司法事件の手続に関する実務の知識を得られる職に五年以上就いていたこと、(ii)五年以上司法官試補であったこと、(iii)弁護士の指導の下に、その弁護士の補佐として五年以上司法実務に従事していたこと、の何れかである（司法　第三五四条）。(iii)の「弁護士の補佐」を務める者を「弁護士補」помощник присяжных поверенных と呼び、弁護士と弁護士補とを総称して「弁護士職」адвокатура と称する。

評議会から申請を認める決定を得た者は、裁判所での宣誓の後、控訴院の弁護士名簿に登録されて、氏名が裁判所から公告された（司法　第三八一条、第三八二条）。却下の決定に対しては、控訴院への不服申立てが許されている（司法　第三七六条）。判例は、このとき司法審査の対象となるのは資格要件の有無に関する判断だけで、評議会が「必要と思われる全ての資料」を考慮の上で示した判断は、その対象にならないと言う。また判例は、弁護士資格は評議会の決定を以て発生するとし、弁護士名簿への登録の際、控訴院が評議会の審査を点検することは違法だとする。[12]何れも弁護士の自治（自己補充権）に対する司法的介入は抑制し、弁護士の資格審査に関しては弁護士団体の判断を最大限尊重するとの立場である。

② 弁護士評議会は控訴院に付置された組織で、評議会議長председатель совета присяжных поверенных、副議長товарищ председателя совета присяжных поверенных、評議員член の三者からなる（司法　第三五七条）。何れも任期は一年で、毎年の弁護士総会общее собрание присяжных поверенных で選出される。総会では評議会の改選に先立って、前年度の評議会活動報告が行なわれた（司法　第三六四条）。

法の定める評議会の活動は、大別すると資格審査、依頼者・弁護士相互の間の関係の調整、弁護士の規律の維持の三つであった（司法　第三六七条）。例えば弁護士と依頼者の間で報酬について合意が得られないとき、または報酬契約が文書で結ばれていないとき、評議会は報酬基準表に基づいて弁護士報酬を決定する。所属の弁護士に対する懲戒も、弁護士評議会の手で行なわれる。[13]諸外国の例を見ると、弁護士を国家の官吏に準じた地位に置き、そこに定員枠を課した沿革を持つドイツ諸邦の場合には、懲戒権は弁護士団体に存在せず、またアヴォカがギルド的団体を組織していたフランスにあっても、いわゆる法廷犯 délit d'audience、すなわち法廷における弁護士の不当な行為はこの裁判所が懲戒することになっている。ロシアの弁護士団体には自己補充と並んで、自己統制の権限が広く与えられたことになる。

弁護士の福利厚生や修習制度の整備など、評議会には右の法定事項を越えた種々の自主的活動が可能であった。控訴院の司法行政上の監督権は、控訴院管区内の「治安判事と治安判事会議を除く裁判所およびその職員」に限られるため（司法　第二四九条）、評議会の活動はその監督の外にあった。ここでは控訴院はただ事後的に、関係人の不服の申立てがあるときにのみ、「弁護士を警告または戒告に処する決定を除く評議会の全ての決定」を審査するに止まる[14]（司法　第三七六条）。「法律の維持」を職務の一つとした検察官も、評議会の決定に対しては、弁護士の懲戒に関する決定に限って控訴院にプロテストなし得るにすぎない（司法　第三七六条）。

評議会の設立には、控訴院管区に登録の弁護士が二〇人以上であることを必要とした（司法　第三五八条）。このため評議会を開くことができない管区では、その事務を各地の地方裁判所（具体的にはその運営会議）が代行する（司法　第三七八条）。またすでに評議会が設立されている控訴院管区で、一〇名以上の弁護士が居住する都市では、彼らの発議に基づいて弁護士評議会支部 отделение совета присяжных поверенных を置くことが認められている（司法　第三六六条）。

③　弁護士は訴訟当事者、被告人その他関係人の選任により、または特に法が定める場合、弁護士評議会や裁判

所の長の指定によって、訴訟代理と刑事弁護に従事した（司法　第三五三条）。訴訟代理についてはブルードフ以来の一元主義を堅持するので、弁護士は当事者に代わって訴答書類を作成し、法廷において当事者を援助し弁論を行なう。ただ代理には地域的制限が置かれていて、その活動は「登録控訴院管区所在の全ての裁判所」に限られる（司法　第三八三条）。弁護士自治が控訴院を単位に展開したのはこのためで、司法機関設置法には弁護士の全国団体に関する規定はなく、現実にも各地の評議会を繋ぐ連絡組織は存在しなかった。

業務規定で問題を残したのは、弁護士人口の見通しに対する不安から、現実との妥協が図られたことであった。例えば刑事弁護では、治安判事管轄事件・普通裁判所管轄事件の別を問わず、法律が訴訟代理を禁じた者を別として、被告人は全ての者を弁護人に私選できる（刑訴　第四四条、第五六五条）。弁護士人口が限られたところで弁護士にのみ弁護人資格を認めると、結局富裕層しか弁護人を選任できない、と起草委員会は弁明している(16)。同様の後退は、訴訟代理の取り扱いにおいても生じた。先ず治安判事管轄の事件では、特に法律が禁じた者を除いて誰もが訴訟代理人となることができる（民訴　第四四条、第四五条）。第二に、普通裁判所事件についても、法律が特に禁じた者を別として、訴訟代理資格は全ての者に「開放」される（民訴　第二四五条、第二四六条）。例外は法律を以て別表で定める「十分な数」достаточное число の弁護士が住む都市の場合で、ここでは普通裁判所管轄事件の訴訟委任は弁護士に対してなされねばならない（民訴　第二四五条。司法　第三八七条、第三八八条）。だが第三に、法は特別訴訟代理人の制度を設け、たとえ「十分な数」（弁護士充足数）に達した都市であっても、当事者は弁護士以外に自己の近親者（両親、配偶者、子）、共同訴訟人、または自己の領地もしくは事業の管理人に、訴訟代理権を授与することができるとする（司法　第三八九条）。最後に第四として、治安判事管轄事件は言うに及ばず普通裁判所事件の場合も本人訴訟が認められ、代理人強制は行なっていない（司法　第三八六条）。約言すると、弁護士制度を設けたものの、弁護人・訴訟代理人足り得る者の範囲は広く、弁護士代理の原則ですらもここでは貫徹されなかった。

このことは弁護士側から見るならば、「十分な数」の法定とこの充足数の達成までは従来の代訟人との業務の競合が避けがたく、経済的な自立の基盤が危ういことを意味している。これは裁判諸法が創設したロシアの弁護士法制の、小さくはない欠点である。

④　法がもう一つ問題を残したのは、弁護士資格を得るためのコースの一つと位置づけられた弁護士補制度の空白であった。「弁護士の補佐」と言う以外、司法機関設置法にはこれに関する規定がない。弁護士代理原則が確立してないこともあり、そもそも「弁護士の補佐」なる者が独自に事件を受任し得るかも不明のままで、解釈上は弁護士事務所に勤務する単なるロー・クラークから、独立して事務所を構えるまでの見習弁護士まで、ここには様々なタイプの「弁護士の補佐」を想定し得る。[17] またそれ以前に、弁護士補資格を誰がどのような要件の下に与えるのかも明らかではなく、彼らを見習弁護士と見なしたところで、その修習の方式も明瞭ではない。現実にも弁護士制度の発足当初は、各弁護士が希望者を弁護士補として採用し、彼らを自己の責任で指導するとの全くの個人修習方式が一般的に行なわれていた。弁護士補の受入れに当たった者をパトロン патрон と呼び、そこでは全てがパトロンの裁量の下にある。採用基準はパトロンによって一定せず、修習指導のスケジュールでも、パトロンと弁護士補の関係でも、統一的な原則を欠く。

法の沈黙は、差し当たっては各地の弁護士会が制定する弁護士補規則によって埋められた。先行したのは早くから比較的多くの弁護士補を抱えたペテルブルク弁護士会で、七〇年代半ばまでに、漸次以下のようなルールを積み立てている。

(i)資格要件——高等法学教育の修了を必要とする。弁護士の欠格事由を弁護士補についても準用する。[18]

(ii)資格審査——弁護士評議会が行なう。評議会はパトロンからの申立てにより、志望者の資格要件と欠格事由の有無を調べ、「必要と認められる全ての事情」を考慮の上で、諾否を決する。[19]

(iii)弁護士補委員会――評議会の資格審査に必要な判断資料の収集のため、弁護士補委員会 Комиссия помощников присяжных поверенных を組織する。委員会は毎年開かれる弁護士補総会 Общее собрание помощников присяжных поверенных で互選する。

(iv)弁護士補の業務とその監督――弁護士補はパトロンへの通知を条件として、独自に事件を受任することができる。パトロンは弁護士補を監督し、評議会に彼らの活動状況を報告をする。パトロンから一年以上報告がない者については、評議会は弁護士補資格を抹消することができる。[20]

(v)弁護士補の修習――新規採用の弁護士補は修習班 группа, колонна に配属され、各班主催の修習会 юридическая беседа に参加をする。ペテルブルク在住の弁護士補は、資格を得たときから二年間修習会に出席し、この間三回以上報告をしなければならない。その他の都市に在住の者も、修習期間中八回以上出席しなければならない。[21]

これは個人修習から団体修習へという方向である。弁護士補委員会は一八七二年に組織された。[22] 沿革的にはそれは評議会補助機関だったが、弁護士補総会で選ばれることから、次第に弁護士補の代表組織としての性格を帯びるようになった。初めて団体修習を採用した七七年五月三〇日の弁護士補規則も、弁護士補側が原案をまとめ、これを評議会で検討し、さらに弁護士総会に諮るという、両者協働の形で制定されている。[23]

対照的に、元来弁護士補の数が少なかったモスクワでは、パトロンが全てを一人で仕切る傾向が強かった。制度の整備が緒につくのは、弁護士評議会による七八年二月四日の修習規則制定後である。[24] ペテルブルクから移籍した評議会議長В・И・タネーエフのリードに掛かり、タネーエフ規則と通称される。採用についてはこの頃までに、パトロンからの採用願いを評議会で審査する慣行が生まれていたが、この規則により明文化され、さらにペテルブルクに範を取った団体修習が初めて導入された。但しペテルブルクの弁護士補規則と異なって、モスクワのタネーエフ規則では、修習班書記の連絡会議が弁護士補委員会 Комитет помощников присяжных поверенных と呼ばれている（同規則　IX第一条〜第三条）。ペテルブルクの場合と異なり、弁護士補総会に相当する全体組織を持たないわけで、弁護士補の置かれた立場は弱い。ここにはパトロン側、評議会側の主導によって弁護士補制度が整えられたモスクワの沿革が反映している。

以上のような七〇年代半ばの弁護士補規則は、あくまで暫定的なルールであった。第一に、弁護士補が置かれた地位には地域によってかなりの差がある。第二に、弁護士補には弁護士と同じく独自に、言わば一人前に事件を受任することが実質的には許されており、これは「弁護士の補佐」という法のタテマエを越えている。何れについても改めて再検討が要請される課題である。そして最後に第三として、弁護士補の修習会出席率も予想をしていたほどには高くなく、団体修習の新機軸もなおその運用で問題を残した。(25) 結局弁護士の場合にも、司法官試補におけると同様、如何に後進の養成に取り組むかは裁判諸法が後代に残した未解決の宿題だったのである。

＊

以上が裁判諸法、とりわけ司法機関設置法の構造である。全体としてその特徴は、次の四つに要約されよう。

第一に、通時的観点から見るならば、それは通常裁判権の強化を目ざし、特別手続および特別裁判所の整理を進め、制度を担う法専門職を組織化している。しかし一連の特別裁判権、特に農民裁判権と通常裁判権の関係を新たに如何に規律するかは、一八六四年改革の枠を越えており、今後の問題として残された。

第二に、一九世紀半ばの改革という共時的な観点からは、随所に見られるフランス法の影響を無視できず、裁判諸法は一九世紀半ばのロシア人が理解した「西欧近代法」の姿であると言うことができる。もっとも法の継受に当たっては独自の工夫も少なくない。司法機関設置法では、裁判所や裁判官の「自立」が強調され、キャリア制度と結びついた母法のピラミッド型システムに「水平的な」修正が施されている。

第三に、改革の背後に潜む時代思潮に目を向けると、それはやはり「大改革」期の立法であり、陪審制や治安判事制に代表される様々な司法参加の実験が目を引く。陪審名簿の管理や少額・微罪の日常的な事件の処理など、実質的に地域社会に委ねられた。新しい制度は「国家」と「社会」、専門人と非専門人の協働の上に立脚していて、普通裁判所と「地域の裁判所」が並立し両者が単一の破毀審で統一される独特な裁判所の構成が、これら二本の軸足を体現している。

第四に、それはいくつかの欠陥を免れていない。裁判所付置職と一括された、側面から司法部を支える種々の人的制度に関する規定は弱く、法曹養成制度は沈黙のまま置かれている。

何れの特徴も、将来に向け開かれたいくつかの問いを含んでいた。未決の課題や新しい実験、あるいは法の残した空白に向けて如何なる回答を行なうかは、新しい制度を実施する中から検討され、答えられるべき事柄であった。

(1) ロシア国籍を有し（司法　第二〇〇条）、法の定めた欠格事由（司法　第二〇一条）に該当しないこと。詳しくは、「一八六四年の司法改革」九五頁、注1。

(2) 起草委員会の『裁判所設置法草案』(Учреждение судебных мест. Проект // Дело 49) は、上申制度を控訴院と地方裁判所の全裁判官に適用しており（第一七五条）、法相が上申を斥け皇帝に他の候補者を提案した場合には、その理由を明らかにするよう義務づけていた（第一七七条）。のみならず、破毀部評定官、首席評定官についても、欠員が生じた場合、両破毀部総会が候補者を決めて皇帝に上申するのである（第一七九条）。しかし何れも一八六四年の国家評議会合同部会で否決された。

(3) 取調官については、同一の地裁管区内であれば、地方裁判所総会の決定に基づき任地（所管の地区）の変更が可能である。この決定は地方裁判所検事正が発議し、司法大臣が承認をする（司法　第二二七条）。なお不罷免性の対象となるのは、法の文言では控訴院と地方裁判所の裁判官だけだが、学説は破毀部評定官、首席評定官にも同様の身分保障があるとしている（И. Я. Фойницкий. Курс уголовного судопроизводства. 4-е изд., т. 1, СПб., 1912, стр. 234）。

（4）一八三一年のベルギー憲法第一〇〇条に「裁判官は終身官として任命される」とあり、その意に依らない免官、転所を禁じているが、これは当時の大陸諸国では例外的な立法と言われる。フランスについてみると、一八五二年三月一日のデクレがその前文で「裁判官の地位の不可動は絶対のドグマではない」とし、第一条で破毀院の場合は七五歳、その他の裁判所については七〇歳という定年を設けている。またこのデクレ第四条が、品位汚辱の行為を以て裁判官の職を失わしめることができる旨、規定している。

（5）司法官に対する懲戒処分は、警告、注意、人事記録への記入を伴わない戒告、減給、七日以下の勾留、降格の六種類だが（司法　第二六二条）、裁判官と破毀部上席検事については警告処分、地方裁判所検事を除く他の検察官には、警告、注意、人事記録への記入を伴わない戒告の三処分しか科すことができない（司法　第二六四条、第二六六条）。但し一年の間に三度警告の処分を受けた裁判官にその年再び懲戒に値する事由が生じたときは、両破毀部総会を開いて刑事訴追の是非が検討される（司法　第二九三条）。これは職務上の義務違反に対し、懲戒の処分として定められた以外の制裁を科するには、裁判を必要とすることに依る（刑訴　第一〇六六条）。

（6）Дело 50, стр. 9-10.

（7）財産資格の算定法をめぐっては制度発足の当初からその解釈をめぐって争いがあり、一八六六年三月一八日法（ПСЗ, собр. 2, т. 41, No. 43125, 1866 3/18）によって、本文に述べたように各地の財産を合算することが確認された。

（8）特にゼムストヴォ側の努力や意欲が問われるのは、治安判事特別任用の制度である。法は、ゼムストヴォは議員の満場一致の決を以て、法の定める資格要件を充たしてはいないが、「その功績と有益な活動により社会の信頼と尊敬を獲ち得ている者」を治安判事に選ぶことができる（司法　第三四条）、とする。

（9）ПСЗ, собр. 2, т. 41, No. 43186, 1866 4/14.

（10）上級公証人の場合は俸給制が基本で（公証　第四三条）、手数料も法定されて低額である（公証　第二一七条）。

（11）二五歳未満の者、外国人、官公吏の他、弁護士の独立性と品位を損なわしめる恐れがある者、すなわち破産者や裁判所の判決により身分の権利の剥奪・制限を受けた者がこれに当たる（司法　第三五五条）。法に明文の規定を欠くにも拘わらず、実務では女性を欠格者として取り扱い、再三議論となった。弁護士資格が女性に開放されるのは、結局二月革命まで待たねばならない。なお第四章第二節注22を参照。

（12）O. C. 1879/14; O. C. 1877/28.

（13）弁護士に対する懲戒処分は、警告、戒告、一年以下の業務停止、除名の四種類で、特に重大な場合には刑事裁判所に告発する（司法 第三六八条）。

（14）本条の置かれた位置から見て、ここに言う「全ての決定」とは「警告または戒告の処分を除く弁護士の懲戒に関する全ての決定」と解するのが自然であるが、学説・実務とも字義どおり評議会の「全ての決定」が控訴院への不服申立ての対象となると解している。なお弁護士評議会に対する控訴院の監督権問題については、終章第一節、第二節も参照。

（15）訴訟能力を欠いている者、教会から破門をされた等、道徳的な資質の面で代理人には相応しくないとみなされる者等を指す（民訴 第四五条、第二四六条）。

（16）Объяснительная записка к проекту Устава уголовного судопроизводства（Дело 52), стр. 168, 274.

（17）エンゲリマンの有名な訴訟法教科書は、弁護士補を「自己のパトロンの委任を受けてパトロンのために働く真正の補佐」と「独立して自らの負担で業務を行なう」名義上の補佐の二つのタイプに類型化する。И. Э. Энгельман. Курс русского гражданского судопроизводства. 3-е изд., Юрьев, 1912, стр. 166.

（18）一八六九年八月二一日評議会決定。同年一二月一一日補足。Извлечение из отчета о действиях Совета присяжных поверенных округа С.-Петербургской судебной палаты за третий год его существования (с 1-го мая 1868 г. по 27-го апреля 1869 г.), читанного в общем собрании присяжных поверенных С.-Петербургского округа 27-го апреля 1869 года. СудВ, 1870, No. 114 (5/1), стр. 3.

（19）Там же.

（20）一八六九年一二月一一日評議会決定。七五年九月一五日評議会決定。П. В. Макалинский（сост.). С.-Петербургская присяжная адвокатура. СПб., 1889, стр. 86-87, 77.

（21）一八七七年五月三〇日弁護士補修習規則。Там же, стр. 99-98.

（22）Х. М. Чарыхов. Помощники присяжных поверенных. Их организация. ИРА, т. 3, М., 1916, стр. 252.

（23）А. А. Исаев. Юридические конференции в Петроградской адвокатуре. ИРА, т. 3, стр. 295-299.

（24）規則全文は、Отчет Москвы за 1877-1878 судебный год. [б. м.], [б. г.], стр. 19-21.

（25）ペテルブルク弁護士会では、七七年修習規則施行の直後から弁護士補の修習会出席率が低いことが問題になり、結局八〇年一一月二一日に、新たに「ペテルブルク弁護士補修習会規則」の制定を見ている（弁護士評議会が原案をまとめ、総会で採択）。七七年の団体修習制度を受け継いだものだが、修習会への出席義務を若干緩め、弁護士補は資格を得たときから三年の間に二年以上修習会に出席しなければならない、としている（第八条）。こうした経緯、および八〇年規則の全文は、Макалинский（сост.). Указ. соч., стр. 99-105.

四　裁判諸法の施行

①　裁判諸法の裁可に伴い、焦点は法の施行の如何に移った。ガガーリンは六四年一〇月末の上奏で、六五年八月を目標にペテルブルクとモスクワ、そしてハリコフで控訴院と地方裁判所を開設するとの計画を提示している。両首都とその周辺域、それにウクライナ東部はすでにロヴィーンスキーらが司法統計の収集を済ませていた地域である。この案に対しザミャートニンは、一一月五日の大臣会議で、改革は諸外国から継受した原理を実地に移す作業であるから、先ずは一ヶ所もしくは数ヶ所で新法を実施し、その実績を鑑みながら適宜法に修正を加えつつ実行してはどうだろうか、とコメントした(1)。

皇帝は六五年一月一一日、四項目の命令を出し、ブトコーフを長とする委員会を発足させて、裁判諸法の施行手順の検討を委ねた。ブトコーフ以下一一人の構成員は、何れも起草委員会のメンバーであった(2)。委員会は、財政的にもまた新制度に充てる人材の確保という点からも、ヨーロッパ・ロシア全県で裁判諸法を施行することは困難であると考えており、ここでの議論はヨーロッパ・ロシア三一県での施行方法をめぐって展開した。人口の稀薄な北部・東部の諸県（アルハンゲリスク、ペルミ、オレンブルク）、住民のエスニシティーを異にする西部諸県に関しては、後日改めて検討するとしたのである。

この点をめぐって二つの意見が存在した。委員会少数説（ブツコーフスキー、ザルードヌイ、クヴィースト）は、新しい裁判所が当初定員割れを起こしてもなるべく広い範囲で実施することを是とする立場で、右の三一県で同時一律に新法を実施するよう求めている。彼らは地域間の公平という観点、あるいは裁判諸法の一体性、法の持つ有機的性格を根拠に挙げて、ここに六つの控訴院管区（ペテルブルク、モスクワ、カザン、サラトフ、ハリコフ、オデッサ）を開き、各県にそれぞれ一つの地方裁判所を置くとともに、治安判事制も発足させる、と言う。施行法公布後半年以内に、具体的には六六年一月一日を目処として新制度への移行を開始し、遅くとも同年四月一日までに新しい制度を立ち上げる、但し地方裁判所も控訴院も当面は一つの部のみ開くに止め、またこの間に旧裁判所の廃止を進める、と言うのが少数説の描くスケジュールである。(3)

この三一県での全面施行説に、委員会多数派（ブトコーフ以下八名）の限定施行説が対立した。彼らは、先ずはペテルブルクとモスクワに二つの控訴院管区（二〇県管轄）を開設し、予算と人員をここに集中すべきだとする。両首都は商工業の中心であり、このため紛争発生の機会も多く、迅速な裁判に対する需要が高い上、すでに司法統計の収集が行なわれていて実情が明らかになっている、と言うのが理由である。具体的には、やはり六六年一月一日を以て新制度に移行し、法相は同年中に他の諸地域での施行計画をまとめて国家評議会に諮るべきだ、とする。(4)ただ多数意見の間でも、治安判事制の扱いについては、見解が分かれた。ブトコーフ、クニーリム、プラーフスキー、プリンツの四人は、治安判事に関しては、ペテルブルクとモスクワでの普通裁判所の施行状況に関わりなく、ゼムストヴォ制の施行が決められたヨーロッパ・ロシアの全県（但しヴォログダ、オロネツ、オレンブルクの三県を除く）で実施をすべきだと主張する。治安判事がゼムストヴォ郡会で選挙されることを踏まえた提言だが、彼らは治安判事が普通裁判所と別個独自の裁判所の系列であることを強調し、迅速・廉価な裁判所が速やかに提供される実際の利を重視した。これに対してエシポーヴィチ、ズーボフ、コヴァレーフスキー、レーピンスキーのやはり四人が、治安判事は決して他から切り離された閉ざされた制度ではないとして、治安判事制が先行しこれが旧制度と並んで行なわれる事態は避けるべきだと、説いていた。この主題では委員会の外でも、ガガーリンが先行説、ザミャートニンが治安判事と普通裁判所の並行施行説と一致していない。(5)

種々の構想が交錯する中、国家評議会では六五年七月と八月に合同部会が、九月二〇日と二七日に総会が開かれ、裁判諸法の施行方法が検討された。合同部会で蔵相はさらに第三の提案をなし、新制度には合計六四万八、〇〇〇ルーブルしか計上できないから、施行地域を一段絞ってペテルブルクとモスクワの二県に限定するよう、訴えている。財政難の大蔵省は、司法省には新しい裁判所に当てるための庁舎の新設を一切認めない方針で臨んでいて、財政均衡論者レイテルンのこの抵抗はザミャートニンを手こずらせた。(6)

曲折を経て「一八六四年一一月二〇日裁判諸法施行規程」Положение о введении в действие Судебных уставов 20 ноября 1864 года が成立したのは、六五年一〇月一九日のことであった。(7) 多数派の限定施行説を採用し、治安判事に関してはエシポーヴィチらの並行施行説を採ったもので、前文は一八六六年中にペテルブルクとモスクワで一〇県管轄の二つの控訴院管区を開き、その後四年以内に一般県制の施かれている全ての県とベッサラビア州で裁判諸法を施行すると述べている（規程　前文第一号）。別表はそのための費用として、一八七万五〇〇〇ルーブル（他に予備費として五〇、〇〇〇ルーブル）を計上した。このとき渋るレイテルンはパーニンから、貴公は裁判諸法を裁可した陛下の御意思を無にされるのかと大喝されて屈伏した。

施行規程の成立後、六五年の秋から翌年春に、この法律と裁判諸法を補完する一連の立法が行なわれた。一つは施行規程の補則であり、六六年三月七日の法律が検察組織の新制度への移行の措置の詳細を定め、同じく四月一三日の法律が市参事会と市政庁の廃止の手順を規定している。(8) 第二は裁判諸法を補完する種々の付属の法令である。内務省との間で争いがあった調停員と治安判事の権限については、六五年一〇月二五日の法律が線引きを図り、調停員は農民の旧領主に対する一時的義務負担関係から生じた紛争、および約定証書の履行をめぐって生じた紛争以外は扱わないと決定した。(9) 続いて翌年三月一五日には、司法機関設置法で予定をされた裁判所の事務処理内規について（司法　第一六六条～第一七三条）、一般規則 общий наказ の制定があり、法服着用の義務、法廷のレイアウト、裁判官の着席の順序、作成すべき記録の種類といった事項が法定された[10]。さらに四月一四日には「公証制度に関する規程」と「非訟事件手続法」が制定されている[11]。前者は司法機関設置法が別に定めるとしていたもの（司法　第四二〇条）、また後者は民事訴訟法に第四分冊として追加されている（民訴　第一四〇一条〜第一四六〇条）。他にも執行士が就任に当たって裁判所に供与する保証（司法　第三〇一条）の額や彼らの手数料等、この時期定めが置かれている。確かにこれらは細かな個別の規定であろう。しかしこうしたフォローがなければ、創業の事業は覚束ない。

以上の法制上の準備を経て、一八六六年の春、両首都の控訴院管区の開設が初めて射程に入るのである。

② 両首都一〇県を管轄する二つの控訴院管区に続き、ザミャートニンは施行地域の拡大を図り、一八六六年の夏、各県県検事、あるいは民事院、刑事院の院長らに、所管区域の司法統計の収集を命じた。対象は、右の一〇県を除くヨーロッパ・ロシアの諸県とベッサラビア州、合わせて三一県一州であった。今回はアルハンゲリスクやペルミといった諸県についても議論に加えられており、またリトアニア、ベラルーシ、ウクライナの西部九県も調査の対象となっている。調査結果はこの年、三巻にまとめられ、ザミャートニンは一控訴院管区＝四県を基準に、全国を一一控訴院管区に分ける腹案を温めていた[12]。

六六年一一月、ザミャートニンはハリコフ、オデッサ両控訴院管区を開設する法案を国家評議会に上程した。ハリコフ管区は六四年のザルードヌイの調査以来、施行が語られてきた地域であり、オデッサはペテルブルク、モスクワ、ワルシャワに次ぐ帝国第四の都市だったから、この選択は自然である。特にここでは六三年に市制改革が、また六四年にはオデッサ大学の開学があって、街全体が当時活気を呈し始めていた。

審議に当たってザミャートニンは、ここでも皇帝の意向を引き合いに出し、クリミア終戦の詔書においてアレクサンドルが記した一句「裁判所に正義と慈悲とを支配せしめよ」を引いて、レイテルンを牽制した。蔵相は、六五年の施行規程でうたわれた一八七〇年には司法改革を完了するとのスケジュールは財政的に不可能であり、ペテルブルクとモスクワの二控訴院管区だけですでに二〇〇万ルーブルも費やしてしまった、と応酬した。結局国家評議会は両者の中間を行く立場を取って、一八六七年中に六五年施行規程で定められた経過規定に準拠してハリコフ控訴院管区を開くことを決めている。六七年一月一〇日法である。[13] この新しい控訴院管区は、ハリコフ、クールスク、オリョール、ヴォロネシ四県と、エカチェリーノスラフ県の二郡、タムボフ県の三郡を管轄する。

ハリコフ管区を優先させることに決したのは、オデッサ控訴院管区が所管するいわゆる新ロシア諸県ではゼムストヴォ制度の施行が未だしであり、この地域では宗教およびエスニシティーも多様であるためとされている。もっとも国家評議会総会は、六六年一二月九日の決議において、この措置をすでに予定の日程から離れるものと見なしてはならぬと述べ、蔵相に対して釘を刺した。実際、一年半後の六八年六月三〇日にはオデッサ控訴院管区の施行法が成立を見ているから、ハリコフ管区の優先といっても、レイテルンの面目を立てた意味合いが強いであろう。[14] しかもこの法律は、オデッサ控訴院管区の他に、ポルタヴァ地裁（ハリコフ控訴院管区）、ニジェゴロド地裁（モスクワ控訴院管区）の新設を約し、既存控訴院管区の拡大も果たしているのである。のみならず、この二地裁が開所した一八六九年の四月には、オデッサ管区にキシニョーフ地方裁判所を開くことも決定されて（同年四月八日法）、裁判諸法はベッサラビアにも及ぶに至った。[15]

こうして六〇年代末までに、ペテルブルク、モスクワ、ハリコフ、オデッサの四つの控訴院管区が開設された。他に一八六七年一二月九日の法律による、チフリス控訴院管区の開設も挙げねばならない[16]（図3-4）。ザカフカース五県（チフリス、クタイス、エリヴァン、エリザヴェートポリ、バクー）において裁判諸法をベースとする司法改革の断行を決めた、前年一一月二二日の「ザカフカース地方裁判諸法適用規程」Положение о применении Судебных уставов 20 ноября 1864 года к Закавказскому краю を、施行に移したものである。同じ一二月九日には、北カフカー

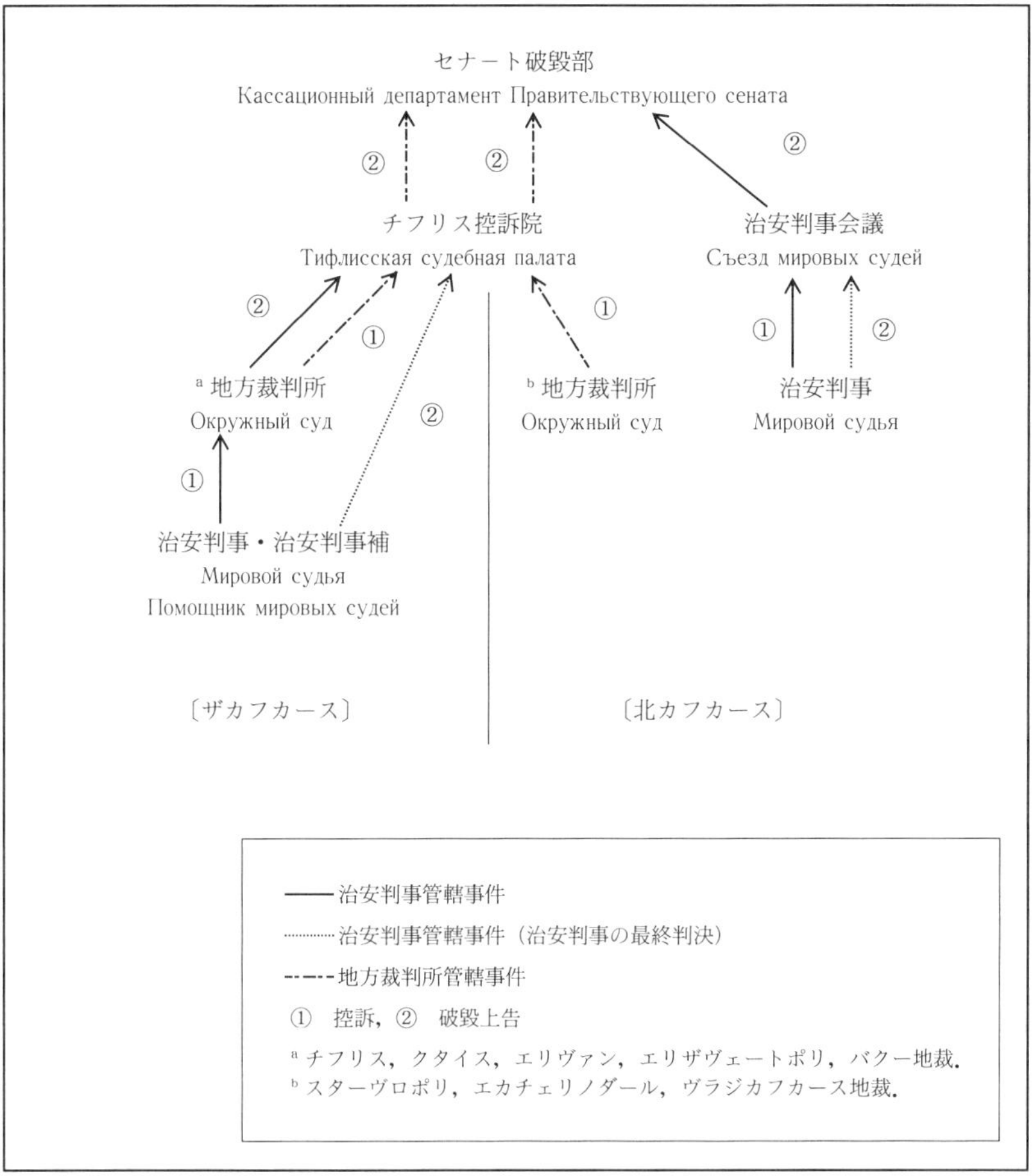
セナート破毀部
Кассационный департамент Правительствующего сената
②
②
②
チフリス控訴院
Тифлисская судебная палата
治安判事会議
Съезд мировых судей
②
①
①
①
②
[a] 地方裁判所
Окружный суд
②
[b] 地方裁判所
Окружный суд
治安判事
Мировой судья
①
治安判事・治安判事補
Мировой судья
Помощник мировых судей
〔ザカフカース〕
〔北カフカース〕
治安判事管轄事件
治安判事管轄事件（治安判事の最終判決）
地方裁判所管轄事件
①　控訴，②　破毀上告
[a] チフリス，クタイス，エリヴァン，エリザヴェートポリ，バクー地裁.
[b] スターヴロポリ，エカチェリノダール，ヴラジカフカース地裁.

図 3-4　チフリス控訴院管区

スのスターヴロポリに地方裁判所を開き、チフリス控訴院管下に置くことも決められている[17]。カフカースの司法改革はザミャートニンの予定にはなく、司法省にはきわめて唐突な出来事だったが、これはカフカース総督府が提唱しての措置であった。新任の総督ミハイル大公（アレクサンドルの末弟）が、中央と現地の政策連関を重視するとの立場から、司法改革を初めとして、この地域での「大改革」追行政策に積極的だったためである[18]。

③　六五年施行規程の定めでは、ペテルブルク控訴院管区はペテルブルク、ノヴゴロド、プスコフの三県、モスクワ控訴院管区はモスクワ、ヴラジーミル、カルーガ、リャザン、トヴェーリ、トゥーラ、ヤロスラーヴリの七県からなっていた（規程　前文第二号、第三号）。別表は、ここに一六の地裁を開くと述べている。これは定員に応じて四つのランクに区分されて、規模の大きな順に一級地裁（ペテルブルク、モスクワ）から四級地裁まで分かれていた。勤務する裁判所の等級に関わりなく、地裁判事の待遇は同一である。

続いて規程本文は、裁判官、治安判事、弁護士らの任用または資格の付与に関わる経過規定、それに旧制度の廃止に伴う各種の事務処理手続の細則を置いた。裁判官の任用では、新しい裁判所が発足するまで「下からの上申」が不可能なので、法相が候補者を選んでこれを皇帝に提案する（規程　第七条）。弁護士の場合も同様で、制度の発足まで評議会が存在しないから、各県に置く資格審査委員会の答申に基づき法相が弁護士の資格を与える（規程第四五条〜第四六条）。治安判事に関しては、第一回の選挙に限り、候補者名簿に財産資格の有無に関わりなく全ての調停員を登載する（規程　第一五条）。最後に新制度への移行については、規程公布の日から現行の第一審裁判所（郡裁判所、市参事会または市政庁）、第二審裁判所（民事院および刑事院）の統廃合を始めるとし（規程　第五一条）、セナート審理部についても漸次縮小、統合、廃止を進めるとした（規程　第五五条）。現在すでに係属中の事件の判決手続は、旧法に依る[19]（規程　第五六条、第七五条）。

この方針に従って、ザミャートニンは積極的に活動した。財政的な制約のきつい裁判庁舎の選定と並んで、新しい司法官人事が難問であった。それは地裁定員だけで所長一六、副所長二四、判事一一四、取調官二一八、検事正一六、検事八四に上っており、結局裁判諸法や施行規程の起草に直接与かった人、参考人という形で関与した人のかなり多くが、司法官として着任することになった。起草委員の中から拾っても、ブッコーフスキー（セナート刑事破毀部評定官）、ズーボフ（セナート刑事破毀部評定官）、コヴァレーフスキー（セナート刑事破毀部上席検事）、ロヴィーンスキー（モスクワ控訴院検事長）、クニーリム（ペテルブルク地裁副所長）、プリンツ（プスコフ地裁所長）といった具合である。[20]

ザミャートニンは、裁判官には身分保障があるだけに初発でこれに失敗すると後に大きな禍根を残すと、人事に細心の注意を払った。法は資格要件を充たしていれば「現在の官等に関わりなく」司法職への登用が可能な旨を明記するので（司法　第二三六条）、彼はこれを活用して因習・慣行に囚われない人事刷新を心掛けた。一八六五年の夏に彼は各地を視察して、人材の発掘に努めている。[21]

裁判諸法の起草者が自ら実務に携わり、ザミャートニンが人事に人物本位で臨んだことは、司法部にこれまでなかった独自の活気を持ちこむことになった。六五年にモスクワ大学を卒業し、翌年書記補でペテルブルク控訴院に任官したＡ・Φ・コーニは、後年、次のように述懐する。「この時期とこれに続く数ヶ月を体験した者には、この日々を忘れることはできない。自己の力に対する信頼、将来に対する明るい見通し、施行された制度はあらゆる点で模範的であるとの確信、こうしたことが新しい裁判所で最初に働く人々を勇気づけていた。見返りを何ら求めることなく、また一身の利害も度外視して、新しい活動の領域にあらゆる力が注ぎ込まれた。単に司法部の一員足らんがために、より恵まれた安定した地位を捨てた人々がいたのである。本省の局の次長が控訴院判事に、県知事が地裁所長に、というように。だが誰も当初はこの新しい職業を、通常のありふれた職場として眺めてはいなかった。それは一つの事業、使命、天職であった」。[22]——四段階の地裁等級にも拘わらず、水平的な司法官の取扱いを実際に可能とさせたのは、このような仕事に対する思い入れであろう。

治安判事に関しては、その施行は全て各地の市会やゼムストヴォに委ねられた。施行準備は駆け足でなされ、両首都では名簿の作成や治安判事管区の地区割りで試行錯誤の混乱も絶えなかったが、結局モスクワでは一八六六年二月、ペテルブルクでは翌三月、一般市会が治安判事選挙を実施している。

このときバールシェフはモスクワで名誉治安判事に選ばれている。また一〇月にモスクワ控訴院判事に転じるH・Д・イグナーチェフがやはりこのとき名誉治安判事に選出され、第二治安判事管区の治安判事会議議長に就いた。ペテルブルクでは、かつて三〇年代初頭、バールシェフとともにベルリンに学んだ第一世代の法学者A・И・クラーニフフェリトが地区治安判事に選ばれた他、初代の治安判事会議議長に民事訴訟法の起草者の一人クヴィースト（地区治安判事）が就任している。何れも新しい制度を立ち上げる意気込みを伝える布陣と言えよう。とりわけ金銭的な待遇面では地裁判事に相当のポストにすぎない地区治安判事に、クヴィーストが就いたことは異例であって、これはコーニの指摘する職業への情熱抜きには説明できない[23]。

治安判事制に続いて弁護士制度の実施準備が進められた。ペテルブルクに資格審査委員会（民事院・刑事院の院長および副院長、さらに県検事で構成）が発足するのは六六年三月のことで、四月一一日に法相に対し、申請六八件中先ず二七件につき弁護士資格の付与を可とする答申が提出された。ザミャートニンはこの全員に弁護士資格を認めている。登録の弁護士数はこれで規定の二〇人を越えたため、五月二日に第一回弁護士総会が開催され、七名からなる弁護士評議会が選出された。前記のように評議会議長はスターソフ、評議員にはアルセーニエフ、サマールスキー＝ブイホーヴェツと、彼の仲間が加わっている。刑事訴訟法部会の参考人で地裁判事の内示を受けていたトゥルチャニーノフ（ペテルブルク刑事院副院長）も、官を辞して弁護士に転じ、このとき評議員となった。翌年の評議会選挙ではウンコーフスキー、また後年「ロシア弁護士の王」の異名を取るスパソーヴィチが評議員に選ばれている。

モスクワでは若干異なる経過を辿った。資格審査委員会から法相へと二七名の候補者名簿が提出を見たのは四月一八日であったが、その直後、二三日に控訴院と地方裁判所が開所したので、改めてモスクワ地裁がこの二七名の資格審査を行なった。弁護士評議会未開設の地域では、地方裁判所が評議会事務を行なうとの規定（司法　第三七八条）に従ったものである。地裁の審査は申請者の資質や品行も考慮する厳格なもので、結局五月六日に一八人の弁護士が誕生をする。だがこの数では評議会を開けないからモスクワ地裁はその後もしばらく評議会事務の代行を続け、漸く九月一六日になって、モスクワ弁護士は評議会の選出に至る。[24]

ペテルブルクの弁護士については、発足から一年を経た時点での登録弁護士五九人の氏名と略歴が分かっている。このうち学歴が判明するのは五二人で、帝立法学校の卒業生は一二人（二三・一％）、大学出身者は三一人（五九・六％）であった。[25]これに対応するのが、若干時期は後になるが、一八七二年の司法官（判・検事）七九三人の学歴調査で、帝立法学校の卒業生が一三五人（一七・〇％）、大学出身者は四七五人（五九・九％）と、弁護士の学歴構成とほぼ重なっている。[26]同質的な構成で、いわば同門・同窓が朝にも野にも等しく分かれている形である。スターソフ＝アルセーニエフのサークルが「将来における弁護士と司法官の同盟」を言うのも、トゥルチャニーノフの転身を現実に可能にしているのも、法律家社会の間に見られるこのような敷居の低さであろう。

実際彼らの間には、在朝・在野だけでなく実務と講壇の仕切りも越えた、開かれた往来の雰囲気があった。[27]司法改革と前後して、ロシアには法律学の学会が生まれている。「法の理論的・実践的諸問題の探究」と「法律知識の普及」を目的とする法律協会 юридическое общество で、ここには法学者と並んで実務家が積極的に参加をした。沿革のもっとも古いモスクワ法律協会 Юридическое общество при Московском Университете（一八六三年創設）の草創期の活動を支えたのは、В・Н・レシュコーフ（モスクワ大学）、Н・В・カラチョーフ（モスクワ大学）、С・И・

バールシェフ（モスクワ大学）、Н・С・スムブール（モスクワ地裁判事）、А・М・ファリコーフスキー（弁護士）らで、実・学、朝・野の代表を揃えている。七七年創設のペテルブルク法律協会 Юридическое общество при С.-Петербургском Университете の場合には、設立発起人にスターソフもアルセーニエフも、ベールもサマールスキー＝ブイホーヴェツも名を列ね、ペテルブルク大学からは民法のС・В・パフマン、刑事法のН・С・タガーンツェフ、И・Я・フォイニーツキー、公法のИ・Е・アンドレエーフスキー、А・Д・グラドーフスキーと多彩な人材の参加を得た。協会の初代会長は、このとき国家評議会議員に進んでいたストヤーノフスキーである。モスクワ法律協会機関誌『法律報知』Юридический вестник、ペテルブルク法律協会機関誌『民刑法雑誌』Журнал гражданского и уголовного права には、講壇だけでなく実務家も活発に寄稿をしており、その後モスクワ協会は両者の代表を集めて七五年にロシア法曹会議 съезд русских юристов を開くに至った。こうした法曹各界の一連の協力の実績を基礎に、後のナボコフ法相時代、各地の法律協会は新しい民法典や刑法典、あるいはロシア鉄道法の起草に参加をするのである。[28]

六六年三月一九日、両首都に置く裁判所の開所日程が決定された。セナート破毀部、ペテルブルク控訴院、ペテルブルク地裁は四月一七日までに、またモスクワの控訴院と地裁は四月二三日までに開設される。治安判事制は五月一七日に発足し、ペテルブルク県とモスクワ県はこの日を以て新しい制度に移行する。[29] 四月一七日はちょうど皇帝の誕生日で、同日ペテルブルク控訴院には「裁判所に正義と慈悲とを支配せしめよ」правда и милость да царствуют в судах のレリーフが掲げられ、新制度の出発を祝うセレモニーが挙行された。

新しい裁判所が開かれたとき、コーニは弱冠二二歳、スターソフは三八歳、アルセーニエフは二九歳であった。ペテルブルクの地区治安判事の平均年齢は、三五・三歳である。[30] 確かに制度も人も未だ若く、アルセーニエフが呼ぶように、時代は「新しい裁判所の『蜜月』」期だったのである。[31]

（1）ガガーリン上奏は、Соображения коммисии, Высочайше учрежденной для окончания работ по преобразованию судебной части, о порядке введения в действие Судебных уставов 20 ноября 1864 года (Дело 65, No. 8), стр. 5-7、ザミャートニンの回答は、Там же, стр. 7-11。

（2）В・П・ブトコーフ、А・Н・プラーフスキー、Н・А・ブツコーフスキー、П・А・ズーボフ、С・И・ザルードヌイ、Я・Г・エシポーヴィチ、М・Е・コヴァレーフスキー、О・И・クヴィースト、Н・Г・プリンツ、Г・К・レーピンスキー、А・А・クニーリムの一一人（Там же, стр. 12-13)。以下の叙述につき詳しくは、拙稿「『帝国』の司法秩序」一四〜三二頁、を参照。

（3）Дело, 65, No 8, стр. 15-35.

（4）Там же, стр. 35-68.

（5）治安判事の先行論は、Там же, стр. 73-80、治安判事と普通裁判所の並行論は、Там же, стр. 69-73。ガガーリンとザミャートニンの見解については、注1を参照。

（6）レイテルンの財政思想は、彼が一八六六年秋に皇帝に提出した意見書に見ることができる。論点は多岐にわたっているが、彼は単に健全財政を支持しただけでなく、生産に振り向けらるべき資金が国庫に流れているところにロシア経済の問題があり、民間活力を高めるために政府支出は極力抑制されねばならないと唱えていた（Е. Е. Хадонов. Очерки из истории финансово-экономической политики пореформенной России. М., 1997, стр. 29-33)。大蔵省のこの方針のため、ザミャートニンは特に足下のペテルブルクで庁舎の確保に難渋した。

（7）ПСЗ, собр. 2, т. 40, No. 42587, 1865 10/19.

（8）ПСЗ, собр. 2, т. 41, No. 43077, 1866 3/7; No. 43183, 1866 4/13.

（9）ПСЗ, собр. 2, т. 40, No. 42603, 1865 10/25.

（10）ПСЗ, собр. 2, т. 41, No. 43113, 1866 3/15.

（11）ПСЗ, собр. 2, т. 41, No. 43186, 1866 4/14; No. 43187, 1866 4/14.

（12）ペテルブルク、モスクワ、ハリコフ、キーエフ、ヴィリナ、オデッサ、スモレンスク、ヤロスラーヴリ、カザン、サラトフ、ウファーの一一控訴院管区。Заключение состоявшей при департаменте министерства юстиции особой коммисии относительно собранных по 32-м губерниям к судебно-статистических сведений и соображений о введении Судебных уставов 20 ноября 1864 года // Судебно-статистические сведения и соображения о введении в действие Судебных уставов 20-го ноября 1864 года (по 32 губерниям). ч. 3, СПб., 1866, стр. 11.

（13）ПСЗ, собр. 2, т. 42, No. 44094, 1867 1/10. ハリコフ控訴院と八地裁からなる。

（14）ПСЗ, собр. 2, т. 43, No. 46062, 1868 6/30. ハリコフ控訴院管区と同じく、六五年施行規程で定められた経過規定に従い裁判諸法を施行するもので、オデッサ控訴院と五つの地方裁判所よりなる。

（15）ПСЗ, собр. 2, т. 44, No. 46950, 1869 4/8.

（16）ПСЗ, собр. 2, т. 42, No. 45260, 1867 12/9.

（17）ПСЗ, собр. 2, т. 41, No. 43880, 1866 11/22; т. 42, No. 45261, 1867 12/9.

（18）カフカースでの司法改革につき詳しくは、「『帝国』の司法秩序」第四章第一節を参照。同じチフリス控訴院管区ながら、外コーカサスと内コーカサスでは裁判所の構成が異なっており、特に前者では治安判事の事物管轄の引き上げ（民事の場合訴額二、〇〇〇ルーブルまで）や、治安判事会議を組織せず地方裁判所を治安判事管轄事件の控訴審に据えるといった多くの特則がある。

（19）六五年施行規程の詳細は、「『帝国』の司法秩序」一八〜二一頁。

（20）Список судебных деятелей учреждений, открытых в 1866–1876 г. г. СудУ, дополнительный том, Пгд., 1914, стр. 5–27.

（21）裁判諸法の施行に向けたザミャートニンの努力については、Джаншиев. Страница из истории судебной реформы. стр. 67–81。

（22）А. Ф. Кони. Новые меха и новое вино (Из истории первых дней судебной реформе) // Собрание сочнений в восьми томах. т. 4, М., 1967, стр. 249.

（23）両首都における治安判事制の施行については、А. Мелких, В. Челищев. Из истории мирового суда в Москве. СудР, т. 2, М., 1915. стр. 292–295; Петроградский мировой суд за пятьдесят лет 1866–1916. т. 1, Пгд., 1916, стр. 1–28。

（24）両首都における弁護士制度の発足につき、И. В. Гессен. Адвокатура, общество и государство. ИРА, т. 1, М., 1914, стр. 130–136.

（25）Справочный указатель по программе издания Истории русской адвокатуры. Пгд., 1914, стр. 56–89.

（26）Личный состав судебных установлений образованных по уставам 20 ноября 1864 г. СудВ, 1872, No. 185 (10/29). 一八七一年までに開設したペテルブルク、モスクワ、ハリコフ、オデッサ、カザン、サラトフの各控訴院管区の司法官データを整理したものである。

（27）実務と講壇の間仕切りが低かったことは、六〇年代後半〜七〇年代初頭のロシア法学が「実務」や「生活」に定位する学問の樹立を強く求めていたことにも窺える。「近代ロシア法学史序説」四四〜五〇頁、を参照。

（28）法律協会については、「近代ロシア法学史序説」第四章を参照。図3-5は司法省所管の法律（民事・刑事の実体法と手続法）について、一九世紀第四四半期における立法過程を概念化したもので、法案の企画と立案に当たる司法省（または同省の下に置かれた起草委員会）は素案を各級裁判所および検事局、講壇すなわち大学その他の法学教育施設、そして各地の法律協会（特に在野法曹の見解が表明される舞台となる）のそれぞれに提示して法曹各界の意見の集約・調整を行ない、これをもとにした最終案を国家評議会に上程するというプロセスを踏んだ。国家評議会にはストヤーノフスキーに代表されるかつて司法改革に携わった法曹政治家が存在しており、また国家評議会事務局の法制官僚には、後述のように事務局と司法省の間で人事交流が行なわれるため、司法省ＯＢが少なくない。このため一八六四年の改革に連なる様々なレベルの法律家が、それぞれの仕方で立法の過程に参画をすることになる。

(29) ПСЗ, собр. 2, т. 41, No. 43130, 1866 3/19. 両首都の控訴院管区に設置される他の裁判所の開所期日は、一八六六年一〇月二日法で決められた（ПСЗ, собр. 2, т. 41, No. 43696, 1866 10/2)。カルーガ地裁（六七年一一月二四日開所）を除き、何れも同年一〇〜一一月に開かれている。

(30) ペテルブルクの地区治安判事二八人の年齢は、Петроградский мировой суд за пятьдесят лет 1866-1916. т. 1, стр. 24-25 に記載がある。

(31) К. Арсеньев. Из воспоминаний. ГМ, 1915, No. 2, стр. 120.

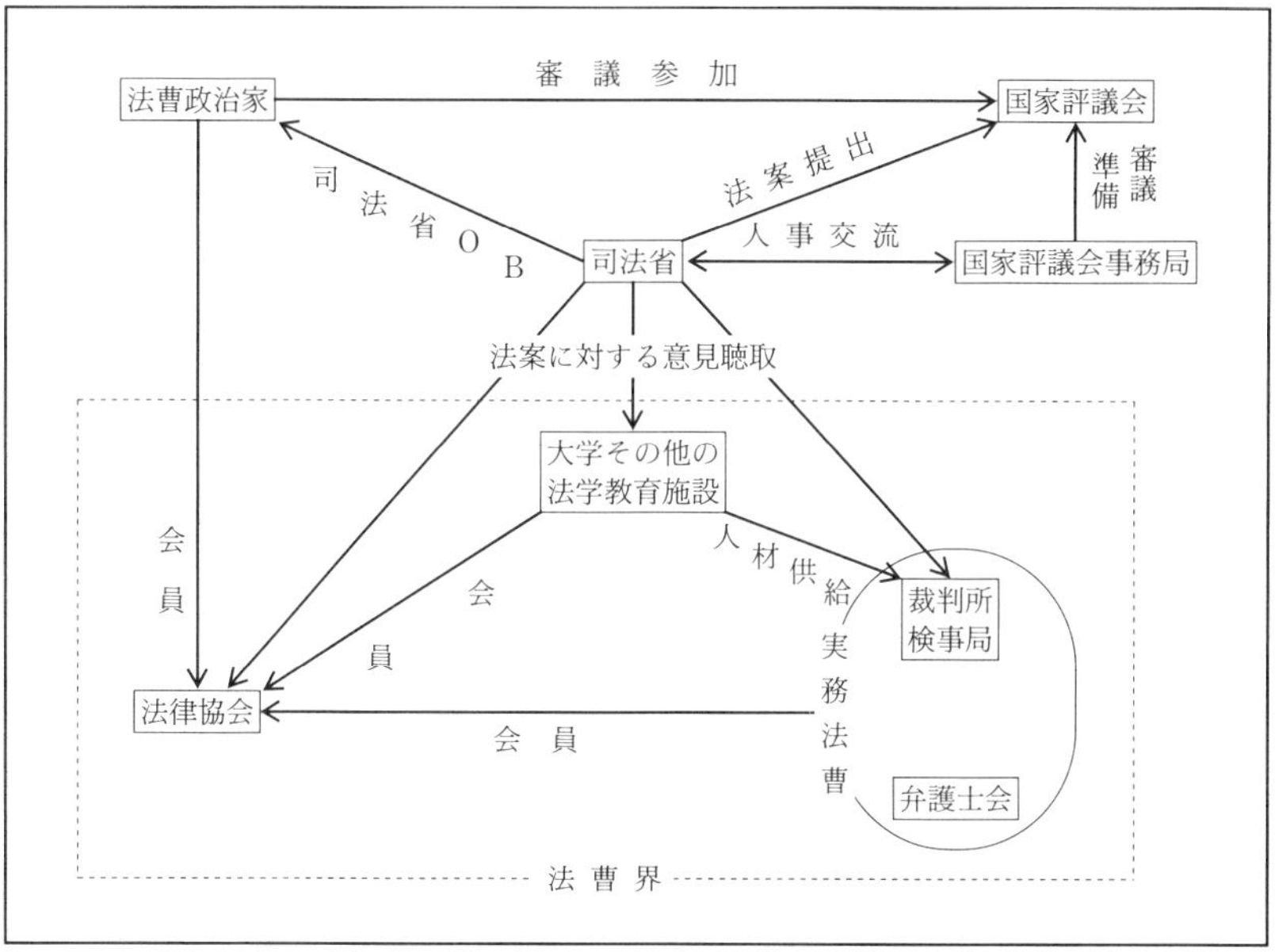

図 3-5　19 世紀第四四半期における立法過程（司法法* の場合）

注：*司法権の行使に当たって裁判所が準拠すべき法規範．ここでは司法組織，訴訟手続に関する法規だけでなく，裁判規範としての実体法も含む．

五　新法の動態

①　司法当局の見るところ、新制度の滑り出しは好調であった。一八六六年の秋、ザミャートニンは裁判所の半年間の実績を振り返って書いている。「治安裁判所の開設とともに、少額であるとか法定の証拠が揃わないといった理由で旧裁判所には出されることがなかった民事事件が、多数提訴されるようになった。治安判事に対する信頼は、このことによって証明される。主に治安判事に持ち込まれるのは、以前であれば捨て置かれた虐待や侮辱、少額の窃盗、詐欺である」「普通裁判所の活動も治安裁判所と同様に、満足のいくものである。ここでは、裁判を傍聴した人々が事件の成り行きを固唾を呑んで見守っているという点に、司法部の改造に寄せた人々の深い共感が表されている。必要な手続を遵守した上で、当事者や一般の人々に開かれた法廷で判決が迅速に言い渡されることは、驚きを以て迎えられている」「重大な事件の審理と解決に裁判所とともに陪審員が参加をし、厳かに裁判が進められていることは、裁判所に対する一般の尊敬を高めている。それと同時に、これは相互の信頼によって、裁判に携わる者を人々と接近させている」「陪審員は、時として主に農民から構成されていることもあるが、彼らに課された期待によく応えている。陪審員には、刑事事件の経験を積んだ者にとっても解決困難な問題が提示されることも少なくない。これら全ての問題に、多くの場合、陪審員は驚くべき注意深さで、適切で満足のいく答えを与えている」「裁判所と検察の相互の協力と陪審員の自主的な義務の履行によって、裁判の運営に不可欠な統一が達成をされている。この点で、裁判官や検察官の活動に対して弁護士が寄せる一致した協力もまた、少なからざる助けとなっている」(1)。

改革直後の司法統計は未整備で、断片的に新しい裁判所の活動の模様を伝えているにすぎないが、ザミャートニンの発言は残されたいくつかの史料によって裏を取ることができる。先ず紛争の顕在化という問題では、ペテルブルクに治安判事制が発足した一八六六年五月一七日から一一月一七日までの半年間で、首都の治安判事の新受件数は五六、一四四件（民事三七、六七五件。刑事一八、四八七件）に上った。[2] このとき地区治安判事は二八人だったから、単純計算で一人当たりの手持ち事件は二、〇〇五・一件に達する。『ペトログラード治安判事五〇年史』のまとめでは、彼らは早朝一〇時頃から夕刻五～六時まで執務に当たり、難しいケースを別とすると裁判はきわめて迅速で、通常は出訴から一～二週間で判決に至った、とする。だがクヴィーストは押し寄せる事件に悲鳴を挙げ、遂に九月に市会に善処を要望するに至った。結局この年の平均の手持ち事件は一人三、三〇〇件、翌年もほぼこの水準で、地区治安判事が三五人に増員となった一八六八年に至って漸く三、〇〇〇件を切った。[3] 詰まるところ、迅速な裁判の現実化が大量の紛争の表出を促し、これが治安判事の下へ流れ込んでいる形である。

当時治安判事の下に出された事件は、ザミャートニンが挙げるような種々の微罪事件に限られず、賃料の請求、貸金の返還といった生活のトラブル、さらには治安判事の管轄外の離婚の申立て、あるいは息子の飲酒、娘の行状を心配する両親の訴えなど、多岐にわたった。一種身上相談的な役割も期待をされたわけであり、大量に事件が殺到する中で、街の揉め事、心配事を手広く扱っていくことを余儀なくされたことになる。[4] しかも審理に当たって治安判事が当事者を等しく「貴方《ヴィ》」で呼んだことは見る者にきわめて新鮮な印象を与え、平等な裁判の何であるかを如実に示すと歓迎する者、これとは逆に法のフィクションを社会の現実と混同していると謗る者、二様の反応を呼び起こしてジャーナリズムが論争をする、思わぬ余波も伴っていた。[5]

ザミャートニンのもう一つの論点、そしてブルードフ＝パーニン以来の主題であった迅速な裁判の実現についても、やはり相応の成果があったと見るべきであろう。治安判事については見たとおりで、普通裁判所の系列では、同じく六六年五月～一一月の期間中、ペテルブルク地裁の新受件数は民事一、九三〇件、刑事三三六件、既済はそれぞれ八八五件（四五・九%）、二七四件（八一・五%）である。モスクワ地裁の場合には民事一、七六〇件、うち既済一、三八六件（七八・八%）、刑事二八一件、うち既済一一七件（四一・六%）となっている。[6] 開所後半年の実績であり、過去の一〇年・二〇年裁判のことを考えると、ザミャートニンが与えた評価は失当ではない。

全国の地方裁判所の民事新受件数は、一八六七年が一六、一二二件、七一年が六〇、八〇〇件であった。[7] アルセーニエフはこの七一年の論文で、彼の知悉するペテルブルク地裁の例について、民事事件は略式手続の場合には判決までに一～二ヶ月で済むと述べ、刑事事件でも一八六九年に地裁で部の増設があって以来、起訴から判決まで約一ヶ月である、と語る。他地裁について詳細なデータを持たぬものの、実務でも出版物でも、審理遅延を詰る声を特に聞かぬ、と彼はこれに続けている。[8] 控訴審にはなお改善の余地があるとアルセーニエフは述べているが、以上もザミャートニンの評価に連なる見解と言えよう。

最後に陪審制の評価については、若干検討の余地がある。起草委員会は「陪審員を務めることは社会の義務である」と述べ、陪審費用はゼムストヴォ県会で決めればよいとの考えから、費用の問題を詰めなかった。このため新しい試みは食費、交通費、宿泊費等全ての負担を陪審員に負わせる形で出発をしており、これが一部で第一回公判期日における陪審候補の欠席（陪審「義務」の回避）という現象を生んでいたからである。[9] ただこのことは、陪審の入念な活動を言う後段のザミャートニンの主張まで無にするものではない。窃盗は刑法犯の大半を占めていたが、帝政期の研究は、破壊侵入窃盗罪 кража со взломом を単純窃盗罪と認定するなど事実認定の工夫によって、刑法典の重罰主義から被告人を解放しようと努めることが陪審員の常套であったことを伝えている。[10] 事実一八七〇年代半ばから世紀の末まで、陪審事件の無罪率は三〇%後半から四〇%前半に達し、陪審に付されなかった事件より約一〇%高い（表3-8）。

「迅速」「平等」「寛大」と言ったスローガンは、裁判諸法の裁可に先立ちアレクサンドルが宣言をした項目であった。新法がスタートを切ったとき、これらの標語は空語ではなかったことになる。

②　動き出した新制度が最初に直面した問題は、どこに裁判の基準を求めるかという問いであった。もはや裁判拒否は許されず、二つの訴訟法は「全ての裁判所は、現行の法律の正確な意味に従って事案を裁判しなくてはならない」とし、その上で民事事件で「法律に不完全、不明瞭、不十分または抵触のある場合」、あるいは刑事事件において「法律に不完全、不明瞭または抵触のある場合」には、裁判所は「法律の一般的意味 на общем смысле законов」に基づいて裁判せよ、と指示している（民訴　第九条。刑訴　第一二条）。この場合、実際に「法律の正確な意味」を明らかにする困難もさることながら、実体法の不備を考えると、事実審の裁判官が「法律の一般的意味」に頼る場合は決して少なくない筈である。

問題はまさにこの点にあった。通常、この種の一般条項の意味を明らかにする上で大きな役割を果たすのは学説であろう。しかし当時のロシア法学は、「生活」「実務」「実践」の名の下、古事学からの脱却と法教義学確立の必要性が漸く叫ばれ始めた段階であり、実定法の教科書と諸国の法文献の翻訳書が現れ始めるという生成期の星雲状態にあった。[11]

ここに揺籃期の実定法学の空白を埋める形で、セナート破毀部がその裁判例で示した法解釈が、まさに「判例規範」となって、下級審の法律解釈をリードする現象が登場する。その背後には、ロシアに固有ないくつかの事情が存在した。第一に一般的な背景として、キャリア制度の下で持つ上級の裁判所の権威があるが、特にロシアの場合には破毀部に少なか

表 3-8　刑事事件の無罪率（地方裁判所第一審事件）

〔単位：%〕

年	A	B	年	A	B
1874	32.9	26.1	1884	42.3	23.5
1875	36.3	25.4	1885	40.1	23.8
1876	36.9	26.6	1886	40.3	24.2
1877	37.3	29.1	1887	40.2	25.2
1878	37.6	29.4	1888	39.3	24.1
1879	38.4	26.3	1889	38.3	25.3
1880	39.9	24.4	1890	34.7	25.0
1881	38.8	27.4	1891	35.7	27.0
1882	40.5	28.1	1892	35.3	26.8
1883	45.5	27.9	1893	36.4	26.5

注：A：陪審に付された事件．
　　B：陪審に付されなかった事件．
典拠：Е. Н. Тарновский. Итоги русской уголовной статистики за 20 лет (1874-1894 гг.). СПб., 1899, стр 67-68 より作成．

らざる裁判諸法の起草者が集まっていたから、事実の上のものとはいえ、その判決は下級審に特別の重みを有していた。第二に、個々の裁判例が判例規範という形で一般化される前提としての、判例普及の組織化が実に早い。公的判例集として一八六六年に刑事破毀部の、また六七年に民事破毀部の判例集が刊行を始めている[12]。さらに七一年には、裁判諸法の成立直後、いち早くロシア法学の転換を主唱して当時の学界を牽引したＡ・Б・ドゥマシェフスキーが、『破毀部判例体系』を上梓した[13]。私撰判例集ではあるが、判決の編年的な羅列ではなく主題別整理を行なっているため実務家の間で重宝され、七四年に第二版、七七年に第三版、八一年に第四版が出るという大変な売れ行きとなっている。

以上の社会的事実に基礎を置いた権威の他に、それが持つ規範としての法源性、先例としての拘束性を裏づける（と思われる）実定法上の制度があった。第一に、ロシアにおいては破毀審の持つ法律解釈統一機能がフランスよりも強力だった。前記のように、破毀の判決で示された破毀部の法律解釈は、受移送審を羈束する（民訴　第八一三条。刑訴　第九三〇条）。もっともこれは当該の（すなわち個別の）事件についてのみ、破毀部の判決が受移送審を拘束するとの規定にすぎないから、これをして破毀の判決の一般的な拘束性を定めたものと解することには無理がある。しかし第二に、二つの訴訟法は右の規定に加えてさらに、セナート破毀部の裁判は「法律の統一的な解釈と適用の指針として для руководства к единообразному истолкованию и применению законов」（民訴　第八一五条）、あるいは「法律の統一的な執行と適用の指針として для руководства к единообразному исполнению и применению законов」（刑訴　第九三三条）、公表を受けるという条文を置いていた。文理解釈に依る限り、破毀の判決は受移送裁判所の法解釈の基準となるだけでなく、法律の有権的な解釈として広く全ての裁判所を拘束する、ということになる。ただこの解釈を取る場合、裁判所（破毀部）がその活動を通して個別の事案の解決を越えた一般的な法規範を定立することが肯定される結果となるから、司法と立法の「権力分離」原則との斉合性が問題になろう。

このため破毀部判決の法源性の有無は、早くからロシアの実務家、法学者双方を捉えた理論上の争点になった。学説は「権力分離」の原則を重視して、概して法源説に批判的である。[14] しかし裁判諸法の起草者の一人、エシポーヴィチは、確かに起草の当時には破毀の判決が一般的な拘束力を持つことを想定してはいなかったが、法の文言を見る限り、それが先例拘束性を持つことは否定し難く、この問題は将来立法で明確に解決することが望まれる、と消極的ながら法源性を認めていた。[15] セナート自身も法源説を採っており、例えば一八六七年のセナート第一部両破毀部総会判決は、「法律の正確な意味を明らかにする問題では、裁判所はセナート破毀部の意見に従う義務を負い、セナートの判決はこの目的から法律の統一的な適用のために公刊される」「セナート破毀部の決定は……裁判所にとって拘束力ある指針とならねばならない」と判示する。さらに七〇年の民事破毀部の判決には、セナートの判例と異なる解釈を取った下級審の判決を、右の民事訴訟法第八一五条違反として破毀した例も存在する。[16] 換言すると、セナートは法律解釈の統一を自己に与えられた役割として積極的に意識をし、下級審を指導していたわけである。

改革後の法生活で生じたことは、破毀部のこのような機能を背景に、実体法の空隙が裁判を通じて広く埋められたことである。そのスタイルは様々で、もっとも単純には、ある特定の制度に関する法の規定を類似する他の事例へと当て嵌めること（他の法文の類推適用による制度の補完）。例として、少年に対する後見人の権利・義務を定めた民法の規定を、心神喪失者など後見制度全般に拡大したことが挙げられる。第二には、断片的に存在する現行の規定を掻き集め、ここから一般則を帰納すること（個別の法規の抽象化による一般則の定立）。錯誤、詐欺、強迫あるいは仮装行為といった法律行為の効力に関する基本的な裁判規範は、この方法で整備をされたと言われている。さらに法に規定を全く欠いた場合には、衡平と合目的性の兼ね合いを計りつつ、学説の動向をも睨みながら、独自に裁判規範を案出することも行なわれた（法文に規定のない一般法理の定立）。ここには第三者のためにする契約や不当利得など、民法上の基本的な制度の他に、交互計算、小切手、為替手形など、「大改革」後の経済社会が必要とした法制度も少なくない[17]。

これらの成果のあるものは、後に正規に立法化された。この意味では、破毀部の定立した判例規範は立法を先導して、時には現実の必要のために制度を改変したのである。このうち恐らくもっとも著名な例は、鉄道事故の被害者の損害賠償訴訟における、故意・過失の挙証責任の転換であろう。一八七五年、民事破毀部はいわゆるリャザン=コズロフ鉄道事件判決において、原告（被害者）の挙証責任を軽減し、鉄道事故では原告は損害発生の事実およびその規模を証明すれば足りると判示して、被害者の救済に道を開いた[18]。この原則はのち一八七八年一月二五日の法律へと発展し、鉄道事業者は自己または被用者に故意・過失がなかったことを自ら証明しない限り、または事故が不可抗力によることを自ら証明しない限り、免責されないこととなった。この法理は、その後八五年のロシア一般鉄道法でも確認されている[19]（第九二条）。往々国家評議会が官庁間の対立で議事閉塞に陥ったことを考えると、破毀部の活動が新しい時代と古い制度を接合する貴重な緩衝材となったことが分かるであろう。しかも破毀部の判例が実質的に先例として持つ拘束力は、何よりも破毀部が下級審に対して持った事実の上の権威に負っていたから、英米の先例拘束の原理と異なって、破毀部は自己の裁判例に縛られない[20]。判例変更もまた容易で、これは時代の変化に対する破毀部の即応力を高めていた。

七九年に始まった鉄道法の起草には、モスクワ法律協会が積極的に参加をした。新進のローマ法学者で八〇年に会長に就くC・A・ムーロムツェフは、この年、『法律報知』に「私法における裁判と法律」と題した論文を発表している。裁判の法創造機能を直視するその結論は、後代の自由法運動を先取りするような主張を含んでいる[21]。

「私法の平和的発展期に、その主たる牽引者となるのは裁判所である。裁判所の自主的な活動、積極的で法律に対して受け身ではない状態は、裁判所の活動の標準的な形態である。……立法的機能はいかなる時にあっても司法権と完全に切り離されたものではなかったし、また切り離し得ないものであって、法律の『解釈』もしくは『適用』は、それ自身常に明示的または黙示的な法律の改変を内含している」

「法律は履行されるために制定されるものである。従い立法者としては、法律の規定を遵守するよう要求しないわけにはいかない。だが立法者は、自己の影響力に限界があり、司法的創造が主役となる場があることを、知らなくてはならない。立法者は、自己の無限の力に対する幻想を捨てなくてはならない。同じことを、裁判官もまた意識しておく必要がある。不完全な法律に直面したとき、法律の完全な空白に遭遇したとき、裁判官は立法者がこの空白を埋めるまで待つことなく、直ちに自らの力に立脚し、私法秩序を規律することに真剣に取り組まなければならないのである」

「法律、慣習、学説（『法曹法』）、正義や道徳に対する社会の通念――これらは裁判官が従わなくてはならない権威ではあるが、彼らはこれに受け身の形で服従するのではない。これら諸権威の指示するところは常に相異なっているので、裁判官はこれらの間で選択をしなければならないのである。……法律も慣習も学説も何れも市民生活を規律するが、これは裁判官を通して行なわれる。一人裁判官のみが、私法秩序の直接的な創造主である」

その元来の意味からすれば、「権力分離」の原則は、司法権の及ぶ範囲を民事・刑事の裁判にのみ限定する、消極的な原理の筈である。しかしその実、改革以後の司法部は、ここに課された枠を越え、このようにして漸次立法過程にも影響を持つに至った。実際、立法における枢要なポスト、国家評議会事務総長には、Ａ・Ａ・ポロフツォーフがここに就いた一八八三年以来、司法省ＯＢを以て充てるのが以後一九一七年までの慣わしである。こうして新しい司法部は、「司法権の地位を高め、これに自立を与える」との所期の目標を遥かに越える、著しい伸長を見せたのである。

③　立法の代替や先導と並ぶ新しい制度の予期せざる結果は、「平等」を標榜する裁判所がもたらす人々の新たな共生の感覚であった。これは裁判の公開が旧来の身分制的社会秩序が弛緩する様を、活き活きとそして具体的に周囲に垣間見させたことと関わっている。

旧秩序の弛緩は、差し当たり人々のもっとも身近な権威であった警察の威信の低下となって現象した。当時の代表的な論壇誌『祖国雑記』は、街頭で物乞いをしたとの嫌疑によって警察に逮捕・留置された被疑者が、その六ヶ月後に治安判事に送致された事案について、調書が法定の要式（刑訴　第五〇条）に従って作成されていないため、いつ、どこで、誰の面前で物乞い行為がなされたか明らかでないとの理由によって、ペテルブルクの治安判事が被告人に無罪を言い渡した事件を伝えている。[22] 新しい刑事訴訟法の適正手続の精神と、旧法下微罪処分の権限を持ち、嫌疑の特定がないままに漠然とした風俗規制を行なうことも許されてきた警察実務の旧套が、これは鋭く対立をした例である。

次のイヴァーノフ人身保護請求事件も、風俗規制を理由とする警察の違法な留置が治安判事に問われた例であった。やはり物乞いの嫌疑により請求人イヴァーノフが身体を拘束された事件で、イヴァーノフから人身保護の請求を受けた治安判事の調査の結果、この措置が「追って別に処分があるまで」物乞いを行なった者を留置すべしとの、首都警幹部の電文を根拠としていたことが判明した。治安判事は、物乞いの刑事処分は治安判事の管轄であり（刑訴　第三三条。治刑　第四九条）、警察は事件を治安判事に送致すべきこと（刑訴　第四九条）、その際被疑者の身柄の拘束はその氏名、住所が不詳の場合、または被疑者に逃亡もしくは罪証隠滅の恐れがあるときに限り許されること（刑訴　第五一条）を強調して、本件はこの何れにも該当せず、従い「何人も法律の定める場合を除いては拘禁されない。また法律の定めていない場所には抑留されない」との刑事訴訟法第八条に反するとし、請求を認めイヴァーノフの身柄を解放した。[23]

同様の事例は他にも各種指摘し得るが、治安判事と警察が特に正面から対立したのが、政府機関や警察の「適法な命令、要請または決定」законные распоряжения, требования, или постановления を履行しなかった者を罰金に処すとの、「治安判事の科する刑についての法律」第二九条の解釈問題である。そのリーディング・ケースとなった商人シバーエフ事件判決（一八六七）で、セナート刑事破毀部は、警察の適法な命令とは「警察の管轄、権限を出でざるもの」を言うと判示している。[24] これまで無制約的に行使されてきた警察力に枠を嵌めようというのである。

同条違反事件としてもっとも著名な名誉市民イコーンニコフ事件（一八六七）では、この判決を受け、警察の持つ権限が裁判の争点となった。被告事件は、ペテルブルク警視総監Ф・Ф・トレーポフが一八六七年、市内の建物所有者に家屋内部の玄関、階段部分に夜一一時まで照明を灯すよう命じたところ、イコーンニコフがこれに従わなかったため、右の第二九条違反に問われたというものである。一審は、現行法に照明設置を義務づける法規がないとの理由に依り、イコーンニコフを無罪とした。検察官の控訴を受けた控訴審（治安判事会議）は、逐一警察の権限に関する現行法規を検討し、やはり原審と同一の結論を得た。法は警察が個人の私生活、家屋内部の管理状況に立ち入ることは例外的に、防火および建物の倒壊の予防を目的とする場合に限って認めていると解される、従いトレーポフの命令は警察の権限を踰越しており違法である、この命令が社会的には如何に有益・有用であっても、「それが法律の正確な規定に基づかない以上」、イコーンニコフが照明を灯さなかったことは本条違反には当たらない、と。セナートもこの控訴審判決を支持したのである（一八六九年四月一一日刑事破毀部判決）。[25] トレーポフはカラコーゾフ事件後の首都の治安の全責任を負った人物でもあり、慌てた大臣委員会は、右の上告棄却判決後、建物所有者に対し照明の設置を求める権限をペテルブルク警視総監に付与することを決め、皇帝の裁可を取り付けている（一八六九年八月一三日法）。[26] トレーポフの面目は事後的に、問題の立法的な解決を図ることで、辛うじて保たれたのである。

警察・行政の威信が問われたのは、治安判事管轄事件に限られない。普通裁判所の事件の中から、内務省出版総局の高官の職務上の行為が与えた損害に対する賠償責任が問題となった、印刷業者クーコリ＝ヤスノポーリスキー事件を取り上げてみよう。事件それ自体は単純なもので、出版総局査察官チェブイキンがクーコリ＝ヤスノポーリスキー所有の印刷所の活字を検分した際、これを散乱させて利用不能にしたという内容である。印刷業者の訴えに対し第一審（ペテルブルク控訴院）は、原告が活字検分の方法に特に異を唱えなかったことを重視して請求を棄却し、原告は損害を受忍すべきだと述べた。これに対して控訴審（セナート第一部民事破毀部合同会議）は、原告が検分方法に異議を挟まなかったことを黙示の同意と解釈した一審判断を覆すとともに、活字検分の方法については法に特段の定めがない以上、被告は原告に損害を与えないような検分方法がなかったか考えるべきであったとして、この点で被告に過失を認めて損害賠償を命じている。[27] 当時のロシア法制は国家の不法行為責任を認めておらず、この事例のように、被害者は公権力の行使に当たった官吏個人の責任を、民事特別手続に基づき訴求できるに止まっていたから（民訴　第一三一六条〜第一三三六条）、行政救済制度の不備は否定し得べくもなかったが、内務省高官の不法行為が裁判で問われるといった事態は、やはり画期的である。

他に出版をめぐる事件としては、Ю・Г・ジュコーフスキーの論文「若き世代の問題」が貴族身分に対する中傷とされ、雑誌編集者A・H・プイピンともども名誉毀損に問われたジュコーフスキー＝プイピン事件（一八六六。ペテルブルク地裁）が、特に名高い。この事件で弁護人となったアルセーニエフは、精緻に本罪の客体を分析し、貴族身分の「全体」に対する名誉毀損罪は成立しないことを立証して、一審無罪の判決を得ている。[28] 二審で逆転敗訴したが、事件が出版事項を所管する内務省をいたく刺激したことは、一審判決の直後、内相П・A・ヴァルーエフが直ちに刑事訴訟法の見直しを提案したことでも明らかである。こうして事態は六六年一二月の刑事訴訟法一部改正[29]、翌年一月一日の司法次官ストヤーノフスキーの更迭、四月、ザミャートニンの退陣と、内務・司法両省の深刻な政争へと発展していく。

　総じて伝統エリートたちは、改革後、物事が思うに任せず、万事遣りにくくなったと感じていたように思われる。一八七〇年、新設のカザン地裁に検事正として赴任した日のことを、後年コーニは回顧している。あそこの県知事は気難し屋でうるさ型だ、用心しろと上司同僚に言い含められ、内心畏懼して着任挨拶に出かけた彼を待ち受けたのは、「県の主」と法で呼ばれた人物の、意外な次の愁訴であった。——私が以前ここに知事としてやって来た頃、ドイツ人の警察署長が、市中押し並べて平穏で、全部で三つの死体が発見されたと報告に来たことがありました。問い詰めてみると、何れも殺されたものだとのこと、どうしてこれで平穏無事と言えるのか問い糺すと、いつももっと多いと答えます。これがカザンだったんです。私は警察を作り変え、自ら彼らを教育し、夜ごとに部署を廻っては、部下を「調教」してやりました。私は彼らにとって父でしたが、とても厳しい父だったのです。ところが今の裁判所です。何でも検察官は私の部下に警告を与え、さらには裁判に引き出すこともできると言うじゃありませんか。つまり彼らには二人の上司がいるということですか。検察の諸君のために、私は働いてきたというわけですか。しかし彼らは私のことなんか、凡そ歯牙にもかけていやしません。どうしてこれで、これからも県の長が務まるんです。こんな状態で、地域の安全に責任が持てると思いますか。いやもう、辞表を出した方がましだってものです……[30]。

　この長嘆息は、しかし一人カザンの県知事にのみ限られない。内務省県・郡制度委員会の厖大な資料集成には、同省地方官憲の、実に多くの鬱屈、詠嘆が綴られている[31]。
　④　以上瞥見したような種々の事件は、巷間に広く裁判に対する関心や共鳴を呼び起こした。確かにこれらは新奇で話題に富んだ事件であっても、それ自体は孤立したあくまで個々のエピソードである。にも拘わらず、これら個別の出来事を通して裁判がこのとき広く人々の心を捉えた背景には、当時急速に進展する人間の身体的空間の拡

表3-9　都市における識字率の向上

〔単位：%〕

ペテルブルク*			モスクワ**		
年	平均	男性	年	平均	男性
1869	59.5	66.3	1871	45.7	52.0
1881	64.4	71.8	1882	49.8	58.0
1890	64.8	74.3	1897	60.7	71.4
1900	70.5	79.7	1902	66.0	74.2
1910	76.6	86.3	1912	70.0	81.1

注：*6歳以上．**5歳以上．

典拠：G. Guroff, S. F. Starr, “A Note on Urban Literacy in Russia, 1890-1914,” *Jahrbücher für Geschichte Osteuropas*, Bd. 19, 1971, p. 525, Table 3.

大が関係していた。司法改革とそれに続いた裁判諸法の施行期は、鉄道に始まる世界規模での交通・通信技術の革新時代に当たっている。ここでは一部の地域の個別の事件も人口に急速に膾炙する。こうして一つの事件が生んだイメージも、新しいメディアを媒体に人々の間で転がされ、膨らまされて紡がれ広まる。

　裁判諸法の成立に向け改革を準備し牽引したのは、五〇年代後半からロシアの「教養ある社会」の間で高まった改革を求める「公論」であった。続く六〇～七〇年代は、この「公論」の裾野が下向し、街の「うわさ」に敏感な好奇心溢れる「世論」が代わって前面に躍り出る時期に当たっている。すなわち政論を議すかつての「分厚い雑誌」に代わり、市井の雑事を事触れするいわゆる「ブリヴァールの新聞」бульваршина が、広く隆盛を迎える時代。新聞史家Б・И・エーシンが、日刊紙『北方郵便』から拾い上げた、一八六三年八月の次の記事は、このような時代の大衆的な読者の登場を語って余すところがない。

「読み手の数は増大し、新聞を手にした人々を、単に図書館の中だけでなく、文字どおり街中を一歩行くたび、見かけるまでになった。どこの小店主や店員も、寸暇を捉えて、新聞を手に取っている。肉屋の店先で、また街角でさえ、絶えず新聞が見受けられる。どこかのベンチでは、誰か読み書きできる人が新聞を手に座り込んでいて、その周りを聴衆が囲んでいる。ある者は綴りを辿って、文章をやっとのことで理解する。それでも、なおかつ声をあげて読んでいる[32]」

　こうした物見高い読者の形成を促した要因は、甚だ複合的であった。第一に、都市での識字率の向上がある（表3-9）。新聞の時代の到来に、事後検閲制に移行した六五年の検閲改革（一八六五年四月六日法[33]）が影響しているのは言うまでもなく、さらにこの改革とこれを補足した六八年六月一四日の法律[34]が「街頭、広場、その他公共の場所および商業施設」における定期刊行物の販売を認めたことも、見落とせない。新聞のバラ売りを許したことで新聞事業は従来の予約講読制から解放され、その販路を拡大したのである。これは新聞広告の活性を導き、一八七八年には、ロシアで最初の広告代理店まで生まれるに至った[35]。広告業の自立化は、新聞の経営基盤を強化して、事業のさらなる興隆を促す。

とはいえ新聞事業の発展を可能とするこれらの条件が存在しても、ここを通じて伝えらるべき情報自体が量的に乏しい状態では、新聞業の活力は高まらない。だがこの隘路は、同時期、世界各地で進展していた電信網の発達にロシアも乗り遅れずに随ったことで、一挙に突破された。周知のようにニューヨーク〜ボルティモア間で一八四五年に始まった実用電信は、須臾の間に世界を蔽い、五一年にはパリ〜ロンドン間の海底電線が、五八年には大西洋横断電線が開通している（六六年再建）。遅れること一〇年、ロシアでは五一年のペテルブルク〜モスクワ鉄道の開設が契機となって電架が始まり、先ず五四年にペテルブルクとクロンシュタット、ワルシャワ、モスクワを結ぶ電信線が開通した。続いて五四〜五五年に、モスクワ〜キーエフ線、キーエフ〜オデッサ線等の開設が続き、六七年にはシベリア横断電信線が開通、七一年にはヴラジヴォストーク〜長崎間の海底電線の敷設も終了した（長崎〜東京線開通は七三年）。ロシアはこうして世界と結ばれたのである。この間、国内の電信局は一八六〇年の一六〇局から、七四年の七一四局へと急増し、電信事業は七五年にペテルブルクで国際電信会議第四回会議を開催するまでに成長した[36]。この会議は、その後の電信行政の国際標準を確定したきわめて重要な会議である。

こうしたメディアのネット・ワークは、情報流通を高速化させて新聞の発展を支えるとともに、情報それ自体を商品とさせる。ロシア最初の通信社「ロシア電報通信社」Русское телеграфное агенство（略称 PTA）の発足は、一八六六年である。これにより首都のニュースの獲得が地方においても容易になり、新聞事業は両首都以外にも拡大した。無論、大手の新聞社は、特派員・通信員を各地に置いて、その傍らに電信を置き、自ら情報を収集することを怠らない。一八六三年創刊の新しい形態の日刊紙『ゴーロス』は、ロシア国内に六〇〇、ヨーロッパ、アメリカ、アジアの各地に一四六の情報源を確保していたと伝えられる[37]。

新聞の隆盛は、ジャーナリズムの重心が、目に見える固定の読者を相手に、文芸批評・社会評論を軸に展開した、これまでのような評論型から、大量頒布と速報性とを売り物とし、事実伝達に重きを置いた報道型へと、次第に移りつつあることを意味していた。但しそこに取り上げられる事実とは、国内外の政治や経済に関連する大所高所の「大きなニュース」に限られない。むしろ時代の特徴は「街ネタ」満載の大衆紙が、広く世に出たことである。事実、当時の代表的な日刊各紙の記事内容を分類すると（表3-10）、大衆的な「小新聞」を中心に、身近な地域のニュースと並んで、犯罪報道（裁判報道も含むと考えられる）がかなりの比重を占めていることが判明する。実際、プレス公開の解禁を受けて、当時どの新聞にも「裁判クロニクル」судебная хроника と言った欄があり、時にはベタ記事で結果だけを、時には一面全部を投じ連日傍聴記を掲載して、法廷の模様を読者に伝えているのである[38]（当時の新聞は四〜六面構成）。この時代、『罪と罰』（一八六六）、あるいは『カラマーゾフの兄弟』（一八七九〜八〇）等、刑事裁判を筋立ての道具に用いた小説が、人気を博した所以であろう。裁判は人々の興味を満足させるトピックとなり、彼らは新聞を媒介として、法廷で起こった出来事をリアル・タイムで受け止めながら（共生感覚の形成）、そこから育まれたイメージを互いに共有したのであった。

もとより新しい裁判のイメージは、活字のメディアそれだけから、抱かれ広まったわけではない。如何に識字率が高まったとはいえ、首都ですら一文不知の人々が、少なくはなかった時代である。だがまさに、「大改革」期は活字メディアと並行して、各種多様な人間関係のネットワークとオーラル・コミュニケーションの発生を見た時代でもあった。学生集会、公開講座、日曜学校、各種のアルテリ……。七〇年代初頭からは、こうしたリストにナ

表 3-10　代表的日刊紙の記事内容（19 世紀）*

〔単位：%〕

年	一般紙					大衆紙						
	A		B			C			D		E	
	1876	1882	1864	1870	1893	1864	1870	1893	1868	1886	1881	1892
国内政治	19	22	2	8	9	0	2	4	8	2	5	7
全国ニュース	16	17	17	11	14	5	7	12	11	9	9	11
地方ニュース	4	7	4	6	8	31	33	21	19	23	16	14
国際ニュース	14	12	7	8	11	0	4	3	8	4	6	6
戦争・反乱・国防	5	4	0	3	3	0	2	1	3	1	3	1
経済・運輸	16	15	64	42	19	0	3	7	1	3	4	6
犯罪	4	3	0	9	5	13	14	9	9	7	10	9
福祉・教育	3	3	1	5	12	26	8	12	17	12	13	14
事故・災害	1	0	0	0	2	0	0	2	2	1	2	3
科学・発明	2	1	3	1	1	0	0	0	0	1	2	1
娯楽	4	3	0	1	3	8	18	18	8	14	9	13
文芸・演劇	3	4	0	0	5	4	0	2	6	10	7	8
その他一般	9	8	2	5	6	12	8	8	7	13	12	7
広告**	39	38	29	17	23	45	30	34	28	32	27	37

注：*広告を除く．
**広告が全紙面に占める比率．
A：『ゴーロス』Голос（1863-1884）
B：『取引所報知』Биржевые ведомости（1861-1917）
C：『ペテルブルク小紙』Петербургский листок（1864-1917）
D：『ペテルブルク新聞』Петербургская газета（1867-1917）
E：『モスクワ小紙』Московский листок（1881-1918）
典拠：L. McReynolds, *The News under Russia's Old Regime. The Development of a Mass-Circulation Press*. Princeton, New Jersey, 1991, pp. 305-308, Table 16, 17, 18, 20, 21 より作成．

ロードニキの青年の対面口承の働きかけも加わろう。エーシンの引用記事が示唆するように、新聞を「音」読する一人の読者の周囲には、その「解」読を待っている複数の読者の存在があった。

改革は裁判を公開し、その内容は逐一電線を伝わって、直ちに各地に伝播する。街頭で売り子をつかまえ、人は気軽にそれを読む。道端で広場であるいは居酒屋で、記事の内容は「回」読される、――裁判諸法はこのようにして施行されていったのである。

⑤　口から口へ、耳から耳への伝達が、活字と並ぶ重要なコミュニケーションの形態であったことを考えると、二つの訴訟法が口頭主義を手続の基礎に据えたことは、訴訟手続の変更以上の社会的意義を有したと見なけれ

ばならない。それは時代の精神にもっとも適合的な訴訟手続だったからである。確かに裁判官の面前で主張を的確に陳述し、あるいは陪審員を前にして彼らを納得させていくためには、老練な「舌」が必要だったが、この要請にまさに応えるものとして弁護士制度が生まれていた。そしてまた、こうした時代なればこそ、傑出した「舌」の持ち主は単なる法曹界の実力者に止まらない、時代の価値を体現した社会の名士ともなった。刑事訴訟法の起草に参画し、文芸批評の分野でも独自の冴えを発揮した「ロシア弁護士の王」スパソーヴィチ（ペテルブルク弁護士会）、あるいは修辞に巧みで獅子吼の弁論を以て知られた「裁判の騎士」プレヴァーコ（モスクワ弁護士会）。――一介の布衣とは言い条、彼らは常に時の人である。

当時新聞雑誌において大々的に報道され、注目された事件をいくつか拾ってみよう。何れも陪審事件であるが、地裁既済事件に占めた陪審事件の比率の大きさを考えれば、これは故なきことではない。それだけに、素人の陪審員を説得する「舌」の重みはきわめて大きかったのである。

最初に典院ミトロファーニヤ事件を取り上げる（一八七四年一〇月五日〜一九日。モスクワ地裁）。被告人はカフカース司政長官ローゼンの娘、モスクワのセルプホーフ女子修道院の典院（院長）で、以前女官であったことから宮中にも有力な人脈を持ち、この縁により孤児院、学校、病院など、多くの慈善団体を運営していた。そのミトロファーニヤが資金繰りに窮した挙げ句、横領や手形偽造に手を染めた事件が本件である。これに対して正教会は、モスクワ府主教を先頭に、事件をフレーム・アップと糾弾し、これに事件は検察の陰謀、ニヒリストの蠢動に他ならないと激昂した保守的文化人が加わって、派手な裁判批判を繰り広げた。付帯私訴原告代理人Φ・H・プレヴァーコの最終陳述。「修道院の朝の鐘は、院長と彼女に仕える人々を、礼拝ではなく闇の事業のために揺り起こすのであります。聖堂に代わって手形交換所が、祈りを捧げる人に代え詐欺師と偽造書類の買付人が、勤行ではなく手形の文章を書く練習が、善行に代えて偽証の準備が、――これが修道院の壁の向こうに隠されていたことなのであります。古き昔の僧院では、その壁は修道僧を世の誘惑から匿うものでありましたが、ミトロファーニヤ女史のそれは違います。法衣と僧院の蔭で行なわれていることを、世間に知れないようにするためには、修道院の壁をもっともっと、高く高く……」[39]。陪審員は有罪の評決を答申し、ミトロファーニヤは身分の権利を剝奪されて、エニセイ県に流された。

もう一つ、オフシャーンニコフ事件を見てみよう（一八七五年一一月二五日〜一二月五日。ペテルブルク地裁）。典院事件が正教会、軍、皇族と古い時代のシンボルを断獄する事件であったとすると、これは新しい価値、富の力を指弾するものになった。実業家C・T・オフシャーンニコフが私怨から大商人コーコレフ所有の製粉所を放火、焼燬せしめたというのが被疑事実で、捜査の過程でさらには小麦粉納入契約をめぐる陸軍省へのオフシャーンニコフの贈賄疑惑も発覚して、事件は一大スキャンダルに発展したのである。立件に当たったコーニ（当時ペテルブルク地裁検事正）が活写しているように、オフシャーンニコフはこの裁判に金を惜しまず、一方これを見守る人々も、「法廷の規模が許せば、ペテルブルクの全住民が傍聴に訪れたであろう」と報道されるほどの熱狂であった[40]。裁判自体も、三週間、一二回の公判期日に一一八人の証人、鑑定人が呼ばれるというかつてない大規模なものとなり、法廷には付帯私訴原告代理人にスパソーヴィチ、オフシャーンニコフの弁護人にП・A・ポテーヒン、実行犯レフチェーエフの弁護人にB・H・ヤズィコフと、ペテルブルクの大物弁護士が勢揃いした。衆人が注視する中、陪審員の評決は有罪、七〇歳の被告人はやはりシベリアに流されている。典院事件の場合と同じく、この事件でも新聞は連日法廷の模様を詳細に伝え、その記録は判決後、直ちに本となって陋巷に流布した[41]。

さらにもう一つ、人々に「舌」の力を見せつけた事件として、ガルトゥング将軍事件を逸することはできない（一八七七年一〇月七日〜一四日。モスクワ地裁）。遺言執行者が被相続人の手形その他の文書の窃取に問われた事件で、被告人はЛ・H・ガルトゥング、C・C・ランスコーイら五名である。ガルトゥングは現役の騎兵少将でプーシキンの女婿、ランスコーイは農奴解放時の内相ランスコーイの息子という、大物であった。検察官は語り始める。「陪審員の皆さん。本件もまたその一つでありますが、刑事事件の中には社会的な観点から見て、悲しくもあり、それと同時に心に慰めを与えてくれるものがあります。……ガルトゥング将軍、ランスコーイ伯、そして彼らの共犯者たちが皆さんの前に、被告人の席に座っているという事実、まさにこうしたことが可能であるということに、いうなれば、公正なる裁判が勝利を収めるであろうことを、見ないわけにはいきません。高貴な生まれも、高い社会的地位や職務上の地位も、またこれらと結びついた友人知己の関係も、凡そ何ものも、中立不偏の法律の作用を妨げることはできなかったのであります。すべての者に平等であり、ひとり正義に対してのみ力と勝利とを認め、辱めを受け苦しみを受けている者の側に常に立っている法律が、その責任を問うために、被告人をここに呼び出したのであります」[42]。検察官とは、後の法相Ｈ・Ｂ・ムラヴィヨーフ（当時モスクワ地裁検事）に他ならない。この論告で彼は一躍世に知られ、以後その弁論は必ず全文新聞に掲載されるようになる。もっとも、事件は陪審員の有罪評決後、裁判官が退廷し法律問題を討議する間、恥辱に耐えかねたガルトゥングがピストル自殺を遂げるという、凄惨な終わり方をした。

これら一連の裁判とそれらの裁判報道は、「わが臣民全てに平等な裁判」（アレクサンドル二世）の仮象を人々に実像視させる機能を営んだと考えられる。もとより市井の大衆的な読者層は、「裁判物」の単なる読み手に終始していたわけではない。時には彼ら自ら裁判に出かけ、当事者としてあるいは証人として法廷に立つ、あるいは同じ傍聴席に座を占める、これまで名のみ知るだけの、顕官富商を眼前にする。例えばネチャーエフ派の裁判（一八七一年七月一日～九月一一日。ペテルブルク控訴院）では、傍聴席には押し掛ける多くの若者と並び、ニコライ・コンスタンチノヴィチ大公、前法相ザミャートニン、文学者チュッチェフ、レスコーフ、ドストエーフスキーらが座っている[43]。確かに然り気無い一幕でも、右の思いを新たにさせる。

実際、司法改革後、都鄙の別なく展開した風景の一つは、裁判の傍聴が風俗と化す情景であった。同時代人は書いている。「法廷は人々の全ての好奇心を収容し尽くすことができなかった。新聞は法廷のルポで埋まり、裁判がもたらした印象に触れる社説で一杯になった。……裁判の傍聴に出かけることは、成人した人間にとって子供が学校に行くのと同じく、ほとんど義務と言うべきものとなった。いくつかの大きな事件は、新しい裁判制度の口頭主義・公開主義・対審主義・迅速性がもたらす利点を直ちに証明してみせた。三等官ガエーフスキーの公金横領事件、富裕な請負人オフシャーンニコフの保険を掛けた財産に対する放火事件、等々」。[44]

明らかに、これは事実としては「傍聴」に非ず、「観劇」である。人々はこうした裁判で、中でも一般参加の大衆劇とも称すべき陪審事件の裁判で、検察側と弁護側が「舌」で陪審員に訴えかける雄弁術を、両者の丁々発止の論戦を、一大スペクタクルとして「観戦」する。スパソーヴィチやプレヴァーコは、かくて世に出て「スター」となり、ムラヴィヨーフは「検察のホープ」と嘱望される。「観客」は、まさにこうした実見を通じ、法廷で平易な言葉で敷衍された様々の主張に親しみながら、ロシア社会が内外で置かれた状況について、生きた知見を加えていく。なればこそ、時には裁判の当事者自身、このような「観客の目」を意識して、パフォーマンスを繰り広げようと試みる……。これは七〇年代後半の、ナロードニキ裁判の構図であろう。[45] こうして新しい裁判は、人と人とが知識や体験を交換し、交感していく一つの公共圏をつくったのである。

（1）Извлечение из отчета о деятельности новых судебных мест за время от 17 мая по 17 ноября 1866 г. ЖМЮ, 1867, No. 2, стр. 143-144.
（2）Там же, стр. 143. モスクワの場合は、地区治安判事は一七人で、この半年間の新受件数は三一、六〇八件（民事一八、八二四。刑事一二、七八四）、うち既済一七、一七一件とされる。従って一人当たりの手持ち事件は、一八五九・三件となる（Там же, стр. 143）。
（3）Петроградский мировой суд за пятьдесят лет. т. 1, стр. 251, 259-262.

（4）治安判事の活動の模様は、ジャーナリストB・H・ニキーチンの次の傍聴ルポルタージュが活写している。В. Н. Никитин. Мировой суд в Петербурге. Сцены в камерах судей и подробные разбирательства, записанные с подлинных слов. СПб., 1867; Его же. Обломки разбитого корабля. Сцены у мировых судей шестидесятых годов. СПб., 1891.

（5）Петроградский мировой суд. т. 1, стр. 253-254.

（6）Извлечение из отчета о деятельности новых судебных мест за время от 17 мая по 17 ноября 1866 г. стр. 149-150.

（7）Е. Тарновский. Статистические сведения о деятельности судебных установлений, образованных по Уставам Императора Александра II, за 1866-1912 годы. СудУ, т. 2, стр. 363.

（8）К. Арсеньев. Итоги судебной реформы. ВЕ, 1871, кн. 6, стр. 810-811.

（9）陪審費用に関する起草委員会の見解は、Дело 50, стр. 46-47を参照。すでに一八六六年の司法省年次報告が、正当な事由なく第一回公判期日での呼び出しに応じなかったため一八人の陪審候補が過料に処せられた旨を伝えている（Перечная ведомость о производящихся в окружных судах С.-Петербургской и Московской судебных палат и состоящих по ним подсудных за 1866 год // Отчет Министерства юстиции за 1866 год. ч. I, отд. II, No. 6, СПб., 1869, стр. 21）。陪審の逃避は交通、宿泊の便が悪い地方に新制度が施行されるにつれて深刻化するが、陪審費用の法定は一九一三年一一月二六日法まで待たねばならない（ПСЗ, собр. 3, т. 33, No. 40563, 1913 11/26）。

（10）Н. Цуханов. О недостатках нашего суда присяжных. ЖГУП, 1882, кн. 5, стр. 135-136.

（11）「大改革」期におけるロシア法学の古事学から教義学への転換については、「近代ロシア法学史序説」第三章を参照。

（12）Решения Уголовного кассационного департамента Правительствующего сената. т. 1-58. СПб., 1866-1916; Решения Гражданского кассационного департамента Правительствующего сената. т. 1-56. СПб., 1867-1916.

（13）А. Думашевский. Систематический свод решений кассационных департаментов Сената, с подлинном текстом решений и извлеченными из них тезисами. СПб., 1872.

（14）初期の代表的な学説として、А. Д. Градовский. О судебном толковании законов по русскому праву. ЖГУП, 1874, кн. 1を参照。グラドーフスキーは、(i)法源説は国政の最高機関というセナートの沿革に惑わされた誤謬で、権力分離の原則に背馳する、(ii)「個別の事件の確定判決は、この事件に対して法的な効力を持つ」（国基　第六八条）、「個別の事件の判決は……全てを拘束する一般的法律とは認められず、同様の事件の確定判決の基礎足りえない」（国基　第六九条）という国家基本法の規定から見て、破毀部判決は先例としての拘束力を持たない、(iii)民訴法第八一五条、刑訴法第九三三条の制定過程から見ても、判決の公刊は破毀部の判例にこの種の拘束力を付与するものではない、と主張する。

(15) Я. Г. Есипович. О толковании законов. ЖМЮ, 1894/95, No. 2, стр. 108-109.

(16) Гр. 1867/519, 1870/1598. この問題でのセナートの立場は、О силе кассационных решений. СудЖ, Июль-Авгст, 1873, стр. 2-6 に整理されている。

(17) セナートによる法創造の成果は、F. Schöndorf, *Die Gerichtspraxis in Russland als Rechtsshöpferin*. Leipzig, Berlin, 1922 が簡潔にこれを整理している。この著者が認めるように、この種の活動は特に一八八〇年代以降活発となった。

(18) Гр. 1875/484.

(19) ПСЗ, собр. 2, т. 53, No. 58111, 1878 1/25; собр. 3, т. 5, No. 3055, 1885 6/12. 一八七八年法の意義については、夙に日本の民法学の古典が各国の法制を比較する中で言及している。岡松参太郎『無過失損害賠償責任論』有斐閣、一九一六年、八〇頁。

(20) 例えば一八七〇年のある民事破毀部判決は、破毀部自身は自らの先例には拘束されず、同様の事件につき破毀部に異なる裁判例があるときは、下級審は後の判例に従うべきだ、と判示する。Гр. 1870/1628.

(21) С. А. Муромцев. Суд и закон в гражданском праве. ЮриВ, 1880, No. 11, стр. 391-393.

(22) Столкновения между судом и администрацией. ОЗ, т. 187, 1869, стр. 103.

(23) Там же, стр. 103-104.

(24) Уг. 1867/14.

(25) Уг. 1869/606.

(26) ПСЗ, собр. 2, т. 44, No. 47375, 1869 8/13.

(27) Гр. 1867/228.

(28) Арсеньев. Из воспоминаний. ГМ, 1915, No. 2, стр. 122-124. 各県の貴族は格別、帝国「全体」の貴族身分は法人格を持つ団体を構成していないのだから、名誉毀損は成立しない、というのがその論理である。

(29) ПСЗ, собр. 2, т. 41, No. 43978, 1866 12/12.

(30) А. Ф. Кони. Прокуратура и администрация // На жизненном пути. т. 1, 2-е изд., М., 1913, стр. 204-205.

(31) Материалы, собранные для Высочайше учрежденной Коммиссии о преобразовании губернских и уездных учреждений. Отдел административный. ч. 3, Свод отзывов начальников губерний о неудобствах существующей системы губернского управления. СПб., 1871; Отдел полицейский. ч. 3, Свод отзывов начальников губерний о неудобствах настоящего устройства полиции. СПб., 1871. なお司法部と内務省、軍や宗務院との様々な軋轢については、А. Нольде. Отношения между судебной и административной властями и судьба основных начал Судебных Уставов в позднейшем законодательстве. СудУ, т. 2, стр. 532-560.

（32）Б. И. Есин. Русская дореволюционная газета 1702-1917 гг. МГУ, 1971, стр. 29（阿部幸男・阿部玄治訳『ロシア新聞史』未来社、一九七四年、六一～六二頁。訳文を一部改めた）.

（33）ПСЗ, собр. 2, т. 40, No. 41988, 1865 4/6; No. 41990, 1865 4/6.

（34）ПСЗ, собр. 2, т. 43, No. 45973, 1868 6/14.

（35）L. McReynolds, *The News under Russia's Old Regime. The Development of a Mass-Circulation Press*. Princeton, New Jersey, 1991, p. 27.

（36）ロシアにおける電信網の形成については、T. Rantanen, *Foreign News in Imperial Russia. The Relationship between International and Russian News Agencies, 1856-1914*. Helsinki, 1990, p. 71 に依る。

（37）Есин. Указ. соч., стр. 39（邦訳八一頁）.

（38）注4に記載のニキーチンのルポルタージュは、彼が様々な新聞に寄せた記事を集めたものである。

（39）Прения // Дело игумены Митрофании. Подробный стенографический отчет. М., 1874, стр. 102.

（40）А. Ф. Кони. Дело Овсянникова // Собрание сочнений в восьми томах. т. 1, М., 1966, стр. 38-40; Москва 23-го декабря. МВ, 1875, No. 328（12/24）.

（41）Овсянниковское дело. Двенадцать дней в суде. СПб., 1875（ミトロファーニヤ事件の記録は、注39を参照）。

（42）Дело генерала Гартунга // Русские судебные ораторы в известных уголовных процессах XIX века. Тула, 1997, стр. 355-356.

（43）Н. А. Троицкий. Царские суды против революционной России. Политические процессы 1871-1880 гг. Саратов, 1976, стр. 127-128. 有名なザスーリチ裁判（一八七八年三月三一日。ペテルブルク地裁）では、傍聴席にドストエーフスキーの他、外相A・M・ゴルチャコーフ、国家評議会事務総長Д・M・ソーリスキーらが座っていた。

（44）В. Фукс. Суд и полиция. ч. 2, М., 1889, стр. 2-3.

（45）裁判諸法に対しなされた種々の批判や改正を革命運動への対策として解釈し、ナロードニキ裁判を改革後の司法制度の展開を規定した動因と見るのは、本国の歴史学の常套であるが、筆者はこうした見解には与しない。新法が法廷を公開したことで、新制度施行の直後から裁判が人々の興味の対象として浮上したことに先ずは止目をすべきであり、七〇年代のナロードニキ裁判に向けられた人々の目は、新法施行後、次第に高まりを見せてきたこのような裁判に対する関心があって、初めて存在するものと考える。研究史はこの点を顚倒させ、もっぱらナロードニキ裁判のみを取り上げるが、視座の転換が必要であろう。本書がナロードニキ裁判に敢えて関説しないのは、このゆえに因る。

第4章　裁判諸法の変容

一　裁判諸法とその批判

裁判諸法に対しては、新聞の短いコラムから学術的な論攷まで、今日きわめて多くの論評が残されている[1]。そのこと自体、新しい制度が人々に与えた影響と衝撃の大きさを示しており、しかも論者の範囲は単に法曹界に止まらない。確かに司法部が立法の権能を蚕食し、あるいは行政部門と拮抗する勢いを見せ始め、さらには人々の社会的教育を担うが如き相を呈することは、立法時には思い及ばぬ意想外の光景であった。ここに種々の批評が登場をする背景がある。

内容的にはこれらの批評は千別万態多岐に及んだ。一方に陪審制度、弁護士制度、治安判事といったテーマを中心に新制度に厳しい評価を下したものがあり、他方でこれに触発された駁論もまた少なからず存在する。研究史上批判論は、司法改革を否定する逆コース、「司法反改革」論として一括されることが多い。しかしここで注目さるべきは、両者の間の論争が新しい制度の実相を様々な角度から浮き上がらせる鏡をなしていることである。彼らが何に苛立ち、何を擁護しようとしたのかは、それゆえ詳しい検討に値する。

以下では、裁判諸法に向けられた多くの批判の言説から、五人の所論を抜き出して、批判の論理とその背景を辿ることとする。取り上げるのは、一連の議論の祖型としてのゴロヴァチョーフ、新しい制度の理非を「大改革」後の現実の中に探ろうとしたドストエーフスキーとマールコフ、司法改革批判を弘めたカトコーフ、そして批判論の集大成としてのフークスである。司法当局の政策も、実はこれらの議論が炙り出す種々の問題に触発されて動いていく。

(1)「社会」的司法の探究――A・A・ゴロヴァチョーフ『改革の一〇年』

① 一八五六年にトヴェーリ県コルチェヴァ郡の貴族団長となり、当時のいわゆる「自由主義貴族」の最左派として、地方から「大改革」期の公論を支えた評論家A・A・ゴロヴァチョーフは、七二年、前年『ヨーロッパ報知』に発表した連作を一つにまとめ、『改革の一〇年』を上梓した。[2] 彼の盟友ウンコーフスキーは従兄弟に当たる。農奴解放以後のロシア社会を検証したこの大作で、彼は司法改革にも詳細な言及を行なった。

この経歴に見るように、「大改革」に深く共鳴する立場から、実現された改革の不徹底を衝くというのが、ゴロヴァチョーフの基本的なスタンスである。司法改革に対しても、最初に彼はこれを農奴制の完成とみる独特な期待を表明して憚らない。「法律に農奴制は廃止されたと記すだけでは不十分である。それは、実際に、現実に廃止されねばならない。これが司法改革の課題である[3]」。確かにそこには欠点もある。教会裁判所あるいは軍法会議など、残された特別裁判所の管轄はなお広い。またすでにカフカースで施行された裁判諸法が未だバルト三県で施行を見ずにいることは、遺憾であると言う他はない。裁判諸法が「汎ヨーロッパ文明」の所産であること、この地がヨーロッパに属していることを考えれば、これは遺憾というより奇妙である。政府はこの地のドイツ人貴族の特権に手をつけるのを恐れているが、改革の断行は彼ら少数者の特権を廃し、「大多数の者を保護すること」に他ならぬ。「こうしたヒューマンな政策だけが、われわれがこの辺境地域を領有する権利を正当化するのである[4]」。

刷新された司法部への彼の強い期待はまた、行政権は「国家の物質的力」を代表し、それ自体は何ら「道徳的権威」を有さないが、対照的に司法権は、「悪しき物質的力」を除去しこれを「真実と正義の理念」に取って代える、「純粋に道徳的な権力」であるとの、司法権の性格規定からも窺える。当時の司法と行政の対立についても、ゴロヴァチョーフは、原因の四分の三とまでは言わないが三分の二までは非は行政の側にあるとし、彼らに「適法性を遵守したまえ。さすれば諸君の間では、裁判所と衝突することもないであろう」と呼びかけて、司法部への共感を隠さない。[5]

彼はこのような立場から、司法権が真に道徳的な権威を備えるためには、果して何をなすべきかとの問いを立てた。「司法権が行政から独立していること、全く自由に判決を言い渡すこと」[6]というのがゴロヴァチョーフの答えであるが、その回答は具体的には治安判事制改造論、裁判官任用制度再考論、そして陪審制度改善論の三つに分けられる。[7]

② 治安判事制度に対するゴロヴァチョーフの検討は、それが「全身分」の選挙によって選ばれるとの（司法第一〇条）、治安判事の組織原理をめぐって展開した。立法者が敢えて時流を斥けて治安判事の選挙制を採用したのは、対立する当事者の和解を以て治安判事の任務とし、それゆえ治安判事の資質として、法律の詳しい知識より「人々の考え方、習俗、慣習」に通暁し地域住民の信頼を獲ち得ていることを、強く求めたことに因る。最初にゴロヴァチョーフは、この独自性論に疑問を呈した。職業裁判官もまた「社会」の信頼を必要とすること、治安判事と同様であり、「道徳的力」としての裁判所には教育（法律知識）も住民の信頼も、実はどちらも欠かせない。「従って理論的な観点からは、全ての裁判官は法学教育と実務経験を持つ人々の間から、地域住民の選挙によって任用されるべきである」。ただこれを厳格に適用すると、条件を充たす者が足りないがため、法は治安判事の任用資格を緩和して中等教育修了を以て足りると定めている（司法　第一九条）と解さねばならぬ、と。[8]

この指摘は、現行法の単なる評釈に止まらぬ立法論を伴っていた。治安判事の任用資格は本来ならば職業裁判官と同一でなければならぬという以上、治安判事の独自性を根拠として通常裁判所の審級構成を二元化する根拠は失われよう。実際ゴロヴァチョーフは、この観点から、治安判事会議は廃止して、治安判事の控訴審は地方裁判所に置くべきだとする。第一に、同輩の集まる治安判事会議が控訴審では、とかく馴れ合いに陥って裁判の公平を期し難い。第二に、控訴制限が課せられた特に少額・微罪の事件では、治安判事会議は破毀審としてもっぱら法律問題の審理に当たるが、任用上の教育資格が緩和されている治安判事の集合体に、この問題を処理するだけの能力があるとは思えない[9]。

治安判事の任用で、法が教育に代わって重視したのは、候補者の持つ財産資格、土地の保有状況だったが、ゴロヴァチョーフはこれにも批判的である。(i)法の掲げる財産資格は候補者の物質的な自立の指標と考えるには然程に高くなく、(ii)各地に散在する土地を合算して財産資格の評価に当てると言うが如きは（司法　第一九条）、候補者の在地性の保障にもならない。しかも「生計を保障する様々の手段の発展が見られる今日」、土地所有を基準に財産資格を定めるという法の立場それ自身が、すでに時代の流れにそぐわない。さらに根本的なこととして、人間の自立性、善良性はその有する財産とは無関係で、これを保障するのはむしろ教育であることを知らねばならない。――この理由からゴロヴァチョーフは、財産資格の全廃を抽き出す[10]。

以上と並んで、治安判事の選出方法自体にも、ゴロヴァチョーフは異を唱えた。法は「全身分」の選挙を言っているが、実際に彼らを選出するのはゼムストヴォ郡会（司法　第二四条）、つまりはごく限られた地方議員だけである。しかも郡会議員の選挙権は土地所有者に有利となるよう定まっているから、「全身分」選出の虚構性は一段以て著しい。加えて議員定数が小さい郡会も少なくないため、人口四～五万の郡であっても、凡そ七名程度の賛成票で治安判事が選出される矛盾もある。さらにまた、選出母体がこのように小規模なところでは、治安判事の独立性を期すことも難しい……。それゆえ彼は、ゼムストヴォ郡会での治安判事の選挙は止め、これに代わって、一定期間当該地域に居住して、少なくとも中等以上の教育を受けた者から構成される特別の選挙人会を組織するよう提案する。土地の所有者だけでなく、地域に居住の全階級が治安判事の選出に関わるべきだと言うのであり、選挙会への参加に際し財産による制限を設けることは否定される[11]。

ここでゴロヴァチョーフが突きつけているのは、果たして現実の治安判事が「地域の」裁判所足り得ているか、一部の利害を表現する存在に変わっていないか、との疑問である。この問いに、ゴロヴァチョーフは治安判事会議のぬるま湯体質、財産資格の持つ矛盾、現実の治安判事選挙の虚構性など、様々な具体的事例を引いて迫ろうとした。彼の目的は真に「社会」の意向を反映した裁判制度の構築にあったのである。

③　ゴロヴァチョーフの論理では、治安判事と普通裁判所の間には原則に関わる差異はないのだから、治安判事を論じて得られた結論は、そのまま職業裁判官にも適用されることになる。彼はここでも裁判官の公選制を提唱し、普通裁判所の裁判官も、一定期間当該地域に居住する高等教育修了者を以て構成される選挙会から選挙されるべきだとする。当然ながら、この選挙会への参加には財産資格を必要としない(12)。

このような主張の背後には、現行の任用制度に対する厳しい批判が存在した。「下からの上申、上からの選出または任命」と言うものの、法相はこの「下からの上申」には拘束されず、また控訴院長から地方裁判所副所長まで、控訴院・地裁の平判事を除いた管理職の裁判官には上申制度の適用はない。これでは裁判官の任命および昇進は、畢竟法相の手に握られる。だが法相が全国の裁判所の欠員を公正的確に埋めるだけの人事情報を有しているとは思えないから、法相への人事権の集中は、結局彼の周囲の有力者、とりわけ検察上層部の進言によって、裁判官人事が決定される結果をもたらす。これでは法の定める不罷免性も空語と化する。とはいえ「下からの上申」の徹底によって、問題が解決するとも思われない。この方法は、言わば内輪の見知った者の間での人材抜擢の手段に止まる。従って、「社会」の信頼が司法権の権威を支えるという原点に帰って、信頼のバロメーターとなる裁判官の公選制を、普通裁判所の場合でも断固実行すべきである……(13)。

裁判官の公選制で問題となるのは、彼らの身分保障との関係であろう。裁判官選挙＝終身制と言うのも一つの解決方法であるが、これにはゴロヴァチョーフは反対であった。彼はここで再び「社会」を引き合いに出す。――終身制では裁判官と「社会」の繋がりが断ち切れてしまい、法律と現実との乖離が進行していく虞れがある。「生活が法律の枠内に納まっていることは稀であり、それは型に嵌まることなく、新たに生まれた必要や利益のために、絶えずその枠を脱け出ていく」。従って裁判官の使命とは、こうした動きに常に敏感に対応し、仮に法律が不完全な場合には、「社会の進む流れに合わせて立法を発展させることにある」。二つの新しい訴訟法が、裁判の基準に「法律の一般的意味」を適用することを認めたのも、まさにこの趣旨と考えられる。「この権利は裁判所に、立法の発展へ大きな影響力を与えるものであった。法律の発展は、同種の裁判の繰り返しにより行なわれる。最初に裁判上の慣行 судебный обычай が生み出され、次いでそれは立法化される」。法律と生活とが離隔して立法が停滞に陥るとき、それはいつかは「恐るべき大変動」を呼び起こして、「無政府の時代」の到来を招く。従って「法律と社会とを架橋する」посредник между законом и обществом「賢明なる司法権」は、単に紛争の解決に当たるだけでなく、「社会」の流れを見つめて、こうした「破局」の可能性を未然に防ぐ使命がある。だが裁判官が「社会」の必要を見失わないようにするには、「社会」が彼らをコントロールする権利を留保することが必要である……。

ゴロヴァチョーフの見るところ、この要請に応えたのが裁判官選挙＝任期制であった。但し任期は短いよりは長い方が良いと言う。これは「社会」の側のコントロールと裁判官の身分の保障とを何とか調和させようとする、ゴロヴァチョーフの苦心と言えた[14]。

④　裁判制度を「社会」の上に基礎づけようと試みるゴロヴァチョーフの志向からすれば、陪審制度が単に公正な裁判を保障するに止まらず、「社会の良心」の代表者、法律と「社会」の間の結び手として称揚されることになるのは、当然のことであった。地方裁判所と治安判事の現行の事物管轄を再考し、陪審事件の範囲をなるべく拡大せよと彼が説くのも、右の陪審讃歌に根拠を置いた議論である。陪審員となることは、従ってゴロヴァチョーフの論理では、法律と生活との仲介者となること、これを通じて立法に影響を与えること、また自らにとっては社会教育の場を持つことであり、それゆえこれは「社会」の義務であると同時に「社会」の権利なのだとされる[15]。

ゴロヴァチョーフの陪審論で止目すべきは、この視角から陪審資格は原則万人に開放されるべきだとの結論を得て、陪審名簿の作成法（表3-1）を詳しく吟味したことである。第一に、陪審候補総名簿の作成に当たって財産資格を設定し、保持する財産の額を以て候補者枠を絞らんとするは、無用のことと言うべきである。第二に、「道徳的資質」等考慮しながら総名簿登載者を篩にかけ、陪審候補年次名簿を作成するというのも理に合わない。拡大臨時委員会に候補者の「道徳的資質」を推し量る能力がない以上、結局年次名簿の作成では、郡貴族団長の事務局がお膳立てすることになるだろう。こうした一部の者の手で、陪審となる権利が左右されると言うのでは、衡平に背く。第三に、年次名簿の登載者数を法定したのも根拠を欠く。資質の疑わしい者が陪審員を務めることがないようにとの趣旨ならば、実際に陪審を選定する時に、その候補者を精選すれば足りるであろう。要するに、年次名簿は不要であり、作成に当たって定員を置いたり道徳性を持ち出す議論は、陪審の権利性の認識があれば、凡そ出てこない筈である……。[16]

批判の要諦は、彼の治安判事論と同様に、現行の陪審制が「社会」の縮図足り得ているかという問いかけに尽きる。ここでも彼は陪審名簿の作成というきわめて具体的な主題から、問題の核心に迫ろうとした。この部分もまた、長く地方政界に身を置いてきたゴロヴァチョーフの老練を感じさせる個所である。

⑤　以上のようにゴロヴァチョーフの裁判論は、「凡そ権力というものは、社会の信頼によって初めてその力と意義とを獲得する」[17]との思想に依って、新制度の二つの軸足のうち「社会」の側に重きを置いて、裁判諸法の読み換えを図るものであった。それは一八六四年改革が持ったある側面を徹底させたものと見ることができる。治安判事の選挙方法の再考も、裁判官キャリア・システムへの警戒とその公選制の提言も、幅広い陪審制度の採用も、生活の要求に柔軟に対応できる応答型の司法に対する強い希求も、何れもここに発している。一八七〇年代初頭の時点で、裁判の持つ法形成機能を見抜いていたのは秀抜と言え、また随所に垣間見られる地方政治の現実に対する冷

めた指摘は、過去の知見に基づくだけに相応の説得力を持つ。

だがにも拘らず、ゴロヴァチョーフの弱点は彼が強調して止まない「社会」の理解のあり方にあった。その行論からも窺えるように、ここに想定される「社会」とは、教育を受け物事の善悪理非を弁えることの可能な人々、より直接には「大改革」期の公論を担ったロシアの「教養ある社会」を指している。しかし彼がこの論策を発表した六〇～七〇年代には、すでに「公論」が「世論」に転じる大衆化の波が生じており、これはバルカン危機から露土戦争へと至る時代の中でさらに止め難い趨勢となった。しかもその傍らでは――この点は改めて関説するが――、アイロニカルな眼差しをゴロヴァチョーフも向けざるを得ない、農奴解放後、改革者の予想に反して漂流を始めた地方社会の現実があった。

ゴロヴァチョーフがこの連作を発表したのは、新法が施行となってまだ日の浅い時期であった。基底を流れる「社会」への明るいオプティミスティックな旋律は、この発表の時期と関わっている。しかしこれに続いて数年後、七〇年代半ばになると、裁判諸法の施行の進展、司法改革の定着という状況を踏まえ、新しい制度の内部からその長短を見つめる議論が登場する。最初にこうした視点を提示したのは、変貌する「大改革」後のロシアの「社会」そのものを舞台に、作品を発表し続けてきた文学者であった。

（2）陪審制と弁護士――ドストエーフスキーとマールコフ

①　裁判を題材とする多くの小説を著してきたФ・М・ドストエーフスキーは、司法改革に人一倍の関心を寄せ、特に連作『作家の日記』（一八七三、一八七六～七七、一八八〇～八一）で陪審制度を取り上げて、これを縦横に論じている。作家が陪審に注目するのは、少なからざる農民身分が参加するこの制度に、一種の「国民」形成機能があることを正しくも見抜いたからである。「世界中の陪審員が共通に抱く感覚の一つは、権力の感覚 ощущение власти、より正しくは、権力を手中にしているという感覚 ощущение самовластия であると思われる」。昨日までの農奴が今日陪審員となり、検察官や弁護士と向き合っている。このムジークの説得で彼らは必死になっている。農民たちは黙しているが、しかし内心次のように感じている。「今じゃどんなもんだ。俺たちが望めば、つまりは無罪だ。その気になんなきゃ、そのままシベリア行きというわけだ[18]」。

けれども作家の陪審を見つめる目は、決して単純な賛美論一色ではない。「環境」（一八七三）と題した先の連作で、作家は「それにしても現在注目されることは、彼ら［陪審員］が有罪を言い渡さずに、皆一様に無罪を申し渡していることだ」と書いている。この現象を、官憲にこれまで虐待されてきた民衆が、裁判の権能を手にしたことで、当局に報復を試みているからだとも、犯罪者を「不幸な人」と呼ぶロシア民衆の慈悲の深さに因るのだとも、様々に説明することは可能だろう。だが理由はともかく、「まさにここでは真実を口にせねばならず、悪は悪と呼ばなくてはならない[19]」。――作家がここで言いたいのは、厳罰主義の唱道ではなく、陪審員は怯むことなく、罪は罪、悪は悪として事実を直視すべきこと、濫りに「被告人の育った環境」を引き合いに出して、無罪の評決を出すことは慎まなければならないこと、このことであった。「罪びとの回心と再生」を生涯かけて追求してきた彼から見れば、これこそは人間の自由と責任に関わる根源的な問いであろう。

すでに一瞥したとおり、陪審事件の無罪率は陪審に付されなかった事件と比べ約一〇％高くなっている。もっとも、犯罪事実が十分に（いわゆる「合理的な疑い」を差し挟むことができぬ程度に）証明された場合であっても、被告人への同情から、あるいは被告事件で適用となる法条に対する反感に発して、陪審が無罪の評決を言い渡すことは、フランスにおいても例があり、また英米では jury nullification（陪審による法の無視）と呼ばれる広く知られた事実であって、陪審事件の無罪率が相対的に高いということそれ自体は、決して特異な事象でも、ロシアに固有の現象でもない。むしろ問題はこの種の jury nullification が、国家制定法と陪審を送り出す「社会」（コミュニティ）

の正義感覚とが鬩ぎ合う、そのギリギリの狭間に生じたコミュニティの決断を表現していることにある。ドストエーフスキーがこだわったのはこの点であった。安易な「環境」論の隆盛に見るように、彼の見るところロシアにおけるこの現象は、陪審の決断どころか判断回避、つまりはロシア社会の未熟の徴表であると思われた。確かにこれは一つの見識であり、この観点を突破口に彼はロシアの陪審の制度上・運用上の問題点を探ろうとする。

カイーロヴァ事件（一八七六年四月二八日。ペテルブルク地裁。被告人カイーロヴァが、痴情のもつれから愛人の妻ヴェリカーノヴァに傷を負わせた事件。無罪評決）を論評して、ドストエーフスキーは二つの視点を提示している。第一は、弁護人最終弁論の後で裁判長から陪審に対し提示される設問である。それが特定の方向に陪審員を誘導する結果に終わっていないか、彼は訊ねるのであるが、改めて断るまでもなく、陪審が予断に囚われないように争点を的確に整理して適切に問いを発するのは、この裁判の成否を決する鍵である。つまりは、生まれて間もないロシアの法曹階層が陪審制度を使いこなせるか、作家は問うているのである。[20]

それゆえに、作家の眼差しは続いて弁護士の「舌」へと向かった。彼はカイーロヴァ無罪の評決を、裁判長の不適切な設問以上に弁護人の巧言が生んだ不当な評決と考える。嫉妬に狂った愛妾が正妻に働いた傷害事件にすぎないものを、弁護人は報われぬ愛に苦しみ、挙句は理非の判断も不能となるまでに精神を病んだ一人の女性の一大悲恋、盲目の愛の物語として描いてしまった、こうして彼は陪審員の同情を買い、依頼人の無罪を獲ち取った。だが、「悪はそれでも悪と呼ぶべきであり、如何にそこに人間的なものがあるとしても、ほとんど偉業に近いまでに、それを持ち上げたりしてはならなかった」。陪審員もまた、こうした言の葉に惑わされ、評決に当たって「非情さに溺れ、あるいは有害な感傷に耽る」事態は、避けねばならない。[21]

この疑問を深めたのが、カイーロヴァ事件と相前後したクローネンベルク事件である（一八七六年一月二三日～二四日。ペテルブルク地裁。無罪評決）。被告人クローネンベルクが七歳の娘を折檻したことが、他人に殴打 побои、

虐待 истязание、苦痛 мучение を与えることを禁じた刑法第一四八九条に反しないか問われた事件で、官選弁護人スパソーヴィチの方針は、「殴打」「虐待」「苦痛」といった構成要件の不明瞭性を突くことで、被告人の行為が「虐待」や「苦痛」に該当しないことを立証すること、そして第二に、折檻を受けた子供の「盗癖」を強調して見せることで、被告人の行為を正当化し、最悪でも情状酌量の評決を得ることにあった。作家は第一の主張に対しては、七歳の娘が殴打されたという事実を、精緻な法律論の後景に押しやってしまっていると反撥する。[22] だが彼が強い嫌悪を示したのは、それ以上に、第二のスパソーヴィチの方針だった。ドストエーフスキーが詰問するスパソーヴィチの弁論を、ここでスパソーヴィチ著作集から再現しよう。

「七月二五日、父は別荘にやって来て、そして初めて、子供がジェジング嬢の鞄をまさぐり、鍵を壊して金に手をつけたことを知り、仰天したのであります。陪審員の皆さん、こうした娘の行為に果して無関心でいられましょうや。なるほど、こう言われるかもしれません。『それがどうしたと言うのだ。李数個と砂糖のために、そんなに厳しく罰しなくてもいいではないか』、と。私が思いまするに、李から砂糖まで、砂糖から金まで、金から紙幣まで一本道であり、広々とした大道が開けているのであります。ちょうど嘘をつく習慣が、一たびこれが根づきますと、まるで野性のアザミの如く、次々成長していって、根こそぎむしり取らない限り、野を埋めつくしてしまうのと、これは全く同じであります[23]」

小事から大事へ。この畳み掛けるような論法は、スパソーヴィチがもっとも得意としていた修辞法である。しかし作家は、これは明らかにやりすぎと見た。金銭の感覚をまだ持たない七歳の無垢な人格を凌辱する、これは言葉の暴力であり、被告人無罪の評決は弁護士の「舌」が陪審員を誤導した恰好の例ではあるまいか。[24] 後年彼は、ガルトゥング事件に接した際、陪審員の気を惹くための「極端な告発」と「獰猛な弁護」が法廷の常態となっている点に、ロシアの陪審裁判の宿痾があると総括している。[25]

スパソーヴィチにはスパソーヴィチの言い分があり、クローネンベルク事件にはプロとコントラに分かれていて、彼の弁護の当否についてはここでは論ずることを得ない[26]。ドストエーフスキーが衝いたのは、当時持て囃された弁論が相互の議論を可能にさせる開かれた対話というよりも、聴衆の歓声を惹きつけることを目的とした激白調の独話に止まったのではないかとの問いかけであろう。このとき作家は、成人儀礼とまで評された傍聴熱、観劇としての裁判の向こうの時代相を見極めようとしたことになる。しかし論壇・文壇を洗ったのは、この種の内観とはほど遠いむしろ過激な陪審批判と弁護士批判の波であった。

② 世を騒がせたミトロファーニヤやオフシャーンニコフの事件は、何れも「大改革」後の産業社会の活況を背景とした事件であった。その裁判に多くの著名な弁護士が名を連ねた事実が物語るように、彼らは当時力をつけてきた経済人をクライアントに生計を立てる、新しい時代の職業人と言うことができる。

弁護士批判をこうした時代状況と結びつけ、道学先生的リゴリズムから進めたのが、タヴリーダ県で国民学校やギムナジアの校長を務め、七三年に故郷クールスクにゼムストヴォ学校を開いた評論家E・Л・マールコフである。「全てが瞬時に移ろう時代、時間が金で評価される時代」「知識が求められるのではなく、取引の観点から見た知識の成果の利用が求められる」時代、――これがマールコフの見た一八七〇年代のロシアであった[27]。

センセーションを惹き起こした時評「一九世紀のソフィストたち」（一八七五）は、弁護士をこうした時代の申し子とし、金銭次第で求めに応じ、依頼者の希望に沿って言葉と正義を売り歩く、強欲狡猾な徒食の士として、描いて見せた小文である。曰く、「弁護士業とは、不正に対する一種の組織された幇助行為である。当事者は各人、自分の弁護士を持ち、各弁護士は全力を挙げて依頼者を正当化し、相手を弾劾する。従って、全ての事件において、常に疑いもなく、少なくとも一人の不正に対する意識的な幇助者が、弁護士の間にいるということになる」「弁護士が如何なる新しい思想をわが社会にもたらすことに寄与したかを、問うてみよう。自己の本心を隠すため、言葉を人に与えるという思想、これ以外の何ものでもない。信念と見解、これは必要に応じてところを代え得る便利な武器である。法律学、これは全く反する目的に適用される論拠の武器庫である。権利なるものは本質的には存在せず、あるのは富と貧のみである。富んでいること――これが権利。貧たること――これが無権利。犯罪とは全て条件次第で、貧しい犯罪者は疑いもなく犯罪者だが、必要額を支払うことができるのならば、彼は無罪とみなされる。言葉とは、これ以上ない巧妙な破廉恥であり、黒を白とし、白を黒とすることができる」「弁護士は恥知らずな思想上の姦通 прелюбодеяние мысли の見本である。自らの信念と才能とを競売にかけるこの法の淫売のことを考えると、定められた値で身体を売る不幸な売春婦を非難することに、何の意味があるだろうか。すでに思想的姦通は、特殊な法の世界に止まらなくなっている。もしこれが社会に根づいてしまうなら、やがてはそれは凡そ全ての思想の世界を、あらゆる学問を、死に至らしめることであろう」[28]。――ここにいう「思想の姦通者」прелюбодей мысли とは、ドストエーフスキーが『カラマーゾフの兄弟』で借用し、以後弁護士を揶揄するときの常套句となった。

確かにマールコフの文章は品格を欠き、弁護士を「大改革」の鬼子と描くその議論にも深みが乏しい。だがそれが、世相に対する彼の鬱屈した思いと結ばれていた分、そこには人々の感覚に訴える迫力があった。無論このような通俗化は、裁判諸法に対する批判が思索の上での鋭さを失い、内容の俗流化と稀薄化を表現の新奇さと過激さで補っていく現象と表裏一体であったけれども。

(3)「司法反改革」キャンペーン――『モスクワ報知』とカトコーフ

論壇において比較的早い段階から、それも時にエキセントリックに熱を込めて、裁判諸法の批判を展開したのは、M・H・カトコーフが編集する、新聞『モスクワ報知』である。出発点はここでも陪審裁判である。彼の批判の開始の年、一八七一年のある社説は、次のような「疑問」の評決、「不当」な評決を列挙する。――衣服を窃取したある官吏が、その自白にも拘わらず無罪を言い渡された例。治安判事の書記が治安判事に手渡すべき金銭を横領し、証明書を偽造して旅費を詐取していながら、やはり無罪となった例。同じく文書の偽造により勤務先の会社から金銭を騙取した事件で、被告人の自白があるにも拘わらず、無罪となった例。この種の無罪評決は、財産犯罪だけでなく、殺人・殺人未遂といった凶悪事件についても見ることができ、しかもそこには無罪を納得させる十分な事情が見出せない……。彼は「健全な司法の運営は、社会道徳の最良の学校」なのだから、「これら奇妙な現象にわが社会は今や真剣に注意を向けるべき時である」、「陪審員はわが社会そのもの」、その判決は「われわれにとっての鏡」である以上、適切に制度が組織されているのか問われねばならない、と締め括っている[29]。

自らの与えた問いに対して、カトコーフは七四年になって積極的な答えを与えた。八月二日と三日の社説は、陪審名簿の脱漏問題を取り上げている。――例えば陪審候補総名簿に七〇歳を越えた者や外国人など、陪審資格を有さぬ者が登載されている例がある。この種の不備が見られるは、前年度の総名簿を更新後、一ヶ月間縦覧に供して関係者の不服の申立てを待つという現行制度、つまり名簿に対する「社会のコントロール」が死文化しているためである。またこの期間後に県知事によって行なわれる新しい総名簿の点検も、名簿の不備を矯める機能を果たしていない。法の規定による限り、県知事は陪審欠格者の抹消を職権で行なうことは許されるが、登載洩れの有資格者を職権で名簿に載せることは認められないからである。法はこの点、本人または第三者から登載洩れの不服が申し立てられたときに限って、有資格者を救済する立場を取っている。しかし、第三者に登載洩れの申立てを期待するのは凡そ非現実的であり、同様に本人からの申立てを期待するのも考えられない想定である。「なぜならば、誰も陪審員となることを、獲得すべき権利であるとは考えておらず、従いほとんど全ての者が、むしろこの義務から逃れようとしている」からだ[30]。

カトコーフは、「疑問」評決や「不当」評決の背後には、このように本来名簿に載るべくして登載を見ないこれら脱漏者の存在があり、このために陪審員の質が下がっていると考えた。彼はさらに続けている。――拡大臨時委員会が「道徳的資質」その他を考慮して、総名簿から毎年の陪審候補を抜き出す作業（陪審候補年次名簿の作成）も形骸化している。それは一部の委員に委ねられたり、ゼムストヴォ参事会の職員に頼りきっているのが実情である。だが陪審の成功は、「この制度に必要な条件にもっとも適した市民を選出するよう委ねられた、社会に全ては掛かっている」のではなかったか。年次名簿の作成は総名簿以上に杜撰であって、実際は陪審候補の圧倒多数が農民で、識字能力ある者を陪審員に確保するのも困難という有り様である……[31]。

その後のカトコーフの思索は、二つの方向で進められた。一つは右の農民陪審員の排除である。一年ぶりに名簿問題に立ち返った、七五年七月二七日の社説は、ノヴゴロド県の事例をもとに、再び拡大臨時委員会の怠慢を責めた。総名簿登載の陪審候補中、貴族、官吏、商人身分に属する者は、その半数しか年次名簿に登載がなく、その欠を農民身分の陪審員が埋めている。つまり「影響力もあり、総じて富裕な人々は、この容易ではない義務からいとも簡単に逃れており、農民出身の無責任な『陪審員』がこれに取って代わっている」。実際、農民陪審員には欺罔と偽造の区別もつかない状態だから、今後は農民陪審員を厳選して、「通常の水準」以上の者のみに限るべきである……[32]。この主張は、翌年六月二〇日の社説における、「灰色の人々」の流入防止を目的とした、陪審員教育資格（識字能力プラス学歴）の提唱へと至るであろう[33]。

カトコーフが辿ったもう一つの方向は、拡大臨時委員会の母体である地域社会に対する幻滅、そして不信であった。一八八二年の三つの社説（一月三〇日付、二月一〇日付、二月一三日付）は、名簿脱漏問題が遂に司法省でも検討されるに至ったことを、詳しく論じたものである。だがカトコーフは、名簿の不備につき臨時委員会の刑事責任を問うと言った当局の対応では手ぬるいと言う。特に二月一三日の社説では、司法当局は候補者名簿の作成に、事後的な点検といった形ではなく、直接に参与すべきだと総括している。名簿の管理に「社会のコントロール」をもはや期待できない以上、「官」が直接これに携わるべし、と言うのであった。[34]

この間、彼が poisson d'avril（四月馬鹿）と絶叫した、B・ザスーリチの裁判があった（一八七八年三月三一日。ペテルブルク地裁）。カトコーフの筆は、漸くこの頃から激し始め、論点の拡大と論理の飛躍とを見せ始める。陪審員を「街頭から引っ張ってきた人々」люди, которые хватают с улицы と罵倒した、あまりに著名な八三年二月二五日の社説は、再びある「疑問」評決（裁判長が評決を受け取らず、評議のやり直しを命じた結果、無罪の評決が出された事件）を例にして、だが次のように全く新しい角度から、陪審裁判を攻撃した。――あのザスーリチの裁判といい、この件といい、犯罪人を無罪としたのは、実質的には陪審員と言うよりも、偏向した訴訟指揮、意図的な説示その他の方法により、陪審をこの結論へと導いていった職業裁判官である。しかし、こういった彼らの行動も、街頭から引っ張ってきた陪審員の背後に彼らが隠れることができてこそ可能になる。コーニ氏も、単独ではザスーリチを無罪とすることは無理だったろう。してみると、「問題はもはや人ではなく、制度それ自体の中にある」[35]。かくて論議の地平は跳躍し、名簿の作成方法と言った個別の改善の次元から、一挙に制度そのものの是非へと移ってしまった。

このような新展開のバックボーンとなっているのが、一八八〇年頃から彼が始めた司法部批判である。八二年四月二八日、カトコーフはペイチ事件（子供の虐待事件。陪審は無罪評決）を取り上げて次のように述べた。――事件は取調官の予断から始まり、虐待の虚構が作られていった。検察は取調官の行動を抑制できず、取調官の違法を訴えるペイチの不服申立てを、地方裁判所は取り合わなかった。控訴院重罪起訴部まで、起訴相当との結論を出した。結局ペイチは無罪となったものの、裁判では彼の家庭生活、親子関係といった私事が衆目に晒された。だが「わが国のリベラリズムは、司法権の側からする人格の蹂躪という事実には、何の憤りも見せぬらしい。検察官や取調官が、誰でも都合のよい者を裁判の困苦に晒すことができることに、彼らは何の痛みも感じぬらしい」。

しかしカトコーフの見るところ、問題は人の側にだけあるのではない。なぜならば、裁判官の身分保障が、この種の「裁判官の専横」の追及を拒む楯となっているからである。今では、司法改革によりロシア国家の権力構造は変化して、ツァーリは帝立法学校や大学法学部の学生のため、自己の権利を手放したとする見解まで行なわれている。しかし「公正なる裁判官は、自己の意思ではなく、ただ自らを遣わした者の意思のみを執行する」ことを、「司法権の頂上には、他のあらゆる権力の場合と同じく、ツァーリがいる」ことを、知らねばならない。[36]

その三日後、彼は司法部を「国家の中の国家」государство в государстве と断罪した、大変に名高い論説を発表している。「国家権力に対する然るべき責任の意識のないところ、裁判官は風のまにまに揺れ動く葦となることを免れ得ない。裁判官は法律を適用する際に、凡そその職責とは一致しない、熱狂や偏見から身を守ることができなくなる」。つまりは「裁判所が国家権力への従属を強めるほど、……裁判所は偽りの権力からの独立を果たし、真の意味で自由で、また自己に忠実な存在となるのである」。もし司法部が「自治的行政権と自治的裁判権とを持つ国家権力から独立した社団 корпорация」へと閉じ籠もるならば、それは不可避的に反国家精神の入れ物と変じる。国家権力は、民衆がこのような団体の専横と無責任に委ねられていることを、もはや静観することはできないだろう……。彼はこのような司法部を、上命下服の関係に置かれた軍法会議と対比して、「国家の中の国家」と呼んだ。[37]

カトコーフの筆は冴えわたり、多々ますます弁じて倦むことを知らない。陪審批判は不罷免性や司法の独立に対する疑問に飛び火をし、全面的な批判が切って落とされた形である。確かに論点を広く掬い上げるという意味で、彼の発言は貴重な問題提起となった。だが一個の例で司法官全体を推断した、先のペイチ論説といい、軍の裁判所との対比によって通常裁判所の「特異性」を論断した、その三日後の社説と言い、明らかにレトリックが先行し、以前の彼が陪審名簿の考察で見せたような、肌理の細かさが見られない。そこでは裁判諸法に対する批判の意思が先走りし、最初に結論があるからである。

とはいえ、ここで歩いていく方向だけは明白である。それはゴロヴァチョーフとは対蹠的な、司法のエタティズムとも称すべき、司法制度の国家主義的再編であった。

（4）司法のエタティズム――B・Я・フークス『裁判と警察』

① 一八八四年からカトコーフ編の月刊誌『ロシア報知』に三年にわたって掲載された長大な論説「裁判と警察」は、その後八九年に一つにされて本となった[38]。ここにはゴロヴァチョーフが先鞭をつけ、カトコーフがこれに追随した陪審名簿問題も、ドストエーフスキーが指摘をし、やはりカトコーフが後を追った陪審員の「疑問」評決問題も、あるいはマールコフの手で一躍江湖に広まった醜弁護士論も、凡そ全てが出揃っている。これらに自身の知見を付け加え体系的な一書としたのが、その著者B・Я・フークスである。彼は生粋の内務官僚で、モスクワ大学卒業後、地方官としてとくに分離派の取締りに辣腕を振るい、その後内相ヴァルーエフに見出されて、一八六一年から官界を退く七七年まで検閲行政で活躍した。六五年の検閲改革では法案の起草に参画し、以後はポーランドでの検閲体制の整備に従事している。この経歴に見るように、彼は役人生活の大半を、内務と司法、両省の確執の最前線で過ごした人である[39]。

本書はこのよう経験を持つ者ならではの、司法部に対する敵対意識が随所に盛られた、毒を含んだ著作である。しかし出版法制の整備と実践に携わってきた彼の履歴が物語るように、激しい言辞の背後に光る法律を使いこなしてきた人間が持つ分析の眼は見過ごせない。広く各国の法制に通じていることはフークスの強みとなっており、一九世紀の末という本書刊行のタイミングも、彼にとっては追い風だった。すでに司法改革から四半世紀が過ぎていた。統一されたドイツでは、この間七七年に、いわゆるライヒ司法法典 Reichsjustizgesetze が成立しており、本書が世に出た時点では、裁判諸法が範に仰いだフランス法はヨーロッパ最新の法制の座を譲っていた。これを根拠に、自らの比較法的知識を駆使することで、フークスには遠慮なく一八六四年法の「旧さ」を強調できる有利さがあった。

この大作は上下二冊、全九章からなっている。内容の上から整理すると、核をなすのが陪審論、治安判事論、法曹論（司法官論、そして弁護士論）で、これに付随して一八六四年改革の過程に対する批判的考察、警察組織論、法学教育論が続き、最後に著者の説く司法部改造計画のアウトラインが示されている。以下で撮要・検討するのは、この中核の部分である。

② 初めに、フークスの議論のスタイルを典型的に表している、彼の陪審論を取り上げよう。彼もまた、カトコーフに劣らぬ辛辣さで、この制度は「われわれに害悪のみをもたらした」と酷評する。なぜならここでは全てが「街頭から取ってこられた灰色の群衆」の「全く偶然的な印象」により、左右されているからだ。――フークスのこうした評価の基礎にあるのは、一つには陪審事件の高い無罪率であり、あるいは「疑問」評決の数々であり、さらには陪審費用を法が定めていないがために難儀する陪審員の醜態と、そこに付け込む陪審員への供応・買収といった一連の不祥事である(40)。だが彼は、ここから一気に結論を抽き出すことはせず、陪審制の各国比較を行なうことで、彼が命脈尽きたと判断しているこの制度のロシア的「特異性」を立証しようとした。――先ずイギリスの陪審だが、この国だけが一三世紀に遡る陪審裁判の長い歴史を持っている。フランスの陪審は大革命時にイギリスの制度を承けたもので、それに先立つフランス古法とは切れている。この沿革を反映してそこには政治色があり、陪審資格はフランス語の読み書きができ、公民権 политическое право (droits politique)、私権 гражданское право (droits civils) および親族法上の権利 семейное право (droits de famille) を享有する者に開かれている。ドイツやイタリアの陪審は、このフランス型を起源とする。それの普及は、比較的早いライン地方を別とすれば、一八四八～四九年の

事件の後である。だが現在では何れもフランスの制度そのままではなく、むしろ次第にフランス離れを起こしていった。イタリア法（一八七四年六月八日法）が、財産と知的な能力を陪審資格のメルクマールに据えるが如く。確かに現在のドイツ法（一八七七年一月二七日法――裁判所構成法）は、陪審員の要件として財産や知識を課してはいないが、知識については初等教育の普及により、人々はすでに読み書きの力を備えていると想定されているからである。またオーストリアでも、一時期、やはり四八年革命の余波でフランス型陪審が実施されたが、ほどなくこれは廃止をされた。現行法（一八七三年五月二三日法）は、イタリアのように、陪審員の要件として財産と知的な能力を課している。最後に、スペイン、オランダ、それにフィンランドを含めた北欧諸国では、出版事件に限って陪審を認めるスウェーデンを別とすると、陪審制度は存在しない。従って、伊・独・墺といった諸国が、まだフランス法から離れていない一八六四年という年に、陪審制度を導入したのがロシアであった……。(41)

この整理自体は正確である。こう説くことでフークスは、一つには陪審員に識字能力の保持すら求めぬロシア法制が、言わば「国際規格」に合わない特殊な存在であることを、浮かび上がらせようとしたのである。それは、教育が広まっていないロシアでは、陪審制度は実情を無視した所詮は不毛な制度であるとの結論を、導くための伏線に他ならない。さらにこのロシア陪審死産説の補強として、彼は、(i)知識層がニヒリズムへと感染し民衆が法蔑視の状態にあるこの国では、陪審裁判を可能にする「道徳性」を人々に期待することが不可能なこと、(ii)西欧と異なりロシアでは、陪審員を指導すべき法曹階層が未成熟であること、(iii)刑事実体法があまりにも古くなりすぎていること、以上の点を指摘する。(42)

総論は以上で、ここからフークスは陪審資格と陪審名簿の問題に移った。前者については、財産資格の水準が低すぎること、郷や村の役職を務めた農民に陪審資格を与えていることを引き合いに出して、現行法は「住民の中でもっとも教養のない者およびもっとも発達の遅れた者」を、陪審候補に引き入れる結果となっている、と批判する。次に名簿問題では、カトコーフ同様彼もまた、県知事による総名簿点検の架空性を、あるいは年次名簿を作成する拡大臨時委員会の機能不全を指摘した。――多くの職務を抱える県知事にとって、総名簿登載者を逐一点検することは不可能である。また拡大臨時委員会には治安判事一名が加わるが、彼は委員会内の少数派で、単なる「お飾り」的な存在である。従って名簿の管理は、事実上地域社会が握っている……。だがフークスの見るところ、これは比較法の視点からして、甚だ奇妙な事柄であった。ドイツでも、またイタリアでもフランスでも、陪審名簿の作成には国家機関が関与しており、この事務に行政機関も司法機関も何ら加わることがないのはロシアにしかない特徴なのだ、と。(43)

この事実を発見したことで、フークスのロシア陪審論は、カトコーフには見られない、原理的厳しさを持つことになった。彼は実質的に地域社会が取り仕切る陪審裁判は、畢竟国家の裁判権から切り離された「社会のサモスート［私的制裁］」общественный самосудでしかないとする。

このサモスート性の認識を支えるのが、刑事陪審の判決手続に対する彼の理解である。フークスは、ロシアの陪審裁判には陪審員の判断に裁量の余地があまりに大きく、これを適切に規制すべき手段が欠けていると見た。例えば、陪審員への設問方法（刑訴　第七五〇条～第七六四条）が複雑で、事件の本筋を見失わせていないだろうか。あるいは、陪審員に被告人の情状の有無を判断することを許しているのは、事実問題と法律問題を混同させ、彼らの混乱を招いていないか。情状酌量の評決は刑法の厳罰主義を考慮した立法者の工夫とされているが、それならば実体法の改正が先決である。またさらに、評決が陪審員一二人の過半数で、同数のときは被告人に有利な意見を取ることで、決められるのも（刑訴　第八一三条）、僅か六人の意見を集約すれば結果が得られる、安直なやり方であろう。これでは情状の評決と相俟って、陪審は被告人を無罪または減軽する装置に変わってしまう。最後にもっとも大きな問題は、証拠能力の規制が甘く、公判廷に広く証拠を顕出できることである。かくて証拠調べは複雑になり、並行して陪審の注意は散漫になって、つまりは事実認定が曇らされる。こうして陪審の関心はともすれば些細な問題へと逸れていき、ひいては裁判が「センセーショナルなメロドラマ」に変じてしまう。こうなっては、「メロドラマの結末は、証拠の本質ではなく、当事者の示すレトリックと雄弁に依存する」。この点、法が自由心証主義を採用したのは（刑訴　第八〇四条）、致命的である。(44)

フークスの結論はこうである。ロシアの陪審裁判は脱フランス法時代のフランス法だが、ここには制度受容の前提となる条件がない。法制面ではこの制度は、証拠法の欠落と裁判所からの断絶を特徴としている。「陪審員は……法律にも証拠法則にも縛られない。『社会の良心の裁判官』として、彼らはもっぱら自己の個人的な確信によって、正確にはその印象によって、評決を言い渡している」「陪審の独立性を確保するため、特に国家権力からの独立のため、地方自治の代表者が構成する委員会が、政府の何らの関与も受けずに、陪審員を住民大衆の中から選出するようになっている」「陪審資格には何らの知的な要件も課されておらず、財産資格もほとんど虚構である」「最後に、刑事事件の判決において陪審員は裁判所から全く切り離された合議体をつくっており、法律により裁判所の影響の及ばぬところに置かれている」。つまりは、「陪審裁判は社会の良心の裁判というより、……もっとも広い意味での社会のサモスートなのである(45)」。

③　治安判事制度はフークスにとり、「一八六四年の司法改革の中で、もっとも人為的で、恐らくはもっとも独創的で、だが同時にもっとも失敗した作品(46)」であった。彼はここでも各国の「地域の裁判所」の編成を検討し、治安判事の組織原理を取り上げて、次のように痛罵した。――立法者は治安判事の独自性を強調して、「法律よりも良識 здравый ум」を、「地域住民の信頼」の確保を、住民自身による治安判事の選出を、と述べている。だが正義の観念ほど多様で捉え難いものはなく、それゆえ西欧諸国では、たとい軽微な事件でも、裁判は一律に法律に基づき行なわれている。そしてまた、この信頼を生むものは、何よりも先ず治安判事の持つ専門知識、それに法律に対

する責任である。さらに治安判事の選挙制が孕む問題もまた大きい。先ず第一に、法は彼らの被選資格に当該地域に一定期間居住したことを挙げていないから、そこでは治安判事の地域性が保障されない。次に治安判事の財産資格も無意味ではないが、基準としては低すぎる。その評価方法（各地に散在する土地を合算）から考えても、これでは治安判事の質が下がってしまい、県や郡の退官した貧しい元官吏たち、つまりは教育水準の低い人々でこの職が占められる結果になる。第三に、治安判事の教育資格の水準も低く、制度の自立性の保障になっていない。そして最後に、地域住民の選出という任用方式も虚構である。実際にはゼムストヴォ郡会で、それも地域によっては七名程度の賛成票で、治安判事は選ばれているのが現実だが、これは郡会議員の事前の「陰謀」で、ポストが決まると言うことではないか……[47]。

こうした視点は、ゴロヴァチョーフの認識と重なるところが大きい。しかし内務官僚フークスは、「社会」の側からこの原理の活性化を図った地方貴族ゴロヴァチョーフとは対照的に、選挙原理を見限っていた。確かに、そこに相応の根拠があったことは認めねばならない。ゴロヴァチョーフやウンコーフスキーら「大改革」期に「社会」の自律を求めた人々の間には、農奴制の桎梏を除いてロシアに地方自治の基礎を据えることで、今後は安定した農業経営を基盤とする地方社会の発展がもたらされるとの、明るい将来展望があった。だがこれは見果てぬ夢であり、周知のように地主経営は期待に反して停滞を続け、特にフークス論文が発表となる一八八〇年代以降、ヨーロッパの農業不況の煽りを受けて沈淪した。地主の農業離れは進んでいて、ここにフークスが「地域の裁判所」に対して抱く冷ややかな視線の背景があった。フークスは、治安判事が任期制の選挙職で被選資格が彼らの自立を担保するとは言い難く、選挙人の意向によって左右をされる存在であることを考えれば、治安判事は所詮は地方の党争の産物であり、地域の朋党の走狗でしかない、と考える。それゆえに、彼は治安判事を「地域のサモスート」местный самосуд と命名する。加えてフークスは、「地域の裁判所」の比較法的考察を通じて、政府による任命は

「地域の裁判所」が順調に機能する条件の一つになっているとの結論を抽き出していた[48]。

二つの事情が彼の憂慮を増幅させた。一つは自由心証主義で、彼はこれを「裁判官の個人的裁量」「治安判事の全く不定形な個人的見解」による裁判を肯定するものと解釈し、とりわけ刑事事件におけるその危険性を懸念する。さらに民事事件において、当事者の援用により、治安判事が「公知の地域的慣習」を裁判の基準とすることができるというのも（民訴　第一三〇条）、彼には治安判事の恣意的な、法律に依らない裁判を可能にするものと危惧された。「かくて法律の権威は……わが治安判事の下では後景に退き、全くつまらぬ場所を占めるのである[49]」。

もう一つは、上訴審たる治安判事会議の存在であった。治安判事の合議体という点で、一見これはイギリスの治安判事小法廷 petty sessions、あるいは四季裁判所 quarter sessions と類似するが、第一にそれらはロシアのような単独制治安判事の控訴裁判所ではなく、第二に両者何れもその議長や書記に法律の知識ある者を置くよう努力していて、治安判事の単なる集合でしかないロシアとは違う。つまり「裁判官の名に値しない者が集まった」治安判事会議では、原審の誤りを正す機会が得られない。しかも控訴審として言わば同僚の裁判を点検する立場にある治安判事会議では、人間の常で原判決を維持する結果になりがちである。――彼が目ざすのは、「地域の裁判所」の控訴審を普通裁判所の系列下に置く諸外国の例に倣い、裁判所構成を一元化し、治安判事会議に代えて控訴管轄は地方裁判所に、破毀については事件を絞った上で控訴院に、置くことであった[50]。

かくてフークスの結論は明らかであった。「治安判事と治安判事会議は、実効的な上からのコントロールを受けない、一種のサモスートである」「この地域のサモスートは、国家の権力機関ではなく、地方自治の一部門である。つまり……『万人には自らの行政官、裁判官を選ぶ権利がある』という格言に示された、サモスートなのである。だがこのルソーばりの理論ですらも、完全には維持されていない。なぜなら治安判事の選出は、地域の住民ではなく、地域の住民が選出する少数のゼムストヴォ議員の手に、委ねられているからである[51]」。

④　自由心証主義を以て「法律の権威」を蔑ろにし、法律に依らない裁判を許容するものと解するのは、もとより学問的には謬説である。しかしこうした主張の背後には、法の解釈をめぐってのフークス独自の考え方、裁判官の思考過程を拘束する旧法の法定証拠主義と結びついた、彼の「固い」解釈観があった[52]。

「民事・刑事の裁判において、法律が然るべき権威を持つためには、法律は裁判所によって、揺らぐことなく統一的に適用されることが必要である」――これがフークスの出発点である。だがそのためには、「裁判所は法律をその直接の意味に従って執行しなくてはならない」。必要とあれば裁判所は、ここで立法者の意思を忖度することも許される。しかし以上によっても如何なる法律を適用すべきか不明な場合、「裁判所は自己の見解に従って法律を解釈し、適用することはできない。この場合、法律は主権者 верховная власть ではなく、裁判官により制定されることになってしまう」。彼は明言を避けているが、「立法権だけが法律の意味を説明し、補足することができる」と言うのだから、この種の困難に出会ったときは、以前のように国家評議会に伺いを立てることになろう。

　これは裁判拒否を禁止した法の立場を全面的に否定する、不敵な立言であった。法に欠缺あるときは「法律の一般的意味」に従い裁判すべしとの件の規定を、フークスは厳しく叱責する。それは「立法権を裁判官の裁量に委ねる」邪説である。だが裁判諸法には、この種の虚妄が充ち充ちている。「陪審員は証拠法則にも法律にも拘束されない」とすること、然り。あるいは、「治安判事は、法律ではなく自己の個人的な見解のみを指針とし、また当事者の求めに従って慣習をも指針とすることができる」とすること、また然り。「一八六四年の司法機関の間では、法律の権威はほとんどゼロに等しい。各種司法機関の『一般的基礎』общее основание、『一般的意味』общий смысл、『個人的確信』личное убеждение が、これに取って代わっている[53]」。――こうしてフークスの筆は熱くなり、激しい司法部批判へと向かっていった。彼の法曹論である。

⑤　フークスの裁判官論を支えたのは、ここでも外国との比較であった。外からロシアの法曹制度を眺めるとき

に目を引くのは、裁判官任用資格の甘さである。「英、独、仏だけでなく、イタリアその他の諸国でも、法学教育は司法職の第一の、そしてもっとも本質的な要件となっている」。だがロシアでは、この点が諸外国ほどに厳格ではない。――こう指摘してフークスは、法の定めた教育資格の抜け道（司法　第二〇二条）に、先ずは読者の注意を促す。こうした「尻抜け」の資格であるにも拘わらず、諸国の法制と比べても、裁判官の身分の保障はきわめて厚く、裁判官の老朽淘汰も不良の整理も法は想定しない、と言うのがフークスの抱く憂悶である[54]。

これと関連してフークスには、裁判諸法が法相や各裁判所の長（控訴院長、地裁所長）の持つ司法行政上の監督権を抑制していることも、不満であった。裁判官の独立を司法部内部でも貫くための、この立法者苦心の産物も、彼から見れば司法部における規律とヒエラルヒーの欠如を物語るものと思われた。「わが国には審級制度は存在するが、司法の真のヒエラルヒーも司法部の十分な規律も存在しない[55]」。加えて控訴院判事も地裁判事も治安判事も、皆平等な五等官で、ここにも上下の関係がない。要するに「新しい司法組織の本質は、司法官をあらゆる個人的従属関係から解放することにある」。農奴解放を捩ってこれを、彼は「司法官の解放」освобождение судебного персонала と嗤っている[56]。

フークスは、この「解放」が随所で深刻な影響を与えていると考えた。取調官は身分の上では地裁判事とみなされるから（司法　第七九条）、彼らに対しても不罷免性が認められる。だが取調官は司法官キャリアの末端にいる経験浅い法律家である。取調べが検察官の監督の下に行なわれるのはこのためだが、しかし不罷免性の及ばない検察官の与える指示が、不罷免の特権を享受する取調官に果して徹底するだろうか。――フークスの論理では、ペイチ事件に見るような取調官の暴走は、このような制度の欠陥に淵源する、凡そ構造的なものであった[57]。

フークスはさらに、検察官も同様のヒエラルヒーの欠如に冒されていると見た。批判されるのは、あの「検察官は事件に関して裁判所に自己の意見を述べるときは、自らの信念と法律にのみ従う」という規定である。かくては検察官同一体の原則も水泡に帰し、検察は一人一党化して、裁判官の場合と同じく、結局「個人的見解」が彼らの活動の準則になる。だがこのような有り様では、裁判所を前に「政府の利害」を代表していくことはできない。(58)

弁護士の場合はどうだろうか。フークスは、モスクワ弁護士評議会年次活動報告に採録された様々の弁護士懲戒事件を拾っている。依頼者のため一六、〇〇〇ルーブル借り受けながら、これを渡さなかった某弁護士。地方裁判所に納付すべき一二六ルーブルの鑑定費用を、依頼人から受け取ったまま横領したΠ弁護士。あるいは酩酊状態で法廷に立った弁護士補Φ。問題は処分が甘いだけではない。彼らの刑事弁護の方法と言えば、法的な論拠を持ち出すよりも、被告人の置かれた環境を強調したり、その家族の窮状なりを訴えたりと、黒をも白と言いくるめようと努めているものばかりである……。(59)

まさにこれは、マールコフの醜弁護士論の再版である。ここでのフークスの独自性は、これをしもロシア弁護士の組織原理に因由をする欠陥として、説明しようとしたことだった。――弁護士には、ロシア史上かつて見たことのない広い団体自治が認められている。弁護士評議会の設立、評議会の役員の選出、何れも国家のコントロールの及ばない、「自己設立」самоучреждение と「自己任命」самоназначение の原則の上に築かれている。また評議会に対しては、弁護士の資格審査と弁護士の懲戒の双方において、幅広い権能が付与されている。こうしてこの団体は、ほとんど「国家権力から独立した性格」を帯びるに至った。しかも彼らは「十分な数」を充たしたときは、法律事務の独占までも可能である。それはまるで中世のギルドを思わせる。だがこのような「前例のない自治権」と「独占」こそが、弁護士が安んじて自己の利益を追求するのを保障しているのだ。加えてそれのもたらす影響たるや深く広く、彼らの独立性に引きつけられて、官を捨て弁護士の世界に奔ったり、在任中から弁護士ばりの雄弁に耽ったりする検察官が、近時出て来ている状態である。(60)

フークスの眼に映るものは、相互の有機的な連関も、階統秩序も何も持たない「司法連邦」судебная федерация

に委ねられた、刑事司法の危機であった。未熟な取調官は自己に認められた不罷免性を意識して、監督する検察官を軽んじ独行する。この結果、公訴提起に無理が生じ、ここを弁護士に付け込まれる。手厚い自治に守られる彼らは、被告人のためあらゆる手段を弄することを厭わない。こうして手続きが証拠調べ、最終弁論と進むにつれて、陪審員の混乱は募り、結局は偶然的な印象によって裁判は左右されていく……[61]。

しかし問題はこれに尽きないとフークスは見た。彼が「治外法権」とまで罵倒する司法部の独立が事態の打開を阻んでいる。「この司法連邦は、国家権力による規制を何ら受けない。それは一般の国家装置 общий государственный механизм から切り離され、さらにはこれと直接対立している。のみならず、司法連邦は国家権力から独立をし、行政組織のように法律によって制約されることがない。司法連邦は、法律を一般的意味に従って、そしてまた自らの思うところに従って по общему смыслу и по собственному разумению、解釈する権限を有している」[62]。

これはカトコーフの「国家の中の国家」論の復唱である。これにフークスは、恐らくは彼の現役時代の怨念を込めつつ、次のような新味を加えた。――治外法権の地位に置かれ、不罷免の特権と自由な法律解釈の権を許された裁判官たちは、いまや自らを「選良」лучшие люди とみなし、自分が全ての国家機関の上にある「特権的カーストの一員」であると考えている。ここに裁判官の驕慢が生じる。彼らは「民衆の利益を守る護民官」стража народных интересов を以て任じ、行政官を見下しては、自分たちは行政の専横から社会を守るのだと吹聴している。例えば警察を侮辱したりその命令に従わなかった者に対する寛大な判決。逆に警察が訴えられたときの峻厳な判決。こうして裁判官は、司法と行政との正常な関係を妨げて、遂には「統治の一体性」единство в управлении を掘り崩してしまう。

しかし何ゆえに裁判官のみ、かくも厚遇されているのか。立法者はその理由として、社会の有力な者が裁判に影響を与えることがないように、と主張している。だが県知事も警察も収税官吏も、何れも様々な圧力に囲まれながら、仕事をしているのではなかろうか……。[63] こうしてフークスは絶叫する。

「何とも奇妙なことだ。治安判事を選出した人々には、この裁判官を定期的に選挙する権利が与えられる。しかるに政府には、能力もなく怠慢な裁判官を罷免する権利は、全くもって拒否されている。しかもその理由は、高い地位にある人々、あるいは有力な地位にある人々の影響が、民事・刑事の裁判に及ぶことがないように、と言うのである！[64]」

司法改革は、国家権力と何の結びつきもなく、内部的には二つの構成部分に分かれてその間に共通のものがない、独特な司法組織を創り出した。司法権を担っているのは、「地方自治の機関」としての治安判事と陪審員、そして「君主によって任命されるが国家権力からは独立している裁判官の団体」である。だが、「裁判とは地方自治の属性ではなく、国家権力の属性である」。してみれば司法改革は、「予めその事実上の破産を予定されている」のではあるまいか。――これが裁判諸法にフークスの下した診断であった。[65]

⑥ フークスは本書の他に専門の出版に関する論文をいくつか残しているが、今日彼の名が世に伝わるのは、この『裁判と警察』の著者としてである。それほどに本書が名高いその理由は、一つには過去の批判が取り上げてきた問題群を余すことなくここで取り込み、フークスなりに体系化して、巧みにそこここに散りばめていること、そして第二に、広く諸国の法制を調査してこれを批判の準規とし、これに照らしてロシアの制度の特質を見極めようとの、彼の方法論の確かさにあると言えるであろう。そしてまた、「サモスート」「中世のギルド」「司法連邦」と言った修辞を駆使した筆の力が、自らの籠もる思いと共鳴し合い、読む者に忘れ難い印象を残していることも見逃せない。彼の過激な修辞の中にも、地方社会の現状に向けたその洞察に見るように、真実を衝くものがあったのである。もとよりそのことは、本書が一つの論争の書であり、主張の過度の一面化、議論の誇張と単純化、論点の直截明解な再構成といった偏りを持っていることを、否定するものではなかったが。

その饒舌とレトリックにも拘わらず、議論のための豊富な素材を提供し、著者なりにあるべき司法の姿を描き上げようと努めたことは、やはりフークスの残した功績であった。本書の末尾は二三項目の司法部改造の提言である。曰く、法相の監督権を強化すること（第二項）、陪審制は廃止して代わって身分の代表による参審制度を実施すること（第三項）、治安判事は任期を定めず、またその任命は法相の手に委ねること（第四項）、弁護士の資格審査と懲戒審理は控訴院の所管と改めること（第八項）……。「一八六四年の司法組織を、一般の国家装置 общегосударственный механизм の中に組み込み、その構成員の責任を強化し、裁判における法律の権威を回復し、司法官の法学教育を向上させる」。——これが改造の柱であった。[66]

ゴロヴァチョーフにとって「社会」がその構想のキーワードであったとするならば、フークスのそれは「国家」であった。彼はここに見るように司法のエタティズムの理論家として、激しく制度の再改革を迫ったのである。

（5）批判論の射程

カトコーフの筆の跳躍とフークス論文の連載が始まったことで、一八八〇年代は裁判諸法に対する大攻勢の年となった。批判の全てがためにするものだったわけではないし、これらが何れも旧慣を恋う司法反動に終始していたわけでもない。むしろ一連の議論はこれに対する反批判を媒介として、新しい制度に対する認識を一段掘り下げていく契機となった。

このとき強力に改革擁護の陣を張ったのは、帝立法学校を卒業後、カルーガ刑事院副院長、セナート第六部上席書記と渡り歩いて、旧制度について知悉するИ・С・アクサーコフである。ヨコの比較を武器としたフークスに対し、彼は積極的に過去を語り、裁判諸法の援護射撃に乗り出した。スラヴ派固有の修辞を交えて、彼は次のように書き進める。——近時、裁判諸法を以て、国家の中に国家を孕ませしものなりと、これを難ずる者がある。しかし裁判は全ての権力の源であるツァーリの名により行なわれるので、ツァーリが行政権力に従うことがないように、裁判所が行政に服することはあり得ない。然るに改革前の裁判は、富者と権門に屈する裁判だった。これこそが、実質的には国家から独立した裁判所だった。あるいはまた、裁判官の不罷免性を非難する声も囂しい。だが裁判官が法相に完全に服属し、司法大臣の交替に合わせて裁判官も替わることが望ましいとも言うのだろうか。さらに不当な判決、「傾向的な」判決の存在を指弾する声も跡を絶たぬ。だがなぜ数十の、いや数百かも知れないが、これら一部の判決のみを取り上げて、万に達する正しい判決には触れないのか。ごく最近まで無法が支配してきたこの国に、今根を下ろした裁判所の、豊かな活動のことは黙っているのか……。「穏健になり給え。今裁判所を中傷し、その土台と独立性とを揺るがすことは、いつか来た道を戻ることだ。賄賂と欺瞞と歪んだ裁判への道である」。[67]

タテの比較は、司法改革を初めとする六〇年代諸改革の歴史的位置を検討する作業に道を開いた。八四年の右のアクサーコフの回顧に続いて、一八八六年には「古い裁判所」と題されたH・M・コルマコーフの回想が、雑誌『ロシアの往事』に発表された。[68] 改革前の裁判制度を知る上で今日最初に読むべきとされる、第一級の史料である。さらにこの頃、モスクワの中堅弁護士で、七〇年代に司法ジャーナリストとして活躍をした評論家Г・А・ヂャンシェフが、老ザルードヌイの協力の下、司法改革の資料を整理し、その立役者の評伝を世に問う仕事を始めていた。大著『大改革時代』（初版一八九二）の刊行は、このような仕事を下敷きに可能となったものである。[69]

言論界の論戦は法律家には絶好の自己省察の機会となった。一八八〇年、ムラヴィヨーフは『法律報知』に、「有罪答弁をした被告人に陪審員が無罪を言い渡すのは何ゆえか」という、「疑問」評決批判の核心を衝く論文を発表している。彼は最初に法の規定に立ち返り、「有罪答弁――無罪評決」が違法でも不当でもないことを説く。そして実務家としての経験からも、これはごく稀な事例であると強調し、センセーショナルな取り上げ方を戒める。――続く本論でムラヴィヨーフは、陪審員が無罪評決を言い渡すのは三つの場合に類型化できる、と主張をした。――

第一は被告事件の特殊な事情に基づくもので、例えばごく少額の窃盗事件に対する無罪の評決、被告人の家庭的・個人的事情を考慮しての無罪評決が挙げられる。姦夫・姦婦殺しといった、事件が「血と死」を見るときはさすがに無罪とはされないが、未遂に終わったときなどは、それでも無罪となることがある。陪審員はこのようにして、犯罪が社会に及ぼす害悪と被告人個人が負う苦悩との比較衡量を行なっている。第二は無罪の評決が実体法に起因する場合で、刑法典に規定をされた刑罰が重すぎると感じられるとき、例えば拘留ないし罰金が相当と思われる行為に対しシベリア流刑が科されるときなど、無罪の評決が言い渡される。最後に第三として、手続法が原因で無罪評決が出される例も存在する。典型は、勾留期間が数ヶ月、時に数年に及んだときに無罪を言い渡す場合である……[70]。

第一の類型はまた格別、第二、第三の理由に基づく無罪評決問題は、実体法や手続法の改正によって基本的には解決する。従って「ロシアの刑事司法の将来と希望は、陪審裁判をそのまま残し、これを適切に発展させることにある」[71]。――ムラヴィヨーフは、カトコーフやフークスが行なうような、あれかこれかの決疑論的発想を避け、対象に即して議論を立てる柔軟な制度的思考に徹していた。

もっとも大胆な議論が展開したのは、治安判事制度であった。後のマナセーイン法相時代、「影の司法次官」とまで呼ばれた実力者、M・B・クラソーフスキーは、八四年一〇月、ペテルブルク法律協会刑事法部会で「刑事司法の観点から見た現行治安判事制の欠陥について」と題する爆弾報告を行なった。論点は多岐に及んでいるが、現行制度は有為の人材を引きつけていないという不満と、現在の治安判事制は果たして真に住民に迅速で身近な裁判制度足り得ているかという疑問とが、この報告を貫いている。最初の人事問題では、クラソーフスキーは治安判事の三年任期の不安定性や年金制度の未整備といった物質的保障の不十分性、さらに任用時の財産資格の欠陥を指摘する。財産資格が都市住民に甘く有利で、ために制度が地域の名士の登用という当初の目的を果たせないまま、退職官吏の第二の就職先に変わってはいないか、と言うのである。ここからは任期六年制、治安判事の増俸と年金制度の確立、そして財産資格の改正という対案が導かれる。一方教育資格に関しては、当面現行の中等教育の修了を目安と定める他ないが、職歴による教育資格の代替は認めぬこととし、また高等教育修了者の登用が容易になるように、治安判事の特別任用制度[72]（司法　第三四条）を改正すべきだと提案した。クラソーフスキーは満場一致という現行規定を三分の二の多数に緩和しろと言うのである。彼の構想は治安判事の職業化と専門職化を目ざす内容であり、それは人望ある素人裁判官という治安判事の原像に対する修正を意味する[73]。

よりラディカルな提案が、第二のアクセス問題である。クラソーフスキーは、現在の治安判事地区は概して広く、また治安判事管区の地区割りが住民の利用の便とは無関係に治安判事の都合で決められている例があると指摘する。続いて彼は判決手続の問題に触れ、例えば厳格に直接主義を貫くことが証人の出頭などで日程の遣り繰りに困難を来し、迅速な審理の妨害となっていないかと疑義を呈する。彼の疑問は多方面にわたっているが、現行の手続は悪意の被告人の訴訟遷延の手段として悪用されているとするのが、その基本的認識である。彼には現行手続は、微罪事件を扱うには稍々複雑で形式に流れ、反面法定刑が監獄拘禁に当たるような治安判事の管轄の上限に当たる事件では、被告人への十分な手続保障を欠いているように思われた[74]。

この認識から過激とも思われる対策が出されている。第一は地区の細分を果たすための前提となる、治安判事の増員である。クラソーフスキーはこの課題を治安判事と取調官との統合によって、つまり取調官を廃止して治安判事に取調べの職務を担わせることで、達成しようとした。反論はもとより承知の上で、法曹資格をもつ取調官をこうして新たに治安判事に充てることで治安判事の質の向上も可能になると彼は踏む。次が管轄の再編で、新たに郡会議 уездный съезд を組織して、先の監獄拘禁に当たる現在の治安判事の上限事件の管轄をこちらに移す、となっている。郡会議は地裁判事を裁判長に治安判事を陪席としてつくられる合議体で、右の上限事件の第一審管轄の

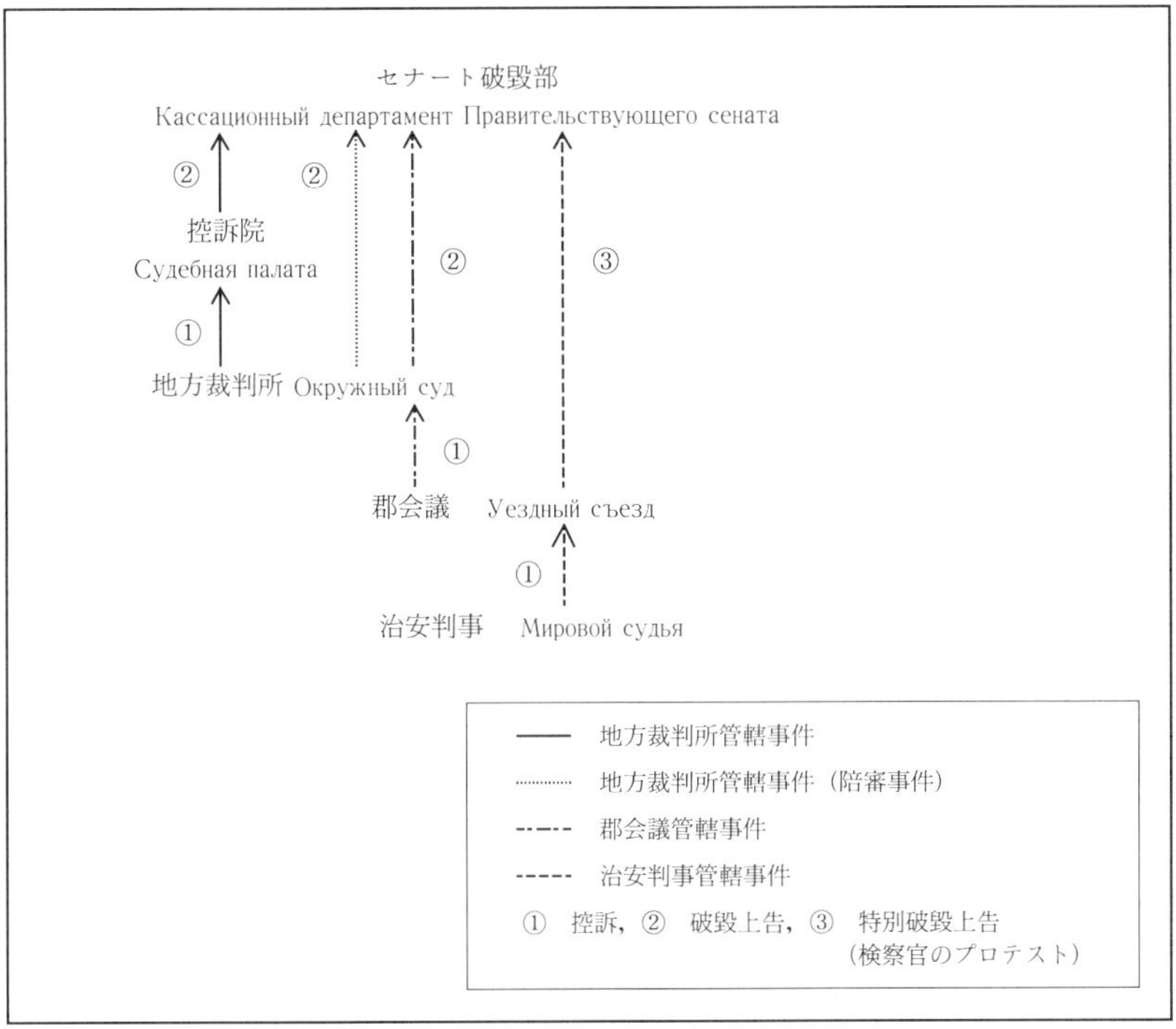

図 4-1　治安判事制再編構想（クラソーフスキー案）

他、再編後の治安判事管轄事件の控訴審となることが予定をされた（図４－１）。管轄の再編は審級制度の見直しと結びついて、治安判事会議は廃止をされるわけである。治安判事の質に対する不満からその集合体へのクラソーフスキーの不信は強く、ここでは身内の馴れ合い体質が著しいと、彼は治安判事会議を痛罵する。そして最後に第三として、クラソーフスキーは欠席判決制度の拡充、検察官による先の上限事件の起訴独占といった手続法の改正を説く。この中には、上訴権を制限して治安判事の管轄事件では破毀上告は廃止する（法律解釈の誤りを理由とする検察官のプロテストのみ容認する）といった、破毀制度の見直しも含まれている。[75]

　クラソーフスキーの構想には、治安判事（地域の裁判所）を普通裁判所に包摂していく志向が顕著に見られる。そこでは治安判事が法専門職に変わることが意識され、郡会議も職業裁判官と治安判事の混成体となることが想定されている。治安判事と取調官の統合問題と合わせ、これは裁判所構成の大々的な再編プランと言うよりない。

このように、ムラヴィヨーフやクラソーフスキーの立論は法改正の提唱を伴なっており、言論界や法曹界の発言は要路の当局者には政策立案の刺激を与えた。皇太子時代に師傅を務めた関係からアレクサンドル三世に独自の影響を持つポベドノースツェフが、八五年一〇月に、今後の司法制度のあり方について、新帝に一書を奉じたことはよく知られている。彼はそこで、刑事裁判のセンセーショナリズムを克服するため公開主義や陪審制を見直すこと、不良裁判官の淘汰のための不罷免性の再検討、醜弁護士に対する規制、治安判事の事物管轄や選挙制の再考といった、カトコーフやフークスの所論に通じる一一項目を献策した[76]。

かくして裁判諸法をめぐる議論は、制度の歴史や現状の理解を扶けるとともに、個々の具体的政策論とも結びついた。そこで裁判諸法成立後の司法政策の展開過程を、歴代法相の事績に寄り添う形で、次に整理をしてみたい[77]。

（1）裁判諸法に向けられた批評や論攷は、次の文献目録から知ることができる。大部の本格的な論文から新聞の短評に至るまで、様々の議論がそこで入念に拾われている。А. Поворинский（сост.）. Систематический указатель русской литературы по судоустройству и судопроизводству, гражданскому и уголовному. СПб., 1896; Систематический указатель русской литературы по судоустройству и судопроизводству, гражданскому и уголовному. т. II（1896-1904 г. г.）, СПб., 1905.

（2）А. А. Головачев. Десять лет реформ. СПб., 1872. 初出は、ВЕ, 1871, No. 2-7, 9-11, 1872, No. 1-3, 5。ゴロヴァチョーフの略歴は、Русские писатели 1800-1917. Биографический словарь. т. 1, М., 1989, стр. 610-611。

（3）Головачев. Указ. соч., стр. 288.

（4）Там же, стр. 325-326, 303.

（5）Там же, стр. 303-305.

（6）Там же, стр. 304.
（7）ゴロヴァチョーフの検察再編論も興味深い論点を含んでいるが、ここでは触れない。拙稿「『司法反改革』攷」『神戸市外国語大学外国学研究所研究年報』第三五号、一九九八年、八八頁、注8を参照。
（8）Головачев. Указ. соч., стр. 326-328.
（9）Там же, стр. 329-332.
（10）Там же, стр. 333-336.
（11）Там же, стр. 337-342. ゼムストヴォ郡会の議員数は、いわゆるゼムストヴォ法（ПСЗ, собр. 2, т. 39, No. 40457, 1864 1/1）別表で定められているが、郡会の大半は定数三〇名前後であり、定数一〇〜二〇名足らずのところも少なくない（ゴロヴァチョーフのコルチェヴァ郡は議員定数三四）。ところが議事の定足数は定数の三分の一以上の出席、但し絶対数一〇名以上と定められているため（同法　第四二条）、一〇人の議員で議事が成立する小規模な郡会では、六名の議員の賛成で議案が成立する。
（12）Головачев. Указ. соч., стр. 358-359.
（13）Там же, стр. 346-351.
（14）Там же, стр. 354-356, 360.
（15）Там же, стр. 316-323, 361-362, 366, 368-372.
（16）Там же, стр. 363-366.
（17）Там же, стр. 342.
（18）Ф. М. Достоевский. Полное собрание сочнений в тридцати томах. т. 21, Л., 1980, стр. 13（『作家の日記』一八七三年、3）.
（19）Там же, стр. 13-15.
（20）Достоевский. Указ. соч., т. 23, Л., 1981, стр. 9-11（『作家の日記』一八七六年、五月、第三章）.
（21）Там же, стр. 11-16, 10.
（22）Достоевский. Указ. соч., т. 22, Л., 1981, стр. 63-68（『作家の日記』一八七六年、二月、第二章）. ドストエーフスキーは「クローネベルク事件」Дело Кронеберга と書いているが、「クローネンベルク事件」Дело Кроненберга が正しい。作家の依った『ゴーロス』の記事の誤記に因る誤りである。
（23）Дело о банкире К., обвинявшемся в истязании своей семилетней дочери // Сочинения В. Д. Спасовича. т. VI, Судебные речи (1875-1882). СПб., 1894, стр. 68.
（24）Достоевский. Указ. соч., т. 22, стр. 70-71.

(25) Достоевский. Указ. соч., т. 26, Л., 1984, стр. 54（『作家の日記』一八七七年、一〇月、第二章）.
(26) 「『司法反改革』攷」九六頁、注17を参照。
(27) Е. Л. Марков. Софисты XIX века // Собрание сочинений Евгения Маркова. т. 1, М., 1877, стр. 73, 74. マールコフの経歴については、Русские писатели 1800-1917. Биографический словарь. т. 3, М., 1994, стр. 526-528 を参照。論説の初出は、Голос, 1875, No. 36 (2/5), No. 37 (2/6)。
(28) Марков. Указ. соч., т. 1, стр. 81, 86, 86-87.
(29) Москва 19-го ноября. МВ, 1871, No. 254 (11/20).
(30) Москва 1-го августа. МВ, 1874, No. 192 (8/2). こうした逃避の背景に、陪審費用についての規定の欠如といった、制度の欠陥があることに注意されたい。
(31) Москва 2-го августа. МВ, 1874, No. 193 (8/3).
(32) Москва 26-го июля. МВ, 1875, No. 191 (7/27).
(33) 「陪審員の構成を大きく改めるには、読み書きのできない者を排除するだけでも十分であろう」。Москва 19-го июня. МВ, 1876, No. 155 (6/20).
(34) Москва 29-го января. МВ, 1882, No. 30 (1/30); Москва 9-го февраля. МВ, 1882, No. 41 (2/10); Москва 12-го февраля. МВ, 1882, No. 44 (2/13).
(35) Москва 24-го февраля. МВ, 1883, No. 56 (2/25).
(36) Москва 27-го апреля. МВ, 1882, No. 116 (4/28).
(37) Москва 30-го апреля. МВ, 1882, No. 119 (5/1).
(38) Виктор Фукс. Суд и полиция. ч. 1-2, М., 1889. 初出は、РВ, 1884, No. 4, 10; 1885, No. 2, 3, 8, 9; 1886, No. 1, 6; 1887, No. 1, 8。
(39) フークスの履歴は、Некролог В. Я. Фукса. НВ, 1891, No. 5335 (1/5) に依る。
(40) Фукс. Указ. соч., ч. 2, стр. 63-84, 95. フークスは陪審員の醜態の一例として、滞在費を事欠く農民陪審員が物乞いをしている事例を挙げている。
(41) Там же, ч. 1, стр. 97-118. 第三章第二節注7を参照。
(42) Там же, ч. 1, стр. 127-135.
(43) Там же, ч. 1, стр. 138-151. 理論上、陪審名簿の作成主体は、(i)行政当局、(ii)地方自治体、(iii)司法機関の三者を想定することができるものの、何れも長短あり、フークスも指摘のとおり大陸諸国の立法は三者の協働に立つ混合的な方式を取っている。フランスではたびたび制度の改変があるが、フークス論文が執筆された第三共和政時代は、各カントンで準備した候補者リストを郡で補訂し、郡の名簿を集計して毎年の県の名簿を作成する方式が行なわれた。カントンの名簿作成委員会は治安判事、郡の名簿作成委員会は始審裁判所所長を長としていて、司法機関は直接名簿の作成に関与する（一八七二年一一月二一日法）。フランスの制度を変形したドイツ諸邦のいわゆるライン型陪審では、県知事が名簿の作成に当たることが多く、その統一後は七七年の裁判所構成法が定めるように、区裁判所に設置の委員会（区裁判所判事を長に行政官吏一名と七名の住民代表を以て構成）が名簿の作成を行なった（第四〇条、第八七条）。名簿の管理を事実上地域社会に委ねているロシアの制度は、フークスも説くように、確かに例外的である。

（44）Там же, ч. 1, стр. 155-172.
（45）Там же, ч. 1, стр. 170-172; ч. 2, стр. 59-60, 96.
（46）Там же, ч. 1, стр. 237.
（47）Там же, ч. 1, стр. 193-202.
（48）Там же, ч. 1, стр. 203-204, 186; ч. 2, стр. 101-106.
（49）Там же, ч. 1, стр. 209-218.
（50）Там же, ч. 1, стр. 218-236; ч. 2, стр. 103.「控訴審としての治安判事会議の創設は、治安裁判所を一般の国家機構から切り離したことの直接の結果であった」(Там же, ч. 1, стр. 226)。
（51）Там же, ч. 1, стр. 236-237.
（52）フークスは、法定証拠主義の廃止は裁判官に無制限な法律解釈の自由を与える結果となり、人間の「集合的理性」の表現である法律と「裁判官の個人的見解」との間の均衡を崩す、と警告する。かくて「法律の権威」は揺らぎ、それは法律を制定する権力の権威失墜を招来すると言うのが、彼の抱く憂鬱である (Там же, ч. 1, стр. 70)。
（53）Там же, ч. 2, стр. 110-111. 本書の末尾でフークスは、法に欠缺あるときは裁判を中止し、これを破毀部に通知すべきだと提言する。この場合、その必要があるときは、破毀部は国家評議会を通じて立法措置を取るよう法相に建言するわけである。
（54）Там же, ч. 1, стр. 87-91, 93.
（55）Там же, ч. 2, стр. 129.
（56）Там же, ч. 2, стр. 13-14.
（57）Там же, ч. 1, стр. 245-248; ч. 2, стр. 31-41.
（58）Там же, ч. 1, стр. 260-263; ч. 2, стр. 25.

(59) Там же, ч. 2, стр. 49-58.
(60) Там же, ч. 1, стр. 270-278; ч. 2, стр. 24.
(61) Там же, ч. 1, стр. 279-280.
(62) Там же, ч. 2, стр. 130.
(63) Там же, ч. 1, стр. 90, 92-95; ч. 2, стр. 130-133.
(64) Там же, ч. 2, стр. 94.
(65) Там же, ч. 1, стр. 95-96; ч. 2, стр. 12-13.
(66) Там же, ч. 2, стр. 226-231. もっとも治安判事会議については、ここに地裁副所長または地裁判事を議長として派遣し、さらに地裁検事をメンバーに加えることにして、つまり職業的な司法官による統制を強化することを条件として、これを存続させる、としている（第五項）。
(67) И. С. Аксаков. О старых судах (по поводу усилившихся нападений в газетах и в обществе на новый суд)// Сочнения И. С. Аксакова. т. 4, М., 1886, стр. 662-665. この文章の前段は、第二章第四節で引用してある。
(68) Н. М. Колмаков. Старый суд. РС, 1886, т. 52, No. 12.
(69) Гр. Джаншиев. Страница из истории судебной реформы. Д. Н. Замятнин. М., 1883; Его же. С. И. Зарудный и судебная реформа. Историко-биографический эскиз. М., 1889; Его же. Основы судебной реформы (к 25-летию нового суда). Историко-юридические этюды. М., 1891; Его же. Из эпохи великих реформ. Изд. 1-е, М., 1892. ヂャンシェフは時論においても積極的で、醜弁護士論を生産的に読みかえ、弁護士倫理に関する問題提起を行なっている。Гр. Джаншиев. Ведение неправых дел (Этюд по адвокатской этике). М., 1886, 2-е изд., М., 1887; Его же. Вопросы адвокатской дисциплины. М., 1887.
(70) XYZ (Н. В. Муравьев). Отчего присяжные заседатели оправдывают сознавшихся подсудимых. ЮриВ, 1880, No. 2, стр. 375-393.
(71) Там же, стр. 396.
(72) 第三章第三節注8を参照。
(73) Протоколы уголовного отделения. LVII. Заседания 27 октября. ЖГУП, 1885, кн. 4, стр. 44-58; кн. 5, стр. 65-66. クラソーフスキーはキーエフ大学法学部卒。一八七二年、セナートに勤務し、司法省司法局刑事課長、国家評議会事務局（法律部会国務書記官）を経て、九〇年、司法省第一局長となった。その後はハリコフ控訴院長、セナート両破毀部総会上席検事を務めた後、一九〇四年に退官。一九〇五年革命期にはオクチャブリストの結党に加わり、〇六年国家評議会議員となる。以後、穏健リベラルの立場に立つ法曹議員として多くの立法に参画した。詳しくは、Памяти М. В. Красовского // Земский сборник Черниговской губернии, 1911,

No. 5.

(74) このクラソーフスキーの懸念は、言わば出るべくして出た発言である。後述のようにナボコフ法相期、一八八二年五月一八日の法律（ПС3, собр. 3, т. 2, No. 890, 1882 5/18）によって地裁の刑事管轄に手直しがあり、これに伴い治安判事は法定刑一年半以下の監獄拘禁に当たる罪に係る微罪事件まで扱うことになった（刑訴　第三三条改正——従来は一年以下である）。治安判事の民事の事物管轄が広きにすぎはしないかという論点は前章で指摘のとおりであるが、今回の治安判事管轄の拡大により、この問題が刑事司法についても生じてきたのである。

(75) Протоколы уголовного отделения. LVII. Заседания 27 октября. ЖГУП, 1885, кн. 4, стр. 40, 47-48, 58-63; кн. 5, стр. 66-76.

(76) К. П. Победоносцев и его корреспонденты. т. 1, полутом 2-й, М.-Пгд., 1923, стр. 508-514. この意見書の詳細は、『司法反改革』攷」一二六〜一二八頁、を参照。なおポベドノースツェフは、A・H・シャーホフ（モスクワ控訴院長）に宛てた八四年三月一〇日付の書簡で、表現に誇張が過ぎるものの、カトコーフの批判に基本的には同意する旨、言明している。Там же, т. 1, полутом 2-й, стр. 485.

(77) 司法政策を決定するのは法相個人の思想やパーソナリティーに限られないが、司法大臣の在任期間は他の諸大臣と比べ総じて長く、また司法省の組織も比較的簡素なため、司法政策にはトップの考えが反映しやすいという特徴がある。

二　司法政策の展開過程

(1) 躍進の代償

① ザミャートニン退陣後の司法省は、C・H・ウルーソフ（皇帝直属官房第二部長官）による半年間の兼摂期を経て、次官K・И・パーレンに引き継がれた（六七年一〇月一五日、法相代理。翌年三月三一日、法相）。パーレンはリフリャント生まれのドイツ系で、ペテルブルク大学卒業後、五四年に国民教育省に入省。その後国家評議会事務局、内務省執行警察局を経て、六四年にプスコフ県知事代理となり、翌年プスコフ県知事に就いた元内務官僚で

ある。司法省には前次官ストヤーノフスキーの後任として、六七年一月一日に入ったばかりで、特段の裁判実務の経験もない彼がザミャートニンの後を襲ったのは、僅か三四歳の時であった[1]。

異例の人事の背景には、ザミャートニンの政敵でありパーレンの内務省時代の上司であるヴァルーエフの引きがあったが、この抜擢に応えるだけの力量をパーレンが備えていたことは事実である。パーレン家の紋章に刻まれた「堅忍と熱情」Constantia et zelo そのままに、彼は愚直なまでに与えられた仕事をやり遂げていく人間であった。国家評議会事務局時代、戦火のセヴァストーポリに派遣され、同僚八人のうち五人が斃れ、自らもチフスに罹患する中、必死に傷病兵の救援に当たったというその有名な出世譚が、彼の人となりを語っている[2]。内務官僚特有の、原理・原則に囚われることなくその時々の政策課題に柔軟に対処していく能力とスタイル、粘り強く、しかし目的実現のためならば時に大胆な妥協も辞さない姿勢、——ここにパーレンの資質があり、歴史的には、彼は司法改革を軟着陸させる役を担ったのである。後年、彼とB・ザスーリチの裁判をめぐって衝突し、パーレンに複雑な思いを抱くコーニですらも、「歴代法相中、最高の行政官」との評を彼に捧げるに吝かではない[3]。

パーレンの果断な側面は、六五年施行規程を補足した一八六九年三月一〇日の法律に見ることができる[4]。裁判諸法の施行がすでに決まった地域では、直ちに一審・二審の旧裁判所を廃止する（A—第一条）。またすでに係属中の事件のうち、(i)親告罪で和解による終了が認められた刑事事件、(ii)民事事件で法定の期間を徒過していながら被告が答弁書を提出していないもの等は、全て審理を打ち切ることにする（A—第二条、第二一条）。——些か強引の感は否めないが、旧事件の処理にこうして蛮勇を奮うことで、パーレンは一刻も早い新制度の立ち上げを図ったわけである。以後彼は、この課題に向け猛進していく。

② 裁判諸法を速やかに施行する上で、鍵を握ったのは治安判事制の扱いであった[5]。前任者が蔵相の執拗な抵抗に手を焼いた事実は強烈であり、パーレンは六八年五月になって奇策に訴え、未だゼムストヴォ制が施かれていな

い地域も含むヨーロッパ・ロシア全県で、普通裁判所（控訴院と地裁）の施行とは別に、先ずは治安判事制を実施するとの法案を国家評議会に提出した。かつての議論を蒸し返す内容とはいえ、一部なりとも新制度へと移ることで旧裁判所の縮小が可能となり、浮いた費用を今後の施行の財源に充当できるだけではない。治安判事の人件費および事務処理経費はこれを選出する地域社会の負担になっていたから（司法　第四四条）、この案ならば大蔵省にも受入れ可能な筈である。

この計画を大筋において認めたのが、一八六八年六月三〇日の法律である。[6] すでにゼムストヴォ制度が施かれているヴャトカ、カザン、コストロマー、オロネツ、ペンザ、サマーラ、サラトフ、シムビルスク、スモレンスク、タムボフ、チェルニーゴフの一一県で、六五年施行規程に則って治安判事を組織する（第一条）。現行の第一審の裁判所は治安判事制発足とともに廃止され、二審の民事院と刑事院は合同院 соединенная палата へと統合される（第三条）。なお係属中の事件の処理を急ぐため、一八六九年三月一〇日法はこの一一県でも適用された（同法Б—第一条）。

治安判事の先行施行に踏み切ったことは、結果としては、これらの地域で普通裁判所を施行するための呼び水として機能した。治安判事が独行したまま長く新旧裁判組織の並存を続けることはやはり異態で、これが国家評議会でのレイテルンの抵抗を弱めたからである。こうして一八七〇年から後行改革が展開する。同年六月二六日法は、カザン控訴院管区とサラトフ控訴院管区の開設を定めたもの、続く七三年五月八日の法律はヴャトカ県をカザン控訴院管区、チェルニーゴフ県をハリコフ控訴院管区に編入すると定めたものである。[7] 以上二つの法律により、治安判事制度が先行していた先の一一県のうち、オロネツ県を除く一〇県で、普通裁判所も施行をされることになった。

確かに、最初に治安判事を導入しこれを既成の事実として後続のフォローを迫るというパーレンの手法は巧妙で、後行改革のうねりの中で蔵相はすっかり霞んでしまったかに見える。一八七二年一二月一二日の法律は、速やかな裁判諸法の施行という流れがすでに決まってしまった後でもあり、この種のマヌーバーを捨て去って、素直に一つの単行法でこの両段階の日程を定めている。[8] 先ず一八七三年前半に、ペルミ県、それからヴォログダ県の五郡において、六八年六月三〇日法を準用して治安判事制を先行させ、これに続いて七四年の前半に右の五郡のヴォログダ県にヴォログダ地裁、ペルミ県にはペルミ地裁とエカチェリンブルク地裁を設置する。——前者はモスクワ控訴院管区に、後二者はカザン控訴院管区に編入され、三つの地方裁判所は予定どおり七四年に開所した。

小括すると、一八七〇年代前半までに七つの控訴院管区（ペテルブルク、モスクワ、ハリコフ、チフリス、オデッサ、カザン、サラトフ）が生まれたのである。当面の実施対象として六六年に司法統計を収集した三一県一州のうち、この時点で裁判諸法の全面的な施行がなされていないのは、西部諸県とアルハンゲリスク県だけとなった。他にカフカース総督府が主導して、前述のようにチフリス控訴院管区が六八年に開かれており、また皇帝の強い意向でドン軍州でも七〇年代前半に司法改革が断行された。[9] この地をハリコフ控訴院管区に編入し、ノヴォチェルカースク地裁とウスチ・メドヴェージツカヤ地裁を置いている。

パーレンは、引き続き裁判諸法の全国化に全力を挙げた。彼が次に目標としたのは西部諸県、リトアニア、ベラルーシ、ウクライナに跨がる九県である。

③　治安判事制を糸口として後行改革を迫るのは、パーレンに常套の手段である。西部諸県に対しても、彼は六五年の施行規程と六九年三月一〇日法に基づいて、この制度の導入を図ることから始めている。ただ西部九県はポーランド一月蜂起の及んだ地域でもあり、法の施行に当たっては現地の治安責任者と中央の内務省の意向も絡んで、やや複雑な過程を辿った。[10]

治安判事の先行施行を決したのは、一八七一年六月二三日の法律である。[11] この九県の場合には、治安判事を選出すべきゼムストヴォが未だ存在していないから、同法は「ゼムストヴォ制施行までの治安裁判所の構成に関する臨時規則」を称している。地区治安判事・名誉治安判事は、各地の臨時郡委員会が作成した名簿の中から、司法大臣が任命をする（第五条）。治安判事会議議長も、三年任期で同じく司法大臣が任命する（第一〇条）。地区治安判事に欠員が生じたときは、治安判事会議は二名以上の後任の補充人事の候補者を法相に提示することができる（第一三条）。――以上が眼目で、候補者の財産資格が引き下げられている他は、治安判事の任用資格は六五年施行規程にこれを定めたとおりであった。

この法律の成立までには若干緊迫したやりとりがあった。治安判事を任命制に改めてでも独行させる変則にレイテルンは難色を示し、一方治安当局は、治安判事はロシア人 лица русской национальности でなくてはならない（キーエフ・ヴォルイニ・ポドリエ総督）、治安判事の任用では現地当局の意向が十分尊重されねばならず、行政の威信が確保をされるよう手続に特別の配慮を置く必要がある（内相Ａ・Ｅ・ティマーシェフ）、と求めている。対して裁判諸法の施行を急ぐパーレンは、内務と大蔵、両者の対立を利用して自説を巧みに貫徹した。彼は蔵相に向かっては、普通裁判所と治安判事の包括的で全面的な施行の方が望ましく、選挙任用が任命制より優れていると断りつつも、全面施行は財政状況が許さないとレイテルンの持論を逆手に取った。その上で、この地の政治情勢は任命制を余儀なくさせるとティマーシェフらの立場に理解を示し、任命による治安判事の先行策の根拠としている。結局六月二三日法は司法省の論理に沿った形で決着を見せ、現地総督の「民族条項」挿入の主張も、内相の手続上の配慮を求める要請も、実現していない。

これに続いて一八七七年に西部九県に普通裁判所を施行する法律が成立した。ただこのときの後行改革は、単に司法省だけでなく、ロシア本国と西部諸県の一体化という観点から裁判諸法の可及的速やかな全面施行を求めていた、現地の両総督（キーエフ・ヴォルイニ・ポドリエ総督およびヴィリナ・コヴノ・グロドノ総督）によっても牽引されている。

ここに成立した七七年七月一九日法は、西部九県にキーエフ、ヴィリナ、スモレンスクの三控訴院管区を開くもので、裁判諸法は六五年規程に従って施行をされる。[12] 但し二点で大きな修正があった。第一に、ゼムストヴォ制は依然この九県で未施行なため、司法大臣が引き続き治安判事を任命する（第二条）。第二に陪審について、陪審資格は司法機関設置法の定めるとおりであるが、各郡で作成する陪審候補年次名簿と補充名簿、それに開廷名簿に登載を受けるユダヤ人数は、郡の住民全体に占めるユダヤ人人口の比率を越えてはならず（第五条）、また陪審長はキリスト者でなければならぬとされた（第七条）。このユダヤ人陪審の制限規定は、後行改革を後押しした内務省と現地総督の意向に基づく。彼らは、陪審員にユダヤ人が占める比率が過度に大きくなることは、人々の裁判に対する信頼を揺るがし、制度の運営に好ましからざる影響を残すと唱え、この主張が国家評議会を通ったのである。パーレン自身は、コスモポリタンな気質を持ったバルトのドイツ人らしく、敢えて特段の制限条項を設けることには及ばないとの考えであった。

だがこのプランは、この年、ロシアがトルコに宣戦を布告したことで財政的に不可能になり、なおも曲折を余儀なくされた。結局露土戦争の終結後、再び現地の総督に督促されて計画の仕切り直しが施され、南西三県（キーエフ、ヴォルイニ、ポドリエ）と他の六県（ヴィリナ、グロドノ、コヴノ、ミンスク、ヴィーチェプスク、モギリョーフ）でそれぞれ別個に、右の七七年法を施行していくことになった。各裁判所の開所期日は、最初の南西三県が一八七九年一二月一一日法および八〇年六月一四日法、他の六県に関しては一八八二年一一月九日法と八三年一一月九日法が定めている。[13] 戦争による財政危機から最終的にスモレンスク管区の案は放棄され、控訴院管区を広域化して、八〇年にキーエフ、八三年にヴィリナの二つの控訴院管区を開いたのである。

④　拙速とも言える大胆さで、新制度が普及していく中に浮上したのは、破毀部における未済事件の急速な増加

問題であった。新しい裁判所の数は増えても破毀審は全国一ヶ所だから、これは事の必然である。パーレンの計算では七〇年の破毀部の新受件数は刑事が四、二七〇件、民事が三、六三二件で、それが七三年に刑事八、四〇一件、七四年に民事六、〇七六件と増大した。[14] ハリコフ控訴院の開設を控えた一八六八年に、各部について評定官を四名増員し、民事事件の破毀上告に担保の供与を義務づけたのは、破毀審の訴訟遅延対策である。[15] しかし右の数字に見るように、この後も新受事件は倍増し、事態の改善は見られなかった。

この間のさらなる増員も奏功せず、ここに至ってパーレンは破毀部の機構改革を行なっている（一八七七年六月一〇日法）。[16] 骨子は破毀部を増員すること、破毀部を大法廷 присутствие Департамента と小法廷 присутствие отделений Департамента とに分割し事件の機動的処理を促すこと、そして司法行政の効率化を図ることである。先ず定増の結果として、民事破毀部評定官は首席評定官以下二三名、刑事破毀部は二七名と、破毀部の規模が発足当初の六〜七倍に拡大した（同法　別表）。大法廷は七名以上、小法廷は三名以上の評定官の合議体と定められ（司法　第一四〇条の一追加）、大法廷には「統一的な法律の解釈と適用の指針とするため、法律の正確な意味を明らかにすることが必要と思われる事件」が係属し、これ以外の事件は小法廷で取扱う（民訴　第八〇二条の二追加。刑訴　第九一六条の二追加）。また裁判書の作成の省力化のため、以後判例集には大法廷判決のみを掲載する（民訴　第八一五条改正。刑訴　第九三三条改正）。さらに事件を大法廷または小法廷に配点する際、破毀部運営会議をして形式的要件を欠く上告を却下せしめることにした（民訴　第八〇二条の一追加。刑訴　第九一六条の一追加）。確かに改組と増員の効果は大きく、破毀部の未済件数は八一年初頭までに刑事一、二六〇件、民事一、六八三件と激減している。[17] 同時にこの改革は判例の法源性をめぐる議論に改めて一石を投じるもので、一連の破毀部判決のうち特に大法廷判決が公表になるのは、そこに下級審が従うべき一般的な拘束力があるためであるとの判例が、八九年に出されている。[18]

司法行政上の変化は、新たに第一部両破毀部合同会議 Соединенное присутствие первого и кассационных департаментов を組織したことであった。これは両破毀部総会首席評定官を長として、各破毀部およびセナート第一部からそれぞれ二名の評定官が出席をして構成される（司法　第一一九条の一追加）。主たる職掌は両破毀部総会に代わって全国の裁判所と司法官の監督を行なうことで（司法　第一一九条の三追加）、特に司法行政（監督）を専務とする評定官を置くことにより、他の評定官をその負担から解放し、裁判に専念させる趣旨である。もっとも合同会議出席の評定官は「順番に従って」任じるとして、その常勤化は避けられており、司法官の懲戒に関する事項についても引き続き両破毀部総会が所管をした（司法　第二七〇条、第二七七条）。

この改組は微妙な問題を孕んでいた。定員改訂の結果として破毀部は大所帯化しているから、合同会議を設立し両破毀部総会の機能分化を図ることには一定の合理性がある。だが特に重大な司法行政上の案件については裁判所総会において行なうのが司法機関設置法の立場であり（司法　第一六〇条）、ここには無論下級裁判所の監督も含まれるから、合同会議の創設の中に、改革の基本理念の修正に繋がる面があることは否定をできない。しかも合同会議には行政職たる第一部評定官まで加えられている。パーレンら国家評議会の多数意見は、合同会議が司法行政の問題を扱う以上、ここに行政の代表が加わっても差し支えないと述べているが、これは無原則な発言であろう。

パーレンの当初構想には、以上の他に裁判所構成それ自体の抜本的な変更が含まれていた。未済事件の急増は治安判事会議からセナートへの上告過多に因るとして、県市に県治安裁判所 губернский мировой суд（地裁所長、二名の職業裁判官、三名の治安判事で構成）を新設し、治安判事管轄事件の破毀審をここに移そうというのである。しかしこの破毀審分散化構想はウルーソフの反対もあり、実現していない。

⑤　以上瞥見したように、課題に対する伸縮自在のアプローチが、パーレンの政策の特徴となった。よく知られるのは、ナロードニキ運動の高まる中、内務省や第三部と協奏しつつ、頻繁な刑事手続の改正に出たことである。

憲兵を国家犯罪の捜査取調べに投入することを認めた一八七一年五月一九日法。国事犯の裁判のためセナート特別法廷を新設し、控訴院特別法廷を廃止した一八七二年六月七日法。被告人のペテルブルク（セナート特別法廷）への移送に伴う財政上・治安上の負担から、控訴院特別法廷を復活させた一八七八年五月九日法。公務執行妨害等の「統治秩序に対する罪」について、その一部を控訴院特別法廷の管轄に移した、やはり七八年五月九日の法律。[19]——何れも法の外皮を纏った治安政策となった。

一八七四年になって弁護士法制に加えられた二つの変化も、パーレンの手法をよく示している。第一はいわゆる「準弁護士」частный поверенный の創設で、これは同年五月二五日の法律による。[20]弁護士層では早くから、経営基盤の確立のため、司法機関設置法が積み残した「十分な数」の法定を求める声が高かった。[21]これに対して司法省は依然弁護士人口の見通しに不安を抱き、結局準弁護士なる制度を設けて、右の課題に独自な形で解決を図った。登録料を支払って裁判所（治安判事会議、地方裁判所、控訴院）からその裁判所での訴訟代理資格を得た者を準弁護士とし、準弁護士制発足後は、普通裁判所管轄事件・治安判事管轄事件の如何を問わず、訴訟代理権を原則として弁護士と準弁護士にのみ認める、というのである（司法　第四〇六条の一追加）。従って弁護士補が弁護士業務を行なうには、準弁護士の資格を必要とする（司法　第四〇六条の一七追加）。

問題は資格取得の方法と、彼らの職務に対する規律にあった。準弁護士の登録（資格取得）には裁判所での審査を必要とするが、特段の資格要件はなく、[22]審査にはその「人格」личность を証明する文書の提出を以て足りる（司法　第四〇六条の五追加）。登録の裁判所には準弁護士の懲戒権が認められ（司法　第四〇六条の一三追加）、また司法大臣も懲戒の処分とは別に、「準弁護士に相応しくない非難すべき行状」を理由として、登録を受けた準弁護士を「訴訟代理から排除」устранять от ходатайства по судебным делам することができる（司法　第四〇六条の一五追加）。——従って準弁護士は専門性を欠くだけではない。資格の付与も監督も挙げて登録裁判所に負うのであり、ここには弁護士評議会に相当する職業団体は存在しない。端的に言ってこの制度は、弁護士層の積年の希望をきわめて変則的な形で実現しつつ、他方で「準弁護士」なる名称の下、従来の代訟人の選別と公認を行なって、弁護士人口の確保を図る内容となっている。特に矛盾が著しいのは準弁護士登録を行なった弁護士補で、彼らの場合、弁護士評議会、登録裁判所、さらには司法大臣と監督権・懲戒権が重畳する。特に裁判諸法が弁護士自治の確立に一切ならず腐心していた事実を考えると、将来の弁護士予備軍が裁判所の厳格な統制下に置かれることは、弁護士の団体自治を根底から空洞化させることとなりかねない。

だがパーレンは無頓着であった。弁護士法制第二の変化は、ここに見る準弁護士＝裁判所関係が、あたかも合わせ鏡のように、これに続いて裁判所と弁護士の間にも部分的だが持ち込まれたことである。一八七四年一二月五日の法律は、この時点でなお弁護士評議会が未開設の控訴院管区では、「今後弁護士評議会の設立を一時停止する」と規定をしている[23]（司法　第三五七条註追加）。対象となるのはチフリス、オデッサ、カザン、サラトフの各管区で、ここでは法の規定に従って（司法　第三七八条）、地方裁判所が資格の付与や規律の維持など評議会の事務を行なう。やはり弁護士人口の不足を理由に、従って弁護士による十分な相互規律が保ち得ず、それゆえ弁護士に対する実効的な監督を行なう制度装置が不在であるとの論拠に依って、右の控訴院管区では評議会設立を一時見合わせるというのが、パーレンの立法趣旨である[24]。

皮肉なことに、この弁護士法制での躓きがパーレンの足を掬うことになった。七八年四月二一日、彼は司法機関設置法一部改正案を国家評議会に提出している。準弁護士に対し認められた法相の排除命令を、弁護士についても準用するとの案である。パーレンは論壇の醜弁護士論を背景に、醜弁護士を監督できない弁護士評議会に取って代わって、法相がこの権限を持つべきであると考えた。――現在大多数の弁護士を特徴づけているものは、自らの選んだ職業とその使命に対する献身ではない。「代わって次第に、だがハッキリと、金銭的な貪欲が目的に出た。この志向は依頼者を選択する際にも、また弁護の手段を用いるときにも、道徳的な考慮によって止まるということがない」。しかるに、法が評議会に与えている監督権が常に適正に行使をされるとは、期待できない状況にある。従って、法相にこの種の弁護士の除名権を与えることが有益である、と。[25] 三月に弁護士П・A・アレクサーンドロフの雄弁により、陪審員がB・ザスーリチに無罪の評決を言い渡して以来、面目を失っていたパーレンにとって、こうした醜悪弁護士批判には深く共鳴するものがあったのである。しかしこの改正に対しては強くザミャートニンが反対し、パーレン案は否決をされた。コーニの伝えるところに依れば、このときのザミャートニンの赫怒は尋常ならず、この敗北で遂に五月三〇日、パーレンは冠を挂けたと言う。[26]

パーレン退陣の時点での司法改革の実施状況は、図4-2に見る如くである。彼の機略の結果として、裁判諸法の施行区域は広い範囲にわたっている。だがそれは、その代償に治安判事の任命制を初めとする、いくつかのかなり大きな法の修正を伴なっていた。

(2) 矯正と補強

① パーレンの跡を襲ったのは、ザスーリチ裁判後、蹉跌を重ねる彼の姿を冷やかに見ていた大公コンスタンチンが推す、Д・H・ナボコフであった。四五年に帝立法学校を卒業後、セナート第六部を振出しに裁判職を渡り歩き、五三年、海軍省に転出をした過去がある。海軍省補給局時代、二年にわたって国外に長期出張の機会があり、フランスを中心に各国の法制調査を行なった。ブルードフ批判の急先鋒Д・A・オボレーンスキーは彼の直接の上司である。その後はコンスタンチンがワルシャワ総督となった関係から、王国領ポーランドとの関わりを深め、特に六六年からの一〇年は、ポーランド問題担当皇帝直属官房長官としてポーランド政策の立案を図る立場にあった。なおこの間、短期間ながら新設の民事破毀部の評定官となっている。パーレンに劣らぬ豊富な行政経験に加

図 4-2　司法改革の実施状況（1878）

典拠：Общий обзор деятельности Министерства юстиции и Правительствующего сената за царствование Императора Александра III. СПб., 1901, Приложение II, карта I より作成.

え、裁判の現場を歩いていることが彼の場合の強みである[27]。

一八七五年二月一九日の法律[28]によるポーランド司法改革（ワルシャワ控訴院管区を開き裁判諸法を施行）は、七六年に閉鎖となるこのポーランド官房最後の仕事である。「ワルシャワ控訴院管区裁判諸法適用規程」「ワルシャワ控訴院管区特別手続法」「ワルシャワ控訴院管区公証規程適用規則」の三つからなる同法は、裁判諸法に一定の範囲で修正を施し王国領ポーランドに適用を図った。原案を準備した現地ワルシャワの行政サイドが持った意向は必ずしも貫徹しなかったが、彼らの意図は、(i)陪審制はワルシャワ控訴院管区では実施しない（刑訴　第一三〇九条追加）、(ii)裁判官不罷免原則にも一部制限を置く（司法　第五二八条追加）、(iii)弁護士評議会は開設しない（司法　第五三八条追加）、といった変則規定に表れている[29]。

王国領でもロシア本国の場合と同じく、少額・微罪の事件を扱ういわゆる「地域の裁判所」は普通裁判所と並立し、両者は共通の破毀審（セナート破毀部）によって統一された（図4-3）。但し「地域の裁判所」は、都市に単独制の治安判事、農村に合議制のグミナ裁判所という二本立てで、治安判事会議は両者に共通の上訴審である。グミナは王国領の農民改革（一八六四）で再編されたロシアの郷に相当をする行政単位で、グミナ裁判所もこのときの改革に起源を持つ。当初のそれはロシアの郷裁判所と同じように一審終審の裁判所だったが、七五年の法律は、治安判事会議への上訴の道を開くことで、グミナ裁判所を通常裁判所の体系に組み込んだのである。この意味でポーランド司法改革は、農民裁判権と通常裁判権との架橋というロシアの郷裁判所が負った課題に、先んじて一つの回答を出す恰好となった[30]。

② ナボコフの法相としての功績は、パーレン時代に裁判諸法の施行本部の感があった司法省を、総合的な政策立案・調整官庁へ脱皮をさせたことであった[31]。とりわけ八二年に官房第二部が国家評議会法律編集部 Кодификационный отдел при Государственном совете として、『法律集成』の追録・新版の準備に当たる技術的性格の強い組織に改

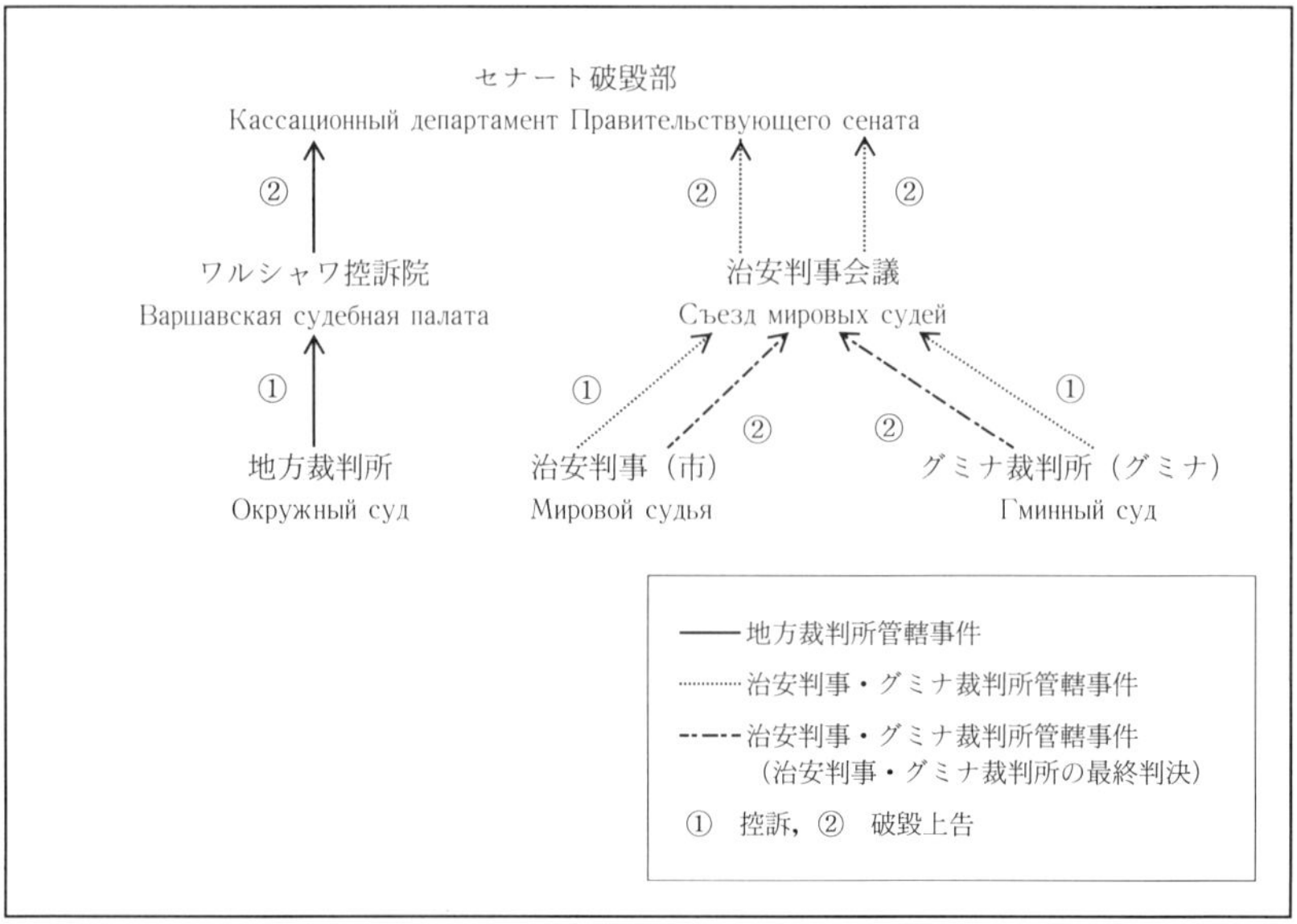

図 4-3　ポーランド司法改革（1875）

組されると、[32]司法省は新たに法制局の機能も果たすようになり、各省庁の質疑に応え、また自らも法案の企画に従事をした。

そこには相応の理由が存在する。かつて『法律集成』の編纂の際、そこで求められたのは「歴史を要約する知」であった[33]。爾来一九世紀の半ばまで、法制官僚に必要な資質は、過去の立法に通じるとともに、これをアレンジし祖述する力を持つことにあった。詩賦に長じたブルードフ、語学に秀でたパーニンはもとより、帝立図書館館長からこの地位に就いたM・A・コルフ、セナート・モスクワ文書局や宗務院に長く勤務し故実に明るいウルーソフと、歴代第二部長官は何れも故事古伝への通暁と修辞の才に富む人々である。だがこの点が「大改革」期を経て変化する。一連のブルードフ構想が遂にパッチワークに終わったように、こうした時代は単に古法に明るいだけでは乗り切れず、新しい秩序を造形していく設計力を必要とする。さらに創られた制度を実地に移し、使い勝手が悪ければこれを改修していくために、改革の実施段階では制度の現場を知悉することも法制官僚に不可欠である。ここに「大改革」後の時代において現実と直接触れ合う機会に乏しい官房第二部が凋落を見せ、裁判の実務を通して現場と繋がる司法省、あるいは司法省OBで埋められた国家評議会事務局が、新たな企画部門として台頭をする背景がある。それまでの破毀部判例の蓄積をバックに、第二部ではなく司法省が主導して新しい民法典、刑法典の起草作業が始まるのは、このナボコフの時代であり、対照的に第二部後身の法律編集部は最後には国家評議会事務局に統合されてしまった(34)(一八九三)。

司法政策の領域でナボコフが推進したことは、この「大改革」後の時代の課題に応えること、すなわちパーレンの性急な施策を矯正し、施行の結果に照らし合わせて裁判諸法を補強するという、一八六四年改革の調整政策であった。パーレンが対症療法的に積み重ねた治安立法は、彼の時代に一部が旧に復している。一八八二年五月一一日の法律は、七八年に控訴院特別法廷の管轄に移されていた「統治秩序に対する罪」につき管轄の見直しを行なって、その多くについて第一審管轄権を再び地方裁判所へと移管した(35)。

成果を挙げたのは陪審政策の分野であった。カトコーフが火を点けた名簿脱漏問題に対し、八四年六月一二日の法律は、年次名簿を作成する拡大臨時委員会の構成員に地方裁判所検事や郡警察署長を加えることを決している(36)(司法　第九七条改正)。これまで地域社会が管理してきた陪審名簿に、今後は国家も関わっていこうと言うのである。さらに同法は、開廷名簿から行なわれる陪審候補の忌避について、攻撃側・防御側ともに三人までとの限定を加えた(刑訴　第六五六条改正)。これは忌避権の濫用が、「舌」に左右をされる陪審が構成される原因をなすとの考えに基づく。他にムラヴィヨーフも先の無罪評決論文で指摘していた実体法の重罰主義に関連して、一八八二年五月一八日の法律が破壊窃盗侵入罪の一部を地裁の陪審法廷から治安判事の管轄に移す試みを行なった(37)。

③　調整政策の本領は、裁判諸法が軽視していた周辺制度の整備を開始したとき発揮された。一八八二年五月一八日法は、第五番目の付置職として新たに送達士 судебный рассыльный を設け、送達事務を執行士から独立させて

執行力の強化に努めた[38]（司法　第三五二条の一～第三五二条の五追加）。七五年にワルシャワ控訴院管区で実施した制度を「内地」に移したものである。さらにナボコフは制度を支える人的基盤の充実を図り、スモレンスク控訴院管区の開設を断念した代償として、このための予算を地裁判事の増俸に振り向け（一八八四年六月一二日法）、その翌年には「司法省退職者基金」эмеритальная касса судебного ведомства を開いて、司法官の生活の安定を目ざした（一八八五年六月三日法）。肌理の細かな施策であるが、こうしたところにナボコフの実務の経験が生かされている[39]。

このような物質的な側面からの司法官底上げの努力と並んで、彼らに対する規律の強化が図られた。一八八五年五月一四日法は、セナート第一部両破毀部合同会議の所管事項を拡大し、従来両破毀部総会首席評定官の兼任であった第一部両破毀部合同会議首席評定官を専任化した[40]（司法　第一一九条の一改正）。パーレンが七七年の機構改革で試みた司法行政の効率化・集約化をさらに推し進めたのである。

これに続いて同年五月二〇日の法律が、右の五月一四日法を補完して、セナートに新たに最高懲戒会議 Высшее дисциплинарное присутствие を置くとした[41]。会議は各破毀部の首席評定官、第一部両破毀部合同会議の全評定官、四人の破毀部評定官から構成され（司法　第一一九条の四追加）、これまで両破毀部総会が所管していた控訴院の裁判官と検察官、セナート破毀部の検察官と書記官等の職員に対する懲戒審理の管轄が、懲戒会議に移される（司法第二七〇条改正）。さらに従来控訴院の所管であった地裁所長に対する懲戒の審理も、懲戒会議で管轄する（同）。なおこの法律は裁判官に対する懲戒処分の種類を増やし、新たに減給を加えている（司法　第二六四条改正）。

懲戒権の集中・強化と並行して、同法は司法行政、とりわけ監督制度に対し、大きな修正を行なった。第一に、これまで立法手続に依るとされた裁判所一般規則の制定手続が改められ、規則の制定・改正には法相が第一部両破毀部合同会議に諮った上で、両破毀部総会の承認を得ればよいことになった（司法　第一六七条改正）。国家評議会を通さない分、一般規則の制定が司法省には容易となったわけである。第二に、控訴院長の監督権が強化をされた。院長は管区内に所在の地方裁判所が適正かつ遅滞なく事務を処理しているか、裁判官以下の地裁職員が正確に執務をしているか監督をする（司法　第二五一条の一追加）。これはかつての県大判事構想に近い。また第三に、同法は法相の一般監督の権限も強化した。司法大臣は書面によって、または司法官自身の出頭を求めて、「必要な情報や説明を提供するよう司法官に対して求めることができる」（司法　第二五四条改正）。加えて、(i)裁判官にその地位に相応しくない職務上の失策があるとき、もしくは職務に対する著しい怠慢を示す職務上の失策があるとき、または職務外で品位汚辱の行状があるとき、法相の提案に基づいて最高懲戒会議はこの裁判官を免官とでき、(ii)職場において以後の執務の公平性が疑われるような行為を行なった裁判官が転所の申し入れを拒否したとき、懲戒会議はやはり法相の提案に基づいて当該裁判官を転所させることができる（司法　第二九五条の二追加）。最後に第四として、この法律は管下の裁判所や司法官（検察官を除く）に対する上級の裁判所の監督権、裁判所の長に認められた所属の構成員に対する監督権の内容を明確化した（司法　第二四九条の一追加。第二五〇条、第二五一条改正）。例えば上級の裁判所は、法律の定めた手続、一般規則または個別規則に違反する下級裁判所の決定や処分を取り消すことができる（司法　第二五〇条改正）。

フークスが述べていたように、裁判官の懲戒審理を特別の懲戒機関に委ねるのも、控訴院長に広汎な監督権を付与するのも、あるいは醜行を理由に裁判官を免官とするのも、すでに諸国の立法に例があり、これらの規定の新設を以て五月二〇日の法律を裁判官の不罷免性を揺るがせにする「司法反改革」立法と断定するのは、その意味で些か性急な議論である。ただにも拘わらず、ここで見落とすことができないのは、司法行政事務の処理をめぐってパーレンが七七年の改革で持ち込んだ司法行政の効率化という新しい思想が、第一部両破毀部合同会議、最高懲戒会議、司法大臣、控訴院長と一部機関への司法行政権の集中となってナボコフ時代にさらに進み、この結果、司法部内に上下のヒエラルヒーが明確に現れてきたことであろう。これを司法制度の官僚制化と呼ぶならば、彼が熱心に推進した裁判官の加俸や退職者基金の設立といった官僚法曹の待遇改善政策は、司法官僚制の円滑な機能を保障する与件の整備ということになる。

ナボコフが開拓した方向は、次には官僚法曹が主体となって担われる司法制度の追求へと政策展開を見せていった。彼の後継者が行なったことは、このような意味での「官僚司法化」の推進である。

(3) 転調と変調

① 五月二〇日の法律から半年後、一一月六日にナボコフは綬を解かれた。一〇月に一一項目の司法制度改革意見を内奏したポベドノースツェフが、アレクサンドル三世に人心一新を建言したためと伝えられる。叔父コンスタンチンと長く疎隔を来した新帝にとっても、大公に連なるナボコフは煙たい人であった。

後を継いだのは、政治臭のないセナート第一部両破毀部合同会議首席評定官H・A・マナセーインである。カザンの貧乏貴族の出で、一八五四年に帝立法学校を卒業、セナート・モスクワ総会の書記となったが、仕事に飽き足らず、致仕して六三年から妻の所領が置かれたカルーガで調停員を務めていた。六六年、Д・A・ロヴィーンスキー（当時モスクワ控訴院検事長）に見出されて司法省再仕（モスクワ地裁検事）。以後カルーガ地裁検事正（一八六七）、モスクワ控訴院検事長（一八七〇）、司法省司法局長（一八七七）、セナート評定官（一八八〇）と歩を進めた。前任の二人と異なって、彼は司法省生え抜きの司法大臣だったことになる。七年にわたるモスクワ控訴院時代には、モスクワ商業銀行不正融資事件（一八七六）、犯罪組織「ハートのジャック・クラブ」事件（一八七七）等、著名経済事件を陣頭指揮して立件に当たり、仕事にきわめて献身的と評価をされた。「人となり厳正にして剛毅」とアクサーコフは評している。当時の官界にあって珍しく、マナセーインは朋党の交わりは一切持たず、孤高で正教信仰のきわめて厚い人であった。(42)

法相としてマナセーインが最初に手掛けた大きな仕事は、中世的な身分制的国制を未だ残すバルト諸県に、裁判諸法を施行したことである。バルトの司法改革にはすでに長い前史が存在した。六二年に「大綱」が公表となった直後から地元に改革の動きがあったものの、これは都市民と貴族層との利害の対立に囚われてさしたる進捗を見なかった。その後ロシアの主導の下に六〇年代後半から再び議論が開始され、漸くナボコフ時代の八〇年に、この三県に治安判事制を先行施行する法律が成立する（一八八〇年五月二八日法）[43]。その眼目は、この地にゼムストヴォ制が未施行のため、独自に治安判事選挙会を組織して、地区治安判事と名誉治安判事の選挙を行なうことだった。だが、この法律は中世的な割拠性、細分性を色濃く残す現行制度を簡素化するにはほど遠く、結局問題を農民裁判権を初めとした農村の統治機構の改編と合わせて考え直す必要があるとの理由から、実施が見送られたままになっていた。

この仕切り直しを準備したのが、八二年五月から翌年八月まで実施された、マナセーインによるリフリャント、クールリャント両県のセナート監察である。背景にはバルト諸県の政情不安を仄めかす様々な風説の横行があり、これらの風聞の真偽を探り、合わせてこの地の精確なデータを収集するのが、彼の監察の目的だった。このためマナセーインの報告は、バルト諸県の農民問題、地方制度、裁判、教育といった実に広汎なテーマに及びツァリーズムの統一的なバルト政策の叩き台となるとともに、マナセーイン自身にとっても彼の司法政策の原点となった。

この監察でマナセーインは、バルトの農民裁判権に赤裸々な階級司法の姿を見る。——先ず第一に、そこでは農民陪席は何の役割も果たしておらず、お飾り的な存在である。識字能力が低い上、ドイツ語が裁判用語のためである。第二に、この両県では体刑がなお頻繁に微罪に対しても科されている。また第三に、迅速な裁判の理想も果たされていない。農民と地主の間の小作争議の場合など、契約を一方的に破棄されて土地を追われた農民は、地主の違法の証明責任を負わされた上、長いこと判決を待たねばならない。当事者の対等は実現されず、農民は不利を負っている。――結論としてマナセーインは、住民の間に根づいてしまった裁判不信は今や司法権の権威を揺るがせており、地主の影響から独立している自立した裁判所を築く必要がある、地主の中から選挙される裁判職を農民裁判所の構成員から外し、国家の任命する裁判官に代えるべきである、とする。

事情は彼には普通裁判所でも同様と思われた。第一に、裁判は依然身分的利害によって動いている。「支配階級つまり貴族は、全力を挙げてこの地における自己の特権的な地位の維持と保全とに努めている。この状況では、裁判は容易に朋党と陰謀家の武器となり、偽善的で不公平なものへと変じてしまう」。欠陥の第二は、身分団体による裁判職の選挙制で、このため例えば専従の司法警察職員を欠くことが、表面的で緩慢な捜査、予断に満ちた取調べ、権限の逸脱といった諸問題を生んでいる。そして第三の欠陥として、スウェーデン法やポーランド法、あるいはドイツ普通法が錯綜する、バルトの訴訟手続の不備を見ないわけにはいかない。要するに、刑事司法は特権的な身分にとっては甘い反面、ドイツ語を解せぬ下層身分の者にとっては峻厳である。非公開の民事手続は複雑で、審理遅延は著しく、権利の回復を求める者に多くの負担を強いている……[44]。

以上のようにこの報告は、公平・平等な裁判に対する強い志向、その倒像と見なされた身分的裁判所の病弊の指弾、そして裁判職の選挙制への不信を基調に成り立っていた。それゆえに、マナセーインは八〇年五月二八日法の微温性にも容赦がない。第一に、この法律は治安判事制だけを取り出してその導入を図っている。第二に、それは治安判事の選挙制を採用した。しかし裁判官の選挙制は手段であっても目的ではないことを知らねばならぬ。裁判諸法が選挙に依って治安判事を任用するのは、それが身分の別のないゼムストヴォの手で実行されるからである。そしてまた、「選挙原理が裁判官の政府任命制よりも優れているからではなくて、政府が自らの手で相当数の官吏を任命することが困難なためである」。だが「諸身分から独立した政府機関だけが、法が治安判事に課した責任を十分に果たすことができる」[45]。――かつてパーレンが治安判事制を先行させる手立てに援用した治安判事の任命制

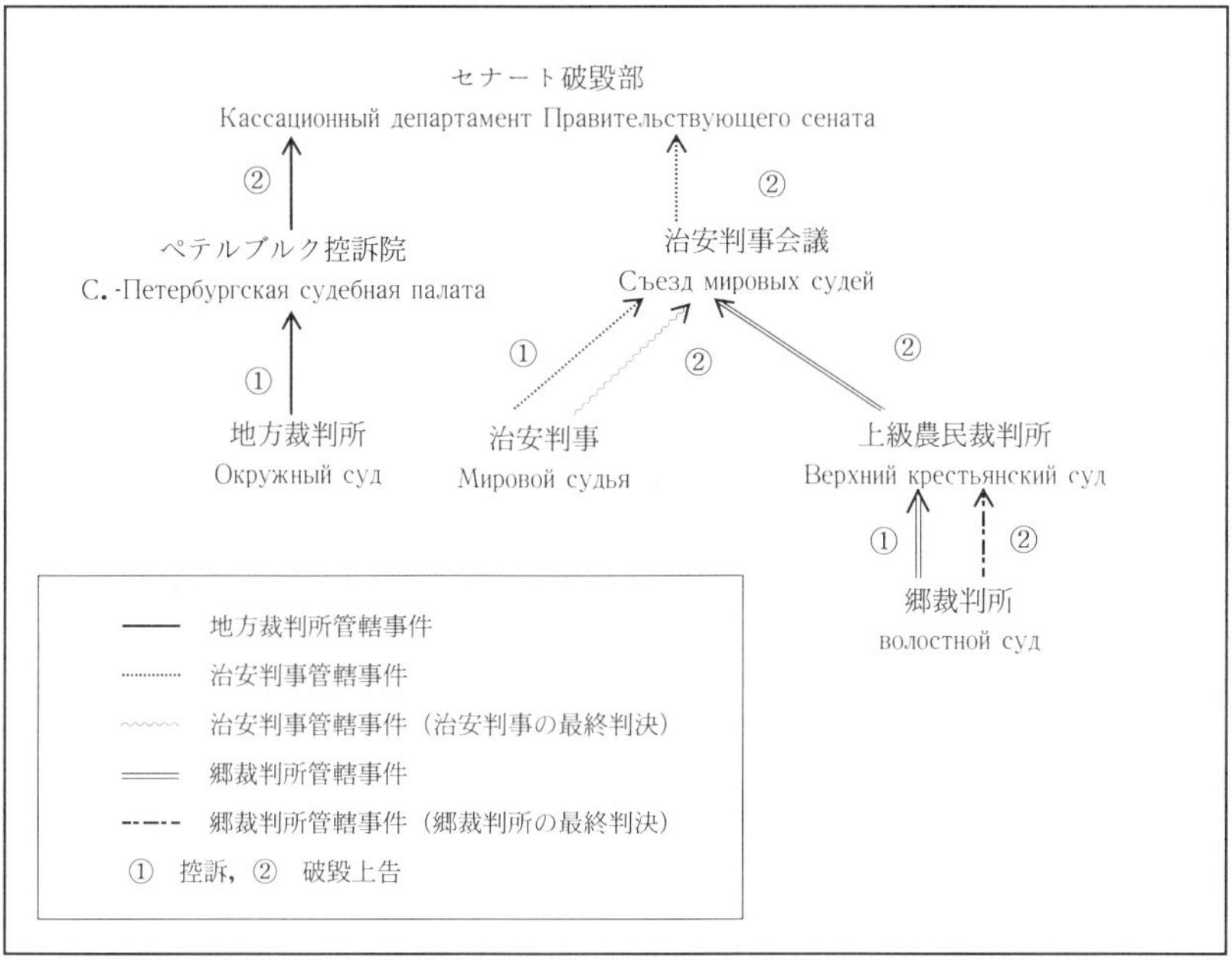

図 4-4　バルト司法改革（1889）

が、マナセーインの下にあっては、裁判の公平性と中立性の担保という積極的な意味を獲得している。

以上の監察報告が浮き彫りにして見せるのは、若き日、カルーガで調停員として奔走した、少壮の「リベラル官僚」マナセーインの面影であろう。様々なしがらみを断ち切って、果敢に改革を果たしたロシア。自己切開の意志を欠き、既往に安住する因循のバルト。――畢竟バルトの裁判制度は、マナセーインにとって見れば、ロシアがかつて一八六四年に捨てた筈の旧い制度のレプリカであった。

改革は一八八九年七月九日の法律により行なわれた[46]。裁判諸法に修正を加えてこの三県で施行をし、四つの地方裁判所を開設してペテルブルク控訴院の管下に置くとの内容である（図4-4）。同法は前文の他、I部とII部のパートに分かれ、I部が旧普通裁判所、II部が旧農民裁判所の改組を扱う。I部における修正では治安判事を司法大臣の任命とし（司法　第五六〇条追加）、陪審制は実施しない（刑訴　第一三三八条追加）と定めた点が、特に大きい。II部で規定の郷裁判所は、ロシアのそれと同じように、農民身分に専属の裁判所だが、破毀審を治安判事会議とすることで、通常裁判所の体系に組み込まれている。また先の監察報告で吐露されたバルトの現状へのマナセーインの苛立ちは、リガに控訴院を置くとの案を斥けて、バルト諸県をペテルブルク控訴院管区に編入したことに表現されている。控訴院をリガに置いては、控訴審が「地域の影響」に晒される、と言うのであった。

バルト三県での施行と前後して、帝国の辺境地帯でも裁判諸法を施行する作業が進められた。例えば一八八八年一二月一二日法は北辺のアルハンゲリスク県に治安判事を先行施行することを決め[47]、九二年の二つの法律はすでに治安判事制が施かれていたオロネツ、オレンブルク、ウファーの三県に四つの地方裁判所を開くことを約している[48]。

② マナセーインが治安判事の選挙制を原理ではなく便宜の問題と見なしたその裏には、裁判制度を運営するのは素人に非ず、学識を積んだ専門人、職業的な司法官でなければならぬとの、一貫して司法部の中枢を歩いた者の矜恃と気負いと信念が控えていた。彼の司法政策は、ここを起点に二つの方向に展開している。

一つはナボコフが着手した司法官僚制の整備を一段深化させることで、マナセーイン期は本省組織の機能が整理され、司法省の大々的な機構改革が実現された時代となった。九〇年には司法局が第一局と第二局とに分割され、一八九二年には半世紀ぶりに司法省定員の改訂を見た[49]。新設の第一局立法考査部 юрисконсультская часть が、官房第二部に代わる新しい法制局である。また一八八七年からは、『司法省統計資料集』Сборник статистических сведений Министерства юстиции の刊行が始まっている。

司法部の人的基盤の強化策も、彼の時代に頂点に達した。先ず八八年と九〇年、マナセーインは人材の若返りと活性化のため、裁判官定年制の導入を試みている。だがこの計画は、退官後の年金問題で大蔵省との調整がつかず、何れも法改正に至っていない[50]。

成功を見たのは、一八九一年一二月二四日の法律による試補制度の整備であった[51]。このとき初めて司法官試補に、明確な法的位置づけが施された。この法律は試補を上級試補 старший кандидат と初級試補 младший кандидат との二つに分け（司法　第四〇八条改正）、官選弁護や取調べ等の法律事務の取扱いを上級試補に限るとともに（司法　第四一五条、第四一六条改正）、彼らの待遇改善を図って研修成績優秀な上級試補に俸給を、その他の者に一時金を支給するとした（司法　第四一一条、第四一二条改正）。初級試補の修習期間は原則として二年を越えてはならないとされており（司法　第四一〇条改正）、初級試補を一年半以上務めた者のうち、司法に関する事務を独立して扱うことができると認められた者が上級試補へと進む（司法　第四〇九条改正）。さらに上級試補を一年半以上務めた者で、「司法部に関する知識」が証明された者は、取調官、地裁検事等、各種の司法職に任じられる（司法　第四一七条改正）。試補を採用するのは控訴院長で、彼らは控訴院または地方裁判所に置かれて修習に従事する（司法　第四〇七条改正）。

こうした一連の措置により、マナセーインの在任中に、在朝法曹は態勢を整え、司法部の中に迫り上がっていった。

③　マナセーインの第二の施策は、このようにして増強された在朝法曹により広い活動の場を開くことであった。先ず陪審法制で、職業裁判官の権限が強化されている。生粋の司法官であり、バルト諸県の監察から民衆の司法参加に対し批判的視点を保持するマナセーインが、この方向に進んだことは自然である。最初は一八八六年五月一五日の法律で[52]、裁判長が陪審員に与える設問に関し、細かな規定を設けている。評議に入った陪審員から事件について質問が出されたとき、これまでも裁判長は補足の説明をなすことができたが、この改正で裁判長は、陪審員に与えた設問を訂正または補足することも認められるようになった（刑訴　第八〇八条改正）。また評議の終了後提

出された陪審員の回答に不十分、不明瞭、または相互に抵触のあるとき、裁判長は陪審員にさらなる補足の説明をし、あるいは最初の設問を訂正または補足して、彼らに再度の評議を求めるという（刑訴　第八一六条改正）。論壇の「疑問」評決批判を受けて、手続過程の内側から陪審へのコントロールを強めているのである。

続いて八七年四月二八日の法律が、再び陪審名簿問題に取り組んだ。[53] 名簿脱漏の責任の所在を明確にするため、同法は総名簿の作成を臨時委員会から郡ゼムストヴォ参事会議長など独任制の機関に移し（司法　第八九条改正）、また陪審員供応事件といった様々な陪審不祥事を念頭に、俸給や資産、事業などから収入を得ている者については大幅に陪審員となるための財産資格を引き上げている（司法　第八四条改正）。さらにこのときの改正で、「ロシア語の識字能力を有する者」が初めて陪審員の資格要件に加えられた（司法　第八一条改正）。

陪審政策の仕上げは八九年七月七日の法律であった。[54] 刑法典第四編「統治秩序に対する罪」、第七編「国の財産および収入に対する罪」、あるいは第八編「社会の福祉と予防に対する罪」など、国家的法益・社会的法益に関わる種々の事件について、その一部を陪審不適事件に組み入れるもので、これらは再び控訴院特別法廷の管轄となった（刑訴　第二〇一条の一追加）。この改正でマナセーインは、陪審員の大半は農民身分や町人身分に属しているから、「国家や社会の利益」に関わる事件では、彼らの是非分別を期待できない、との視点を打ち出す。もっとも陪審に付される事件は、この改正後も地裁の実体裁判の五三・一％を占めており（一八八九～九四）、決して少ないわけではない。[55]

是非の分別というこの観点は、前後して法制化された刑事事件の公開制限でも持ち出された（一八八七年二月一二日法）。[56] すでに前章で見たように、現行法は特定の事件に限って公開の停止を認めていたが、この法律は次の要件があるときは、これ以外の事件についても裁判所は公開を一部または全部停止することができるとする（刑訴第六二〇条の三追加）。すなわち、（i）裁判の公開が「宗教的感情を侮辱するとき」、（ii）「道徳の要請を侵犯するとき」、または(iii)「国家権力の尊厳を守り、社会の安寧を保持し、もしくは裁判の適切な運行を保障するため」。また同法は、一七歳未満の年少者 малолетние と各種教育施設の在学者に一律に裁判の傍聴を禁じ、一七歳以上二一歳未満の不完全成年者 несовершеннолетние および女性に対しては、被告事件の性格や個々の訴訟行為の性格に応じて裁判長は傍聴を禁止できる、と規定する（刑訴　第六二〇条の一追加）。この他に、右の第六二〇条の三に所定の公開停止事由があるとき、司法大臣も裁判の一部または全部の公開を停止することができる（刑訴　第六二一条の一追加）。何れも刑事裁判がセンセーショナルなショーに変わるのを警戒し、理非弁別の能力が乏しい（と見なされた）者を保護する趣旨である。法相による公開の停止まで許したのは明らかに限度を越えており、人々の思想善導をいう立法理由も多分に高踏的である。だがこの高踏性は、バルトの監察報告に流れる彼の苛立ちと通底するものであろう。

弁護士に関する一八八九年一一月八日の法律も、この公開制限とよく似たトーンで貫かれている[57]。弁護士評議会（またはその権限を代行する地方裁判所）がキリスト教徒に非ざる者に弁護士資格を与える場合は、この件で別に特別法が制定となるまで、司法大臣の許可を要する（司法　第三八〇条註追加）。同じく、キリスト教徒に非ざる者が準弁護士の資格を得るにも、法相の許可を必要とする（司法　第四〇六条の七註追加）。マナセーインの説明では、キリスト教国家が政府機関や社会団体の活動に求める要請と、キリスト教以外の諸宗教が掲げる道徳原則は必ずしも常に一致はしないから、国家の裁判主権に関わる職業にキリスト教徒に非ざる者が就く際には、一定の規制が必要になるのだと言う。彼自らが認めるように、実質的にこの措置の対象となったのはユダヤ人であった。

司法官僚制の整備から弁護士法制の手直し[58]まで、一連の政策を貫くマナセーインの基本的なスタンスは、専門人たる法律家とりわけ在朝法曹が、地域や身分の利害を越えた国家的・公益的な高みに立って、専門の法学識を駆使しつつ司法制度を牽引することができるように、これに必要な条件とそのための舞台を造り出していくことであった。一八六四年の改革時、「国家」と「社会」、専門人と非専門人の二つの軸足に立脚していた新制度は、マナセーイン期に支点を大きく前者に移し、基調を転じていったのである。この転調を支えたのは、判例規範の創出に始まり、今や法律の立案を司るまでに成長した新しい司法部の躍進であり、新制度とともに歩んだ司法官たる彼一個人の矜恃であった。

④　司法政策の転調の中で、焦点となったのはこれまで空白の治安判事政策であった。この間この領域でなされた施策は、地区治安判事の負担を軽減すべく一八六七年にペテルブルクに置かれた補充治安判事 добавочный мировой судья の制度を、七〇年にモスクワ、オデッサ両市に対し、さらに八六年には全国に、拡大したこと程度である。[59]先の司法省退職者基金も、選挙制の治安判事はその対象とならなかった。

一八八〇年代は、その治安判事のあり方をめぐって、論壇で司法省高官の発言が続いた時期である。先ずクラソーフスキーの爆弾報告と前後して、元ペテルブルクの治安判事で九五年にセナート入りするИ・П・ザクレーフスキーが、任期五年制、財産資格の撤廃と教育資格の導入、治安判事会議は廃止し控訴審は地方裁判所に移す、といった改革論を出している。さらに八八年には、これも調停員や治安判事の経験があるモスクワ地裁検事正П・Н・オブニーンスキーが、治安判事の独立性と専門性を確保するため治安判事は法相が任命すべきだとする、大胆な提言を行なった。彼はフークスと同じように、郷党の走狗という冷めた治安判事観を抱いている。[60]何れの主張も法学識を重視するマナセーインの政策と通じ合うところが多い。

だがこの問題で主導権を握ったのは、八六年春から農政機構の再編を目ざして構想を練った内務省であった。内相Д・А・トルストーイが先頭に立って推進した、ゼムスキー・ナチャーリニク制（一八八九年七月一二日法）である。[61]これにより、両首都とオデッサを別として地区治安判事は廃止となり、代わって市部には市判事 городской судья（法相が任命）、郡には地区ゼムスキー・ナチャーリニク земский участковый начальник（県知事が在地の貴族の中から候補者を選び、内相が承認）が組織をされる（名誉治安判事については、以後も各市・各郡に残される）。同じく治安判事会議も廃止され、郡会議司法部会 судебное присутствие уездного съезда を以て控訴審、県審議室 губернское присутствие を破毀審とした。さらに、これまで治安判事が管轄した民・刑事件で比較的大きなものについては、ゼムスキー・ナチャーリニクや市判事の管轄とせず、地裁判事単独の裁判体を第一審の裁判所とする。[62] これが各郡に置く地方裁判所郡判事 уездный член окружного суда で、その控訴審は地裁、破毀審はセナート破毀部であった。言い換えると、これまでの治安判事の管轄事件を土地管轄と事物管轄を基準に三つに分け、市判事、地区ゼムスキー・ナチャーリニク、地裁郡判事の三者に割り振ったのである（図4-5）。さらに同法は農民裁判権の編成についても言及をして、郡会議司法部会を郷裁判所の判決に対する上訴の裁判所と規定した。原審の裁判に不服のある者は、ゼムスキー・ナチャーリニクを通じて郡会議に控訴を提起する。依然農民裁判権は通常裁判権から切り離され、バルトの司法改革と対照的な行き方を取っている。

郡会議司法部会は郡貴族団長を裁判長に、地裁郡判事、名誉治安判事、市判事、地区ゼムスキー・ナチャーリニクから構成された。県審議室は県知事を議長に、県貴族団長、副知事、地裁検事正または地裁検事、それに二名の常任委員から組織されるが、特に司法事件を扱うときは、ここに地裁所長または地裁判事が加えられる。また市判事は、任用に取調官相等の法曹資格を必要とする司法官と規定をされた（但し不罷免性は適用されない）。対応のゼムスキー・ナチャーリニクの場合には特段の法学識は要求されず、高等教育の修了を以て足りるとされる。この要件も職歴により代替することが可能であって、ゼムスキー・ナチャーリニクの任用ではむしろ財産資格（土地）の方が重視された。彼らは少額・微罪の裁判の他に、「内相—県知事」のラインで活動する末端の行政官として農民の郷村自治の監督に当たる。

以上のような再編は、明らかに外から裁判諸法に持ち込まれた変調であった。「地域の裁判所」の構成は一見し

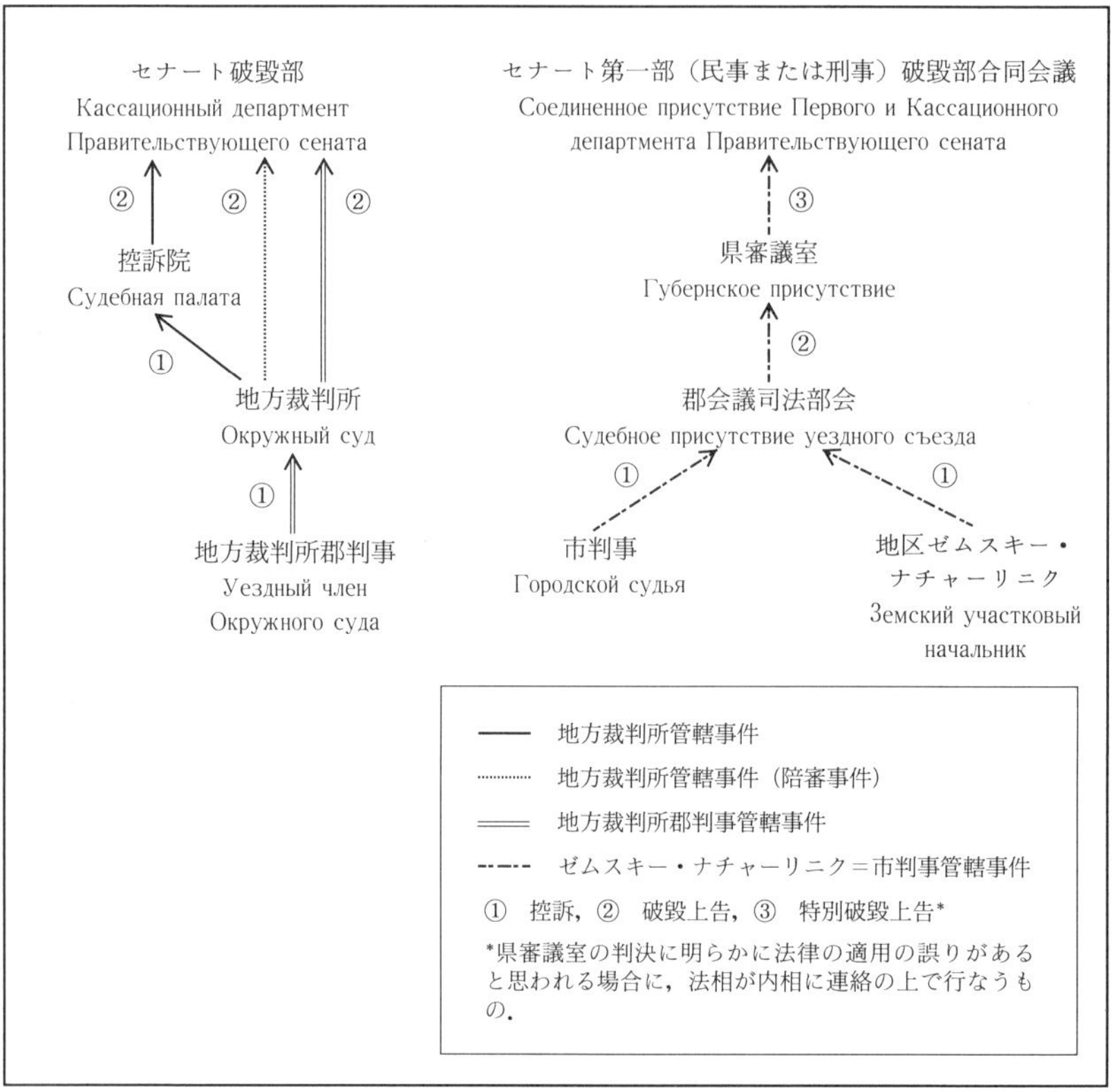

図 4-5　ゼムスキー・ナチャーリニク制（1889）

ても複雑であり、同種の事件も土地管轄を異にすると、一方では行政官たるゼムスキー・ナチャーリニクにより、他方では司法官たる市判事により、裁判される結果となる。特に司法部の論理からは、「権力分離」原則が放棄され、行政と司法の混和が再び生じていることが問題となる。

内相には内相の論理があって、ここでは詳述するを得ない。同法制定の過程については、すでに多くの研究がある[63]。ポイントは、内務省の原案が現在治安判事が管轄をする少額・微罪事件のうち、相対的に大きなもののみ引き続き治安判事の下に置き、以上を除いた民・刑事件をゼムスキー・ナチャーリニクが管轄するとしていたことで、ここで初めから治安判事の廃止が意図されていたわけではない。この限りでは、法案は治安判事制に内在していた事物管轄問題を鋭く衝いていたことになる。トルストーイが意図したところは、かつて七四年に廃止された調停員に相当する農民自治の監督機関を蘇生させることであった。それが一部の少額・微罪事件について裁判権をも留保するのは、この措置によりゼムスキー・ナチャーリニクに「道徳的な権威と魅力」を備えしめ、郡に司法と行政を一身に兼ねた強力な権力を打ち立てようとの意図に因る。

この計画にマナセーインは次のように反撥した。農民自治の監督に若干の利便があるというだけでは、この構想の妥当性が立証されたことにはならない。この改革が、「他の官庁に属するとはいえ、同じ主権の名の下に行動し、全官庁に共通する国家の福利という目的を追求する」他の国家機構に害を及ぼすことはないか、熟考してみる必要がある。ゼムスキー・ナチャーリニクの「権威と魅力」を高めるという理由では、現行の裁判制度を根本的に再編する論拠としては不十分だ。のみならず、それは国家の利益とも背馳する。蓋し国の利益は「司法権を、裁判の目的と何ら共通することがない目的を獲ち取るための武器に変える」ことを許さないからである……。

原案は八七年二月には国家評議会に提出され、以後これをめぐって内務と司法の対立を軸に、三年にわたって政争が続いた。国家評議会事務総長ポロフツォーフは、二月二三日の日記に、「法案の最初から最後まで」自分は内務省案に反対である旨、マナセーインが語ったことを記している[64]。もっとも、そこに落とし所が皆無であったわけではない。八九年の改革でバルト三県に導入された農民問題コミッサール комиссар по крестьянским делам は、裁判権なきゼムスキー・ナチャーリニクともいうべき職で[65]、この線ならばマナセーインには妥協をすることも可能であった。他に八八年秋に宮内相И・И・ヴォロンツォフ＝ダシュコーフが、(i)ゼムスキー・ナチャーリニクに替え、農民行政だけでなく郡のレベルの全ての行政事務を所掌する郡ナチャーリニクを創設する、(ii)郡ナチャーリニクは司法事件は扱わない（従って治安判事制は残される）との案を出し、これは多くの関係者の支持を得た。にも拘わらず、問題が上記のような形で決したのは、最後の段階で抗争に皇帝自身が介入し、農政機関としてのゼムスキー・ナチャーリニクの創設を求め、そのための要員確保と人件費節減を目的として、治安判事を廃止するよう指示したからである。

こうして議論はトルストーイの原構想を維持した上、さらに前記の三都市を除いて地区治安判事、補充治安判事、治安判事会議が全廃される、司法省には最悪の形で収束した。一八八九年の段階で全国の地区治安判事は二、三二九人、うち選挙任用一、五〇七人、任命による者八一二人であった。[66] この大半が廃官・リストラされたのである。

改革後、急速に力を付けてきた司法部は、ここに一つの転機を迎えた。内訌で皇帝の不興を買ったマナセーインは、密かに辞意を固めつつ、衰える体力・気力に抗いながら、これ以後司法部の内部固めに全力を挙げた。試補制度の充実と司法省の機構改革はこの時代の産物である。その後九四年一月に彼は遂に辞職を認められ、翌秋卒した。

マナセーインの後任は、彼のモスクワ控訴院時代、直接修習指導を行なったムラヴィヨーフであった。この難しい時期にあって、ムラヴィヨーフは一つの大きな計画を立て、反転攻勢に着手した。

（1）パーレンの履歴は、РГИА, ф. 1162, оп. 6, д. 396, л. 218-259。
（2）А. Клименко. Контрреформаторы. РЮ, 1996, No. 9. стр. 59. ヴァルーエフの引きについては、六七年一月二日の彼の日記を参照。Дневник П. А. Валуева. т. II, М., 1961, стр. 180.
（3）一九〇六年七月一六日付、П・А・ゲイデン宛書簡。А. Ф. Кони. Собрание сочнений в восьми томах. т. 8, М., 1969, стр. 239.
（4）ПС3, собр. 3, т. 44, No. 46840, 1869 3/10.
（5）以下詳しくは、「『帝国』の司法秩序」第三章第一節を参照。

（6）ПСЗ, собр. 2, т. 43, No. 46061, 1868 6/30.
（7）ПСЗ, собр. 2, т. 45, No. 48517, 1870 6/26; т. 48, No. 52240, 1873 5/8.
（8）ПСЗ, собр. 2, т. 47, No. 51635, 1872 12/12.
（9）ドン軍州では、最初に治安判事制が一八七〇年五月一六日法（ПСЗ, собр. 2, т. 45, No. 48370, 1870 5/16）によって先行施行され、次いで七三年三月二〇日法（ПСЗ, собр. 2, т. 48, No. 52034, 1873 3/20）により、普通裁判所も開設された。パーレン自身はゼムストヴォ制の実施を待ってここに裁判諸法を施行するとの考えだったが、一八七〇年がドン・カザーク軍団の発足三〇〇年に当たるため、皇帝の意向で新制度を急遽断行したのである。
（10）詳しくは、『帝国』の司法秩序」第三章第二節を参照。
（11）ПСЗ, собр. 2, т. 46, No. 49750, 1871 6/23.
（12）ПСЗ, собр. 2, т. 52, No. 57589, 1877 7/19.
（13）ПСЗ, собр. 2, т. 54, No. 60269, 1879 12/11; т. 55, No. 61093, 1880 6/14; собр. 3, т. 2, No. 1166, 1882 11/9; т. 3, No. 1823, 1883 11/9; No. 1842, 1883 11/9.
（14）В. А. Гаген. Организация Правительствующего Сената // История Правительствующего Сената за двести лет, т. 4, СПб., 1911, стр. 34-35.
（15）ПСЗ, собр. 2, т. 43, No. 46066, 1868 7/1. 六五年施行規程が定める破毀部評定官の定員は、民事破毀部、刑事破毀部とも首席評定官以下僅か四名であった。
（16）ПСЗ, собр. 2, т. 52, No. 57471, 1877 6/10. この機構改革の詳細は、Гаген. Указ. статья, стр. 32-46 にこれを譲る。
（17）Там же, стр. 46.
（18）Гр. 1889/106.
（19）ПСЗ, собр. 2, т. 46, No. 49615, 1871 5/19; т. 47, No. 50956, 1872 6/7; т. 53, No. 58489, 1878 5/9; No. 58488, 1878 5/9.
（20）ПСЗ, собр. 2, т. 49, No. 53573, 1874 5/25.
（21）例えばペテルブルク弁護士評議会は、発足早々、弁護士充足数の法定に関し控訴院に支援方を要請している。Отчет о действиях Совета присяжных поверенных округа С.-Петербургской судебной палаты за первый год его существования (с 1-го мая 1866 по 1-го мая 1867 года). СудВ, 1867, No. 99 (5/7).
（22）その後一八七六年一月七日法が、女性は準弁護士欠格者であると定めている（ПСЗ, собр. 2, т. 51, No. 55455, 1876 1/7）。女性であることが弁護士欠格事由に当たるかについては司法機関設置法に規定がなく、実務でたびたび争われたが、同法を一つの根拠として判例は女性を欠格者としている（Опред. Соед. Прис. 30 Сентября 1910 г. по делу No 557 // П. С. Цыпкин (сост.). Свод законоположений о присяжной и частной адвокатуре. Пгд., 1916, стр. 17-19)。

(23) ПСЗ, собр. 2, т. 49, No. 54130, 1874 12/5. 法の文言に従えば、同法はこれ以後開設される控訴院管区には適用を見ない筈であるが、現実には一八七五年以降新設の控訴院管区（ワルシャワ、キーエフ、ヴィリナ、イルクーツク、タシケント、オムスク）で弁護士評議会が置かれたところはどこにもなく、問題を残した（但しワルシャワ控訴院管区については、一八七五年二月一九日法が明文で評議会を設置しない旨規定している）。もっともこれら評議会未開設地域でも、実際には弁護士の任意団体（弁護士委員会 комитет присяжных поверенных, комиссия присяжных поверенных）が、地方裁判所に代わって弁護士に関する事務を扱う傾向があった。См. Е. Я. Черномордик. Учреждения, заменяющия Советы присяжных поверенных. ИРА, т. 3, М., 1916.

(24) И. В. Гессен. Адвокатура, общество и государство. ИРА, т. 1, М., 1914, стр. 239-240.

(25) すでにゲッセンが、パーレンによる改正案の趣旨説明を公刊している。Там же, стр. 238-242.

(26) ザミャートニンの反対については、一八八二年五月二九日付、Г・А・ヂャンシェフ宛書簡。Кони. Собрание соунений в восьми томах. т. 8, стр. 51. パーレン退陣の真相については、Его же. Воспоминания о деле Веры Засулич // Собрание сочнений в восьми томах. т. 2, М., 1966, стр. 221.

(27) ナボコフの経歴は、РГИА, ф. 1162, оп. 6, д. 350, л. 188-226.

(28) ПСЗ, собр. 2, т. 50, No. 54401, 1875 2/19.

(29) ポーランド司法改革については、「『帝国』の司法秩序」第四章第二節を参照。

(30) この点では、グミナ裁判所が全ての身分に管轄を持つことも一つのポイントである。七五年法起草の過程では、原案どおりグミナ裁判所を引き続き全身分的な裁判所として組織するか、郷裁判所と同じく農民身分の専属的な裁判所として改訂するかで争いがあり、最終的に前者の立場が勝利を収めた。パーレンやウルーソフの「純農民裁判所」化構想を斥け、原案を維持することに成功したのはナボコフの功績に帰せられている。См. В. Спасович. О гминах и гминных судах в губерниях Царства Польского. ЮриВ, 1889, No. 4, стр. 577-582. なお王国領ポーランドでは、治安判事は西部九県と同じく司法大臣による任命制で、治安判事会議は治安判事会議議長、治安判事、グミナ判事（グミナ裁判所の長）から構成された。

(31) ナボコフ時代はパーレンの積み残した西部九県での普通裁判所の施行、ヴォログダ県北東五郡での治安判事制の先行施行（ПСЗ, собр. 3, т. 2, No. 770, 1882 3/30）を除くと、裁判諸法の施行の面ではそれほどの進展は見られない。八〇年五月二八日に成立したバルト三県に治安判事を先行施行する法律は、後述のように施行を見合わされている。

(32) ПСЗ, собр. 3, т. 2, No. 621, 1882 1/23.

（33）「近代ロシア法学史序説」一八頁。

（34）ПСЗ, собр. 3, т. 13, No. 10212, 1893 12/27. 官房第二部の改組については、П. М. Майков. Второе Отделение Собственной Его Императорского Величества Канцелярии. 1826-1882. СПб., 1906, стр. 580-585, 594-595, 610-615. 法律編集部への組織変えに当たってナボコフは、人々の権利に関わる法案は、すでに第二部だけでなく司法省にも意見を訊ねることになっている、このような複雑な手続は不要である、と力説した。立法の諮問に与かる権能は司法省一つで十分だ、と言うわけである。

（35）ПСЗ, собр. 3, т. 2, No. 861, 1882 5/11.

（36）ПСЗ, собр. 3, т. 4, No. 2314, 1884 6/12.

（37）ПСЗ, собр. 3, т. 2, No. 890, 1882 5/18. なお第一節注74を参照。治安判事の側から見れば、同法は治安判事の負担において陪審制度の矛盾を矯める措置である。

（38）ПСЗ, собр. 3, т. 2, No. 892, 1882 5/18.

（39）ПСЗ, собр. 3, т. 4, No. 2313, 1884 6/12; т. 5, No. 3012, 1885 6/3.

（40）ПСЗ, собр. 3, т. 5, No. 2937, 1885 5/14. これまで弁護士の資格審査では、弁護士評議会（評議会未開設地域では地方裁判所）の決定に対し控訴院に不服を申し立てることが認められていたが（司法　第三七六条）、この改正により、関係者は右の控訴院の判断に対しさらに第一部両破毀部合同会議に不服を申し立てることができるようになった（司法　第一一九条の三改正）。但し不服申立ての対象となるのは、法律の定める資格要件の有無に関する控訴院の判断に限られる。判例上、控訴院での司法審査の範囲は、右の形式的要件の有無についての評議会の判断に限られる、とされているからである。

（41）ПСЗ, собр. 3, т. 5, No. 2959, 1885 5/20. それまでのセナートの機構改革の流れの中で問題を捉えていない憾みがあるが、同法の制定過程については以下に譲る。П. А. Зайончковский. Российское самодержавие в конце XIX столетия. М., 1970, стр. 238-242; H. W. Whelan, *Alexander III and the State Council. Bureaucracy and Counter-Reform in Late Imperial Russia*. New Brunswick, New Jersey, 1982, pp. 161-165.

（42）マナセーインの経歴は、РГИА, ф. 1162, оп. 6, д. 311, л. 56-62. アクサーコフのマナセーイン評は、И. С. Аксаков. По поводу назначения нового Министра Юстиции // Сочнения И. С. Аксакова. т. 4, стр. 680. 正教信仰が厚いという点で、マナセーインはアレクサンドル三世時代に出てきた政治家である。後に見る刑事裁判の公開制限やユダヤ人弁護士の許可条項といった政策は、彼のこのようなパーソナリティーによって増幅されていると見ることができる。

（43）ПСЗ, собр. 2, т. 55, No. 60996, 1880 5/28. バルト三県での裁判諸法の施行について詳しくは、「『帝国』の司法秩序」第五章第一節を参照。

（44）*Manaseina revīzija. Senatora N. Manaseina ziņojums par viņa izdarīto revīziju Vidzemes un Kurzemes guberņās no 1882. līdz 1883. gadam*. Riga, 1949, pp. 35-36, 151-162. 監察報告の概要は、E. C. Thaden, "N. A. Manaseins Senatorenrevision in Livland und Kurland während der Zeit von 1882 bis 1883," *Jahrbücher für Geschichte Osteuropas*, Bd. 17, 1969.

（45）Manaseina revīzija. pp. 162-167.

（46）ПСЗ, собр. 3, т. 9, No. 6188, 1889 7/9.

（47）ПСЗ, собр. 3, т. 8, No. 5630, 1888 12/12.

（48）ПСЗ, собр. 3, т. 12, No. 8303, 1892 2/3; No. 8400, 1892 3/9. 治安判事制の先行施行は、一八六八年六月三〇日法（オロネツ県。ПСЗ, собр. 2, т. 43, No. 46061, 1868 6/30）、七八年五月二日法（オレンブルク県。ПСЗ, собр. 2, т. 53, No. 58457, 1878 5/2）、七八年一〇月四日法（ウファー県。ПСЗ, собр. 2, т. 53, No. 58890, 1878 10/4）に依る。

（49）ПСЗ, собр. 3, т. 10, No. 6669, 1890 3/27; т. 12, No. 9202, 1892 12/28.

（50）詳細は、Записка б. Министра юстиции, действительного тайного советника Манасеина об установлении предельного возраста службы по судебному ведомству. ПодМ. т. VII, СПб., 1894, стр. 3-41.

（51）ПСЗ, собр. 3, т. 11, No. 8188, 1891 12/24.

（52）ПСЗ, собр. 3, т. 6, No. 3696, 1886 5/15.

（53）ПСЗ, собр. 3, т. 7, No. 4396, 1887 4/28.

（54）ПСЗ, собр. 3, т. 6, No. 6162, 1889 7/7. 「司法反改革」の観点からの議論が多い中で、『司法省一〇〇年史』が改正の経緯を簡潔に内在的な観点から説明している。Министерство юстиции за сто лет. 1802-1902. Исторический очерк. СПб., 1902, стр. 183-187.

（55）Е. Н. Тарновский. Итоги русской уголовной статистики за 20 лет（1874-1894 гг.）. СПб., 1899, стр. 36.

（56）ПСЗ, собр. 3, т. 7, No. 4227, 1887 2/12. 内的視点からの改正経過の説明として、Министерство юстиции за сто лет. стр. 189-193. 一八八四〜八八年の地裁既済事件のうち公開停止事件は全体の五・五％、八九〜九四年は二・八％であった。Тарновский. Указ. соч., стр. 37.

（57）ПСЗ, собр. 3, т. 9, No. 6331, 1889 11/8. 立法理由は、Записка б. Министра юстиции, действительного тайного советника Манасеина об изменении действующих узаконений о поверенных по судебным делам. ПодМ. т. III, СПб., 1894, стр. 193-194.

（58）弁護士法制については、他に一八八九年一〇月一一日法（ПСЗ, собр. 3, т. 9, No. 6290, 1889 10/11）が弁護士評議会既設の三控訴院管区（ペテルブルク、モスクワ、ハリコフ）における評議会支部の新設を一時停止することを定めていることも、付記しなければならない（司法　第三六六条註追加）。もっともこの時点で評議会支部を置いていたのは、ハリコフ弁護士評議会（ノヴォチェルカースク支部）のみである。

(59) ПС3, собр. 2, т. 42, No. 45278, 1867 12/11; т. 45, No. 48452, 1870 6/1; собр. 3, т. 6, No. 3613, 1886 4/7. 補充治安判事は、地区治安判事に事故あるときまたは地区治安判事が多忙なとき、地区治安判事に代わってその職務を行なう司法官で（司法　第四五条の一追加）、その任用は全て治安判事に準じるとされる（司法　第四〇条の一追加）。

(60) И. П. Закревский. О желательных изменениях в судебных уставах. ЖГУП. 1885, No. 2; П. Н. Обнинский. Мировой институт. ЮриВ. т. 27, кн. 3, 1888; Его же. Еще о мировом институте. ЮриВ. т. 28, кн. 1, 1888. もとより現行制度の擁護論も少なくない。例として、К. Анциферов. К вопросу о реформе нашего мирового суда. ЖГУП, 1885, кн. 2; И. Тютрюмов. К реформе мирового суда. ЮриВ. 1886, No. 1; В. Даневский. В защиту выборного мирового института. ЮриВ. т. 29, кн. 1, 1888。

(61) ПС3, собр. 3, т. 9, No. 6195, 1889 7/12; No. 6196, 1889 7/12. 同年一二月二九日には、ゼムスキー・ナチャーリニク＝市判事管轄事件の訴訟手続も定められた（ПС3, собр. 3, т. 9, No. 6483, 1889 12/29）。治安判事管轄事件の手続をさらに簡略化した内容である。

(62) 次が改編後の「地域の裁判所」の管轄である。

Ⅰ　地区ゼムスキー・ナチャーリニク（または市判事）管轄民事事件。

(ⅰ)耕作地その他用益地の賃貸借、または農村労働の雇用に関する訴訟で、訴額五〇〇ルーブル以下であるもの。

(ⅱ)占有回収の訴え。

(ⅲ)耕地、牧草地その他の用益地が家畜などにより被害を受けた場合の損害賠償に関する事件で、訴額五〇〇ルーブルを越えないもの。

(ⅳ)訴額三〇〇ルーブル以下のその他の訴訟。

Ⅱ　地区ゼムスキー・ナチャーリニク（または市判事）管轄刑事事件。

(ⅰ)「治安判事の科する刑についての法律」に規定された犯罪。但し同法第一七〇条の一に所定の犯罪（窃盗罪の加重規定）を除く。

(ⅱ)酒・煙草の無許可販売で国庫の利害に関わらない犯罪。

Ⅲ　地方裁判所郡判事管轄事件。

(ⅰ)郡内で生じた民・刑事件でこれまで治安判事が管轄していたもののうち、地区ゼムスキー・ナチャーリニク（または市判事）が管轄しないもの。

(ⅱ)民事訴訟法により治安判事の管轄とされた非訟事件。

(63) ゼムスキー・ナチャーリニク法の制定過程は、Министерство юстиции за сто лет. стр. 198–210; Зайончковский. Указ. соч., стр. 366–401; T. S. Pearson, *Russian Officialdom in Crisis. Autocracy and Local Self-Government, 1861–1900*. Cambridge, 1989, pp. 164–209 等が詳細にこれを論じており、本文の記述はこれらに負う。

(64) Дневник государственного секретаря А. А. Половцова. т. II, М., 1966, стр. 28.

(65) コミッサールはバルトの農民裁判所である旧教区裁判所（リフリャント県、エストリャント県）、あるいは旧郡裁判所（クールリャント県）が担った農民の郷村自治の監督権限を引き継ぐもので、他に地主＝農民間の小作契約の確認、耕地売却契約の確認等にも従事する。彼らは県知事の提案に基づき内相によって任命された。

(66) Н. Окунев. К вопросу об образовательном цензе и продолжительности службы мировых судей. ЖМЮ, 1896, No. 2, стр. 207–208.

三　裁判諸法の再検討

(1) 新法相の相貌

① ニコライ・ヴァレリアーノヴィチ・ムラヴィヨーフは、一六世紀に遡るノヴゴロドの勤務貴族の余裔であった。一族からは帝政時代、多くの将帥、卿相、デカブリストを生んでおり、戎事に投じて極東露領の経略に夢を紡いだムラヴィヨーフ＝アムールスキーは伯父に当たる。この伯父同様、甥ムラヴィヨーフも自らを恃むところの厚い人で、モスクワ大学を中退して国外に行き、独力で準備を進めて一九歳でペテルブルク大学から法学の学士号を取得している（一八七〇）。直ちに試補としてモスクワ控訴院検事局に入り、七一年、リャザン地裁検事に任官。以後はモスクワ地裁検事（一八七三）、ヤロスラーヴリ地裁検事正（一八七七）、ペテルブルク控訴院検事（一八七九）、ペテルブルク控訴院検事長（一八八一）、モスクワ控訴院検事長（一八八四）、セナート刑事破毀部上席検事（一八九一）と、検察畑を歩いた。この間モスクワ控訴院検事長時代に、モスクワ総督セルゲイ大公（皇弟）の知

己を得ている。九二年、国家評議会事務総長に栄転し、九四年の一月に、マナセーインの跡を襲って再び司法部に戻ってくる。[1]

検察の中枢をひた走ったムラヴィヨーフは、新しい刑事手続が育てたスターであった。同時代人は「その弁論、よくプレヴァーコに匹敵す」と、彼の雄弁を伝えている。[2] 若き日公判を担当した二つの事件、ガルトゥング事件と「ハートのジャック・クラブ」事件で一躍時の人となり、「人民の意志」派の三月一日事件でも彼が論告求刑を担当した。マナセーイン同様の生え抜きながら、この卓絶した「舌」ゆえに、ムラヴィヨーフには本省勤務や裁判官への人事異動の経験がない。未完に終わった代表作『検察官論』（一八八九）は、このような実務家ムラヴィヨーフの活動を締め括る著作である。[3]

エネルギッシュで有能な法律実務家の顔と並んで、ムラヴィヨーフにはもう一つ、学者＝理論家としての側面があった。処女作「公開執行論」（一八七四）は、恥辱刑の一種である徒刑・流刑の公開執行 обряд публичной казни（刑訴　第九六三条。これらの刑に科された者を行刑施設に送るに先立ち、公共の場で晒し台に晒すこと）を批判したもので、ここには後のムラヴィヨーフの原点がある。諸外国では立法・学説ともに公開執行を過去の制度と見なしている、公開執行は見せ物にすぎず、受刑者を徒に辱めるに終わっている、これは新しい刑事手続が旧法（旧刑訴　第五四一条）から引き継いだ遺物であり、裁判諸法の基本精神にそぐわない、こうした制度は直ちに廃止をさるべきだ、というのがこの論文の趣旨である。[4] 萌芽的だがここに表明されたような、新しい司法制度に相応しい刑事政策とりわけ行刑制度を確立し、大々的な立法改革すなわち古風な実体法の刷新と裁判諸法の遺風の補正を進めることが、以後のムラヴィヨーフのテーマとなった。

このうち刑事政策では、その後大小様々の成果を見た。右の処女論文を初めとして、彼にはこの方面の著述が多く、八九年にドイツのリスト、ベルギーのハメルらが国際刑事学協会を設立したとき、自らここに参じている。協会第九回大会（一九〇二）がペテルブルクで開かれたのは、彼の尽力に負うものである。またムラヴィヨーフの法相時代に司法省は内務省から監獄総局を接収するのに成功し（一八九五）、これ以後行刑政策もリードした。[5]未成年者の矯正を前面に出した一八九七年六月二日の少年法制。一部の国事犯および宗教に対する罪を除いて有期自由刑を以て流刑に換えた一九〇〇年六月一〇日法、同じく六月一二日法。男子徒刑囚・流刑囚に対する懲罰としての体刑を廃止した一九〇三年六月二日の法律。[6]——何れもこの時期達成された成果である。特に一九〇〇年六月の二つの法律は、刑法犯のシベリア流刑を実質的に廃止するもので、ロシアの行刑史に転機を画することになった。[7]

一方立法改革では、ナボコフ時代に着手をされた新しい民法典、刑法典の編纂が九〇年代、特にその後半のムラヴィヨーフ期にピークを迎えていることが注目される。先ず刑法典草案が九五年に脱稿した。続いて九九〜〇三年に、民法典草案全五冊が取りまとめられ公表された。さらに九九年には、それまで大蔵省との調整がつかず長く宙に浮いたままの手形法新草案がまとまった。新手形法は〇二年、新刑法典は〇三年、皇帝の裁可を受けて成立しており、[8]八〇年代に始まった司法省の立法過程への参画はこうしてムラヴィヨーフ期に頂点に達した。

伝統の家系、有力皇族の庇護、天賦の弁に裏打ちされた実務の経験、後に行刑改革や立法改革に結実をする理論的研鑽。——小括すると、ムラヴィヨーフは法相になるべくしてなった人である。

② 表4-1は、ポーランド（ワルシヤワ控訴院管区）とカフカース（チフリス控訴院管区）を除く一八九四年一月時の司法部の編成である（便宜上、地区ゼムスキー・ナチャーリニクも含めてある）。ムラヴィヨーフが就任のこの時点で全国の控訴院は合わせて一〇（ペテルブルク、モスクワ、ハリコフ、オデッサ、サラトフ、カザン、キーエフ、ヴィリナ、ワルシャワ、チフリス）、地方裁判所は八二で、裁判諸法は全国二三の県と州で依然施行を見ずに終わっていた。[9]未施行地域は帝国の北辺、アルハンゲリスク、オロネツ両県とヴォログダ県の北東五郡。次に東部の辺塞地域、ウファー、オレンブルク、アーストラハン。そしてこの三県を越えた向こうのシベリアと中央アジアであ

表 4-1　司法部の編成（1894）*

〔単位：人〕

裁判官	996	
セナート破毀部	47	
控訴院	201	（院長 10，部長 21，判事 170）
地方裁判所	748	（所長 64，副所長 104，判事 580）
検察官	580	（破毀部 24，控訴院 52，地方裁判所 504）
取調官	1163	
治安判事	3627	
地区治安判事	612	
補充治安判事	38	
名誉治安判事	2977	
地裁郡判事	348	
市判事	370	
地区ゼムスキー・ナチャーリニク	1920	
書記官	898	
裁判所書記官	814	（セナート 36，控訴院 142，地方裁判所 636）
検事局書記官	84	（セナート 2，控訴院 21，地方裁判所 61）
司法官試補	771	（上級試補 331，初級試補 440）
執行士	1091	
送達士	202	
公証部	1042	（上級公証人 60，公証人 982）
弁護士職	2305	（弁護士 1461，弁護士補 844）
準弁護士	2139	
その他の裁判所職員	2037	（うち臨時職員 1008）

注：*チフリス控訴院管区（8 地裁），ワルシャワ控訴院管区（10 地裁）を除く全国 8 控訴院管区の法曹人口.

典拠：Сборник статистических сведений Министерства юстиции. вып. 9, СПб., 1894, стр. 1-7.

る。ヴォログダ県の他の五郡ではすでに七二年一二月一二日の法律で新制度へと移行しており、オロネツ、ウファー、オレンブルク、アーストラハン、アルハンゲリスクの五県でも八〇年代末までに治安判事制の導入を見ているから、ヨーロッパ・ロシアの辺境部で裁判諸法の施行作業が積み残されている観は否めない。しかもオロネツ、ウファー、オレンブルクの三県では、マナセーイン期の九二年、四つの地裁（ペトロザヴォーツク、ウファー、オレンブルク、トロイツク）を開くことを約しながら、財政事情を理由として、九四年になってもなお何れも開所に至らずという状況であった。

こうした次第で、ヨーロッパ・ロシアの北部・東部の六県で新しい制度を立ち上げることが、ムラヴィヨーフの最初の仕事となった。先ず懸案の四地裁が九四年五月の末から翌月にかけ開設され、続いて同年五月九日法がアーストラハン地裁（サラトフ控訴院管区）の開所を決定した。[10]以上の四県五地裁では陪審裁判は行なわない。

残り二県のうちアルハンゲリスクに関しては、九六年一月二九日の法律により、六五年の施行規程に準拠してアルハンゲリスク地裁を開き、モスクワ控訴院管区に置くことが決められた。[11]アルハンゲリスクはゼムスキー・ナチャーリニク制を実施しない地域なので、ここでの裁判所構成は、司法機関設置法が定めるとおり、小額・微罪の事件を管轄する治安判事と普通裁判所（控訴院・地裁）の二本立てとなる。但し独仏両国を合わせた面積を持つ土地であることを考慮して、次のような特則を置いた。(i)地区治安判事・補充治安判事は司法大臣が任命する。任官には取調官と同一の法曹資格を必要とする（司法　第六〇七条追加）。(ii)ザカフカースの治安判事に関する規定を準用して、治安判事の事物管轄を拡大する（民訴　第二〇九九条追加。刑訴　第一三七七条追加）。(iii)アルハンゲリスク地裁には取調官を設置せず、犯罪の捜査取調べは地区治安判事・補充治安判事に委ねる（刑訴　第一三八四条追加）。(iv)治安判事会議は置かず、アルハンゲリスク地裁がその職務を行なう（司法　第六一二条追加）。治安判事判決に対する控訴審はアルハンゲリスク地裁、その判決に対する破毀審はセナート民事破毀部または刑事破毀部とする（図4-6）。(v)アルハンゲリスク県では陪審裁判は実施しない（刑訴　第一三八六条追加）。(vi)直接主義・口頭主義の例外を認め、被告人の出廷義務や証人尋問に関し特則を設ける。

最後に残ったヴォログダ県の北東五郡に関しては、九九年二月一五日の法律で、既設のヴォログダ地裁の管下に置くことが決められた。[12]アルハンゲリスクと異なってこの五郡ではゼムスキー・ナチャーリニク制を行なうため、治安判事制は実施せず、この地域では普通裁判権を持つヴォログダ地裁と小額・微罪の事件を管轄するゼムスキー・ナチャーリニク体系の裁判所（地区ゼムスキー・ナチャーリニク、郡会議司法部会、県審議室）とが並立する。またヴォログダ地裁では陪審制は実施をしない。

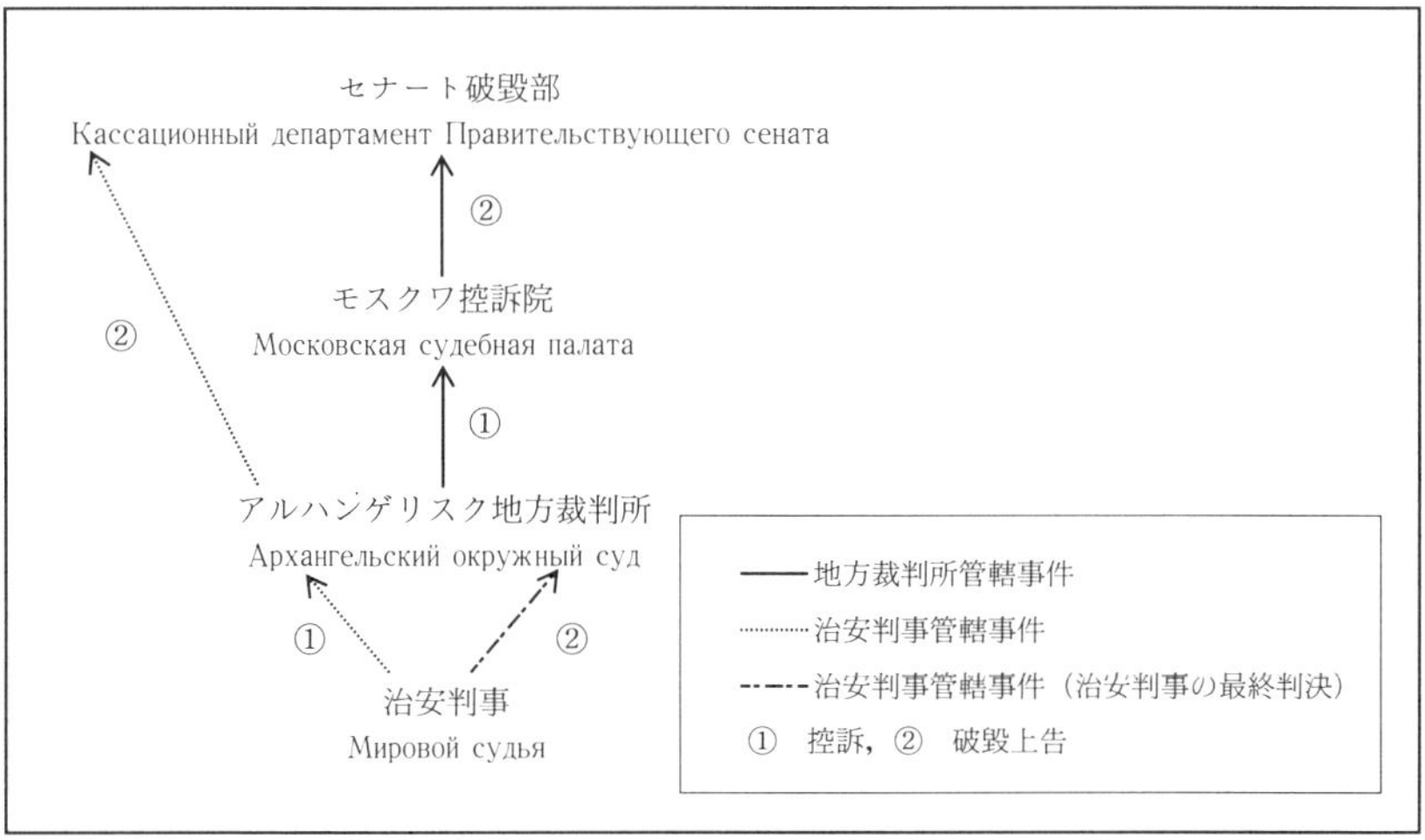

図 4-6　アルハンゲリスク県での施行（1896）

以上、陪審制と治安判事制を中心にかなりの変則――それは一つには住民の司法参加を図るには非効率な、この地域の人口の稀薄さと巨大な「距離」に因るものであった――に訴えてまで、北陬の地に敢えて裁判所を開く理由は、果して那辺にあったろうか。九六年七月一日、アルハンゲリスク地裁開所式で、法相名代B・P・ザヴァーツキーは次のようにスピーチした。――ここヨーロッパ・ロシアの北の辺境に、きわめて重要な出来事が昨今次々生じております。最近ムルマンスク海岸とペチョーラ川の対岸地域が、電信と蒸気船の定期航路でアルハンゲリスクと結ばれました。ちょうど二週間前の六月一五日には、先帝アレクサンドル三世陛下の命によって改修され、最新の科学と技術の粋を集めた新しいマリンスキー水路が開通し、北方の富をバルト海と近接させるに至っております。ヴィチェグダ川と合流する北ドヴィナ河畔のコトラスからヴャトカまで、アルハンゲリスクからヴォログダまで、鉄路を延長する作業が始まり、急ピッチで進んでいるところであります。……これら全ての出来事が北方地域をその経済力、その自然的富ともども新しい生活へと呼び起こしていることは、疑いを入れぬところであります。以前からその企業家精神によって名を知られ、ロシアの商工業の発展に多大な貢献を果たした人々を父祖に持った住民の間で、これらの出来事が活発な活動を促していることも、また疑いの余地がありません。新しい水路の開設に続き、今日ここに裁判所が開かれました。それは北方地域の新しい経済生活、市民生活の諸要求に応えるものでありましょう……。[13]「経済生活の諸要求」、鉄道建設と工業化という時代の波が、この地において裁判諸法の施行を求めているというのである。

まさにこの「経済生活の諸要求」が、これに続いてシベリアや中央アジアにおける裁判諸法の施行を牽引した。ムラヴィヨーフは一八九四年の秋に次官Π・M・ブトーフスキーを長とする委員会を省内に設け、シベリアでの施行の準備に掛かっている。この司法省原案が九六年四月と五月に国家評議会で検討を受け、五月一三日に裁可された。[14]骨子はイルクーツク控訴院管区を開設し、シベリアの四県（トボリスク、トムスク、イルクーツク、エニセイ）、四州（ヤクーツク、ザバイカル、アムールおよび沿海州）それぞれに地方裁判所を開くことである。モデルは先のアルハンゲリスク方式だった。治安判事の任命制と事物管轄の拡大、陪審制の断念、口頭主義・直接主義の例外規定など、全てこれに準じている。違いはアルハンゲリスク以上の「距離」を考慮に入れて、セナートを治安判事管轄事件の上訴審から完全に外したことで、図4-7に見るように、治安判事の控訴審は地方裁判所（民訴　第二一三〇条追加。刑訴　第一四一五条追加）、その判決の破毀管轄はイルクーツク控訴院とされた（民訴　第二一三四条追加。刑訴　第一四二二条追加）。また控訴が許されない治安判事の最終判決に対しては地方裁判所がその破毀管轄を持つ（民訴　第二一三一条追加。刑訴　第一四一九条追加）。なおこの控訴院管区では弁護士評議会は開かれない。

ムラヴィヨーフをこのとき改革に駆り立てたのは、「文明」と「進歩」に対する夢であった。「司法省は大蔵省の全面的な支持を得ております」と、彼は法案の趣旨説明で力説する。蔵相とは無論ヴィッテであり、シベリア鉄道の開設がもたらすこの地の変化が裁判諸法の施行を必然にもし、可能にもする、とムラヴィヨーフは踏んだのであ

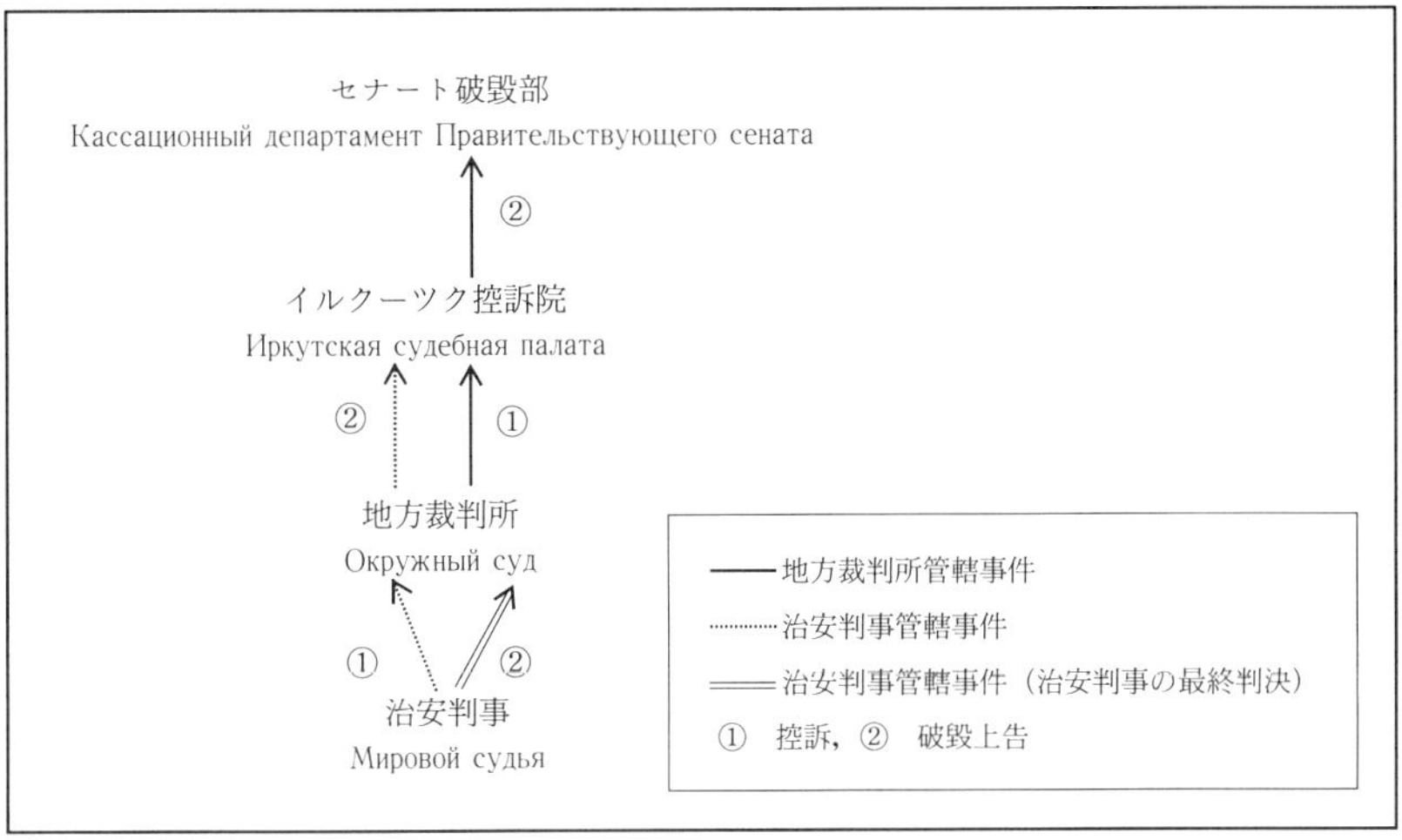

図 4-7　イルクーツク控訴院管区（1896）

る。――エルマークこの方永きにわたり、シベリアはありとあらゆる文化の成果から常に取り残されておりました。シベリアは入植者にはその豊かな自然の富を与えましたが、受け取ったものはと言えば、流刑であり、徒刑であり、わが社会の屑、われらが日常の営みの澱みでありました。現在これら全てが変化を遂げ、後戻りのできない地点へと向かっております。シベリアで新たな生活が立ち上がり、大いなる発展と革新の日々が訪れました。世界でもっとも長い鉄道が、人類にとり文明と進歩の恩沢を象徴するこの人間の真の結び手が、間もなく端から端までシベリアを横切ることでありましょう……[15]。　東漸と入植のうねりという九〇年代特有の事情がシベリアの改革を促したわけであり、先にも述べたシベリア流刑の実質的な廃止措置も、実はこうした流れの中にあった。イルクーツク控訴院は九七年六月二日に開かれている。

その翌年、中央アジアにおける裁判諸法の施行法が成立した。司法省は関係の省庁、特に陸軍省や内務省と協議の上で、先ずトルケスタンとステップでの裁判諸法の施行法の準備を進め、九七年一二月二九日に原案を国家評議会に上程した。これが九八年六月二日に裁可され[16]、ステップ諸州（アクモリンスク、セミパラチンスク、セミレーチエ、ウラリスク、トルガイ）とトルケスタン（スィル・ダリア、フェルガナ、サマルカンド）に、オムスク、タシケントの両控訴院と七つの地方裁判所（タシケント、サマルカンド、ノヴォ・マルゲラン、ヴェールヌイ、オムスク、セミパラチンスク、ウラリスク）を開設することが決められた。続いて同法に準拠してザカスピ州での施行法が起草され、九九年二月一五日の法律となった。[17] ザカスピ州にアスハバード地裁を開き、タシケント控訴院管区に編入をするとの内容である。

改革に当たって司法省は、ここでも近時の植民の高まりを強調した。「この間に……トルケスタンでもステップでも、ほとんどロシア人住民だけで構成される村々、さらには都市が生まれてきた」。例えば「タシケント、サマルカンド、オムスク、ペトロパヴロフスク、ノヴォ・マルゲランでは、人口数万に達する」「それとともに農業だけでなく、商業・工業も発展してきた」。こうした事情が新しい裁判制度を必須させる、と言うのである。[18] もっとも中央アジアの植民が伸長するのは二〇世紀に入ってのことで、一八九七年の時点ではスラヴ系住民の占める比率はステップ諸州でまだ総人口の一五・七％に限られていたから、右の主張は多分に「先取り改革」の性格が強い。

こうして生まれたタシケント、オムスク両管区での裁判権の編成は、先のシベリア型であった（図4-8）。治安判事の事物管轄を拡大すること。治安判事会議は設置せず、治安判事の控訴審を地方裁判所に、破毀審を控訴院に据えること。治安判事を司法大臣が任命すること。イルクーツク控訴院管区と同様に弁護士評議会は設置せず、その事務は地方裁判所が代行すること。陪審制の実施は見送り、証人の尋問については、口頭主義・直接主義の例外を広く認めること。――但し「先取り」の性格を反映して、いくつかシベリアには見られない、この地域独自の規定がある。[19] 例えばトルケスタン総督が統轄するスィル・ダリア、サマルカンド、フェルガナ、セミレーチエ、ザカスピの五州では、治安判事の任命・転所・罷免は総督との協議に基づき行なわれる（司法　第六五三条追加）。また征服地の行政・軍事・司法の権限を一ヶ所に集めるとの理由から、控訴院所在地は総督府のあるタシケントおよび

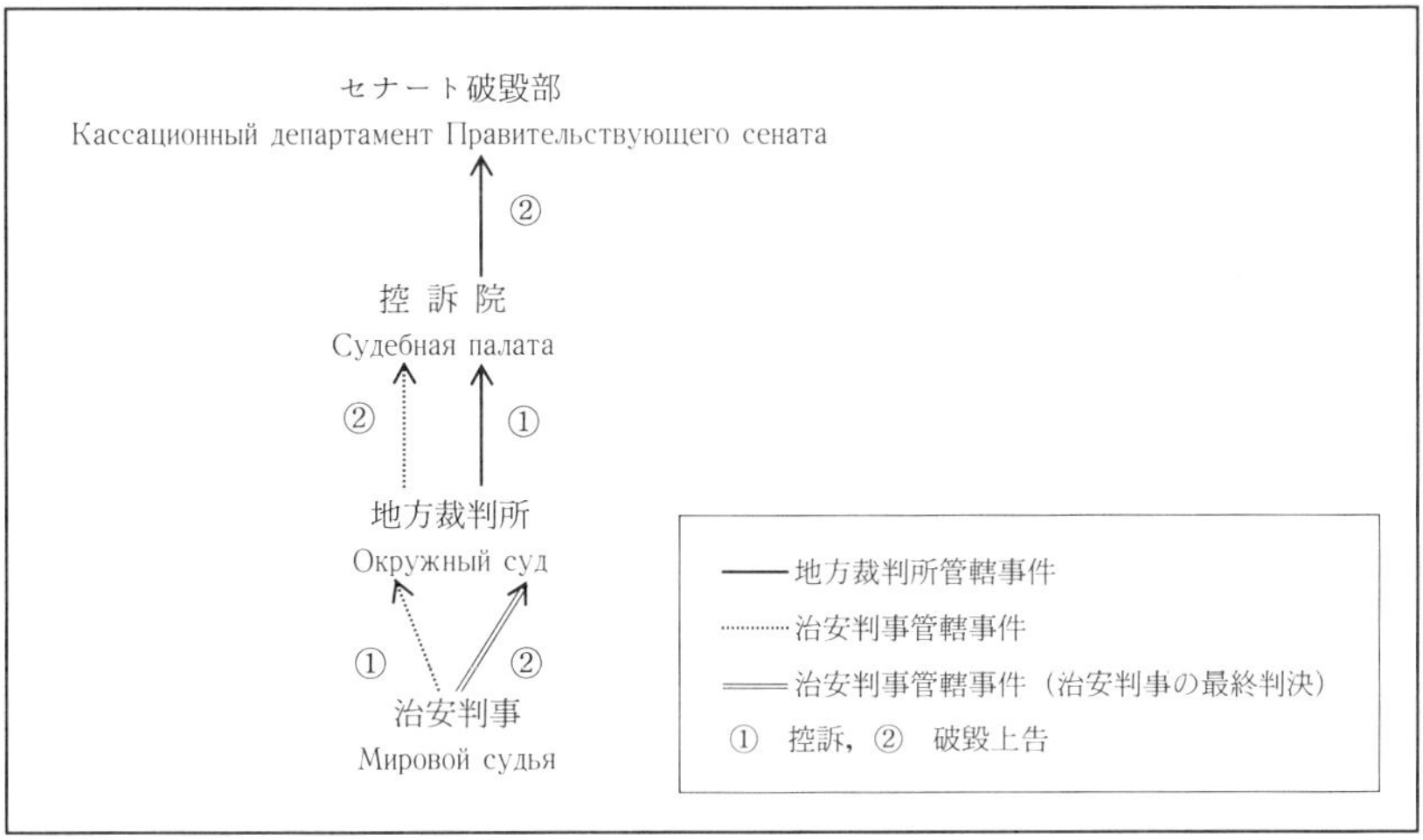

図 4-8　トルケスタンとステップ諸州における施行（1898，1899）

オムスクと決定された。ロシアに併合されてまだ日の浅い地域であるだけに、先を見越しての施策という主張だけでは、「総督の権威」を前面に掲げる軍政当局の現実の論理を乗り越えるのは中々に困難だったのである。さらに新たに入植してくる移民を対象に想定しての制度改革であったため、立法者はこの地の固有法に手を着けることには消極的で、いわゆる「民衆裁判所」народный суд（イスラム法に依拠した先住者の紛争処理システム）はそのまま残っている。

タシケント控訴院、オムスク控訴院の開所は九九年五月一四日のことであった。これに続いて同年七月一日に、先のヴォログダ県の北東五郡が新制度へと移行する。こうして裁判諸法は全国に拡がったのである。

③　改革の全国化と並行して、ムラヴィヨーフは司法部の人的な強化に熱を入れた。挙げるべき業績は数多い。先ず司法部の定増が頻繁に実施されている[20]。人事管理はとりわけ彼の腐心したところで、毎年小まめに全国を廻って視察に励み[21]、九六年には前記の『検察官活動指針』を制定して、彼らの活動の統一を図った[22]。その一方で、彼は司法官の生活の改善を進め、渋るヴィッテを押し切って九六年と九九年、二度

にわたって地裁判事の増俸を実現した。[23] 同じく取調官に対しても、住居手当ての引き上げがある。[24] また年金制度の拡充のため、九八年と〇三年、司法省退職者基金の規約が改正された。[25] さらに一八九五年には、退職の司法官・司法省職員とその家族の生活支援を目的として、会費と民間の寄付金によって運営される司法省の外郭団体、司法扶助協会 Благотворительное общество судебного ведомства を立ち上げた。[26]

これらの施策それ自体は、司法部の人的基盤の充実をいう前任者の方針の踏襲である。ここでのムラヴィヨーフのオリジナリティーは、司法官のアイデンティティーをまとめることで、こうした施策に理論的基礎を与えて見せたことにある。八六年の論文「司法職論」は、任官を控えた試補に対し司法官の心構えを説いている。ムラヴィヨーフの整理では、司法官には他の統治官僚と区別される次の特質があると言う。(ⅰ)高度の法学的・一般的学識。(ⅱ)社会的・道徳的な信頼性。(ⅲ)職務上の廉潔と献身。これは兼職の禁止に依って獲得される。(ⅳ)独自に職務を進めていくだけの実務の準備。(ⅴ)任用・昇進の一定の条件と手続。すなわちキャリア制度の存在。(ⅵ)官等に関わりなく、官吏の一般的な序列の中で相対的に高い地位を占めていること。(ⅶ)職務上の地位や活動が持つ独立性。すなわち裁判官の身分保障や検察官の「言葉の自由」。(ⅷ)司法官身分が持つ一体性。これは内部的事項に関する裁判所の自治や検察官同一体の原則に表れている。(ⅸ)在職中また退職後の物質的保障。[27]

ムラヴィヨーフが掲げるメルクマールは、高度の専門性（ⅰ、ⅳ）、職務や地位の独立性と自立性（ⅴ〜ⅸ）、高い職業倫理と社会的評価（ⅱ、ⅲ）とこれを要約できるから、その内容は古典的な「プロフェッション」の理念に近い。「司法部の奉職者 судебные служащие の総体は、同じ官庁に勤める者の集合 соединение を越えた、有機的で一体性と調和性とを持った存在である。ヨーロッパの裁判法で広く用いられる用語で、彼らのことを身分 сословие とか司法官職 магистратура とか呼んでいるのも故なきことではない。こうした概念は、独立性を持ち厳密に規定された地位、相互の間の確固たる内的紐帯、過去における伝統、現在におけるその人的要素の質の保障、そして最後に、高い社会的使命に対する明瞭な意識を前提としている。ここに挙げた性質が西欧、とりわけフランスにおける司法官の本質的な特徴と、彼らのイメージとを形づくっている[28]」。

以上のプロフェッション論が彼の司法職論の柱の一つであるとすると、もう一つの彼の旋律は「司法職とは国家勤務 служба государственная の一形態ないし一領域に他ならない」との国家勤務の理論である。曰く、この概念は往時のモスクワ・ロシアに淵源し、ピョートル一世、エカチェリーナ二世の時代に彩色された。法律の遵守、執務の公平、清廉さ、職務に対する専念・専心、そして品位の保持といった司法職足る者の心得は、実はこれらの時代に基礎を置かれた国家の勤務者全てに通ずる行為規範に他ならない。「身を国家勤務に捧げる者は、勤務の上の共通の格率、共通の指針をここに見出す[29]」。

だが由緒ある勤務貴族の末に生まれた彼の議論の特徴は、以上の二つが対位法を奏でつつ、全体が次第に後者に収束していくことにある。司法官には「他の官庁に勤める者と共通する一つの目的が存在する」「両者の間の全ての相違は活動の出発点、方法、手段の差異に帰着する[30]」。——こう彼は述べ、国家勤務に在る者としての共通性を強調する。換言すれば、一八世紀啓蒙専制の時代における勤務する貴族の職分を母体に、西欧のプロフェッションの理念像を接ぎ木したのが、ムラヴィヨーフの描く司法官の理念型であった。

ムラヴィヨーフが官吏一般に通底する司法官の国家勤務の側面に目を向けたことは、彼をして一つの独自な司法権の性格規定に導く結果となった。司法権は司法官が奉職する国家の大権の一部分、君主統治権の一翼であるとの、三権帰一説である。「古い三権分立論は、学問的・歴史的な発展を遂げ、司法権は執行権の一派生分枝と考えられており、この執行権と対比されるのは立法権のみである。わが国ではこのどちらも、一つの政体の一部分、その現れで、ロシア国法の至高の源、つまりは君主の専制権力に発している。わが国の司法部のこうした特別の地位は、法律で定められた司法権の独立や、司法権と行政権との分離を排除するものではない[31]」。

このように、ムラヴィヨーフによる司法職の自己規定は、プロフェッション論、国家勤務論、そして帰結としての三権帰一説から成っている。最初のプロフェッション論が、一八六四年の改革まで長く官界の傍流に位置した司法職の自己主張、存在の認知を迫る試みであることは、ここで容易に見て取れよう。一方の核、国家勤務論が前面に司法官と他の統治官僚との共通性を押し出すことで、過去の伴食官僚の主流派に向けての上昇志向・同一化要求を表していたと考えると、プロフェッション論は、間接的には破毀部の法創造の機能に依り、また直接には実質的な法制局としての司法省の活動を通じて、七〇～八〇年代に統治機構に新たな地歩を固めつつあった新興エリートが、他との差異化を図る論理となっている。そしてまた司法部の内に対しては、司法官＝在朝法曹の一体性を強調し彼らの高い使命と学識を誇るその主張は、マナセーインが舵を切った専門人、特に在朝法曹による制度の牽引という政策を、基礎づけ正当化する役割を担っていた。司法権が統治権の一翼足ることを強調する三権帰一説自体、マナセーインが重視する司法政策の「国家」的観点と親近的である。

こうした理論的基礎の下に、ムラヴィヨーフは司法部の足腰固めや司法改革の全国化と並行して、裁判諸法と過去の司法政策を大々的に総括する試みに乗り出していった。

（2）一八九四年四月七日上奏

①　九四年四月七日、ムラヴィヨーフはアレクサンドル三世に、今後の裁判制度のあり方について、自らの所見を明らかにした。それは結論に裁判諸法の全面的な改正を置き、最初に一八六四年改革の評価を試みることから始まっている。――周知のようにこの改革に対しては、「狂信的な崇拝者」фанатические поклонники と「狂信的な反対者」фанатические противники との双方がいる。この両極の論を避け中庸を歩んでいくことが自らの取る立場である。[32]審級を削減し、行き過ぎた書面主義、訴訟遅延、裁判所事務局による権限の濫用を取り除き、裁判に携わる人々の

道徳的・知的な水準を引上げたこと、法定証拠主義を廃止したこと、個人の権利の保護に寄与したこと、これらが裁判諸法の功績である。その一方、再考を要すべきことは、現実と法の理念の乖離、また新制度を維持していくために国庫が負った財政負担の重さである。「ロシアはきわめて均斉のとれた訴訟法典を持っており、それは西欧のどの国家でも通用する。だがそれは、広い面積と、決して同等の発展程度に達していない比較的少数の種々の民族が存在するという歴史的な特質を抱えたわが国の条件には、十分に適合しないものである。にも拘わらずわが国には、従来全く知られなかった陪審制が存在し、……破毀の手続が定められ、民事訴訟では厳格な弁論主義が採用され、特別の弁護士身分が創設された」「改革が生活と接していくにつれ、新たな法と現実の求めるところとの距離は、ますますもって明瞭となった。わが国に移植された訴訟原理や訴訟方式の大半は、わが国の必要や要求に見合ったものとなっておらず、またわが国の国情 условия нашего быта に合わせて大々的に改編・調和させることが求められている。裁判諸法を施行した体験は、ほどなくこのことを明らかにした」「[裁判体の]合議制原則を過度に発達させたこともあり、必ずしも合目的でない管轄区分のため、新しい裁判制度の維持は国庫にかなりの負担を課している[33]」。

一見すると、これは論壇の「反改革」論者たち、ムラヴィヨーフの言うところの「狂信的な反対者」が出した持論の再説である。だが単に彼らの主張を復唱するのは、ムラヴィヨーフの真意ではない。彼が狙いとしたことは、これらの論者の所論を借用することで皇帝に裁判諸法の改正気運を煽り立て、逆に自らこの改正の主唱者に収まってしまうことであった。そのためこうしてひとたびこの意見書で皇帝の心を収めてしまうと、今度は時代を越えた裁判制度の原則として、ムラヴィヨーフは次の一〇項目を挙げるのである。その内容はむしろ一八六四年改革の確認である[34]。

(i)口頭主義と直接主義。

(ii)公開主義。
(iii)対審の原則。
(iv)裁判所は国家の機関であるが、同時に外の影響や圧力から独立していなくてはならないこと。
(v)司法の職にある者が道徳、教育、実務に関する一定の資格を有していなくてはならないこと。
(vi)裁判は国家の官吏によって行なわれるが、「社会的要素」の参加なしには考えられないこと。
(vii)証拠に基づく裁判。それも法定証拠主義ではなく、自由心証主義に基づく。
(viii)国家は裁判所に、検察官という自らの代理人を持たなくてはならないこと。検察官は適法性の維持者であり、また公訴機関でもある。
(ix)裁判に当たって個々の市民に次のことが認められねばならないこと。
　a 訴追や請求は、訴追人や原告によって証明されねばならない。
　б 裁判のための身柄の拘束は、それが必要な場合にのみ限られる。
　в 弁護を受ける権利、訴える権利。
　г 上訴する権利。
(x)第一審裁判所は、住民に身近なものでなくてはならないこと。上級の裁判所は、質的に強力なものでなくてはならないこと。裁判のヒエラルヒーの頂点には、直接皇帝の下におかれる最高裁判所としてのセナートが位置すべきこと。

結局四月七日の上奏においてムラヴィヨーフが問題としたのは、「わが国の国情」論よりも、一八六四年後の司法政策のあり方であった。「この間、法の個々の欠陥を取除く必要から、あるいは法を地域の実情に合わせる必要から、……裁判諸法に改正、補正がなされなかった年はほとんどない」「こうした補正が有機性を欠き、連関もないまま次から次へと続いた結果、全体としてわが国の司法秩序は時の経過とともに改善が進まなかっただけでなく、次第に質を落として複雑になり、現在では改革前の秩序にも見られなかった雑然性、錯雑性、複雑性を呈している」。[35]

ムラヴィヨーフはこの雑然性の例として、別のところで、同じペテルブルク控訴院管区に八種類もの異なる訴訟手続が行なわれていることを挙げている。[36] ペテルブルク市のように、裁判諸法がそのまま完全に施行されている地域。陪審裁判を実施しないバルト三県に見るような、裁判諸法を修正の上施行した地域。あるいは未だ治安判事制のみ行なわれるに止まっていたヴォログダ県の北東五郡。ゼムスキー・ナチャーリニク制の実施により、逆に普通裁判所だけ残った地域……。図4-9はアレクサンドル三世が歿した一八九四年一〇月の時点での、裁判諸法の施行状況である。ゼムスキー・ナチャーリニク制はヨーロッパ・ロシアの三六県で施行するものと定められたが、その後九〇年代になり、アーストラハン以下の六都市で地区治安判事の再興が決定した。[37] 裁判諸法は普通裁判所と選挙制の治安判事の二本立てを考えていたが、この図が如実に示すように、ヨーロッパ・ロシアの諸県ですらも裁判所の構成は一様でなく、区々たる相貌を呈している。確かにこうした結末は、一つには融通無碍に裁判諸法の施行を急いだパーレンの政策のつけであり、かつまた内務省が強引に進めたゼムスキー・ナチャーリニクの構想に屈した司法省が、結局何時かは払わねばならない負債でもあった。

以上を踏まえムラヴィヨーフは、「相互の間の然るべき調整も統一も欠いたまま、わが国の裁判組織に次々と持ち込まれた改正が生んだ細分性、断片性、偶然的性格」を克服するには、「全面的・体系的な現行の裁判組織の見直しに着手する他に出口はない」と結論する。「司法秩序の過度の錯綜と複雑性」「裁判所の維持に伴う国庫の極度の負担」「出訴によって私人が負わされる費用の重圧」、――こうした問題を解決するため「帝国各地の裁判所構成の統一化」「過度の形式主義の除去、裁判の迅速化、国庫にもまた住民にも廉価な裁判所、こうした意味での訴訟

図 4-9　司法改革の実施状況（1894）

典拠：Общий обзор деятельности Министерства юстиции и Правительствующего сената за царствование Императора Александра III. СПб., 1901, Приложение II, карта II より作成.

手続の簡略化」が必要である、と。[38]

具体的検討課題とされたのは、次の一〇項目であった。中で第一〇項には、詳細な補足の説明が付されている。[39]

(i)裁判官不罷免性に関する規定の改正。現行制度では、その職に相応しからざる人物を排除する手段が、司法行政当局にない。

(ii)管轄をより単純化し、その区分を見直すこと。普通裁判所管轄事件の多くを単独制の裁判所に移して簡素化・迅速化・廉価化を図る一方、合議制裁判所の事務負担の軽減によって国庫の重圧を軽減していく。

(iii)司法官、特に地方裁判所と控訴院の裁判官の物質的状態を改善する。

(iv)陪審制度の再検討。今後もこの制度を残すべきか、存続の場合はロシアの国情を考慮した上で、如何なる形でこれを残すか。

(v)上訴制度（控訴および破毀）の見直し。とりわけ破毀制度がロシア国民の法意識とどの程度合致しているのかを検討すること。司法改革以前の再審査制に全面的にあるいは部分的に回帰する必要があるのか否か。

(vi)取調手続、訴追手続の改善。現行制度は煩雑にすぎ、犯罪の発見、被疑者の摘発を機動的に行なうことを妨げている。

(vii)弁護士制度の改正。この職業に相応しからぬ人物を排除するとともに、彼らの道徳的・知的な能力の向上を図ること。

(viii)司法官試補の地位や待遇の改善。

(ix)新しい裁判所規則を作成して、裁判所の内部秩序を整備統一する。

(x)ゼムスキー・ナチャーリニク制度の再検討。ゼムスキー・ナチャーリニクも市判事も、同様の事件を同一の手続で裁判するにも拘わらず、前者は内務省、後者は司法省の系列の機関なので、そのたびに活動の調整を迫られる不便がある。

このように問題領域を設定したムラヴィヨーフは、今後の作業プロセスにも触れ、「予め見直しの基本原則をまとめておき、その目的やプログラムを確定し、これを実行する手順を定める必要がある」と強調した。「司法職論」で示されたムラヴィヨーフの主旋律がここで再び登場する。「これから取りかかる改革の基礎には、裁判所と司法部が国家的な性格を持ち、統治の分流であること государственный характер и правительственное направление суда и судебного ведомства が、原則に確認をされなければならない。……何よりも先ず裁判所は、君主の専制的な意思の忠実にして忠誠な伝導者、その執行者でなくてはならない。……他方では、裁判所は統治機関の一つとして、その適法な行動、活動の全てにおいて、他の統治機関との連携が必要である。……この枠内で、またこれを厳格に守った上で、裁判所は(i)自律的でかつ独立のものたることができ、またそうならねばならないし、(ii)あらゆる政治的ないし社会的な傾向の外に身をおいて、法律と真実と正義にのみ従わなくてはならない[40]」。

上奏の本論は以上である。だがムラヴィヨーフは入念で、こうした理念に基づいて裁判諸法の見直しに当たる委員会の構成にまで言及した。その議長には司法大臣自らが就く。そこに司法省から司法次官、第一局長、第二局長、境界画定部の部長、さらに立法考査部の二名の委員が参加する。セナートからは評定官の若干名と、第一部、第三部、刑事破毀部、民事破毀部、両破毀部総会の上席検事が参加する。他の官庁から大蔵省、内務省、国家評議会事務局の代表者が、それぞれ二名参加する。事務局を司法省立法考査部に置き、委員会の事務を掌らしむ……[41]。

意見書のムラヴィヨーフは策士である。彼は巧みにアレクサンドルに入説し、皇帝を裁判諸法の見直しに勧導した上、検討課題を一〇項目に収斂させて到達目標を明示化し、その実現の筋道までも具体的に示して見せる。しかもそこでは自身の三権帰一説、君主統治権の一翼という司法権論を所引して、専制君主を取り込んで行く細心の工夫も忘れない。意見書を一読した皇帝は、ここに「真の裁判をロシアに確立させるため、裁判諸法を全面的に見直す必要を確信した」と書き込み[42]、こうして「司法部に関する法規の見直しのための委員会」Высочайше учрежденная коммисия для пересмотра законоположений по судебной части、通称「ムラヴィヨーフ委員会」が発足をすることになった。

ムラヴィヨーフがこの上奏に秘めた狙いは何だったろうか。前掲一〇項目の問題群は、論壇で大なり小なり過去にも指摘のあったところで、在朝法曹を裁判制度の中軸に擬し、その供給のシステムを充実させるとの司法政策の方向も(ⅰ)、(ⅲ)、(ⅳ)、(ⅷ)、(ⅸ)、すでにマナセーインが試みていたことである。この点ではムラヴィヨーフの提言に、取り立てて目新しいものはない。注意を引くのは、ムラヴィヨーフが現行制度の雑然性を強調して特に第一〇項に詳細な記述を当てたことで、ここにこの問題で彼が並々ならぬ関心を抱いていたことが窺える。言い換えると、この意見書のムラヴィヨーフの一つのしかし大きな狙いは、裁判制度の改編に仮託しゼムスキー・ナチャーリニク制を見直すこと、少なくともその再考に端緒をつけることにあったと考えられる。内務省の猛反撥が予想されるこの問題を、裁判諸法全体の見直しと絡めて全体の印象を和らげることで、彼はさりげなく提起して見せたのである。しかもこうした複数の省庁が所管する事項を、司法省が主導する委員会で行なおうと言うのであった。

委員会第一回会合は、九四年四月三〇日に開かれた。委員は総計二三名、ムラヴィヨーフのプランに従い、彼を議長に司法省六名、セナート評定官六名、セナート上席検事が五名、内務省・大蔵省・国家評議会事務局、各二名という構成である[43]。

② 四月三〇日の委員会でムラヴィヨーフは演説をし、会の方針、活動の基準を明らかにした。会の存続期間は三年とされ、これは四つの部会に分けられる。ゼムスキー・ナチャーリニクや市判事、治安判事など、住民にもっとも身近な「地域の裁判所」のあり方を検討する第一部会（部会長И・Л・ゴレムイキン）。人事政策を考究し裁判所付置職を初めとした周辺の諸制度を検討する第二部会（部会長Н・Н・シュレイベル）。公判前手続の問題や陪審

制を中心に刑事手続を議題とする第三部会（部会長Ｈ・Ｃ・タガーンツェフ）。略式手続、執行手続、非訟事件手続を中心に民事手続の見直しを行なう第四部会（部会長Ｃ・И・ルキヤーノフ）。ムラヴィヨーフの心算では、各部会それぞれが担当の部分について改正案の叩き台を作成し、委員会全体会議に諮って委員会案とする予定であった。(44) しかし五月六日の第二回会合でシュレイベルから、各部会相互の活動の統一を諮る必要性が指摘され、結局一〇月一二日になり、原則に関わる全体的な問題を討議する第五部会が発足した。部会長はムラヴィヨーフで、各部会の長と主要委員がここに加わる。(45)

広く衆知を集める目的から、ムラヴィヨーフは情報の公開に尽力した。法曹各界の協力を得て新しい民法典、刑法典の編纂に着手した、ナボコフの故事に倣ったのである。九四年一一月、彼は四半世紀ぶりに『司法省雑誌』を復刊し、各部会および委員会全体会議での審議の経過、改正方針、改正案の内容等を逐一ここに発表して、作業に対する意見を募った。委員会議事録を初めとする、さらに詳細な審議資料は、九巻本『ムラヴィヨーフ委員会活動記録』という形で世に問われた。(46) 他に委員会審議の材料として、一八六四年以後裁判諸法に加えられた法改正の一覧や、この間に司法省で検討された各種の改正案も収集された。これをまとめたのが『ムラヴィヨーフ委員会準備資料』全一二巻である。(47)

さらに九四年一二月には、第一線実務家の見解、動向を知るために、全国控訴院長・控訴院検事長会同 Общее совещание Старых председателей и Прокуроров судебных палат が招集された。(48) この会同で司法省側から、裁判所の統合、今後の人事政策、刑事手続の改正について説明があり、また裁判運営の実態を知るため、全国一〇の控訴院管区の全ての司法機関を対象に司法監察（司法　第二五六条）を行なうことが明らかにされた。九五年の夏に実施をされた質問調査の回答は、ムラヴィヨーフ委員会事務局の手で集計されて『活動記録』第二巻〜第五巻に収められている。また『活動記録』第六巻には、これと並行して集められた各種の司法統計が収録された。

その包括性・体系性ゆえに、監察記録は一九世紀末葉の司法の断面図を図らずも切り取ることになった。それゆえ委員会答申の検討に先立って、その中核部分を撮要して、裁判諸法に見直しを迫る諸要因を法の運用実態の中に探っておきたい。

(3) 一八九五年司法監察

院長・検事長会同で示された監察プランは、人事構成、司法行政、刑事手続、民事手続の四部からなる[49]。要は司法部の編成自体に関わる最初の二つで、結果は『活動記録』第二巻に収められている。司法監察は裁判組織の現状に次のような評価を与えた[50]。

① 司法官の執務状況[51]

裁判官・検察官の水準は、この職務を果たすに必要なレベルに十分達していると考えられる。有能な者も少なくなく、各地の監察報告は多くの司法官が献身的に服務していて、悪条件に耐えながら公正で迅速な裁判に向け努力していると伝えている。この現象は司法改革直後から見られたところで、改革が司法権の権威を高め、司法部が社会の高い尊敬と信頼を獲ち得たために、ここに優秀な人材が集まったのである。現在、数は決して多くはないがこのような第一世代が残っており、彼らは要職にあって補充人事で候補者に厳しい選考条件を課するなど、司法部の水準の維持に腐心している。

その反面、憂慮すべき徴候も見られる。一部の報告書は、司法官の欠員を補充する際、候補者が集まらず苦労していることを伝えている。高い教育を受けた若者にとって、司法部はかつてのような魅力ある職場ではなくなってきている。原因は、一八六〇年代に定められた俸給水準が現在ではもはや低きにすぎて、司法官の物質的保障が不十分なことにある。ために法学部の卒業生が、より収入のいい他の官庁に流れる結果を現出した。ただこうした状態にも拘わらず、司法権がなお人々の目に権威あるものと映っているのは、ここで働く司法官の職責の自覚と自己犠牲に負うと言える。従って、増俸は目下喫緊の課題である。なおこの点と関連して、取調官のみ住居手当が法定されずに（司法　第二三八条別表）、その支給額をゼムストヴォで決めている現状には問題が多く、現場には住居手当の法定を求める声が強い。

これと並んで、司法官人事が停滞し、異動が緩慢となる傾向も問題である。同一の職に一五～二〇年も留まっている例も散見され、司法改革以前に任官した取調官が三四年間も同じ地位にあったとか、ある地裁判事が一七年間その地位に留まっていたといった事例が報告されている。もっともこれには、頻繁な人事異動は職務への習熟を妨げるとか、異動に伴う空白がしばしば事務処理の渋滞を生んでいるとの、逆の指摘もある。

司法官相互の関係は、全体としてきわめて良好と言ってよい。また他の官庁との関係も概して正常ではあるが、司法機関とゼムスキー・ナチャーリニク法によって生まれた諸機関の間には、権限をめぐって緊張がある。また警察が司法部から委任された事務を履行していないため、特に南東部の辺境地帯を中心として、行政と司法の間には冷たい関係が見受けられる。

県・郡の各種の合議制行政機関には、地方裁判所所長以下の司法官が参加している。検察官（地方裁判所検事正、地方裁判所検事）の参加に対する意見は様々で、彼らは種々の審議会・委員会で受動的役割を演じているにすぎないという報告もあれば、法律の専門家としてその見解は権威を以て受け止められているとの逆の監察報告もある。また、検察官の発言には重みがあるが、それは法律の守護者という彼らの地位に発するよりも、議論を論理立ててリードしていくその能力にあるのだ、とする意見もある。

こうした中で議論がもっとも多いのが、ゼムスキー・ナチャーリニク法で定めるところの、県審議室や郡会議への司法官の参加問題である。県審議室では判決の起案は実質的に地裁所長や地裁検事正が行なっている。また郡会議では、地方裁判所郡判事がここに加わる事実上唯一の法曹であるため、彼らは起案だけでなく、実質的な合議体の長として訴訟の指揮にも従事している。その負わされた労力・負担は甚だ大きい。とはいえ司法部会を統轄するのが法制上は郡貴族団長（郡会議議長）であることから、地裁郡判事の置かれた立場はきわめて微妙で、絶えず郡貴族団長の意向を伺う必要がある。また実質的な司法部会の責任者でありながら、地裁郡判事には部会事務局の人事権・監督権がない。「こうした次第で、郡判事は一定の責任ある義務を果たしているが、これに見合った権限がなく、結果として彼に委ねられた職務の成功は、彼らと郡貴族団長との間の関係に依存し、法律で定められた権限よりも外交の才に左右されている」。

最後に住民と司法機関との関係、すなわち住民の間での司法制度の評価であるが、総じて裁判所は住民の期待によく応え、法律の知識ある者の間でも、またそうでない者の中にあっても、公平で近づきやすいと見なされている。ただこの中で、カフカースの状況には注意を要する。ここでは地元の下層の住民の間で、偽証が「名人芸」というまでに発達していて、裁判所は真実を見分けるのに苦労している。これと並んで誣告も多く、しかも偽証が誣告を支えているから、これを見破るには大変な労力と時間を必要とする。

全体としてほとんどの監察報告が司法官の献身を高く評価しているが、彼らの置かれている状況は、決して恵まれたものではない。特に交通の便を欠く辺境部での取調官の労苦は並々ならず、移動に苦労し、迅速な捜査に支障を来している。なお異族人が多く居住する地域では、犯罪捜査も公判審理も通訳を介して進められるため、手続の遅延が生じている。またそれ以上に、単に経験豊かなだけでなく、道徳的にも信頼のおける優秀な通訳を確保することに、地区治安判事も取調官も難儀している。

② 職場環境・事務処理体制(52)

この点で先ず重要なのは、裁判庁舎の問題である。裁判所が司法省管理の屋舎に置かれているとは限らず、内務省・大蔵省・陸軍省など他の官庁の庁舎を借用していることもあり、とりわけ内務省から便宜を受けている裁判所は多い。また官有ではなくゼムストヴォや市会が所有する建物を借り受けたり、民間から借り上げていることもある。治安判事会議の大半はこうしたリースに頼っているが、サラトフ控訴院やカザン控訴院も民間の賃貸物件である。これは望ましいことではなく、特に治安判事会議や郡会議を利用して開かれている地方裁判所巡回法廷では、陪審審理を開くための場所の確保で苦労が尽きない(53)。

次に単独制の裁判体では、地方裁判所郡判事の大多数が、郡会議の一角を借りて執務している。治安判事の場合には、多くが自宅を執務場所に当てており、治安判事会議の所在地に住む一部の者が、治安判事会議が置かれた庁舎で仕事をしている。取調官も同様で、地方裁判所にオフィスを持つ者は少なく、大半は自宅で執務に当たる。なお取調官の場合には、仕事がら出張が多いため（郡部担当の者で平均月に二～三回という）、出張手当は無視のできない問題である。法は馬を無料で利用できることのみ認めているが（司法　第二三八条別表）、代わりに出張旅費を支給しているゼムストヴォもある。馬しか利用できないところでは、結局取調官は鉄道等は自腹を切って利用するよりない。

司法官の活動を支える裁判所事務局について見ると、まず書式等地域によって異なって統一されていないため、文書の往復が多く事務の削減に役立っていない。また訴訟記録やその他の書類の整理・保管が行き届いているとは言い難く、治安判事だけでなく地方裁判所の場合でも、地下室に置いたり廊下に積んだり、果ては個人の自宅で保管したりという例が見られる。また事務局に務める書記官の教育水準につき、検事局事務局も含めた普通裁判所の事務局と治安判事会議事務局とで、対照的な結果が報告されている。前者では法学教育を了えた者が過半を占めているのに対し、治安判事会議事務局では、こうした者は僅かである。なお裁判所事務局や検事局事務局では、書記官の他に事務局経費で雇用された筆記者や事務員 писец, канцелярский чиновник も働いており、中には女性を採用しているところもある。ただ総じて給与が低いため、彼らは副業を余儀なくされている。取調官や地裁検事、治安判事や市判事も、同様事務員を雇っているが、ここでは経費節減のため、彼らが自ら判決書の書写等行なっている例も少なくない。

③　司法行政(54)

司法行政事務の処理では、普通裁判所と治安判事会議の間で対照的な運用が見られる。総じて地方裁判所では、裁判所総会を開いて全ての問題を諮る傾向があり、所長決裁で差し支えないと思われるもの（プスコフ地裁）、運営会議で検討すれば足りると思われるもの（スモレンスク地裁）まで、総会の議に付されている。所長の側にも、これらの事務の処理について責任を一人で負うことは避けたいという気持ちがあるようである（ヤロスラーヴリ地裁）。対して治安判事会議では、地方裁判所が総会を開いて論じるような問題についても運営会議で、すなわち審理のある日に出席の治安判事の間で諮って、決裁をする傾向が強い。

各裁判所の事務処理内規である裁判所個別規則に関しては、満足の行く状態ではない。治安判事会議の大半は個別規則を備えておらず、地方裁判所の間でも個別規則を持たないところが二〇にも上る。規則の作成が困難なため、特に治安判事会議の場合など、出き合いの他の裁判所の個別規則を引き写している例もある。また個別規則は司法大臣に提出することになっているが（司法　第一七一条）、これを個別規則の制定には法相の承認を必要とすると誤解している向きも少なくない。概して個別規則の改正は稀で、中にはすでに旧套となり行なわれていない規則もある。だがゼムスキー・ナチャーリニク法の成立により、新たに地方裁判所郡判事や市判事が生まれたので、これに伴う規則の手直しが必要であろう。

司法諸機関およびここに務める者に対する司法行政上の監督は、上級機関への年次活動報告の提出、上級機関による下級機関の事務監察、上級機関が手にした情報に基づく調査・懲戒といった方法で行なわれている。裁判所年次報告は裁判所の長がここに付置された検事局の長とともに作成することになっているが（司法　第一七五条）、実際には裁判所事務局で取りまとめている。裁判所の長は多忙なため出された報告書の統計数字をチェックする程度で、検察官が活動報告の作成に関与することも、また裁判所総会でこの報告を検討することも、形式的なものに終わっている。懲戒については、検察官の提起や裁判所の長による通知を端緒とするものが多く、私人からの苦情が契機となって懲戒へと至るのは、主に公証人や執行士に対する場合である。

④　司法官試補(55)

司法官試補の大多数、すなわち無給で僅かばかりの一時金を受けるにすぎない者の間では、生活苦は深刻である。多くの試補が生活のため家庭教師や事務仕事など各種アルバイトを必要としており、修習に専念できる体制を如何につくるかは、重大な問題である。この状態を緩和すべき一時金の支給額も、地域によって極度に差がある。例えば四八ルーブル（トヴェーリ地裁）から三六九ルーブル（ポルタヴァ地裁）の如し。また司法官の薄給とも関連して、試補の減少も見過ごしえない。一八九二年には一〇控訴院管区の試補総数は一、三八七人だったが、九五年七月の監察時では一、一三七人であった。以前に比べ試補に優秀な人材が集まらないと言われるのも、この状態を反映している。

オデッサ地裁を例に取ると、初級試補の修習は地裁民事部で六ヶ月、刑事部で四ヶ月、検事局で四ヶ月、取調官の下で四ヶ月という具合に行なわれる。実際には裁判所や取調官の都合に左右されており、計画立ったものとなっていない。また上級試補に進むと裁判所の様々な事務に補助要員として駆り出されることが多くなり、体系的な修習は途絶えてしまう。サラトフ地裁やキーエフ地裁の監察報告も、同様に修習体制の無計画性を報じている。もっともプスコフ地裁のように成果を挙げているとする報告もあり、ペンザ地裁など水曜日に地裁所長や地裁検事正が指導する講習会が開催されている。

修習後の試補の任官状況を見ると、一八九二〜九五年の四年間に一、〇〇〇人の試補が司法職に就いた。他方四二五人が、他の官庁に転じたり退職したりで司法部を去った。任官までの平均修習期間ないし待機期間は地域によってまちまちで、概括できない。なお現在普通裁判所や検事局の書記官の大半がこうした試補出身者であるが、これには一部で異論がある。試補を書記官に採用すると、書記官職が彼らにとって腰掛けとなり、結局頻繁な異動が事務処理に響くと言うのである。

⑤　執行士・送達士・公証人[56]

監察時の執行士総数は一、四〇七人で、大多数は初等教育または家庭教育を受けたに止まる（中等教育を了えた者は、二八三人、高等教育の修了者は二七人）。対して執行士から分かれた送達士は、一〇控訴院管区を通じて総勢僅か三二二人で、送達士を置く裁判所はごく少ない。彼らは通常、裁判所事務局に雇われた筆記者の中から任命されている。公証人は定員一、六三〇人のところ現在一、三二七人と定員割れをしているが、これは公証人の実入りが乏しいことが原因とされる。公証人も学歴は低く、高等法学教育を了えた者は二七九人（二一・〇％）で、大半は中等以下の教育水準である。但し以前に比べると、彼らの質は良くなっている。高学歴者は首都や大都市に多い。

多くの監察報告が、判決の執行には問題点が多いと指摘をしている。原因の一半は、薄給な上に年金の額も僅かなため、執行士に人を得られないことにある。もう一つの理由は法の不備で、これが執行手続を徒に遅らせ、債務者に強制執行を免れる術を与えている。サマーラ地裁の監察報告は、権利の実現の段階で司法機関が無力なために、人々の間で四半世紀にわたって培われてきた裁判に対する尊敬の念が損なわれている、現行の強制執行手続は債務者の保護に偏していると、法改正の必要を訴えている。

⑥　弁護士・準弁護士[57]

全国の弁護士人口（弁護士補を除く）は、二、一二〇人を数え、うち一、九三七人が地方裁判所の所在地に居住す

表4-2　弁護士人口（1895）

〔単位：人（%）〕

控訴院管区	総数	うちユダヤ人	うち地裁所在地居住の者
ペテルブルク	416	56(13.5)	408(98.1)
モスクワ	356	16(4.5)	347(97.5)
ハリコフ	167	7(4.2)	145(86.8)
オデッサ	189	35(18.5)	165(87.3)
サラトフ	86	0(0.0)	77(89.5)
カザン	73	3(4.1)	57(78.1)
キーエフ	146	15(10.3)	136(93.2)
ヴィリナ	65	8(12.3)	60(92.3)
ワルシャワ	499	74(14.8)	437(87.6)
チフリス	123	1(0.8)	105(85.4)
総計	2120	215(10.1)	1937(91.4)

典拠：Высочайше учрежденная коммисия для пересмотра законоположений по судебной части. Труды. т. VI, СПб., 1897, стр. 141-148 より作成.

る都市集中を見せている（表4-2）。対して準弁護士（二、四一八人）は、八五六人が普通裁判所で、一、五六二人が治安判事会議で登録しているから、両者の間で職域の棲み分けが進んでいて、普通裁判所管轄事件は主として弁護士、治安判事管轄事件は準弁護士により扱われていると考えられる。法学教育を了えた準弁護士は多いとは言えず、これは特に治安判事会議登録の準弁護士において顕著である（表4-3）。治安判事会議や郡会議は準弁護士資格の付与に当たって、申請者の法律知識より彼らの道徳的資質を重視しているからである。なおユダヤ人定住区域が存在する西部、南西部の控訴院管区では、ユダヤ人の準弁護士が多い。

以上の他に、いわゆる「もぐり弁護士」подпольная адвокатура, нелегальная адвокатура が存在する。これら非弁は退官・免官となった下級官吏を供給源とし、農民身分や町人身分を顧客に迎えて、中傷・誣告・偽証に精を出している。双方代理も憚らないため、訴状と被告の答弁書の筆跡が同じ場合も見受けられる。非弁の害は明白であるが、安価で手軽に利用をできることもあり、その根絶は容易ではない。

バルト三県やワルシャワ控訴院管区を別として、弁護士・準弁護士の付かない本人訴訟は実に多く、それが係属している民事事件の三分の二（ネジン地裁）、あるいは四分の三（チェレポヴェーツ地裁）に達している地域もある。とりわけ農民や村団が当事者の事件は、通常本人訴訟である。もっとも形の上では本人訴訟でも、訴状の作成・訴

表 4-3　準弁護士人口（1895）

〔単位：人（%）〕

控訴院管区	普通裁判所に登録の者			治安判事会議に登録の者		
	総数	うち ユダヤ人	うち法学 教育修了者	総数	うち ユダヤ人	うち法学 教育修了者
ペテルブルク	122	21(17.2)	87(71.3)	268	43(16.0)	151(56.3)
モスクワ	183	18(9.8)	83(45.4)	140	13(9.3)	71(50.7)
ハリコフ	133	13(9.8)	53(39.8)	125	15(12.0)	37(29.6)
オデッサ	70	11(15.7)	24(34.3)	161	96(59.6)	38(23.6)
サラトフ	50	0(0.0)	6(12.0)	26	3(11.5)	7(26.9)
カザン	28	0(0.0)	2(7.1)	6	0(0.0)	0(0.0)
キーエフ	53	9(17.0)	19(35.8)	205	83(40.5)	24(11.7)
ヴィリナ	69	39(56.5)	27(39.1)	257	169(65.8)	20(7.8)
ワルシャワ	35	17(48.6)	18(51.4)	338	105(31.1)	52(15.4)
チフリス	113	1(0.8)	20(17.7)	—	—	—
総計	856	129(15.1)	339(39.6)	1526	527(34.5)	400(26.2)

典拠：Высочайше учрежденная коммисия для пересмотра законоположений по судебной части. Труды. т. VI, СПб., 1897, стр. 149-163 より作成.

訟追行の助言等、何らかの形で非弁が関与している例は多い。

弁護士強制の是非については、回答は分かれた。非弁の害を強調しこれに賛同する者もいるが、弁護士・準弁護士の人口数が少ないことを理由に挙げて、その実現を疑問視する声も強い。また弁護士費用の負担の重さを指摘して、強制に反対の者も一部いる。

⑦　民衆の司法参加——陪審制と身分代表制（控訴院特別法廷）(58)

監察報告の多くは陪審員が積極的に審理に参加していることを伝えており、陪審制への評価は高い。多くの実務家が、普通なら見過ごされてしまうような問題にも陪審員は目を止めると、人生経験豊かな人物ならではの彼らの見識を買っている。実体的な真実とかけ離れていると思われる評決が言い渡されるのは、刑事実体法の側に問題があるようなときである。この点と関連して、陪審員は事実問題だけでなく、どのような刑罰が被告人に適用となるのか、法律問題にも強い関心を向けているとの指摘は多い。弁護人もこの点を考慮して、最終弁論では有罪のときに被告人を待ち受ける恐るべき運命を強調する傾向があり、苛酷な処罰を嫌う陪審員が無罪の評決を言い渡すことも少なくない。寄せられた多くの報告は、被告人に如何なる刑罰が科されるのか、裁判長は説示の際に説明できることが望ましいと、法の改正を求めている。

陪審員の積極的で主体的な取り組みを支えるのは彼らの高い質であるが、この点で陪審員に識字能力を要求した一八八七年四月二八日法は有益であった。ただ陪審名簿に七〇歳を過ぎた者が登載され、あるいは外国人や聾唖者、識字能力を欠く者が記載されるなど、名簿の脱漏問題は依然解決がついていない。

陪審義務の忌避（陪審候補とされた者の公判期日における欠席）については、種々の理由が挙がっている。農民陪審員の場合には、交通費や滞在先での生活費の負担が重荷である。ゼムストヴォの中には、郵便馬車を無料で利用することを認めたり、一定額の費用を支給しているところもあるが、確かにこうした地域では陪審員の欠席は比較的少ない。また特権的な身分の者の忌避も頻繁に生じているが、これは陪審員になると数日〜一週間時間を拘束され、その間の宿泊施設が劣悪であって堪え難いためと言う。

陪審制度と比べると、貴族団長ら各身分の代表が参審員として審理に加わる、控訴院特別法廷の実績は低調である。身分代表は他に本来の職務があるから、公判期日に定期的な出席を求めることが困難で、結局迅速な審理が犠牲になってしまう。県貴族団長の欠席率は相当に高い。これに対して郷スタルシナーは、小まめに出席してはいるものの、被告事件への関心が弱く、受動的でお飾りの存在にすぎないとの指摘がある。最後に、控訴院管区という広い土地管轄の関係上、巡回法廷を頻繁に開くわけにはいかないため、結審までの時間と費用の問題が無視できない。

⑧　地域の裁判所——地裁郡判事・市判事・治安判事・治安判事会議[59]

各地の監察報告を見る限り、「地域の裁判所」は「迅速な裁判」の要請によく応えていて、民事・刑事何れをとっても極端な審理遅延は認められない。ただこのことは、「地域の裁判所」が法の想定したとおりに動いていることを意味しない。民事・刑事の別を問わず、欠席判決は頻繁である。これは故障を申し立てれば簡単に治癒できるためで、欠席手続が訴訟を引き延ばす恰好の手段になっている。同様の目的に発した濫控訴も多い。また破毀と控訴の区別がつかないせいか、事実誤認を理由とする破毀上告が実に多い。

民事事件に目を向けると、地域差はあるが和解件数は全体の二〜一七%と予想外に少ない。これは一つには裁判官の手持ち事件の数が多く、時間をかけて当事者を和解に導くことが難しいこと、また一つには裁判上の和解が執行力を伴わないため、和解が原告により敬遠されていることに因る。さらに多くの報告は、弁論主義の萎縮について語っている。その意義が人々に十分理解されていないため、当事者に対する積極的な釈明により、裁判所は判断のため必要な資料や証拠を引き出しているのが実状と言う。

＊

各地の監察報告が明らかにするのは、日常的で目立たないがそれだけにかえって根の深い、静かに潜行する制度の危機の諸相である。司法部が置かれた足腰の弱さは、ここで何としても拭い難い。低い俸給、人事停滞、職場環境の劣悪、事務処理体制の非効率。後進の養成も難航しており、裁判制度を締め括る執行力の脆弱性も深刻である。この監察が述べるように、制度が関係者の献身により支えられたという意味では、かつて「司法職論」でムラヴィヨーフが高らかに述べた司法官の徳目と使命は、苦境の中に彼らを鼓舞し司法部に繋ぐ精神的な柱という、裏の機能も持ったことになる。彼が二人の前任者の遺志を継ぎ、司法官の福利厚生に躍起となったのも当然であった。

以上のような司法部内部の問題に加え、監察報告は第一線の士気に関わる地方官との接触・折衝の問題を指摘している。古くからある問いだったが、内務省との関係は単なる対立・競合だけでなく、施設の管理設営をめぐって意外な共棲の相にもあることが、この監察から明らかになっている。この複雑で捩じれた関係に対しても、また何らかの答えを出さねばならない。

こうして九五年監察は、司法部が抱える問題状況を総覧して、その現状に警鐘を鳴らしたのである。

(4)「見直された裁判諸法」

① ムラヴィヨーフ委員会は一八九四年秋から活動を開始し、九九年六月五日に閉会となるまで、全体会議と各部会、合わせて五〇三回の会合を持った。この間、九五年一〇月に第一部会長ゴレムイキンが内相代理に任じられて司法省から転出をする一幕があり、第一部会が廃止となって第五部会に統合される変化があった（新第一部会）。この新しい第一部会は旧第五部会の職務を引き継ぎ、委員会全体会議に先立って各部会案を検討して、全体を調整する任に当たった。[60]

こうして生まれたのが、『司法機関設置法改正案』『民事訴訟法改正案』『刑事訴訟法改正案』、そして以上の『法案付帯説明書』である。[61]『司法機関設置法改正案』はムラヴィヨーフ（ヨーロッパ・ロシアの裁判所構成）と第二部会長シュレイベル（カフカース、ポーランド、バルト三県、中央アジア、シベリア等での裁判所構成の特則、および弁護士法制）が、『民事訴訟法改正案』はA・Γ・ガースマンと第四部会長ルキヤーノフ（ポーランドでの特則）が、それぞれ原案を準備した。『刑事訴訟法改正案』は第三部会長タガーンツェフが原案をまとめ、これに新第一部会での討議を踏まえてИ・Γ・シチェグロヴィートフが手を加えた。[62]何れの案も一九〇〇年に『司法省雑誌』に発表され、直ちに本となっている。また各草案の『付帯説明書』もこの年合わせて公刊された。なお『司法機関設置法改正案』中、弁護士法制の改正に関わる部分に関しては、審議は一足先に終わっていて、結果は委員会の議事録ともども九七年の『司法省雑誌』で公開となった。[63] 三法案の中核をなすのは、ムラヴィヨーフ自身が手を入れた『司法機関設置法改正案』である。

委員会が残した記録は厖大であり、右の『法案付帯説明書』だけでも、三法案のそれぞれが五巻ないし六巻、全体では優に四、〇〇〇頁を越す。だが各法案につき、委員会部会原案、これをめぐる討論と修正、そして委員会全体会議の結論を全て逐一辿る紙幅はないので、以下では全体の核となる『司法機関設置法改正案』の内容を整理し、その基本構想を検討する。

② 一元構成への転形

委員会第一回会合で三年の期間を区切って法改正に取り組むことを明らかにしたムラヴィヨーフは、抽象的な理念論に足を取られて時間を空費するのを惧れ、可能な範囲で確実に成果を挙げるという課題への現実主義的アプローチを重視した。現行法中、残すべきものは引き続き残し、欠陥が明らかなものに限って変更をするとの態度である。それゆえ議論は通常裁判所の改革に絞られ、特別裁判所のあり方は基本的に後日の検討課題になった。確かに右の方針に立つ限り、他の省庁が所管する特別裁判所の問題に正面から踏み込むことは得策ではない。このため改正案は通常裁判権の範囲について、現行規定をそのまま残して「全ての身分」の「民事と刑事全ての事件」とし（司法案　第二条）、現在の特別裁判所のうち教会裁判所、軍法会議、郷裁判所、異族人裁判所は引き続き存置することにした。これらについての詳細は別に特別法を以て定められる（司法案　第二条註1）。ただ例外的に商事裁判所についてのみ、改正案はそれの廃止を決定した（同）。この裁判所はすでに七〇年代以降閉鎖をされており、改正案発表の時点ではペテルブルク、モスクワ、オデッサの三ヶ所を残すにすぎず、通常裁判所への統合が現実にも可能だったからである。[64]

その通常裁判権に対しては、改正案は(i)裁判制度の統合、(ii)裁判所の住民への近接化、(iii)裁判組織の簡素化、(iv)

「裁判の国家的意義」государственное значение суда の徹底、の四つを目標に掲げた。九四年の意見書でムラヴィヨーフが列挙した様々な現行制度の欠陥は、最終的には『法案付帯説明書』で、(i)統一性・体系性の欠如、ここに由来する極度の錯綜、(ii)住民にとってのアクセス доступность の不便、(iii)過度に複雑な裁判組織、(iv)裁判の国家的意義の原則からの後退という四点に集約され、これを裏返すところから右の四つが導かれたのである。[65]

このうちもっとも重視されたのは現行制度の「錯綜」、従って再編のキー・ワードとしての「統合」объединение であった。それは先ず第一に、帝国全土で等しなみに行なわれる裁判制度の樹立を意味する。裁判は身分・階級・地域の別なく凡そ平等でなくてはならず、こうした単一の制度だけが人々の目に真の裁判制度と映る、と『付帯説明書』は強調する。そして第二にこの要請から、「同一の活動規則に服する単一のヒエラルヒーに全ての裁判所を統合する」こと、「全ての裁判所が然るべき形で相互に結びついている、裁判所構成の単一のシステムを創り上げる」ことが結論される。具体的には「単独制の下級の司法権の代表者を普通裁判所に統合すること」で、ここで普通裁判所と「地域の裁判所」の二本立て構成が批判の俎上に載った。批判の視点は以前クラソーフスキーも論じたような治安判事の馴れ合い体質に置かれており、彼らに対する実効的な監督制度を欠いていることが問題とされる。[66]

図4-10が委員会の構想した新しい通常裁判権の編成である。「統合」の切り札とされたのは単独制の第一審、地区判事[67]（治安判事の後身）とその控訴審、地方裁判所郡（市）支部であった。地区 судебный участок とは地裁管区[68]の下位の区分で、新設される地区判事は、民事事件では、(i)各種の債権上の訴え、(ii)動産・不動産に対する権利をめぐる訴訟で訴額一、〇〇〇ルーブル以下であるもの、(iii)損害賠償訴訟で出訴時に損害額が確定していないもの等を（民訴案　第八七六条）、また刑事事件では被告事件の法定刑が譴責、注意、訓戒、五〇〇ルーブル以下の罰金、拘留、または監獄拘禁に当たる罪で身分の権利の剝奪・制限が付加されないもの（刑訴案　第一〇四一条）を管轄

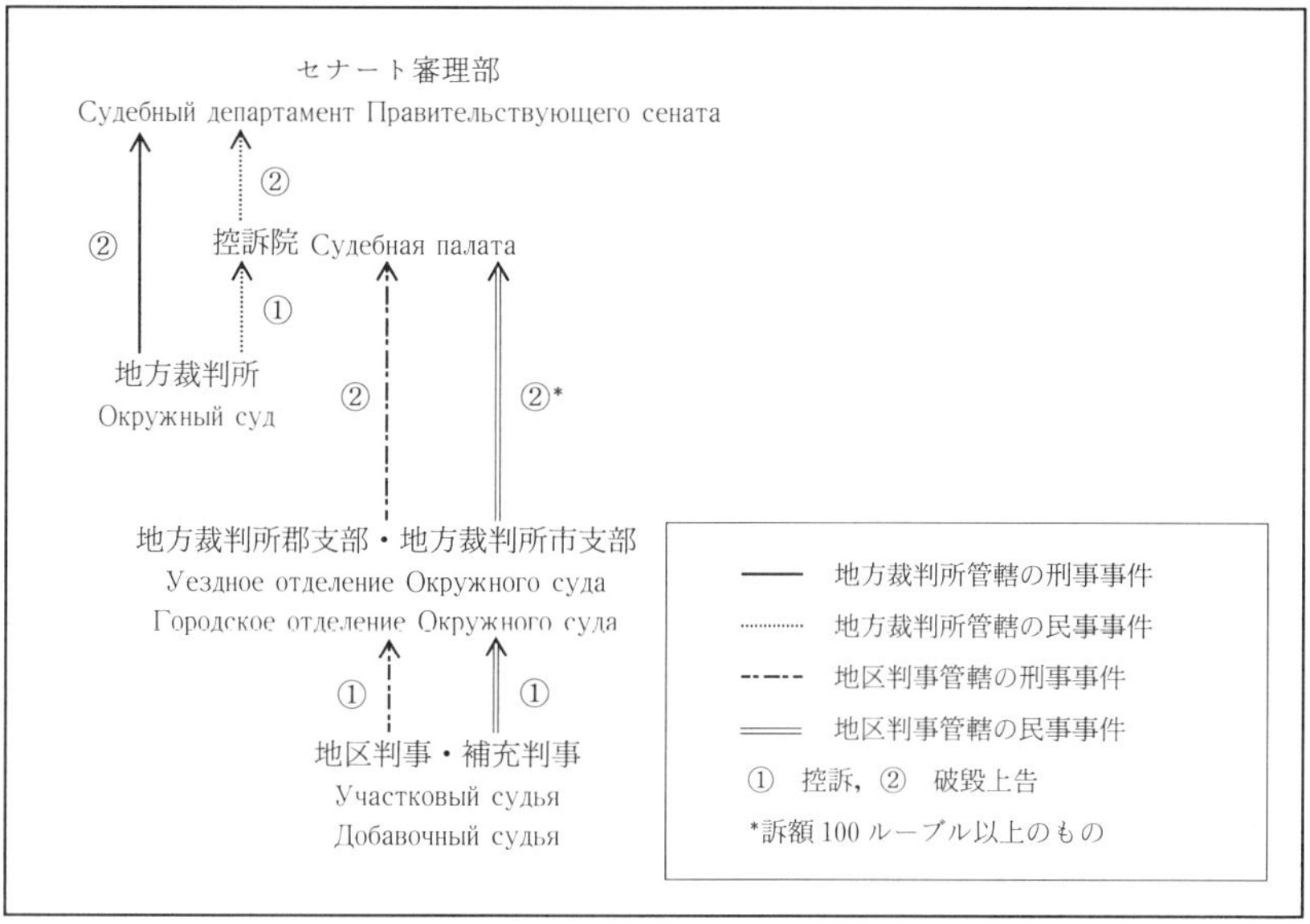

図 4-10　通常裁判権の再編構想（司法機関設置法改正案）

する。地区判事の事物管轄は、治安判事や市判事、ゼムスキー・ナチャーリニクと比較して、民事・刑事何れの場合も大きく引き上げられたのである(69)。地区判事の管轄を拡げることでなるべく多くの住民の事件を吸い上げる、――これが委員会の言う住民への「近接化」措置であった。

地区判事の控訴審が地裁支部で、これは地裁判事を裁判長とし（地方裁判所郡判事または地方裁判所市判事と呼ばれる）、地区判事と後述の名誉判事 почетный судья が輪番で陪席として出席をする合議体とされた（司法案　第一九条）。治安判事会議のような同輩からなる集合を控訴裁判所としなかったのは、右の馴れ合い・凭れ合いを避けるためだと説かれている(70)。このように職業裁判官を裁判長とする合議体を地区判事の控訴審に据えたことで、地区判事は「控訴院―地裁」という普通裁判所の体系と接続され、支部は地区判事と地方裁判所を繋ぐ結節点を形作る。この種の中二階裁判所の構想も、クラソーフスキーらの議論の中で垣間見られたところである。「地域の裁判所」と普通裁判所が並立する現行の二元的裁判所構成は、ここにおいて一元化された。

これに伴い審級制度も変化した。先ず破毀審が分散され、地区判事管轄事件については控訴院が（民訴案　第九四八条。刑訴案　第一一五八条）、地方裁判所管轄事件はセナートが（民訴案　第七三九条。刑訴案　第八七四条）、それぞれ破毀管轄を持つ。(71) さらに改組に合わせてセナート破毀部をセナート審理部と改称する。今後はセナートだけでなく控訴院も破毀の裁判を行なうためである。(72)

次に地方裁判所が第一審管轄権を持つ刑事事件が、二審制に変更された。陪審事件であるか否かに関わりなく、地裁判決に対しては控訴を認めず、審理部への破毀上告を許すにすぎない（刑訴案　第八四六条、第八四七条）。議論の分かれたところだったが、委員会多数意見の説く論拠は、直接主義と口頭主義の要請は控訴審では実現するのが難しく、控訴審では実質的に書面審理に終始しがちで第一審に比べると真実発見の能力に劣る、たとい控訴を認めてもそれは徒な訴訟遅延をもたらす結果となる、と言うものである。彼らは広大な国土に限られた数の控訴院、そして交通インフラの貧相を考えると、証人の呼び出し一つでも困難を伴うと考える。以上に加えて多数意見は、控訴審を置かないマイナスは、地区判事（この判決には地裁支部への控訴が認められる——刑訴案　第一一二七条）の事物管轄の拡大によって、さらにこれまで陪審制を実施しなかった辺境部でも住民の司法参加の道を開くことで治癒できる、無辜の救済は再審手続により果たされる、と主張をしている。(73)

こうして新構想の成否は、現行の治安判事や市判事を発展的に解消した地区判事が握ることとなった。従って当然そこで焦点となるのは、「統合」の最大のネックであるゼムスキー・ナチャーリニクが持つ小額事件・微罪事件の裁判権の扱いである。改正案はこれについて、「地区ゼムスキー・ナチャーリニクの裁判権は、ゼムスキー・ナチャーリニク法の定めるところによる」（司法案　第二条註2）と、玉虫色の規定を置く。問題の最終的な解決を先送りして、将来のゼムスキー・ナチャーリニク法の改正に含みを持たせたものである。内務省とはこの問題で九七年三月に大臣折衝が持たれたが、内相側のガードは固く、ゼムスキー・ナチャーリニクの裁判権の廃止を明記するには至らなかった。それゆえに、これでは「半統合」にすぎぬ、均斉のとれた裁判所構成の確立は虚構に終わるとの、委員コーニの批判は正当と言わざるを得ない。委員会の多数意見は防戦に追われ、地区判事とゼムスキー・ナチャーリニクは互いに管轄を異にするので、たとい両者が並立しゼムスキー・ナチャーリニクが存続しても、新構想の実施には支障はないと強弁した[74]。苦しい言い訳ではあるが、内務省との間では当面問題の打開を望めぬ以上、先ずは摩擦を回避して改正案を実現し、地区判事という橋頭堡を確保しようとしたことになる。ムラヴィヨーフの当初の意図はやや尻すぼみで、玉虫色の決着は改正案の決して小さくはない瑕疵である。だが多数派は、事態の過度の紛糾とそれがもたらす議事の閉塞を避けることを優先した。

③　ヒエラルヒーと規律

委員会は激論の末、取調官を廃止して、民・刑事件の裁判の他に、犯罪の捜査取調べも地区判事にこれを委ねるとした（司法案　第五条、第三三条。刑訴案　第一四三条）。地区判事という全く新規の名称は、このような新しい職務を念頭に考案されたものである。この結果、地区判事は様々な重責を負うこととなり、これに合わせて改正案は地区判事を法相の任命職にすることにした（司法案　第二六九条）。これに対して控訴院と地裁の裁判官は法相の提案に基づいて皇帝がこれを任命し、セナート審理部評定官は皇帝が自ら勅任する[75]（司法案　第二七二条、第二七八条）。

こうして裁判官の任用は、地区判事以下、大々的に任命制に切り換わった。委員会の論理では、この切り換えが九四年四月七日の意見書でムラヴィヨーフが強調した、「裁判の国家的意義」の表現形態に他ならない。改正案の『付帯説明書』は語っている。――裁判制度の運営は「全国家的意義」を持つ重大事で、政府は「司法権を委ねた人々の活動を、国家全体の関心に合わせて方向づけなくてはならない」。ゆえに彼らの人選を、政府が行なう必要がある。身分的裁判所の廃止によって一八六四年の改革はこれに一歩近づいたが、治安判事を選挙制としたために、「裁判官を政府が一元的に任命するという原則」を一貫できなかった。だが地区判事がその職務を大きく拡大した以上、その任用を治安判事と同じように、地域住民に委ねてしまうことはもはやできない、と。[76] マナセーインの転調を経て、司法における「国家」と「社会」の共棲・協働という発想は捨てられている。

任命原則の例外をなしたのは、前記の名誉判事であった。それは任期六年で、有資格者の間から、司法大臣が直接に、または市会もしくはゼムストヴォ郡会の提案に基づいて任命をする（司法案　第二七〇条）。[77] 言わば準公選の制度であるが、これは教育があり住民の尊敬を受けた人々の「知識と道徳的権威」を裁判に生かす趣旨である。[78] とはいえ彼らの役割は限られていて、かつての名誉治安判事のように単独では裁判体を構成しない。輪番で地裁支部の陪席判事を務めること、地裁判事に事故あるときにこれを代わって合議体に参加すること、――これが名誉判事の職務であり（司法案　第一七六条）、彼らはあくまで裁判官の補助員であった。

名誉判事を別として、裁判官を全て任命制としたことは、改正案が名誉判事を除く全ての裁判官の任用資格を均一にするための前提条件を創り出した。控訴院と地方裁判所の裁判官、地区判事、それに各級検事局の検察官は、[79] 表4-4に見るような職歴資格（司法案　第二五二条～第二五八条）の定めに従い、上級司法官試補の間から任用されるる（司法案　第二五一条）。その試補は、大学その他の高等教育施設において法律学を修めた者の中から採用するとされている（司法案　第二六一条）。弁護士や学識者の任官の可能性は閉ざされていないが、この表が図らずも語るように、試補が「司法官を埋める唯一の要員」（ムラヴィヨーフ）[80] であることは否定をできない。言い換えると、そこでは試補を底辺とし、評定官を頂点とする、整然としたキャリア・システムが全ての判事・検事を捉えていて、改正案は体系的で完結的な司法官のピラミッドを提供している。それは専門人による裁判の道を追求した、マナセーイン以来の司法政策の辿り着いた先であった。

表 4-4　司法官の職歴資格（司法機関設置法改正案）

<table>
<tr><th>裁　判　所</th><th>検　事　局</th></tr>
<tr><td>審理部評定官（256）
セナート上席検事，セナート上席検事補，控訴院長，講師院部長，控訴院検事長を 3 年以上務めた者</td><td>審理部上席検事（258）
上級司法官試補に補任後，10 年以上司法実務に従事した者

審理部上席検事補（258）
上級司法官試補に補任後，8 年以上司法実務に従事した者</td></tr>
<tr><td>控訴院長・控訴院部長（255）
司法部に勤務し，控訴院検事長，控訴院判事，地方裁判所所長以上の職を 3 年以上務めた者</td><td>控訴院検事長（258）
上級司法官試補に補任後，8 年以上司法実務に従事した者</td></tr>
<tr><td>控訴院判事（253）
司法部に勤務し，地方裁判所判事以上の職を 3 年以上務めた者</td><td>控訴院検事（258）
上級司法官試補に補任後，4 年以上司法実務に従事した者</td></tr>
<tr><td>地方裁判所所長（254）
司法部に勤務し，地方裁判所副所長，地方裁判所検事正，地方裁判所判事以上の職を 3 年以上務めた者</td><td>地方裁判所検事正（258）
上級司法官試補に補任後，4 年以上司法実務に従事した者</td></tr>
<tr><td>地方裁判所副所長（253）
司法部に勤務し，地方裁判所判事以上の職を 3 年以上務めた者</td><td></td></tr>
<tr><td>地方裁判所判事（252，251）
①　司法部に勤務し，地方裁判所書記以上の職を 5 年以上務めた者
②　司法部に勤務し，地区判事または地方裁判所検事の職を 3 年以上務めた者
③　弁護士または高等教育施設の法律学の教授として 6 年以上務めた者</td><td>地方裁判所検事（258，251）
①　上級司法官試補を務めた者
②　弁護士または高等教育施設の法律学の教授として 6 年以上務めた者</td></tr>
<tr><td>地区判事・補充判事（251）
①　上級司法官試補を務めた者
②　弁護士または高等教育施設の法律学の教授として 6 年以上務めた者</td><td></td></tr>
<tr><td colspan="2">上級司法官試補（262）
初級司法官試補を 2 年以上務めた者で，地区判事または地方裁判所検事の職務を独立して行なうだけの準備があると認められた者
初級司法官試補（261）
大学において法律学を修めた者または法学教育の修了を示す高等教育施設の証明書を有する者</td></tr>
</table>

注：（　）は司法機関設置法改正案の条文．

以上と並行して、改正案では司法行政上の監督体制が一本化された。司法機関設置法では「地域の裁判所」と普通裁判所で監督体系が別だったが、一元構成に転じたため監督のヒエラルヒーは上下一貫したものとなり、セナート審理部と第一部両審理部合同会議は帝国全土の司法諸機関とその職員に、控訴院は控訴院管区内の司法諸機関とその職員（控訴院長と控訴院部長とを除く）に、地方裁判所は地裁管区内の司法諸機関とその職員に（地方裁判所所長を除く）、そして地裁郡支部・市支部は管下の司法官や付置職に（地方裁判所郡判事・地方裁判所市判事を除く）、それぞれ監督権を持つことになる（司法案　第三三九条）。監督権を行使するのは、セナートについては第一部両審理部合同会議 Соединенное присутствие первого и судебных департаментов、控訴院と地裁の場合は、控訴院懲戒会議 Дисциплинарное присутствие судебной палаты、地裁懲戒会議 Дисциплинарное присутствие окружного суда である（司法案　第一八六条、第一八八条）。第一部両審理部合同会議は現行の第一部両破毀部合同会議と最高懲戒会議を併せた組織と見ることができ、監督の他に控訴院長、控訴院部長、控訴院判事、地裁所長、セナート上席検事補、控訴院検事長、控訴院検事といった上級の司法官の懲戒審理を所管する（司法案　第三七二条）。これはパーレンが持ち込み、ナボコフが進めた司法行政事務の集約化を、さらに推進する内容となっている。のみならず、委員会はこの第一部両審理部合同会議に相当の機関を、控訴院と地裁にも置くことにした。これが控訴院懲戒会議、あるいは地裁懲戒会議である。

控訴院と地裁の懲戒会議は、それぞれ控訴院長と控訴院部長、地裁所長と地裁副所長によって構成された（司法案　第二七条、第五二条）。改正案は幹部級の裁判官に強い監督権限を与えた恰好である。他にも長たる裁判官は、その裁判所の迅速・適切な事務の処理と職員の正確な執務について監督をする（司法案　第三四三条）。さらに控訴院長は管下の裁判所やその職員を監督し（司法案　第三四四条）、地裁所長は管下の司法諸機関とその職員を監督する（司法案　第三四五条）。地方裁判所郡判事・地方裁判所市判事も同様の監督権を持つ（同）。昇進のピラミッドは、同時に上から下への規律と監督のシステムである。なお法相の一般監督の権限については、改正案はナボコフ期の改正を踏襲して、司法大臣は直接に個々の司法官から書面を通じもしくは彼ら自身の出頭によって、必要な情報や説明の提供を求めることができるとした（司法案　第三四八条）。

もとより規律の強化は裁判官の身分保障の否定ではない。名誉判事の場合も含め、彼らは「願いに依らずして」免官・停職・転所を受けることはない（司法案　第二九九条）。だが改正案は、(i)裁判官にその地位に相応しくない職務上の失策や職務に対する著しい怠慢があるとき、または職務外で品位汚辱の行為があるとき（司法案　第三〇三条）、(ii)老齢または重く慢性的な衰弱 немощь により執務能力を喪失したとき（司法案　第三〇四条）、――以上の場合に一定の手続に基づき当該の裁判官を免官とする規定を設け、老朽不良の淘汰に道を開いた。(i)はナボコフ期の立法を受け継いだもの、(ii)はマナセーインが再三実現を目ざしながら挫折に終わった構想である[81]。何れの場合も法相の発議に基づいて、控訴院と地裁の裁判官の場合には第一部両審理部合同会議が、地区判事と名誉判事については司法省立法考査部に付置する特別会議が、これを審議する。その答申に従って、任命権者、すなわち前者の場合は皇帝が、後者については法相が、この裁判官を免官とすることができる（司法案　第三〇三条～第三〇五条）。また執務の公平に疑いを持たれる裁判官が転所の申し入れを拒絶したとき、同様の手続に基づいて、この裁判官を転所させることも可能であった（司法案　第三〇三条、第三〇五条）。これもナボコフ期の立法の継承である。

諸外国と比較して裁判官の身分保障が手厚いことは、司法機関設置法の一つの大きな特徴をなしていた。改正案はこの点を改め、言わば「国際標準」を導入しようとしたことになる。

④　陪審制――指導と拡充

司法監察の結果も踏まえ、委員会は住民の司法参加を生かす方向で議論を進めた。制度そのものの是非ではなく、それの組織の方法に矯めるべきものがあれば正す、という姿勢である。ムラヴィヨーフはここでも現実的な対応を見せ、委員会全体会議の審議に先立ち、主題に対する「主として実践的な観点から」のアプローチ、すなわち陪審裁判の持つ政治的側面の議論には立ち入らず、あくまで刑事司法論の視点を保持することが肝要である旨、強調した。彼は過去の陪審批判の要点は、法律知識や職責に対する自覚の欠如など陪審員の未熟性、評決の不安定性や偶然性、陪審員の情緒性、以上の三点に集約できると論じている。それゆえに、(i)裁判関係者の適切な行動（裁判長の的確な訴訟指揮、検察官の入念な公訴、弁護人の誠実な弁護）、(ii)陪審法制の適切な整備（陪審資格や陪審名簿の作成の工夫）、(iii)陪審事件の厳選（特別な知識や準備を必要とする特殊な事件を陪審不適事件とする）を確保することで、陪審裁判を成功に導くことができると見る[82]。

このうち『司法機関設置法改正案』が試みたのは、主として(ii)と(iii)に関わる対策であった[83]。先ず懸案の名簿脱漏問題に関しては、マナセーイン立法を継承してここでもロシア語の識字能力を陪審員の資格要件に加えるとともに（司法案　第八四条）、候補者名簿の作成で新たな工夫を施している。陪審候補総名簿の作成は郡ゼムストヴォ参事会議長など、引き続き地域社会が担当するが（司法案　第六七条）、年次名簿に関しては、年次名簿作成委員会を新設し、ここに国家の機関、すなわち地方における行政と司法の代表を広く網羅した（司法案　第七一条）。郡貴族団長（委員長）、地裁郡（市）判事、地区判事、地区ゼムスキー・ナチャーリニク、地裁検事、郡警察署長といった具合である。これは名簿の作成に関しても、諸外国並みに改めることを意味している。

だが委員会の新機軸は、(iii)に関する局面で生じた。陪審事件を精選し、その性格に従って、地方裁判所に普通陪審 присяжные заседатели общего состава、または特別陪審 присяжные заседатели особого состава の二種の陪審を置くのである。一般に被告事件が身分の権利の剝奪に関わるときは、陪審法廷が開かれる[84]（刑訴案　第三一条）。これが普通陪審で、このうち事件が特に国家的法益・社会的法益を侵害する犯罪であるときに、特別陪審が開かれた（刑訴案　第三二条）。その陪審員を務めるには、陪審員となるための一般的な要件（司法案　第八四条、第八五条。

――ロシア語の識字能力に加え一定の財産資格または職歴資格を具備すること）の他に、一定額の財産を保持し（普通陪審に定める財産資格に比べ加重されている）、かつ中等教育以上の学歴もしくは貴族団長、ゼムストヴォ参事会議長等の職歴を有することを必要とする（司法案　第九〇条）。

普通陪審は一人の職業裁判官と一二人の陪審員で構成した（司法案　第二二条。刑訴案　第六四四条）。対して特別陪審は、三人の職業裁判官と五人の陪審員を以て構成する（司法案　第二二条。刑訴案　第六四四条）。少人数の緊密な協議で職業裁判官が陪審を牽引していく趣旨であるが、特別陪審の場合には裁判官は陪審員と協力して事実認定にも当たる（刑訴案　第七七九条）。すなわち名称は陪審を名のるものの、その内容は参審制に他ならない。このように二つの陪審は、参加の対象となる事件、陪審員の資格要件、裁判体の構成方法、参加の具体的形態のそれぞれにおいて互いに性格を異にする。

委員会はこれまで陪審制を採らなかったバルト三県、カフカース、王国領のポーランドでも、今後は特別陪審を実施するとし、アルハンゲリスク・黒海両県とクバーン州では普通陪審・特別陪審双方を行なうとした（司法案第五三〇条）。従って陪審制を行なわないのは、委員会の予定ではシベリアと中央アジアだけとなる。

「社会的要素」の加わらない司法制度は凡そ考えられないが、その成功には一定の条件が必要である。とりわけ特別陪審に見るように、職業裁判官の適切な指導がそこでは鍵を握っている。――委員会の基本的立場は、ほぼこのように総括できよう。この方向はマナセーイン期の陪審政策にすでに見られたところである。

⑤　裁判所付置職の改革(1)――執行士

司法監察でその弱体を晒け出した付置職については、特に執行士と弁護士に関し改革案が詰められた。試補についてはすでに一八九一年の法律があり、公証人に関しては、起草途上の民法典と密接な関係があるとの理由で、審議の途中で委員会の検討事項を外れている。(85)

このうち執行士制度の再編が目ざすところは、執務能力の向上を図り、執行士の国家化を進めることであった。第一に、ナボコフの立法を受け継いで、送達事務や種々の法廷内業務は送達士へとこれを委ね、執行士の職務を純化する（司法案　第一三六条、第一四五条）。これに伴ない執行士を控訴院やセナートに置くことを止め、彼らを各地裁管区に配置する（司法案　第一三二条）。第二に、執行士の任用基準を明確にし、高等または中等教育の修了を資格要件として定め、地方裁判所に設置される付置職人事委員会（司法案　第二八条）で採用の試験を実施する（司法案　第二六三条）。第三に、執行士の団体は廃止して、地裁所長の監督下に置く（司法案　第三五六条）。

何れの措置も執行業務の専門性を高めるとともに、その自由業的側面を矯める措置で、裁判諸法のもっとも弱い環に正面から応えようとした点で、これは評価をされるべきである。但し収入面では執行士は、依然俸給制と手数料制の併用であり（司法案　第三三〇条）、再考の余地を残している。

⑥　裁判所付置職の改革(2)――弁護士職

他に先立って弁護士法制の再検討が終了したのは、マナセーイン時代、クラソーフスキーを座長とするいわゆるクラソーフスキー審議会（一八九〇～九一）が改正試案をまとめていたからで（一八九一）、委員会第二部会はこれを叩き台にして作業を進めることができた。部会案を検討する委員会全体会議には、この時ハリコフ控訴院長に転じていたクラソーフスキーが招かれた他、三弁護士会の評議会議長と五人の著名な弁護士が加えられた。В・О・リュスチフ（ペテルブルク弁護士評議会議長）、П・А・コールサコフ（モスクワ弁護士評議会議長）、Р・И・ポデェレーフスキー（ハリコフ弁護士評議会議長）、В・Н・ゲラルド（ペテルブルク弁護士）、А・А・クリューコフ（モスクワ弁護士）、П・В・マカリーンスキー（ペテルブルク弁護士）、Ф・Н・プレヴァーコ（ペテルブルク弁護士）、В・Д・スパソーヴィチ（ペテルブルク弁護士）の八人である。リュスチフ、ゲラルド、マカリーンスキーの三人はクラソーフスキー審議会でも委員を務めた。(86)

細かな字句の相違は別として、ムラヴィヨーフ委員会案は内容的にはクラソーフスキー審議会の改正試案と大差ない。両者とも特に弁護士補につき一編を割き、司法機関設置法が沈黙のまま遣り過ごした後進養成の課題に向き合っている。この意味で、ともに改正の名に恥じない。のみならず、両案は準弁護士に関してもまとめてここで規定したため、言わば弁護士法制全般にわたる包括的な規整を与える形となった。これまで相互の関係が不明瞭のまま推移してきた弁護士・弁護士補・準弁護士の三者について、弁護士を核にその予備軍として弁護士補を、弁護士を補完する存在として準弁護士を置くとの構図である。九五年監察の教訓は、非弁跋扈の指摘を受けて改正案が、特に民事事件に関し、これら三者以外の者が事件を扱うことを制限したことに生かされている（司法案　第五二〇条〜第五二五条）。委員会案の要目は凡そ次のとおりであった。

(i)弁護士資格――現行同様、教育資格と職歴資格を必要とする。しかし大学その他高等教育施設の法律学の教授・教師および行政庁に務める訟務担当官吏にも職歴資格を認め、また五年以上司法部に勤務（または試補もしくは弁護士補として修習）という現行の規定を三年に短縮する[87]（司法案　第三九五条）。さらに新たに欠格事由として、「弁護士評議会が弁護士職に相応しくないと認めた職務に私的に従事している者」「弁護士評議会が弁護士職に相応しくないと認めた商工業活動に参加している者」を付け加える（司法案　第三九六条五号）。

(ii)非キリスト者に対する制限――一八八九年の法律が持ち込んだ非キリスト者への弁護士資格の付与制限に関し、現行の司法大臣の許可制を割当制に変更する。一地裁管内の非キリスト者の弁護士数は、管内に住所を持つ弁護士の一〇%を越えてはならない（司法案　第三九七条）。この一〇%条項は、弁護士補および準弁護士にも適用される（司法案　第四八一条、第五〇七条）。またキリスト教徒以外の弁護士が弁護士評議会議長、副議長に就くことは認められず（司法案　第四〇三条）、特にキーエフ、ヴィリナ両控訴院管区では、評議会議長および三分の一以上の評議員は正教徒でなければならない（司法案　第三九九条註）。

(iii) 弁護士自治の再開――一八七四年のパーレン立法、八九年のマナセーインの立法で、新規開設を凍結してきた弁護士評議会・弁護士評議会支部について、その設立を解禁する。弁護士評議会は、登録弁護士が六〇人以上で、控訴院所在の都市に二〇人以上の弁護士が住む控訴院管区で開かれる（司法案　第四〇〇条）。この要件を充たしていない管区では、評議会事務は地方裁判所懲戒会議が執り行なう（司法案　第四四七条、第一八七条）。評議会支部は、一〇人以上の弁護士が居住する都市で開くことができる（司法案　第四一三条）。なお評議会メンバーの任期は、一年ではなく二年とし、毎年開かれる弁護士総会でその半数を改選する（司法案　第四〇八条）。評議会は従来と同じく、弁護士資格の付与（資格審査）や弁護士に対する綱紀懲戒に従事する（司法案　第四一五条）。

(iv) 弁護士自治の統制――自治の代償として改正案は、弁護士の責任を強調して、弁護士の団体自治を検察官と控訴院のコントロールの下に置いた。先ず弁護士総会の議事録は控訴院検事長へと送付され（司法案　第四〇七条）、弁護士評議会選挙に違法があったときは、検事長は控訴院懲戒会議にプロテストすることができる（司法案　第四一一条）。また弁護士評議会の行なう決定のうち、弁護士資格付与の決定および弁護士の懲戒に関する決定は検事長に通知され（司法案　第四三九条）、これらについても検事長はプロテストできる（司法案　第四四〇条）。

控訴院懲戒会議は弁護士評議会の監督権者（司法案　第四五一条）で、評議会の不当な行為に説明を与え、評議会の違法な決定を取り消すことができる（司法案　第四四九条、第三四一条）。監督関係の上では、評議会は地方裁判所に、評議会メンバーは地裁判事に準じるとされるため（司法案　第四五〇条）、評議会構成員の職務上の失策に対する懲戒は控訴院懲戒会議が行なう（司法案　第四五一条）。

(v) 弁護士業務――改正案は地裁管区の規模を基準にいわゆる「十分な数」（弁護士充足数）を定めたので（司法案

第四七五条)、特に民事事件について弁護士の業務独占に具体的展望が開けることになった。本人訴訟は許されるものの、充足数に達した地裁管内では、「地区判事の管轄を越える民事事件」の訴訟代理は、原則として弁護士に委任しなくてはならない(司法案　第四七四条)。

その一方で改正案は、ここでも弁護士の責任を強調して、彼らの職業倫理についてかなり立ち入った規定を置いた。金銭帳簿の作成義務と弁護士評議会への提出義務(司法案　第四六八条)、刑事事件における成功報酬契約の禁止(司法案　第四六九条)、民事事件の報酬契約が弁護士の知識や経験、受任事件の難易軽重と照らして過大であると思われるとき、評議会が報酬額を報酬基準表の定める額まで引き下げる報酬減額制度の導入(司法案　第四七〇条)、等である。何れも醜弁護士対策と見ることができ、改正案が弁護士の営業規制を欠格事由の中に設けたのもこの理由に基づく。

(vi) 準弁護士——準弁護士に関しては、限られた弁護士人口を補強する応急の「代替物」(ムラヴィヨーフ)[88]であることが明確にされた。登録の裁判所は地方裁判所に一本化され(司法案　第四九九条)、大学その他の高等教育施設において法学教育を修了したことが準弁護士登録の要件となる[89](司法案　第五〇二条)。また弁護士との競争を避けるため、弁護士充足数に達した地裁管区では、新たに準弁護士登録を行なった者が扱うことができる業務は制限される(司法案　第五一八条)。登録裁判所の準弁護士懲戒権(司法案　第五一二条)、品位汚辱の行状を理由とする司法大臣の準弁護士排除命令(司法案　第五一五条)は現行どおりで、準弁護士が独自の職業団体を組織することは許されない。

(vii) 弁護士補——弁護士補は弁護士の供給源で、パトロンの下で学ぶとともに、一定の範囲で業務を行なう。これが改正案の基本的な考え方で、資格取得の手続、修習方式、弁護士補の業務、弁護士補＝パトロン関係の四点が、この線に沿って規定をされた。弁護士補資格を与えるのは評議会で(司法案　第四八三条)、大学その他の高等教育施設において法学教育を修めたことが要件となる（司法案　第四七九条）。修習期間は前期一年、後期は二年[90]、前期修習中の弁護士補は独自に事件を扱うことは許されず、僅かに地区判事管轄の相対的に小額・微罪の民・刑事件についてのみ、パトロンの復委任に依り、かつパトロンの財産上の責任において、受任し得るに止まっている（司法案　第四八五条）。対して後期修習に進んだ弁護士補は、地区判事管轄の事件については、パトロンの復委任に依ることなく自由に受任することができる[91]（司法案　第四八七条）。

修習方式はパトロンによる個人指導で、従い何らかの事情でパトロンを失った弁護士補は弁護士補の地位を喪失した。改正案が挙げるのは二つの場合で、先ずパトロンの失格として、評議会は弁護士補の指導を怠ったパトロンを解任することができる。第二にパトロンの放棄として、パトロンは評議会への通知を以てパトロン＝弁護士補関係を解除できる。何れの場合も三ヶ月以内に新たなパトロンを得られないとき、弁護士補はその資格を失うとされた（司法案　第四九五条、第四九六条）。

改正案は以上のように、弁護士職の強化と統制の二つの顔で弁護士制度に対処した。『付帯説明書』は弁護士職を「司法機関と密接不可分の繋がりを持ち、直接そのコントロールを受け、ただ内部的な問題にのみ責任と自治を享有する結合」と呼び、「弁護士職と裁判所との紐帯を強化・活性化させること」が改正案の目標としている[92]。だがこの「紐帯」の中において弁護士職が占めた地位は、やはり独特と言わざるを得ない。弁護士評議会構成員の格付けが如実に示しているように、あるいは修習期間を三年とした立法理由が図らずも示しているように、委員会は弁護士を地裁判事級もしくは地区判事・地裁検事級の法律家として扱っている。全国の裁判所の「統合」と司法官キャリア・システムの完成に向けて邁進をした委員会は、弁護士職を「法曹三者」の一翼ではなく、右のキャリアの起点に立つ在野の法律職と位置づけたのである。

*

九九年六月五日の委員会閉会演説で、ムラヴィヨーフは改めて極論を避け中庸を行くとの最初の方針を確認し、改正案を「皇帝アレクサンドル三世の命により、皇帝ニコライ二世の治世に見直された、皇帝アレクサンドル二世の裁判諸法」Судебные Уставы Императора Александра II, пересмотренные по повелению Императора Александра III в царствование Императора Николая II と命名した[93]。新規立法に非ずとのこの発言は、裁判諸法に愛着深い委員会の古参委員、コーニによって代表される司法改革第一世代の法律家の批判の眼差しを意識をしている[94]。しかしこのムラヴィヨーフの発言全てを、論敵を前に虚勢を張った自己を正当化する言辞と見るのも当を得ない。付置職の改革案に見るように、改正案は裁判諸法の弱い部分、空白の部分に回答を与えようと試みた。その意味で、それは確かに「皇帝アレクサンドル二世の裁判諸法」を受け継ぎ発展させる性格を持っていた。委員会構想を支えた基本的な考え方も、部分的にはそれ以前から、いくつかの司法省の施策の中にその原型を見ることができる。

　とはいえ、ここでムラヴィヨーフが与えた結語はやはり一種の強弁である。一八六四年の改革を特徴づけた独自の裁判所構成やその背後にある基本の理念、これに基づく司法制度の枠組みはここでは大きく変わっていて、改正案と裁判諸法の間には単なる「見直し」を言うには見過ごせない、質的な差が存在している。もとよりこの差は委員会の議論の中で一朝にしてなったのではない。それは突然の変異というより、過去の様々な政策を積み重ねていく中から生じた。結局のところ委員会は、一八六四年以後、徐々に三〇年かかって準備をされた裁判諸法の変容の過程を集大成し、その結果を包括的に提示して見せたのである。

　同じ閉会演説でムラヴィヨーフは、委員会の活動は「改革ではなく改善」улучшение, а не реформа であった、これこそが創業から守成に入った自分たち世代の法律家の生き方であった、と述懐した[95]。ここで彼が強調をする、委員会構想の全編を蔽う非政治的でプラグマティックなアプローチは、改正案の基底を流れる低音をなす。彼のこのような発想は大きな物語が潰えた時代、アレクサンドル三世の時代に象徴的な問いの立て方、思索のスタイルを示しており、確かに「皇帝アレクサンドル三世の命により見直された」と名のるに相応しい。

しかし改正案がまとまったのは、次の「皇帝ニコライ二世の治世」であった。新世紀のロシア司法の青写真は、先帝の時とは対照的な政治の時代に投じられたのである。この新しい状況下に、委員会構想の検討を通じて、二〇世紀の司法制度の一つの「かたち」が現れてくる。

（1）ムラヴィヨーフの評伝、А.Г.Звягинцев, Ю.Г.Орлов.《Талантливейший из прокуроров》. Генерал-прокурор Николай Валерианович Муравьев // Под сенью русского орла. Российские прокуроры. Вторая половина XIX–начало XX в. М., 1996 を参照。

（2）Е. И. Козлинина. За полвека. 1862–1912 гг. Воспоминания, очерки и характеристики. М., 1913, стр. 180.

（3）Н. В. Муравьев. Прокурорский надзор в его устройстве и деятельности. т. 1, М., 1889.

（4）Н. В. Муравьев. Обряд публичной казни // Из прошлой деятельности. т. 1, СПб., 1900. 初出は、ЮриВ, 1874, кн. 7. 8。なお公開執行は一八八〇年五月二二日法で廃止された（ПС3, собр. 2, т. 55, No. 60966, 1880 5/22）。

（5）ПС3, собр. 3, т. 15, No. 12272, 1895 12/13. 監獄総局の移管とこれに伴う地方行刑施設の管理体制の再編については、すでに先行の研究がある。B. E. Adams, *The Politics of Punishment. Prison Reform in Russia. 1863–1917*. Dekalb, Illinois, 1996, pp. 155–163.

（6）ПС3, собр. 3, т. 17, No. 14233, 1897 6/2; т. 20, No. 18777, 1900 6/10; No. 18139, 1900 6/12; т. 23, No. 23057, 1903 6/2.

（7）詳しくは、Отмена ссылки. ЖМЮ, 1900, No. 7 および А. Д. Марголис. Система сибирской ссылки и закон 12 июня 1900 года. Тюрьма и ссылка в Императорской России. Исследования и архивные находки. М., 1995 を参照。流刑の「廃止」の一環として、同法制定の際には町人や農民の身分団体が持つ構成員の追放権の廃止も検討をされた。

（8）ПС3, собр. 3, т. 22, No. 21504, 1902 5/27; т. 23, No. 22704, 1903 3/22. 民法典草案は、Гражданское уложение. Проект Высочайше учрежденной Редакционной Коммисии по составлению Гражданского Уложения. кн. 1–5, СПб., 1899–1903。

（9）Всеподданнейший доклад министра юстиции, статс-секретаря Муравьева о деятельности Министерства Юстиции за истекшее десятилетие

(1894-1904 г. г.). [б. м.], [б. г.], стр. 3-4. なお「『帝国』の司法秩序」八六頁、を参照。

(10) ПСЗ, собр. 3, т. 14, No. 10590, 1894 5/9. ムラヴィヨーフ期に行なわれたヨーロッパ・ロシアの辺境部、シベリア、中央アジアでの裁判諸法施行の詳細については、「『帝国』の司法秩序」第五章第二節を参照。

(11) ПСЗ, собр. 3, т. 16, No. 12483, 1896 1/29.

(12) ПСЗ, собр. 3, т. 19, No. 16489, 1899 2/15.

(13) Открытие Архангельского окружного суда. ЖМЮ, 1896, No. 7, стр. 160-161.

(14) ПСЗ, собр. 3, т. 16, No. 13932, 1896 5/13.

(15) Н. В. Муравьев. Судебное преобразоваие в Сибири. I, Объяснения в государственном совете 6 апреля 1896 г. // Из прошлой деятельности. т. 2, СПб., 1900, стр. 406.

(16) ПСЗ, собр. 3, т. 18, No. 15493, 1898 6/2.

(17) ПСЗ, собр. 3, т. 19, No. 16490, 1899 2/15.

(18) О судебной реформе в туркестанском крае и степных областях. ЖМЮ, 1899, No. 2, стр. 74.

(19) 詳しくは、「『帝国』の司法秩序」九五～九八頁。

(20) ПСЗ, собр. 3, т. 17, No. 14834, 1897 12/29; т. 18, No. 16260, 1898 12/21; т. 19, No. 16314, 1899 1/4; т. 22, No. 22217, 1902 12/8; No. 22219, 1902 12/8; No. 22220, 1902 12/8; т. 22, No. 22221, 1902 12/8.

(21) Всеподданнейший доклад министра юстиции. стр. 25-26.

(22) Наказ Министра юстиции, генерал-прокурора, чинам прокурорского надзора судебных палат и окружных судов. СПб., 1896. 第三章第二節参照。

(23) ПСЗ, собр. 3, т. 16, No. 12931, 1896 5/13; т. 19, No. 16361, 1899 1/18.

(24) ПСЗ, собр. 3, т. 17, No. 14597, 1897 11/3; т. 21, No. 19675, 1901 2/12; т. 22, No. 21636, 1902 6/10; т. 23, No. 22596, 1903 3/3. 後述の九五年司法監察がこの問題を指摘している。

(25) ПСЗ, собр. 3, т. 18, No. 15413, 1898 5/18; т. 23, No. 22710, 1903 3/24.

(26) 協会規約は、Устав Благотворительного общества судебного ведомства. ЖМЮ, 1895, No. 6.

(27) Н. В. Муравьев. О судебной службе // Из прошлой деятельности. т. 1, стр. 295-296（初出はЮриВ, 1886, No. 9, No. 10）。

(28) Там же, стр. 290-291. それゆえ判・検両者の職責の分離は単なる機能の分化にすぎず、両者は「絶えざる人員の交替」を通じて統合され、「同一の法律」の適用を受けて「相互に連帯し、協力して活動せねばならない」と、司法官＝在朝法曹の一体性が強調される（Там же, стр. 312-313）。

（29）Там же, стр. 272-276.

（30）Там же, стр. 278.

（31）Там же, стр. 279. この三権帰一説は、就任後彼が初めて行なった、九四年一月四日の本省官吏に対する訓示で改めて確認された。「司法部は公共善 благо общее に向けられた政府の活動部門であり、司法官衙は政府機関の一つである。われわれの活動が政府の意向や見解と一致していなくてはならないことは明白であり、他の政府諸機関と友好的な一体性を保って活動していくことが必要である。……諸権力の反目あるいは没交渉ではなく、各々の分野での各自の完全な自立に基づいた、権力機関相互の間の理性的な協調、これこそが市民的秩序の確固たる堡塁、有益な砦となる」（Н. В. Муравьев. Слово при вступлении в управлении Министерством юстиции, на приеме 4 января 1894 г. чинов центрального управления министерства // Из прошлой деятельности. т. 2, стр. 374）。

（32）Всеподданнейший доклад управляющего Министерством юстиции, тайного советника Муравьева о пересмотре законоположений по судебной части // Высочайше учрежденная коммисия для пересмотра законоположений по судебной части. Объяснительная записка к проекту новой редакции Учреждения судебных установлений. т. I, СПб., 1900, стр. 81.

（33）Там же, стр. 66-67.

（34）四月三〇日のムラヴィヨーフ委員会第一回会合での演説。Н. В. Муравьев. Вступительное сообщение председателя Высочайше учрежденной коммисии для пересмотра законоположений по судебной части, министра юстиции в первом заседании 30 апреля 1894 года // Из прошлой деятельности. т. 2, стр. 474-476.

（35）Всеподданнейший доклад управляющего Министерством юстиции. стр. 68.

（36）Муравьев. Вступительное сообщение. стр. 477-478.

（37）根拠法令およびゼムスキー・ナチャーリニク制施行地域、治安判事制復興地域の詳細については、「『帝国』の司法秩序」九八頁、注2を参照。

（38）Всеподданнейший доклад управляющего Министерством юстиции. стр. 69, 71.

（39）Там же, стр. 72-77.

（40）Там же, стр. 70-71.

（41）Там же, стр. 79.

（42）Там же, стр. 65.

（43）二三人の委員の氏名は、拙稿「ムラヴィヨーフ委員会　一八九五年司法監察」『神戸市外国語大学外国学研究所研究年報』第三四号、一九九七年、三九頁、注18を参照。委員については各省庁の人事異動に伴なう差し替えがあり、またこの他に、のべ六二人の招致委員が随時審議に加わった。

（44）Вступительное сообщение. стр. 486-490.

（45）Образование отдела. ЖМЮ, 1894, No. 2, стр. 41-42. 五月六日の第二回会合の議事録は、Там же, стр. 32-36。

（46）Высочайше учрежденная коммисия для пересмотра законоположений по судебной части. Труды. т. I-IX, СПб., 1895-1899.

（47）Высочайше учрежденная коммисия для пересмотра законоположений по судебной части. Подготовительные материалы. т. I-XII, СПб., 1894-1896.

（48）その議事録は、Совещания старших председателей и прокуроров Судебных палат по некоторым вопросам судебной практики в связи с пересмотором законоположенийпо судебной части. Труды, т. I, СПб., 1895.

（49）詳細は、「ムラヴィヨーフ委員会　一八九五年司法監察」四三〜四四頁を参照。

（50）以下では『ムラヴィヨーフ委員会活動記録』第二巻〜第六巻の記事の他に、Я・К・ゴロドゥイスキーによる監察報告の摘要も参照した。Я. К. Городыский. Наши суды и судебные порядки по данным ревизии 1895 г. ЖМЮ, 1901, No. 2, 3, 4, 5, 6.

（51）Труды, т. II, стр. 5-12, 23-41, 191-196.

（52）Труды, т. II, стр. 119-190; Труды, т. VI, стр. 71-115.

（53）司法省管理の庁舎に納まっているのは、五控訴院（ペテルブルク、モスクワ、オデッサ、ワルシャワ、チフリス）、三一地裁、一治安判事会議である。また内務省からの間借りは、三控訴院（ハリコフ、キーエフ、ヴィリナ）、二五地裁、八治安判事会議となっている。残りの大半が民間からのリース、一部が市会所有の建物の賃借とされる。特に治安判事会議の置かれた建物は手狭な上に、往々ゼムストヴォ郡会や郡兵事審議室もここで開かれたため、地裁巡回法廷は開廷時間に苦労していたようである。Труды, т. II, стр. 164-165.

（54）Труды, т. II, стр. 12-22, 73-119.

（55）Труды, т. II, стр. 41-61, 119; т. VI, стр. 3-19.

（56）Труды, т. II, стр. 61-69; т. VI, раздел I, стр. 62-73; т. VI, стр. 21-70.

（57）Труды, т. III, раздел II, стр. 342-346; т. IV, раздел I, стр. 15-27; раздел II, стр. 27-36, 63-72; т. V, стр. 310-326.

（58）Труды, т. III, раздел I, стр. 42-46; раздел II, стр. 483-486, 499-506, 525-530, 592-593, 595-598.

（59）Труды, т. III, раздел I, стр. 55-65; раздел II, стр. 571-592; т. IV, раздел I, стр. 74-96.

（60）Высочайше учрежденая коммисия для пересмотра законоположений по судебной части. Отдел V. Журнал, No. 9, заседания 26 октября 1895 года. ЖМЮ, 1895, No. 12, стр. 33-34.

（61）Проект новой редакции Учреждения судебных установлений. СПб., 1900; Проект новой редакции Устава гражданского судопроизводства. СПб., 1900; Проект новой редакции Устава уголовного судопроизводства. СПб., 1900; Объяснительная записка к проекту новой редакции Учреждения судебных установлений. т. I-V, СПб., 1900; Объяснительная записка к проекту новой редакции Устава гражданского судопроизводства. т. I-VI, СПб., 1900; Объяснительная записка к проекту новой редакции Устава уголовного судопроизводства. т. I-V, СПб., 1900.

（62）Всеподданнейший доклад министра юстиции статс секретаря Муравьева о закрытии коммисии // Объяснительная записка к проекту новой редакции Учреждения судебных установлений. т. I, стр. 89-90.

（63）Обсуждение вопроса об изменениях в устройстве адвокатуры. СПб., 1897. 初出は、ЖМЮ, 1897, No7。

（64）И. Е. Энгельман. Курс русского гражданского судопроизводства. изд. 3-е, Юрьев, 1897, стр. 93. 他にワルシャワにも商事裁判所がある。ワルシャワ公国時代の制度がポーランド司法改革の際に衣替えをされたものだが、ヨーロッパ・ロシアの商事裁判所と異なって、そこでの手続は商事訴訟法ではなく、民事訴訟法に依る。

（65）Объяснительная записка к проекту новой редакции Учреждения судебных установлений. т. I, стр. 6.

（66）Там же, т. I, стр. 12-21.「治安判事は法律の正確な規定を犠牲にして、個人的見解を往々際限もなく適用している」、治安判事は彼らを選出した地域の朋党の意向に左右されその独立性を期し難いといった、治安判事への否定的評価はこの『付帯説明書』の随所に見られる（Там же, т. I, стр. 17-20, 35-36, 57-58）。

（67）地区判事の負担を軽減するため、または地区判事に事故あるときこれに代わって執務するため、地方裁判所には補充判事 добавочный судья を置くことができる（司法案　第三五条）。その任用は地区判事に準じる。

（68）現行法では地方裁判所は数郡に一ヶ所の配置であるが、改正案では各県、各州、または数郡に一ヶ所の配置とされ（司法案　第一一条）、地裁管区は広域化した。

（69）民事については、司法改革から三〇年経った今日の物価水準を根拠に、また刑事では地裁巡回法廷が開かれることの稀な地裁管轄の非陪審事件におけるアクセスの困難（すなわち被害者、証人、鑑定人の負担増）を根拠に、委員会は管轄の拡大を正当化している。Объяснительная записка к проекту новой редакции Учреждения судебных установлений. т. I, стр. 26-31.

（70）Там же, т. I, стр. 34-44, 60.

（71）地区判事管轄の民事事件で破毀が認められるのは、訴額一〇〇ルーブル以上の事件とされた（民訴案　第九四七条）。

（72）Объяснительная записка к проекту новой редакции Учреждения судебных установлений. т. I, стр. 62-63.

(73) Объяснительная записка к проекту новой редакции Устава уголовного судопроизводства. т. IV, стр. 16-20.

(74) コーニの主張は、Особое мнение Члена Комиссии А. Ф. Кони по вопросу о городских и уездных отделениях окружного суда // Объяснительная записка к проекту новой редакции Учреждения судебных установлений. т. II, Приложение I. 内務省との「摩擦回避」のための多数派の些か苦しい論理については、Там же, т. II, стр. 13-15。

(75) 但し控訴院判事については控訴院の、また地裁判事と地区判事については地裁による、「下からの上申」の制度がある（司法案第二七三条）。

(76) Объяснительная записка к проекту новой редакции Учреждения судебных установлений. т. I, стр. 53-57.

(77) (i)年齢二五歳以上で高等教育施設において教育を受けた者、またはこれに相当する試験に合格した者、(ii)年齢二五歳以上で裁判運営に関する実務的知識を得ることができる職に三年以上就いていた者、(iii)年齢二五歳以上で不動産所有など一定の資格をもつ地域住民、というのが名誉判事の任用資格である（司法案　第二五九条、第二六〇条）。

(78) Объяснительная записка к проекту новой редакции Учреждения судебных установлений. т. II, стр. 59.

(79) 地方裁判所、控訴院、セナートには検事局が付置される（司法案　第九八条〜第一〇〇条）。

(80) Н. В. Муравьев. Проект новой редакции Учреждения судебных установлений (Сообщение в заседании коммиссии 20 февраля 1898 г.) // Из прошлой деятельности. т. 2, стр. 532.

(81) 但し、具体的な定年を定めることは行なわなかった。

(82) Н. В. Муравьев. Сообщение при рассмотрении вопроса о суда присяжных (Произнесено в заседании коммисии 22 ноября 1896 г.) // Из прошлой деятельности. т. 2, стр. 509-514.

(83) (i)に関わる施策については、『刑事訴訟法改正案』に様々な規定がある。例えば、裁判長は説示の際、陪審員に有罪評決の場合にはどのような判決が言い渡されるのか、予め述べることができる、とする（刑訴案　第七四八条）。九五年の監察で多くの要望が出されたテーマである。

(84) ここには様々な罪が挙がっているが、焦点の一つは刑法典第四編「統治秩序に対する罪」の扱いである。前述のように、過去これについては管轄が揺れ、控訴院特別法廷（パーレン、マナセーイン）と地方裁判所（ナボコフ）の間を動いていたが、九五年司法監察が改めて控訴院特別法廷の機能不全を浮き彫りにしたので、控訴院特別法廷に代わるものとして新たに特別陪審を構想したのである。これにより「統治秩序に対する罪」のかなり多くが、地裁特別陪審の管轄となった。職業裁判官に身分の代表が参加して構成される控訴院やセナートの特別法廷は今後も残されるものの、以後管轄は限定され、主に国事犯罪と違法な結社に関する犯罪について管轄権を有することになる。『刑事訴訟法改正案』は、右の犯罪に対しては、控訴院、控訴院特別法廷もしくはセナート特別法廷または最高刑事法廷 Верховный уголовный суд が管轄すると定めている（刑訴案　第一二一三条〜第一二一四条）。

(85) Объяснительная записка к проекту новой редакции Учреждения судебных установлений. т. I, стр. X–XI.

(86) クラソーフスキー審議会の議事録、マナセーイン意見書と修正案、それに国家評議会に上程された修正案の『付帯説明書』は ПодМ, т. III に所収。ムラヴィヨーフ委員会全体会議出席者の氏名は、Обсуждение вопроса об изменениях в устройстве адвокатуры. стр. 1-2 に依る。なおクラソーフスキー審議会の出席者氏名は、ПодМ, т. III, стр. 1。

(87) 司法官試補が地区判事や地裁検事に昇任するには約三年を要するので、これと均衡を取る、というのが三年に引き下げた理由である（Объяснительная записка к проекту новой редакции Учреждения судебных установлений. т. III, стр. 18–19）。従って見方を変えれば、委員会は弁護士を地区判事または地裁検事相当の法律家として格付けていることになる。

(88) Н. В. Муравьев. Сообщение при рассмотрении вопроса о преобразовании адвокатуры (Произнесено в заседании комиссии 18 ноября 1897 г.) // Из прошлой деятельности. т. 2, стр. 524.

(89) 申請者がこの要件を充たしていない場合は、付置職人事委員会で彼らの知識を試験する（司法案　第五〇二条）。

(90) 前期修習から後期修習に進む際に、弁護士補の知識と経験を見るために、評議会の手で試験が行なわれる（司法案　第四八六条）。

(91) 地方裁判所管轄の事件では、民事の場合は、パトロンの復委任に基づいて、かつパトロンの財産上の責任に依り、これを受任することができる。刑事については、裁判所の長の指定により、または被告人の私選により、被告人の弁護を行ない、被害者の委任に基づき付帯私訴の原告代理人となることができる（司法案　第四八七条）。

(92) Объяснительная записка к проекту новой редакции Учреждения судебных установлений. т. III, стр. 12–13.

(93) Н. В. Муравьев. Заключительное сообщение председателя Высочайше учрежденной комиссии для пересмотра законоположений по судебной части в последнем заседании комиссии, 5 июня 1899 года // Из прошлой деятельности. т. 2, стр. 584–585.

(94) コーニは九九年七月一二日の書簡でП・Н・オブニーンスキーに宛てて、ムラヴィヨーフは「恥知らずにも」改正案に裁判諸法の基本原理をそのまま残したと公言している、しかしそこでは治安判事の選挙制も、裁判官の不罷免性も、合議制の控訴審も、破毀審の統一も、凡そ全てが失われてしまった、裁判諸法の要の原理は実際は何一つ残っていない、この五年間、三〇〇回を越えるこの委員会に自分がどんな思いを抱いて毎回出席したことか、貴兄には想像もつかないだろう、と書き送っている。Кони. Собрание сочнений в восьми томах. т. 8, стр. 150–151.

(95) Муравьев. Заключительное сообщение. стр. 582, 585-587. 自己の世代についてムラヴィヨーフは、「司法改革のパイオニア」や「献

身的な理想主義者」によって担われた「栄光の日々」の後の時代、「長い灰色の日常の営み」の時代、と考えている。なればこそ「制度というものは、英雄ではなく普通の平均的な人々を念頭において創られねばならない」というのが、彼の自戒の弁である。

第5章　二〇世紀司法への展望

一　ムラヴィヨーフ委員会の遺産

①　国家評議会での審議に先立ち、ムラヴィヨーフ委員会の三つの改正案とその『付帯説明書』は『準備資料』『活動記録』ともども各省庁に送付され、これに対する意見が求められた（一八九九〜一九〇〇）。かつて裁判諸法を審議したときと同様である。対してペテルブルク府主教アントニーの短評（一九〇〇年四月二二日付）に初まり、『民事訴訟法改正案』を論評した翌年八月二七日付の蔵相第二意見書まで、二五の省庁が回答を寄せ、同年末に司法省から公表された。総計九〇〇頁を越える大部なもので、中では蔵相意見書、内相意見書、それに陸相意見書が特に詳しい(1)。

これら各省庁の意見書において、改正案は厳しい批判に直面した。ゼムスキー・ナチャーリニクの裁判権、あるいは郷裁判所を初めとする特別裁判所のあり方といった、各省庁の利害が絡む微妙に政治的なトピックに対し、委員会は問題を遠巻きに包囲して正面からは切り込まず、あるいはこれを全く迂回して議論を故意に限定しつつ、見直し作業を進めてきた。改正案が提示する整然としてスタティックな各裁判所の「統合」の図は、こうした操作を施すことで初めて可能になったとも言える。諸官庁の意見書はここに集中砲火を浴びせ、法案のこの隠れたスタンスを問題にした。

大蔵省の基本的立場は、裁判所構成と刑事手続のあり方を論じた、ヴィッテの第一意見書（一九〇一年一月一一日付）で明らかにされている。「司法部の改善のため、国民の他の差し迫った必要を犠牲にしたり、住民に耐え難い税負担を負わせることは許されない」。――これがヴィッテの視点であり、改正案は多大の財政支出を伴うものでありながら、その持つ効果はきわめて乏しいと彼は見る。改正案は現行制度の錯綜を言い、その統合や「廉価化」を言う。しかしこの錯綜性が顕著なのは「地域の裁判所」の構成であって、ゼムスキー・ナチャーリニクの存在がこれを加重しているから、最初にここを切開すべきである。けれどもムラヴィヨーフの新機軸、地区判事制度の構想は、それがゼムスキー・ナチャーリニクの裁判権を不問のままにする限り、非現実的案に止まろう。この改正が実現すると、「地域の裁判所」の第一審は地区判事またはゼムスキー・ナチャーリニク、控訴審は地裁郡支部または郡会議となり、屋上屋を架するが如く、現在の制度の傍らに、よく似た別系列の裁判組織が並立するだけの結果に終わる。これでは「司法組織の簡素化」も「国庫に廉価な裁判所」も「住民への近接化」も「司法制度の統合」も達成できず、徒に財政を圧迫するだけである……。[2]

しかしヴィッテはさらに進んで、改正案でムラヴィヨーフが慎重に言及を避けてきた主題を取り上げた。彼が「一つの忘れられた、だがすでに以前から解決を求められている問題」と呼ぶ、農民身分の郷裁判所の存在である。――そこにおいては単に裁判規範の安定性が見られぬのみならず、身分の別で裁判籍が異なってくる関係から、管轄の不合理と錯雑はこの裁判所においてこそ著しい。例えば農民身分相互の間の事件では、訴額三〇〇ルーブルまでの事件を扱うのに、農民身分と他の身分との争訟となると、些細な額でもゼムスキー・ナチャーリニクまたは地方裁判所の管轄となる。こうして農民身分には、同じ事件に「様々な正義」が適用を見る結果となる。けれども農奴解放で郷裁判所が誕生してすでに四〇年が経ち、「ロシアの急速な経済の進歩は農民層にも浸透した」。今や彼らの間には新しい欲求が生じており、農民の生活を取り巻く諸条件は多くの点で複雑となった。従って「この裁判所の改革は現在焦眉のものとなっており、これを延期することなく、司法部に関する法規の見直しと連動させることが望まれる」。その管轄を改訂し、慣習法の適用範囲を明確にし、郷裁判所をワルシャワ控訴院管区におけるグミナ裁判所（図4-3）と類似の組織に改めていくべきである、と。[3]

結局ヴィッテは、農民裁判権を通常裁判権の一角に組み入れるよう求めたのである。農村共同体をロシアの経済発展の桎梏とみなし、農村における社会秩序と統治制度の再構築を志向していた、これはいかにも彼らしい結論である。しかしムラヴィヨーフには、これらの主張の理は理、正則は正則として、肝心のゼムスキー・ナチャーリニク問題で内務省との協議が難航しているときに、さらに郷裁判所の改組まで持ち出しては、改正案が持たないという判断があった。さなきだにこの時期、内務と司法の間には、地方行刑施設の管理をめぐって新たな対立が燻っていた。内務省監獄総局の司法省移管（一八九五）に伴う紛議で、ムラヴィヨーフとゴレムイキンの頂上会談で決定されたこの措置には、地方の内務当局の間に権限を失うことへの不満が少なからず存在した。特に内務大臣が九九年にД・С・シピャーギンに交替すると反対論は勢いを増し、行刑事務の引き渡しに公然とした抵抗がなされるに至る。[4]——無論ヴィッテは、当時の司法省が置かれていたこうした点まで忖度をして議論を立てる立場にはない。バルト諸県で農民裁判権の改革を取り上げた司法省が、何ゆえ大ロシア諸県の郷裁判所に沈黙するのかと、先の第一意見書で彼は追い打ちを掛けている。[5]

ヴィッテと反対の極に立つのが、元内務次官で国家評議会事務総長、В・К・プレーヴェの第一意見書（一九〇〇年六月一七日付）である。彼は「地区ゼムスキー・ナチャーリニクの裁判権は、ゼムスキー・ナチャーリニク法の定めるところによる」（司法案　第二条註2）との条文の位置に甚だ不満で、これをセナート、控訴院など通常裁判所の種類を掲げた第一条本文の中に置くよう主張した。この個所で「通常裁判所の一つであるゼムスキー・ナチャーリニクの裁判権に触れる方が、首尾一貫するのではあるまいか」と言うのである。[6]プレーヴェは玉虫色の条文を積極的に解釈し、現行のゼムスキー・ナチャーリニク制は今後も堅持をされると考えた。この点を、条文上より明確にせよとの発言である。

シピャーギンの意見書（一九〇一年二月二六日付）は、プレーヴェよりはるかに直截であった。彼は地区判事構想を治安判事の復活を図る司法省の偽装と考え、これを葬り去ることに全力を挙げた。彼もまた、ヴィッテと同じく、司法制度の簡素化は改正案では画餅に終わると断言する。蓋しこの構想の実現とともに、すでにゼムスキー・ナチャーリニク制が行なわれているロシアの中央諸県では、ゼムスキー・ナチャーリニクと地区判事との管轄競合の問題が直ちに生じるからである、と。だがシピャーギンはヴィッテとは逆の方向に行き、右の裁判管轄の競合を以て地区判事案の非現実性という結論を抽いて、構想の撤回を要求した。「仮に上記の地域で地区判事が地区ゼムスキー・ナチャーリニクと併存すると、住民に身近でそれゆえ確たる単一の権力が欠けることから生じてくる諸困難が、再び徐々に頭をもたげることとなろう。［ゼムスキー・ナチャーリニク法を制定した］一八八九年七月一二日以来、この困難を取り除くことが、政府の一貫した弛まざる関心であった[7]」。

シピャーギンの批判はさらに続いている。改正案の地区判事は、少額事件・微罪事件の裁判に加え犯罪の捜査取調べにも従事する。しかし法学教育を了えて間もない地区判事に、かくも多様な職務がこなしきれるか疑問である。のみならず、この取調べの埋め合わせに警察力を利用しようというのであれば、それは司法部の越権と言うべきである。また住民への近接化を目的に、改正案は地区判事の事物管轄を大きく引き上げているものの、都市部は格別、農村部に果してこれだけ広い管轄の「地域の裁判所」が必要となるのか、疑問は甚だ大きいと言わねばならない。日常の少額事件の裁判にはすでにゼムスキー・ナチャーリニクが存在しており、これに郷裁判所の管轄の拡大を以てするならば、問題は自ずと解決されよう……[8]。密かに改正案が目ざしたところと全く逆の方向で、シピャーギンは制度の改編を企図していた。

挾撃を受けた形の改正案は一九〇一年一二月、国家評議会に上程され、翌年一二月一六日から、民生部、法律部、国家経済部、工業・科学・商業部の四部合同部会で審議入りした。ここに各部の議員の他に、国家評議会議員パーレン、ゴレムイキン等が加わり、司法省からはムラヴィヨーフ、内務省からは、二月に暗殺されたシピャーギンの跡を襲ったプレーヴェが出席した。

審議は改正案に寄せられた各省庁の意見の相違を増幅させるような方向で展開した。委員会の活動に関するムラヴィヨーフの長い経過報告のあと、合同部会は冒頭から、郷裁判所のあり方もここで併せて検討課題とするべきか、ゼムスキー・ナチャーリニク制に触れずに議論をこのまま進めてよいかで、紛糾を見せた。最初の議題で審議に一石を投じたのは、郷裁判所を通常裁判所に組み込むような方向で今こそ改組すべきだとする、ヴィッテに近い見解（A・A・サブーロフ）である。曰く、先ず第一に、この裁判所の存在は、法律は万人に平等足るべしとする観念が定着するのを妨げている。そして第二に、目下のところロシアの郷裁判所には、マナセーイン期の改革で通常裁判所に組み入れられたバルト諸県の郷裁判所と、通常裁判所の外に置かれた大ロシア諸県のそれの二タイプがあり、二つの型の農民裁判所が並ぶ矛盾をここで解決をする必要がある……。これに対して内務省委員（プレーヴェ）は、この問題は現在わが省で検討中の事項なので議題とすべきではないと反駁した。ここでは彼らの意見が通り、郷裁判所問題は法案審議から切り離された。(9)

ゼムスキー・ナチャーリニクの裁判権をめぐる議論は、しかしこれでは収まらなかった。一部議員は「地域の裁判所」を複雑にした元凶はまさにこの制度にあると述べ、この点を改正案が触れないまま、治安判事ともゼムスキー・ナチャーリニクとも異なる地区判事なる第三の制度を構想するようでは、簡素化も廉価化も、近接化も統合も、何れも図れないとする。対して現行制度の存続派は、この種の議論はすでにゼムスキー・ナチャーリニク法制定の際に終わっている、のみならず、この制度は生まれて日も浅く、近年漸く施行に至った地域もあると述べ、朝令暮改の非を強調し、改正案の審議とゼムスキー・ナチャーリニク制の見直しをリンクさせることに断固反対の立場を取った。(10)

結局合同部会は結論を先送りしたまま、ここから地区判事構想の是非の検討に移っている。内務省委員は、改正案が実現するとゼムスキー・ナチャーリニクと地区判事との「二重権力」状態が生まれると述べて、逆襲に転じた。司法省委員が地裁の負担軽減という観点から、事物管轄がゼムスキー・ナチャーリニクより広い地区判事を創設することの正当性を擁護すると、この目的のためならば現行の地方裁判所郡判事の管轄の引き上げを図ればよいと反論する。このため合同部会は急遽地区判事の事物管轄について検討をすることになり、漸く次の三点で合意に達した。(i)司法省の提案する地区判事の広い事物管轄は、「裁判へのアクセスという」住民の利益にも適い妥当なものと認められる。(ii)事物管轄を適切に調整すれば、地区判事制の実施はゼムスキー・ナチャーリニクを残したままでも可能である。(iii)しかしこの問題の最終的な解決は、改正案のさらなる検討を待たねばならない。その際は、ゼムスキー・ナチャーリニクに関する現行規定の検討を避けて通ることはできない。[11]――この結論は審議を先に進めるためだけの結論である。原案を準備した司法省にも、委員会案の不徹底を衝く者にも、逆に現行制度の維持を求める内務省にも、その何れにも有利と取れる空疎な結論であった。

合同部会はこの他に、取調官廃止の是非や地区判事の任用方法（選挙制か任命制か）をめぐって激論を交わした。論点はすでに原案を準備したムラヴィヨーフ委員会での審議において出尽くしており、その議事録を見る限り、合同部会は徒に堂々巡りの議論を繰り返している印象を受ける。議論の一方の極には、ゼムスキー・ナチャーリニク制を再考し、取調官の存続（すなわち地区判事の職掌の見直し）や地区判事選挙制の実施を求める、裁判諸法により忠実な立場からの改正構想への不満があり、その対極に、裁判諸法の大々的な見直し自体に不快感を示す内務省委員が位置している。[12]ここに「改革ではなく改善」を言うムラヴィヨーフ構想は、両極の狭間で完全に埋没をする様相となった。

こうして裁判諸法の見直しは急速に求心力を失って迷走を始めた。一九〇三年一二月、漸くまとまった合同部会の結論は、国家評議会に特別審議会を置き改正案を検討させて、審議の終わった部分からその答申を改めて合同部会で討議するとの、先送り、仕切り直しの案である[13]。

ゴレムイキンを長とする特別審議会の発足は、一九〇四年七月のことで、一〇月に委員の人選が行なわれた。ゴレムイキンにどれほどのやる気があったかは疑わしい。その後も翌年初めまで委員の補充が続けられ、結局一九〇五年三月から五月まで三回会合を持っている[14]。だが一九〇五年という情勢下、九月二三日に審議会は解散され、改正案は廃案となった[15]。

ムラヴィヨーフは法案の行方を見ることなく、「健康上の理由から」この年一月、挂冠している。その後は政争を逃れるように、ロシアを離れイタリア大使を務めていたが、一九〇八年、ローマにおいて遂に死んだ。
② 改正案が廃案となったことは、だが必ずしもムラヴィヨーフの構想が流産に終わったことを意味しない。それが過去三〇年の司法政策を集約する内容であったがために、改正案の審議と並行して、すでに実務の現場では委員会構想が先取りされていく現象が生じていた。
その典型は弁護士法制の分野であった。マナセーイン期にクラソーフスキー審議会が提唱し、ムラヴィヨーフ委員会がこれを継いだ弁護士評議会に対する控訴院の司法行政上の監督権は、早くも九〇年代半ばの判例で肯定されている。九四年四月四日、セナート両破毀部総会は、一八九〇年三月三日のモスクワ弁護士評議会弁護士補規則の違法性が問われた事件で、弁護士評議会はその内部的事項や事務処理手続について規則を定めることができるけれども、右評議会規則が「法律と抵触し、または他人の権利を侵害する場合には」「司法機関設置法第二四九条および第二五〇条による監督手続に基づいて、控訴院は評議会規則を取り消すことができる」との判断を示した[16]。けれども第二四九条は、控訴院は控訴院管区内の裁判所 судебные места とその構成員を監督すると述べるに止まっており（同条二号）、このセナートの結論は本条の文理解釈それだけからは導き得ない。これはクラソーフスキー審議会やムラヴィヨーフ委員会が行なったように、評議会を地方裁判所に準ずる裁判組織と見ることで初めて可能な解

釈である。例えばクラソーフスキー審議会は、その司法機関設置法第一分冊第九編の改正案で、「裁判所の監督に関する司法機関設置法第二四九条乃至第二九二条の規定は、弁護士評議会にも適用される」（第三七八条の一）、「弁護士評議会の活動に対する監督については、評議会は地方裁判所と同一の扱いを受ける」（第三七八条の二）と規定する。[17]またムラヴィヨーフ委員会の『司法機関設置法改正案』も、「弁護士評議会に対する監督の事務は……控訴院懲戒会議に委ねられる」（司法案　第四五一条）と規定をしていた。

判例の立場は、その後直ちにハリコフ控訴院管区において、その推進者を見出すことになった。ここは醜弁護士規制の必要を説くクラソーフスキーが、ムラヴィヨーフ期に控訴院長として赴任をしていた管区である。九六年一一月、ハリコフ控訴院総会はハリコフ評議会における弁護士懲戒事件の審理遅延問題を議論して、懲戒審理が遅れた原因について弁護士評議会の説明を求めること、評議会は今後は懲戒事件の審理を二週間以内に終了することを決定した。控訴院の説明権の根拠は、司法機関設置法第二四九条二号に基づく評議会監督権にあるとされている。[18]従ってクラソーフスキーの論理では、この控訴院決定は以前彼の審議会で採択された自らの説を率先して実行したものということになる。

ハリコフ弁護士評議会はこの決定に反撥し、控訴院の評議会監督権を否定して、セナートに不服を申し立てた。だがここでセナート第一部両破毀部合同会議は、次のように判示する（一八九七年四月二四日）。「弁護士評議会は一八六四年一一月二〇日の裁判諸法によってつくられた司法機関 судебные установления の一つである。そのようなものとして、司法機関設置法第二四九条以下で定められた司法機関に対する監督の規定は、弁護士評議会に対しても適用される」「司法機関設置法第三七八条によれば、弁護士評議会の置かれていない地域では、評議会の権利と義務はその地の地方裁判所に帰属する。このことから、弁護士評議会に対する直接の監督が、司法機関設置法第二四九条二号に従い、地方裁判所を直接監督する機関、すなわち控訴院に帰属することは明白である」[19]。弁護士評議会は地方裁判所と同格の司法機関なので、控訴院の監督権は当然に評議会にも及ぶとの論理で、無論このような評議会の位置づけは、九四年の両破毀部総会判決と同じく、クラソーフスキー＝ムラヴィヨーフ説の復唱であった。

こうしてひとたび控訴院＝評議会間の監督関係が肯定されるや、この関係は次には控訴院と弁護士総会の間においても認められることになった。一九〇一年、セナート第一部両破毀部合同会議は、モスクワ弁護士総会における評議会選挙の無効が争われた事件で、「司法機関設置法には、弁護士総会が控訴院の監督に服すること、また総会で生じた不当に対し控訴院に不服を申し立て得ることを、直接に規定した条文はないけれども、この種の条文を欠くことは、弁護士総会が控訴院の監督下にはないことを何ら示すものではない」「弁護士総会で行なわれた選挙の不正が明らかであるにも拘わらず、不正に組織された評議会が活動を続けていくことを認めることはできない」と判示した[20]。この合同会議決定により、以後控訴院が総会議事に介入していく根拠が与えられたのである。その後は、例えば評議会所在地の移転を決めた総会決定（ノヴォチェルカースク、一九〇六）、総会が承認した弁護士共済基金規則（モスクワ、一九一二）、弁護士総会の定足数を変更した総会決定（モスクワ、一九一二）など、弁護士総会の様々な決定が控訴院によりその監督権を根拠に取り消されている。このうちもっとも著名な事件は、若干後のことではあるが、ペテルブルク弁護士総会のベイリス事件弁護団支援決議をめぐる顚末であろう（一九一三）。ペテルブルク控訴院は右の決議を総会権限の踰越と見て取り消すとともに、弁護士総会議長らの懲戒を求めたのである[21]。

こうして控訴院の弁護士評議会・弁護士総会に対する監督権が判例を通じて認められたことは、言わば弁護士法制におけるムラヴィヨーフなきムラヴィヨーフ路線の確立であると見ることができる。当然にもそれは裁判所と弁護士との関係を著しく緊張したものに変えた。その後二〇世紀になって、ハリコフ控訴院とハリコフ評議会との間では、弁護士評議会構成員に対する控訴院の懲戒権の有無まで裁判闘争となっている[22]。これもクラソーフスキーやムラヴィヨーフが、その改正案で取り上げていた主題である。

司法部の「ヒエラルヒーと規律」を掲げ、弁護士職を法曹界の序列の出発点に位置づけたムラヴィヨーフ構想は、結果としては、それが意図した「弁護士職と裁判所との紐帯の強化・活性化」とは全く逆の、在朝・在野の間の亀裂を法曹界に持ち込むことになった。かつてスターソフ＝アルセーニエフのサークルは「将来における弁護士と司法官の同盟」を待望して、一八六四年の改革を迎えた。裁判諸法の成立当時、明然としていた法曹間の連帯の意識、単一の職業的なコミュニティーは、今や暗消したのである。

③　醜弁護士批判を背景とするクラソーフスキーやムラヴィヨーフの攻勢を、在野法曹は如何なる形で受け止めたろうか。クラソーフスキー審議会あるいはムラヴィヨーフ委員会の審議過程で目につくことは、ここに招聘された弁護士委員の低迷である。その大半は弁護士制度発足直後に弁護士登録を行なった弁護士第一世代に属しており、弁護士評議会の役員として、あるいはナロードニキ裁判の弁護人として、何れも名を馳せた人々である。マカリーンスキーやスパソーヴィチは裁判諸法の起草にも参画していて、法曹界の長老でもあった。

だが過去の名声と裏腹に、弁護士委員の発言は各人各様区々であって、クラソーフスキーらの攻勢に自らの弁護士像を対置して、対案を示す姿勢に乏しい。例えばマカリーンスキーやプレヴァーコはムラヴィヨーフ委員会多数意見に同調して、弁護士の資格審査に関する評議会の決定に対しても、控訴院検事長のプロテスト権（司法案　第四四〇条）を認めている。これに対してコールサコフ、クリューコフ、リュスチフ、スパソーヴィチの四弁護士が、検察官のプロテストは評議会決定が資格要件や欠格事由といった法の定める形式的要件に違反する場合に限って許されるとの意見を出して対抗した。こちらは在朝側のコーニやタガーンツェフ、あるいはルキヤーノフらの支持を受けている[23]。あるいはまた、弁護士の「舌」の自由と直接に関わるいわゆる法廷犯の懲戒管轄に関しても、スパソーヴィチやプレヴァーコはこれを弁護士評議会から控訴院懲戒会議に移すとの案に賛成し、他の弁護士委員と対立している。[24] このように弁護士団体の自己補充権や法廷における弁論の自由といった弁護士にとって死活の問題ですら、弁護士委員の主張には互いに開きがあったのである。

共通性が見られるとすれば、司法省の攻勢に条件闘争を展開して既得の権利は維持しようとの、後ろを向いた職業防衛的な気分であった。典型は、キリスト教徒に非ざる者の弁護士資格の制限論議（司法案　第三九七条）に見ることができる。ムラヴィヨーフ委員会で、この種の差別を不当として全面的に否認したのはユダヤ人弁護士リュスチフだけで、彼を除いた弁護士委員は全員割当制（委員会案）の支持に廻った。改正案との違いは、このユダヤ人枠を地裁管区の弁護士全体の何パーセントに収めるかである。マカリーンスキーは住民数比例説、プレヴァーコは一五〜二〇％説、スパソーヴィチは一五％説、クリューコフやコールサコフは一〇％説を唱えている。またキリスト教徒に非ざる者が弁護士評議会の構成員となり得るかという問題では、解禁説がリュスチフ、全面禁止説がコールサコフ、プレヴァーコが割当説、評議会議長・副議長のみユダヤ人弁護士に認めない一部禁止説がクリューコフ、マカリーンスキー、スパソーヴィチという状態であった。リュスチフの主張に共感したのは、コーニやザクレーフスキー、さらにB・A・ジェレホーフスキーといった在朝法曹側である。一九三人裁判の公訴担当検事であったジェレホーフスキーなど、こと政治的な信条ではナロードニキ裁判の名士たちより保守的であり、ここでの朝野の関係は捩じれている。[25]

「司法職論」でムラヴィヨーフがアイデンティティーを与えて見せた在朝者とは対照的に、弁護士たちは将来の方向を見失い、弱気になって守りの姿勢に陥っていた。論壇の弁護士批判に些か疲れたスパソーヴィチは鬱々として心晴れず、一八八八年のペテルブルク弁護士会の講演で、次のようにスピーチした。

「すでにわれわれのところにも、弁護士制度を発展させよう、彼らに恩恵を施そう、至るところで弁護士評議会を設立し、弁護士充足数を制定しようとの噂が流れてくる。そうすればわれわれは、裁判諸法がわれわれに誓った約束の地に向かうことになる。だが諸君、信じてはならない。最後の一滴は、最初の一滴よりも苦いものだ。何ごとも代償なしには与えられず、全てはギブ・アンド・テイクの関係にある。……われわれには構うことなく、ただただ忘れていただきたい。さなきだに、彼らはわれわれを廃止することができるのであるから[26]」

弁護士界のこうした重苦しい気分の中に、九四年、ペテルブルク弁護士会を震撼させたプチーツィン事件が勃発する。ペテルブルク弁護士B・B・プチーツィンの随想集『古典古代の弁護士とわが国のキケロたち』(一八九四)が、弁護士に対する誹謗として物議を醸したスキャンダルで、ここでプチーツィンは次のように告発した。「新しい裁判所に続いて開かれたゼムストヴォや市会に、弁護士層は傑出した活動家、社会のための闘士を送っておらず、何の貢献も行なっていない」「これまで弁護士評議会は、わが国の弁護士に実りある思想も、始まった事業を体現する人物も、何ら提供してこなかった」「仮にわが国の弁護士が社会的な関心を見せる場合も、それはいみじくもある文筆家が言ったように、『利己的・利得的』志向に発していて、弁護士評議会やその個々の役職者が提起する年金基金等の高齢者対策に限られている」「教養のないわがキケロたちの物腰は、古典時代の弁護士の雄弁とは凡そ比ぶべくもない[27]」。内容は醜弁護士論の再版であるが、こうした批判が当の弁護士の間から出ているのである。突き上げられたスパソーヴィチは、プチーツィンの発言に「一半の真理は存在する」と譲歩して、彼の懲戒問題はうやむやのまま終わってしまった。この事件は、現状の維持に傾いて守旧化した弁護士会の指導層への一般弁護士の鬱屈した不満を表していた。

一八九七年九月、『司法省雑誌』第七号の付録として、ムラヴィヨーフ委員会第二部会の弁護士法改正案が詳細な審議資料とともに公表されると、各地の弁護士会は直ちに検討委員会を組織して、司法省案の分析に取りかかった。だが主として中堅クラスの弁護士たちから構成されたこれら検討委員会の対案は、長老弁護士を取り込んでムラヴィヨーフ委員会が提示した弁護士法改正構想と多くの点で対立を見せ、弁護士層の亀裂を印象づける結果となった。細部の文言は異なるものの、ペテルブルク弁護士会の対案（一九〇一）とモスクワ弁護士会の対案（一九〇〇）は同工異曲の内容なので[28]、ここでは前者を取り上げて、中堅弁護士独自の主張を見ることとする。

(i)弁護士の欠格事由（ペテルブルク案　第三九六条）――法律学の教授・教師、あるいは行政官庁に務める訟務担当官吏と弁護士との兼職は認められない。弁護士の独立は現代司法の要であり、「国家に勤務することは、弁護士からその活動に不可欠の自主性を奪い、彼らを上司に従属する地位に置くであろう[29]」。

(ii)非キリスト者に対する制限の撤廃――司法機関設置法改正案第三九七条（非キリスト者弁護士の割当制）および第四〇三条（非キリスト者の弁護士評議会議長・副議長への就任の禁止）は削除する。ユダヤ人弁護士の比率が高いペテルブルク弁護士会が、モスクワ弁護士会に比べ弁護士倫理に悖っているとは考えられず、弁護士層へのユダヤ人の流入が悪しき影響をもたらすとの見解には根拠がない[30]。

(iii)弁護士自治と検察官――弁護士総会議事録の控訴院検事長への送付義務や、評議会選挙に対する検事長のプロテスト権は不要であって削除する（ペテルブルク案　第四〇七条、第四一一条）。「選挙の適正は、何にもまして弁護士自身の関心事である。それゆえ選挙の不正を申し立てる権利は、彼らにのみ与えられれば十分である[31]」。同様に、弁護士の資格審査に関し、検察官がプロテストすることも認められない（ペテルブルク案　第四四〇条）。評議会の決定に対する検察官のプロテストは懲戒事件に限って認められるが、このプロテストは控訴院懲戒会議ではなく控訴院総会で審理すべきで、しかもここに弁護士会の代表として三名の弁護士を加えるべきである（ペテルブルク案　第四四二条）。

(iv)控訴院の弁護士評議会監督権――「弁護士評議会における適法で遅滞なき事務処理の監督は、控訴院に属する。控訴院は評議会で行なわれた事務について、報告と説明を求めることができる」（ペテルブルク案　第四四九条）。

最後の控訴院監督権問題では、モスクワの検討委員会は、ムラヴィヨーフ委員会の改正案中、「弁護士評議会に対する監督」と題された節を全面削除することに決しており、この点ではペテルブルクの委員会よりラディカルである。ペテルブルク委員会は判例の現状を踏まえたより現実的な立場を取って、控訴院の監督権を「報告と説明」に限定し、控訴院による評議会決定の取り消しまでは認めないことにしている。[32] この点は決して小さくない差であるが、二つの検討委員会は弁護士の独立・自律を核にしてその対案をまとめており、彼らの姿勢は朝野の間の「紐帯の強化」を前面に出したムラヴィヨーフ委員会や、これに同調した弁護士会の長老派とは対照的なものになった。

世紀の転換期に遺されたムラヴィヨーフなきムラヴィヨーフ路線は、在朝・在野の法曹の「蜜月」（アルセーニエフ）を往事の遠い出来事とした。だが蜜月の終焉は、在野法曹内部にも忍び寄っていたわけである。ムラヴィヨーフ委員会の一〇年が鮮明に炙り出したのは、司法改革の思い出に生き、弁護士会の活動を支え、ナロードニキ裁判の栄光を担った旧世代と、こうした過去を共有しない中堅・若手の層との間の段差であり、ために会内世論の統一も覚束ない、そんな殆うい ロシア弁護士の姿であった。

（1）Высочайше учрежденная коммисия для пересмотра законоположений по судебной части. Свод отзывов ведомств по выработанным Коммисиею законопроектам. СПб., 1901.

（2）Там же, стр. 477-490. ヴィッテは、一八九四年四月七日のムラヴィヨーフ上奏がゼムスキー・ナチャーリニク制の再検討を言明しながら、改正案でそれが尻すぼみに終わっていることに、強い不満を述べている（Там же, стр. 490-496）。

（3）Там же, стр. 496-499.

（4）B. E. Adams, *The Politics of Punishment. Prison Reform in Russia. 1863-1917*. Dekalb, Illinois, 1996, pp. 161-163.

（5）Свод отзывов ведомств. стр. 496.

（6）Там же, стр. 42-43. 傍点は引用者。

（7）Там же, стр. 806-816.
（8）Там же, стр. 767-802.
（9）РГИА, ф. 1587, 1904 г. оп. 1, д. 1, л. 16 об.-18.
（10）Там же, л. 18-21.
（11）Там же, л. 23-23 об.
（12）合同部会議事録は、Там же, л. 4-35 об.。なお国家評議会審議の模様は、T. Taranovski, "The Aborted Counter-Reform: Muravev Commission and the Judicial Statutes of 1864," *Jahrbücher für Geschichte Osteuropas*, Bd. 29, 1981, S. 178-183 でも活写されている。
（13）РГИА, ф. 1587, 1904 г. оп. 1, д. 1, л. 35-35 об.
（14）特別審議会の議事録は、Там же, л. 164-167.
（15）Всеподданнейший отчет председателя Государственного совета за сессию 1904-1905 г. г. СПб., 1906, стр. 35-36.
（16）О. С. 94/14. 原審のモスクワ控訴院は、評議会監督権のない控訴院には弁護士補規則の違法性を審査する権限がないとして、実体判断を行なわないまま、不服申立てを却下している。Отчет Москвы за 1889-1890 год. стр. 39. なおここでは司法機関設置法第二五〇条が、ナボコフ時代の一八八五年五月二〇日法により改正されている点に注意しておく必要がある。第四章第二節で述べたように、この改正で上級の裁判所の司法行政上の監督権の内容が明確化され、上級の裁判所は管下の下級裁判所の違法な決定を取り消し得ることが明文で認められたのである。
（17）クラソーフスキー審議会案は、ПодМ, т. III, СПб., 1894, стр. 119-146.
（18）А. С. Тагер. Надзор за органами сословного управления. ИРА, т. 3, М., 1916, стр. 93-95. なお注16で再説した一八八五年五月二〇日の法律が、上級の裁判所は管下の下級裁判所に対し、「情報や説明」を求めることができる、と定めている（司法　第二四九条の一追加）。
（19）Опред. Соед. Прис. 24 Апреля 1897 г. По Сборнику 1902 г., стр. 29-31.
（20）Отчет Москвы за 1901-1902 год. стр. 22-23.
（21）Тагер. Указ. статья, стр. 133-145.
（22）Там же, стр. 98-105.
（23）Объяснительная записка к проекту новой редакции Учреждения судебных установлений. т. III, СПб., 1900, стр. 73-74. 現行法では控訴院検事長のプロテストは、弁護士の懲戒に関する決定にのみ認められるにすぎない（司法　第三七六条）。

（24）Там же, стр. 81-87.

（25）Там же, стр. 37-40, 41-42. 在朝・在野間の捩じれた関係については、J. Baberowski, "Juden und Antisemiten in russischen Rechtsanwaltschft, 1864-1917," *Jahrbücher für Geschichte Osteuropas*, Bd. 43, 1995, S. 505-510。

（26）В. Д. Спасович. Застольные речи (1873-1901). Лейпциг, 1903, стр. 49-50. 八〇〜九〇年代に弁護士会指導部を襲った鬱屈の背景については、次節で述べる。

（27）В. В. Птицын. Древные адвокаты и наши присяжные цицелоны. СПб., 1894, стр. 13, 19, 25, 28. プチーツィンの論集には、これに事実無根の中傷と反撥したB・イリイーンスキーが反論を書き、両者の間で論争が展開された。В. Ильинский. Адвокат против адвокатуры. СПб., 1894; В. В. Птицын. Адвокат за адвокатуру. СПб., 1894.

（28）以下に所収。Сравнительное изложение действовавших узаконений о поверенных по судебным делам и предположенных в них изменений. ИРА, т. 1, М., 1914, стр. 507-601. ペテルブルク弁護士会は、ムラヴィヨーフ委員会第二部会案とムラヴィヨーフ委員会最終案（司法機関設置法改正案）のそれぞれについて、対案を残している。前者は一八九八年三月八日の弁護士総会で選出された八人委員会の作成案、また後者は一九〇一年一月七日の弁護士総会が選出した七人委員会の作成案で、右の資料集は七人委員会案を掲載する。八人委員会の対案は、Труды Коммиссии, избранной общим собранием присяжных поверенных для рассмотрения правительственного проекта об адвокатуре. СПб., 1900 で見ることができる。何れの対案も弁護士補については言及がない。一方、モスクワ弁護士の見解については、彼らのまとめた対案の他に司法省に提出された次の文書に詳しい。これには一九〇〇年九月三〇日という日付が入っている。Отношение Совета присяжных поверенных округа Московской судебной палаты, с обзором работ Московских присяжных поверенных по представлению замечаний на проект о поверенных по судебным делам（РГИА, ф. 1405, оп. 515, д. 201, л. 1-52 об.）.

（29）Замечания присяжных поверенных Округа С.-Петербургской Судебной Палаты по проекту новой редакции Учреждения судебных установлений. СПб., 1901, стр. 8. これは注28に記した七人委員会の報告書である。

（30）Там же, стр. 12-14.

（31）Там же, стр. 29.

（32）Там же, стр. 76-77.

二　在野法曹の世紀末

（1）弁護士職の膨張

スパソーヴィチの鬱屈を初め、プチーツィン事件やユダヤ人弁護士問題が浮き彫りにする在野法曹の迷走は、世紀の転換期における法曹界の地殻変動と関わっていた。先ずこの時代、大学教育の現場において、法学部の大衆化が進行した。ロシアの大学はアレクサンドル二世の時代に、新大学法の制定（一八六三）、オデッサ大学、ワルシャワ大学、トムスク大学の設立と拡張期に入るが、新々大学法（一八八四）が制定となる一八八〇年代後半から進学動向に変化を生じ、これまでの医学部に代わって法学部が最大の人気学部となるに至る（表５-１）。教育史家の説くところでは、これは中等教育の段階で数学嫌いに陥った者、この時期になり強化をされた古典語教育についていけなくなった者が、差し当たっての選択として、あるいは潰しの利くもっとも無難なモラトリアムとして、法学部を選んだためと言う[1]。法学部教授スタッフの間で、学生の無気力、講義に対する関心の低下、留年者の増大といった「近時大学法学部事情」が真剣に囁かれるようになるのは、まさにこの頃である[2]。

こうした法学部の水膨れは、当然に卒業後の学生の就職問題を引き起こした。しかし官庁の場合には定員という制約があり、このような枠に縛られない自由業たる弁護士が、結局このとき卒業生の一つの有力な受け皿として脚光を浴びた。事実、表５-２に見るように、世紀転換期は弁護士職の急成長の時代に当たる。特に九〇年代後半からの弁護士補の増加は著しく、これは相当数の法学部生が卒業後、この職業に流れたことを示唆している。

無論彼らの増加のテンポは、決して全国同一ではない。表５-３に見る如く、弁護士の密集地域（ペテルブルク、モスクワ、ワルシャワ、オデッサ）と無弁地帯（カザン、タシケント等）のコントラストは瞭然としていて、弁護士

表5-1　学部別大学生数（1865-1899）

〔単位：人（%）〕

年	1865	*1870	1875	1880	1885	1890	1895	1899
歴史・言語	260	474	496	897	1194	729	697	685
	(6.8)	(8.0)	(9.2)	(11.3)	(9.9)	(6.0)	(5.1)	(4.1)
物理・数学	962	1055	904	1714	2465	2438	2826	3837
	(24.0)	(17.7)	(16.8)	(21.6)	(20.5)	(20.2)	(20.5)	(23.0)
法	1953	3047	1867	1831	3670	4071	5103	7182
	(48.7)	(51.2)	(34.7)	(23.1)	(30.5)	(33.7)	(37.0)	(43.0)
医	839	1375	2114	3499	4704	4860	5171	4999
	(20.9)	(23.1)	(39.3)	(44.1)	(39.2)	(40.2)	(37.5)	(30.0)
計	4014	5951	5381	7941	12033	12098	13797	16703

注：*カザン大学を除く.

典拠：В. Р. Лейкина-Свирская. Интеллигенция в России во второй половине XIX века. М., 1971, стр. 58-59 より作成.

表5-2　弁護士職の増加

〔単位：人〕

年	1886	1890	1895	1900	1905	1910	1913
弁護士	1617	1830	2149	2656	3709	4940	5658
	(100.0)	(113.2)	(133.0)	(164.3)	(229.4)	(305.5)	(350.0)
弁護士補	700	1052	1203	1768	2550	4026	5489
	(100.0)	(150.3)	(171.9)	(252.6)	(364.3)	(575.1)	(784.1)
計	2317	2882	3352	4424	6259	8966	11147
	(100.0)	(124.4)	(144.7)	(190.9)	(270.1)	(387.0)	(481.1)

典拠：Я. Л. Берман. Статистика адвокатуры. История русской адвокатуры. т. 2, М. , 1916, стр. 3, Табл. I; стр. 4, Табл. II より作成.

表5-3　控訴院管区別弁護士職分布率

〔単位：%〕

	ペテルブルク	モスクワ	ワルシャワ	ハリコフ	オデッサ	サラトフ	カザン	キーエフ	ヴィリナ	チフリス	イルクーツク	オムスク	タシケント	ノヴォチェルカースク
1886	22.2	19.9	18.7	9.5	8.1	3.5	3.3	7.5	3.8	3.4	—	—	—	—
1890	23.4	16.3	20.3	8.3	10.5	3.0	2.8	7.1	4.4	3.9	—	—	—	—
1895	20.3	17.1	20.9	8.0	10.0	3.4	3.3	7.5	4.1	5.5	—	—	—	—
1900	19.8	19.2	18.8	8.3	8.0	3.4	3.0	8.9	3.5	6.8	0.8	0.2	0.2	—
1905	20.6	21.6	15.4	6.5	7.4	3.6	1.9	9.8	3.3	4.8	1.0	0.8	0.4	2.8
1910	19.9	24.8	11.2	7.3	7.4	4.2	2.2	9.4	2.9	4.2	1.3	1.1	0.6	3.5
1913	19.3	24.8	10.4	7.2	8.1	4.3	2.5	8.2	2.6	4.3	1.5	1.5	0.9	4.5

典拠：Я. Л. Берман. Статистика адвокатуры. История русской адвокатуры. т. 2, М., 1916, стр. 3, Табл. I; стр. 4, Табл. II より作成.

表5-4　弁護士職一人当たりの人口数

〔単位：千人〕

控訴院管区	1897年			1910年		
	控訴院管区全体	控訴院所在地裁管内	その他の地裁管内	控訴院管区全体	控訴院所在地裁管内	その他の地裁管内
ペテルブルク	11.4	3.9	29.2	6.1	1.9	24.9
モスクワ	28.4	4.7	120.5	10.4	1.6	55.0
ワルシャワ	12.8	3.9	26.5	12.1	3.6	31.3
ハリコフ	55.3	26.5	69.3	26.9	9.9	44.0
オデッサ	23.7	6.2	35.9	17.4		
サラトフ	92.2	50.0	115.8	42.6	21.8	55.3
カザン	108.4	50.5	145.5	75.4	33.5	104.2
キーエフ	32.3	15.1	76.4	16.1	6.8	51.3
ヴィリノ	45.0	31.8	51.4	32.7	24.1	34.6
チフリス	42.2	14.2	56.4	23.7	7.6	34.4
イルクーツク	—	—	—	27.8	13.7	38.1
オムスク	—	—	—	70.9	49.9	76.7
タシケント	—	—	—	128.2	74.3	170.3
ノヴォチェルカースク	—	—	—			
全国平均	29.8			17.9		

典拠：Я. Л. Берман. Статистика адвокатуры. История русской адвокатуры. т. 2, М., 1916, стр. 42 (Табл. XII), 49 より作成.

職一人当たりの人口数を拾って見ても地域格差は顕著である。さらに同じ控訴院管区でもペテルブルク市、モスクワ市等、控訴院所在の地裁管区の弁護士集中は著しい（表5-4）。全国の弁護士人口は世紀末、急速に増えているが、都市部、とりわけ大都市では、彼らの増加は平均の増加率を上回る。この不均等発展の結果、諸外国と比較するときロシアの弁護士人口は全体としては狭隘ながら局地的には相当に高く、希薄の中の過密に近い状況が生じた[3]。両首都の一九一〇年の弁護士職の対人口比（表5-4）は、一九九〇年代初頭の日本のそれに匹敵するか、これを凌駕する数字である[4]。

こうした些か歪な都市集中は、弁護士層に如何なる変化を持ち込んだか。もっとも大きな影響は、かつて新興の経済人をクライアントに、単価の高い普通裁判所の管轄事件を受任して、法廷を舞台に「舌」を競った伝統的な弁護士業務の形態が、見直しを余儀なくされたことである。ペテルブルク弁護士M・Γ・グレベンシコフは、早くも八〇年代に次のように書いている。

「法廷での弁論はごく稀に裁判所の長の指定を受けて行なうだけで、活動の中心を競売に参加したり抗弁の認められない債権の取り立てに携わったり、あるいは特別の法律知識や社会科学の知識よりも如才のなさや抜け目のなさが必要となる様々の事件を扱うことに置いている、そんな弁護士や弁護士補がロシアに現れている。……平均的なロシア弁護士は、時間の大半を種々の官庁の窓口や公証役場で過ごし、街から街へと渡り歩き、特急列車や郵便馬車で飛び廻り、警察署や銀行に詰めきりで、レストランやホテルで必要な人たちと面談をしている。事実の上でも法律上でも、これが弁護士活動の大半である。これを免れているのは、第一級のスターたち、何千ルーブルもの報酬を受け、事実上複数の助手を持っている者だけである」(5)

ここでグレベンシコフが語っているのは、弁護士職の急成長が都会の弁護士サービスにある種供給過剰な状態を作り出し、知名度の高い大物は格別、一般の平均的な弁護士の場合、伝統的な訟廷業務それだけでは事務所の経営が立ち行かなくなったと言うことであろう。確かに一八八〇～九〇年代の法史料には、この種の弁護士の法廷離れ、「弁護士の営業」の隆盛ぶりを推認せしめるものが多い。何にもましてムラヴィヨーフ委員会の『司法機関設置法改正案』が、弁護士の欠格事由の一つとして、新たに「弁護士評議会が弁護士職に相応しくないと認めた職務に私的に従事している者」「弁護士評議会が弁護士職に相応しくないと認めた商工業活動に参加している者」を掲げ、弁護士の営業を規制している(司法案　第三九六条五号)。改正案が、報酬減額制度を初めとする詳細な報酬規制を設けているのも(司法案　第四六九条～第四七二条)、弁護士間の競争の過熱とそれに伴う金銭圧力の増大を窺わしめる。ちなみにペテルブルクの検討委員会の対案は、この点でさらに工夫が見られ(ペテルブルク案　第四六九条～第四七二条)、弁護士業務のあり方に対する彼らの関心の高さを示している。(6)

この新しい現象がもたらす意味を徹底的に掘り下げたのは、九三年に二巻本『弁護士組織論』を上梓して、(7)弁護士制度の比較法的考察に道を開いたE・B・ヴァシコーフスキーであった。彼はドイツやオーストリアで一九世紀の半ばに実行された制度改革、いわゆる「自由弁護士」制の帰結を念頭に、弁護士過剰時代の訪れによる弁護士倫理の荒廃が、ロシアの弁護士を待ち受ける不吉な未来ではないかと予測を立てる。「弁護士の過剰―競争の激化―窮乏化―倫理の衰退。これが自由職業を宣言して以来、ドイツやオーストリアの弁護士が辿ったコースであった」「ロシアの総人口はドイツに比べ二・五倍以上あるので、彼の地で見られたような弁護士の過剰はわが国ではまだ遙か先のことであろう。だが大都市における弁護士の過剰は例外的な状況ではない」「両首都には全弁護士の約三分の一、また全弁護士補の三分の一が住んでいる。ここでは――加えて他の若干の都市においても――、すでに弁護士は溢れている。これを明白に立証するのが、裁判所での民事事件や刑事事件の弁論をほとんど、あるいは全く行なわない弁護士が大都市に現れたという事実である。彼らはもっぱら非訟事件や競売事件を取扱い、債権を取り立て、相続財産や不在の相続人を探し出し、抵当物件からの配当を受け、不動産売買を仲介する。つまりは、このような弁護士の使命とは何の関係もない、純然たる仲立ち的な仕事を行なっている」「これと並んで大都市における弁護士の過剰の別の結果でもあり兆候でもあるのが、弁護士のモラルの衰退である。……彼らのモラルの水準についてこれをハッキリと知りたければ、最近のどの一年でもよいから弁護士評議会の活動報告を繙いてみるとよい。そこで何よりも目につくのは、処分を求める懲戒事件の多さである」(8)。論壇で様々に言われてきた「黒をも白と主張する」弁護士の性向には、こうした構造的な要因があると言うのが、ヴァシコーフスキーの理解である。彼は陰鬱な将来への対策として、英仏流の弁護士二元主義の採用（これにより法廷に立つ者が、直接依頼者と関わりを持つことを防ぐことができる）と法曹一元の実現を提唱した(9)。

世紀末、法曹界の間からかつて見られた職業的なコミュニティーが急速に失われていった背後には、以上に瞥見したような弁護士職の膨張があり、これに伴い在野法曹の間では、顧客を取り合う競争の激化、伝統的な弁護士業務と弁護士像の揺らぎといった未知の事態が進行していた。その何れもが弁護士会の世論の集約を困難にさせ、方向性を失った会の指導部は迷走する。そしてまた、過当競争と弁護士不祥事の続発は今度は司法当局に弁護士会の自浄能力を疑わしめ、彼らの間に弁護士自治への監督を遂には決意せしめるに至る。クラソーフスキーが最初に試み、ムラヴィヨーフが後を追った方向である。

弁護士の過当競争に対処するには、論理の上では三つの方法が可能であろう。第一は弁護士職への高い参入障壁を設定し、言わば供給サイドから弁護士業の需給バランスを取る方法。第二は、これも供給サイドの視点であるが、弁護士強制主義とは言わぬまでも弁護士代理の原則を確立し、弁護士以外に準弁護士や準弁護士登録を行なった弁護士補が自由に事件を受任している現状を変更すること。最後に第三の、需要の側からのアプローチとして、弁護士職域を拡大し、弁護士職の与かるパイを大きくしていく方法である。

このうち最初の参入規制は、早くから提起をされた論点であった。一八九〇年、ペテルブルクの一弁護士は、その論文で次のように述べている。「弁護士補への採用が容易なために、……将来は富と名声に囲まれた弁護士になるのだという誤った期待に導かれ、多くの人がこの職業に集まっている。若者というのはいつも期待で胸をふくらませ、ちょっとでも夢を掻き立てるものがあるときは、未来をバラ色に描いてしまう。弁護士職は増えているが、その知的な水準は低下をしている。一片のパンを追いかけることに夢中になるから、『法律集成』第一〇巻「民法集成」の条文と、ここに掲載されたセナートの判例の抜粋を読むための時間しか残っていない。道徳的な堅固さは揺らいでいる。たとい疑わしい事件でも、拒否するわけにはいかないのだと言う。結局同じことなのだ。自分が受任しなければ、誰かがこれを引き受けるのだから、と」[10]。こうした現状認識を受け、筆者は大胆な提言を試みる。「よりよい弁護士制度のために、弁護士数を民族別に割り当てることを、評議会はそろそろ考えてもよいのではないか。実際のところ、評議会とていくぶんは、弁護士職にユダヤ人が流れ込むのに困惑しているのだ」。このような措置を妨げているのは、弁護士職とは常にリベラルな職業集団足らねばならず、そこには如何なる制限もあってはならぬとする信念である。「だがしかし、一貫した形で適用されたリベラルな原則が常によき結果をもたらすとは限らない。この原則を純粋な形で適用すると、往々逆の結果をもたらす。そしてこれが弁護士職の間に起こったことなのである」[11]。

クラソーフスキー審議会やムラヴィヨーフ委員会で、そこに出席する長老的な弁護士委員がキリスト教徒に非ざる者を弁護士職から締め出すことに積極的で、こうした姿勢を在朝側の法曹から窘められていることは、前節においてすでに述べた。在朝・在野の捩じれた議論の背後には、弁護士側の死活の利害が深く関わっていたのである。

（2）弁護士補修習闘争

① 弁護士業務の需給調整の意味を持つ、弁護士・弁護士補・準弁護士の相互関係の整備についても、一八九〇年代になって議論が進んだ。ムラヴィヨーフ委員会が準弁護士を弁護士の代替物、弁護士補を弁護士の供給源と位置づけて、三者の再編を図ったことは見たとおりで、同時期、在野法曹の間でも様々な議論が行なわれている。但し九五年の司法監察が語るように、弁護士と準弁護士との間には当時職域の棲み分けが進み、安定的な関係が築かれていたから、法曹界の関心は主に弁護士補制度に向けられた。七〇年代に制定された各地のいわゆる弁護士補規則が、あくまで暫定的な性格を持っていたことも、特に弁護士補問題が関係者の注意を惹いた理由であった。だがこの取扱いをめぐる対立から、各地の弁護士会は深刻な内紛を経験する。

一連の事件は、一八九〇年一月のペテルブルク弁護士会の新しい修習規則の案に始まる（一月二〇日付評議会決定）。全八条の短いもので、大略、次のような内容であった[12]。

(i)弁護士補とは「パトロンが受任した事件について、パトロンの指導の下で裁判実務に就いている者」のことを指す（第一条）。

(ii)パトロンの指導の形骸化を防ぐため、弁護士補はパトロンの住所地に住所を定める義務を負う（第五条）。パトロンが抱える弁護士補は一人を以て原則とし、弁護士評議会が許可した場合に限って二人とする（第七条）。

(iii)弁護士資格の取得のためには、パトロンの下で訴訟の準備に携わる他に、民事・刑事の訴訟追行の経験を二年以上積むことを必要とする（第四条）。

(iv)弁護士補による事件の受任は、次の場合に限って認められる（第二条）。a民事については、治安判事管轄事件・普通裁判所管轄事件の別を問わず、パトロンから訴訟代理の復委任を受けたとき。б刑事については、弁護士補資格を得て二年以上の者で、特に弁護士評議会の許可を得ているとき。

この案は修習班や修習会は廃止して、パトロン＝弁護士補関係の強化を軸に過去の修習制度を見直すもので、弁護士補五年の修習期間を二つに分けて、前期三年をパトロンの下で訴訟の準備に、後期二年をパトロンの指導を受けながら実際の訴訟追行に――そのためには準弁護士登録が必要である――、それぞれ当てることを予定している。団体修習の方式からかつての個人修習への復帰である。同時にパトロン側にして見れば、この構想は弁護士補を自己の統制の下に置き、彼らが自由に事件を受任することを制限することができるから、自らの職域の防衛という意味も持つ。

ここで問題を複雑にしたのは、後進養成と競争制限の二兎を追ったこの規則案が、キリスト教徒に非ざる者が弁護士・準弁護士の資格を得るには法相の許可を必要とするとの、前記のマナセーイン立法（一八八九年一一月八日法）と、相前後して発表されたことである。規則案はこの法律を受ける形で、前期三年終了後の実務修習を念頭に、キリスト教徒に非ざる弁護士補で資格を得てから三年以内に準弁護士の登録を得ない者は、弁護士補資格を抹

表5-5　弁護士職に占めるユダヤ人の比率（1890）
〔単位：人（％）〕

控訴院管区	弁護士		弁護士補	
	総　数	ユダヤ人	総　数	ユダヤ人
オデッサ	141	43(30.5)	190	130(68.4)
ペテルブルク	303	68(22.4)	270	115(42.6)
ワルシャワ	400	80(20.0)	156	79(50.6)
カザン	61	4(6.6)	―	―
サラトフ	61	4(6.6)	―	―
ハリコフ	167	9(5.4)	―	―
モスクワ	346	16(4.6)	―	―

典拠：Высочайше учрежденная коммисия для пересмотра законоположений по судебной части. Подготовительные материалы. т. III, СПб., 1894, стр. 195-196 より作成.

消されるとの規定を設けた（第六条）。のみならず、これは新規採用の弁護士補だけでなく、翌年すなわち九一年一月一日以降には、現在すでに弁護士補資格を得ている者にも適用されると言う（第八条）。この当時、ペテルブルク弁護士補の約四割はユダヤ人と言われるから（表5-5）、この規定は弁護士補の大々的な人員整理に繋がる可能性がきわめて強い。

当然ながら弁護士補側は反撥し、弁護士補委員会はペテルブルクの全弁護士に自己の立場を説明した意見書を送って反対キャンペーンを展開した。結局二月四日の弁護士総会はこの評議会案を採択できず、改めて弁護士補規則作成委員会を組織して、仕切り直しを図っている。だが同年末に評議会が発表した二六条の新修習規則修正案は、弁護士補にとっては不満の多い内容であった。基調は一月案の個人修習で、弁護士補は「パトロンの指導と統制」の下に置かれ、「パトロン不在の場合には」自己の属する修習班の指導者の指導と統制を受ける、と言う（第一〇条）。また弁護士補の業務についても、弁護士補資格取得後二年間は弁護士補は自由に事件を受任することは許されず、この間にパトロンの指導を受けて一〇件の民事事件（うち三件以上は普通裁判所の管轄する事件であることを要する）を扱った者だけが、修習の三年目から独自に事件を受任できるとする（第一四条）。弁護士補サイドの論理では、パトロンからの締め付けは一月原案ほどではないにしろ、現在よりも遙かに厳しい[13]。

にも拘わらず、こうした不満が抜き差しならない対立にまで発展せずに済んだのは、このとき偶さかクラソーフスキー審議会が発足して、弁護士法制の再検討に着手したからである。弁護士評議会はこの機を捉えて修正案の弁護士総会への提出を見合せ、この審議会の動向を暫く見守ることにした[14]。だが束の間の休戦も物かは、修習論争は今度はモスクワ弁護士会へと飛び火して、ここで思わぬ展開を遂げた。

② タネーエフ規則の時代から、モスクワ弁護士会は弁護士補問題で先進地域のペテルブルクに追随をする傾向があり、弁護士評議会は一八九〇年三月、ペテルブルクの一月案に倣って新しい弁護士補規則を採択した（三月三日付評議会決定）[15]。一月案の影響は、「弁護士の指導の下に裁判実務に従事している者」を弁護士補と呼び、「弁護士補は独自に実務に就くことを得ない」と定めたこと（第一条）、そして評議会の許可を得た場合は別として、「各弁護士は一人に限って弁護士補を持つことができる」（第二条）と、パトロン＝弁護士補関係の強化を図ったことに現れている。弁護士補の個人修習と絡める形で需給調整を行なうという基本構想は、ペテルブルクと同様である。

だがモスクワの新しい弁護士補規則は三つの点で独自の問題を孕んでいて、これがペテルブルクの場合以上に修習論議を紛糾させることになった。第一は手続上の疑義である。モスクワではもともと弁護士評議会が先頭に立って弁護士補制度を整えてきた沿革があったが、弁護士補規則の改正を利害関係人たる弁護士補委員会、弁護士総会に諮ることなく、評議会の決定のみで決し得るかの問いである。そして第二に、タネーエフ規則は弁護士補の団体修習と弁護士補委員会の存在を一体として結びつけていたから、個人修習への移行が弁護士補委員会の廃止に繋がるという、弁護士補の地位に関わる問題があった。最後に第三の疑問としては、三月三日の弁護士補規則が弁護士補資格の取得のための要件として、高等法学教育の修了の他に、準弁護士の登録を済ませているよう求めた点が挙げられる（第四条）。ハードルをこれまでよりも引き上げて弁護士補の増加を抑制しようという意図は、この規定から明白である。しかし登録料まで支払って準弁護士の資格を得ながら、「弁護士補は独自に実務に就くことを得ない」と言うのは奇妙な自家撞着であり、それだけで右の規則は違法であるとの疑いを免れない。にも拘わらずこの規則は、現在準弁護士の登録がない弁護士補は、二ヶ月後の九〇年五月一五日までに準弁護士登録を済ませぬ限り弁護士補の地位を失うと、きわめて強気な経過規定を設けていた（第一二条Ｂ項）。

こうした様々の矛盾のゆえに三月三日規則をめぐる争いは複雑化し、弁護士と弁護士補との対立に弁護士内部の異論が重なり、深刻なものとなった。評議会の中にすら、議長Ａ・Ａ・クリューコフ、評議員Ｃ・Ａ・ブルメンターリのように、弁護士補に事件の受任を禁ずるだけの実定法上の根拠が乏しいと主張する、少数意見があったのである。三月一〇日、弁護士補側は評議会に、新規則の施行延期と再検討の申し入れを行なった。続いて一七日、今度は五四名の弁護士が、三月三日規則の検討のため臨時弁護士総会を開催するよう声明を出した。評議会は、臨時総会の招集規定が存在しないことを理由に、この要請を斥けている。だがクリューコフはここでも異議を差し挟み、問題の重要性ゆえに四月一一日に予定されている定例の年次弁護士総会を臨時総会に当て、三月三日規則について話し合うべきだ、と反対した。弁護士会の対立が争点を次第に拡大しつつエスカレートをしていることが、ここから分かる。総会の招集という弁護士自治のあり方も、今や俎上に載ったのである。[16]

四月に入って、事態は決定的な局面に入った。一四人の弁護士と三人の弁護士補が、評議会が決定した三月三日の修習規則は違法だとして、モスクワ控訴院に不服の申立てを行なったのである。「弁護士を警告または戒告に処する決定を除き、評議会の全て決定に対しては控訴院に不服を申し立てることができる」（司法　第三七六条）との法の規定を、彼らは文言どおりに解釈している。この行動は評議会を硬化させ、危機感を強めた新修習規則賛成派は、五月一一日、弁護士九八名を糾合して評議会支持の声明を出し、反対派の行為は弁護士自治の伝統を忘れたものだと反撃に出た。五月二五日、このような声に励まされて、遂にモスクワ評議会は、この時点で準弁護士登録を行なっていない弁護士補の資格の抹消を断行した。資格を失った一九名の弁護士補は、直ちに控訴院に不服を申し立てている。[17]

この裁判闘争の結末が、先にも述べた九四年四月四日の両破毀部総会判決である。原審のモスクワ控訴院は二つの申立てを併合して審理を行ない、九〇年一〇月一三日、控訴院の司法行政上の監督権を規定した司法機関設置法第二四九条二号を引き合いに出して、本条には控訴院は「控訴院管区内の裁判所 судебные места」を監督するとあるだけで、ここに弁護士評議会は挙がっておらず、従って控訴院の監督権は評議会の活動に対しては及ばない、ゆえに控訴院は三月三日の評議会決定を審査する権限を有さないとし、門前払いで不服の申立てを却下した[18]。両破毀部総会判決はこの原審の判断を覆し、評議会を「控訴院管区内の裁判所」とみなして弁護士評議会に対しても控訴院の監督権が及ぶこと、従って控訴院はその監督権に基づいて評議会の決定を取り消すことができることを判示したことになる。九五年五月四日、この判決に基づいてセナート第一部両破毀部合同会議は、準弁護士の資格を持つ弁護士補に業務に従事することを禁ずるのは準弁護士法第二条（司法　第四〇六条の一七）に違反するとし、この部分について三月三日規則を取り消す決定をした[19]。

セナートのこの決定後、モスクワでは妥協を図る試みが進み、内紛は一応小康化している[20]。だが弁護士、弁護士補を問わず、関係者が失ったものは小さくない。三月三日規則が採用した個人修習方式は取り消されずに残ったから、弁護士補委員会は廃止となったままである。何にも増して、かつて評議会支持の声明を出した人々が恐れたように、この対立の収拾の中から、控訴院が弁護士自治に介入をする根拠を獲得したことはやはり大きい。ムラヴィヨーフなきムラヴィヨーフ路線が、ここに可能となったのである。

③　内紛の一方の当事者である弁護士補自身は、如何なる修習制度を望んでいたのか。ムラヴィヨーフ委員会が大物弁護士の協力を得て打ち出した弁護士補制度の再編プランは、個人修習を基礎に置き、弁護士補が独自に業務に就くことを厳しく制限をする内容であった。法律職のヒエラルヒーを重んじる委員会の基本理念を反映して、パトロンに対する弁護士補の地位は従属的で、甚だ不安定である。

この弁護士補構想に対抗して、在野法曹はやはりいくつか対案を残している。ペテルブルク弁護士評議会案、ペテルブルク弁護士補委員会案、そしてモスクワ弁護士の検討委員会案である。[21] もっとも最初の評議会案はムラヴィヨーフ委員会の改正案と大同小異で、個人修習の立場に立ち、弁護士補の地位の不安定を象徴する弁護士補の「放棄」、パトロンの「失格」規定まで改正案を踏襲している。ユダヤ人弁護士補の割当制こそ削除されたが、弁護士職の有り様をめぐって委員会構想と大きく対立した評議会も、こと弁護士補のあり方については司法省構想とそれほどの差を見せていない。

残る二つのプランのうち、ペテルブルク弁護士補委員会には個人修習を前提とする案（A案）と、団体修習を採用する案（B案）の二つがある。モスクワの検討委員会案は、若干の字句の相違は別として、このB案とほぼ同一の内容を持つ。従い以下では、ペテルブルクの弁護士補委員会のプランのみ検討すれば足りるであろう。

このうちより穏健なA案は、ムラヴィヨーフ委員会案を大枠において継承しつつ、パトロンと弁護士補との片務的関係を是正することに努めていた。例えばパトロンが「失格」し、弁護士補が新たなパトロンを得られないときは、評議会が新しいパトロンを指定しなくてはならない（A案　第一〇一条）。弁護士補がパトロンから「放棄」された場合も同様で、この弁護士補が三ヶ月以内に新たなパトロンを得られないときは、弁護士評議会が新しいパトロンを指定する（A案　第一〇二条）。さらにA案は、評議会が弁護士補に対する監督権と懲戒権を行使する場合、「弁護士評議会は、弁護士補に関する事項について、弁護士補の協力を求めることができる」として（A案　第一〇〇条）、婉曲的ながら弁護士補委員会を存続させることに含みを持たせた。また焦点の弁護士補の業務に関してA案は、ムラヴィヨーフ委員会には何の言及もなかったのである。ムラヴィヨーフ委員会の構想では、弁護士補委員会の前期一年、後期二年という案を、前期修習を一年半、後期修習を一年半と改めた上で、前期修習期間中の弁護士補は普通裁判所管轄事件を扱うことができないものの、地区判事管轄の事件についてはパトロンの復委任は必要とせず、自由にこれを受任してよいとする（A案　第九一条）。弁護士補による業務に課された制限を緩和しているわけであり、詰まるところこの案は、個人修習を採るときに弁護士補が求める最小限の条件を列挙したものと言えるであろう。

A案の志向するパトロン＝弁護士補関係の水平化をよりラディカルに展開したのが、団体修習の維持を目ざすB案である。弁護士評議会は「団体修習を組織する義務を負う」とあるように（B案　第九〇条）、後進の養成は個々のパトロンの任務ではなく、弁護士層全体の課題であるとの認識が、この案の基本の考え方となっている。このためB案は弁護士補とパトロンの個人的関係を断つことに努め、「弁護士補」помощник присяжных поверенных という名称も「弁護士試補」кандидат в присяжные поверенные に改められた（B案　第八五条）。現在の名は、「弁護士の助手」というイメージを呼び起こすとされている。もっともB案では団体修習の基礎的な骨格、修習会の組織方法、弁護士補の修習プログラム、彼らの業務のあり方等は控訴院の承認を得て評議会が定めるとあり（B案　第九一条）、特に言及がない。

以上何れの案の場合も、全体を通じて浮き上がるのはパトロンからの自立を希う弁護士補側の強い姿勢で、これはペテルブルク評議会案と好対照をなしていた。ムラヴィヨーフ委員会は弁護士会の長老と中堅の亀裂を浮彫りにしたが、委員会構想への対応は、九〇年代の修習闘争が明るみに出した、すでに弁護士資格を得た者とこれから弁護士を目ざす者との間の断層を、改めて検証する結果となったのである。

（3）法律相談運動

①　弁護士補たちがパトロンとのより対等で水平的な関係を求め、個人修習に批判的な立場を取っていたのは、そこにこの制度が持った矛盾が集中的に現れていたからである。当時の弁護士補の生活は、若干後の資料である

表5-6　ペテルブルク弁護士補の月間収支（1907　1/1）
〔単位：ルーブル〕

修習年次	I	II	III	IV	V	平均
平均収入	81.71	83.15	169.47	211.82	235.51	156.33
パトロンから	38.88	43.63	59.00	83.34	80.00	—
独自業務から	46.57	37.44	98.81	137.31	186.92	—
平均支出	107.98	81.22	127.04	146.66	177.84	128.15
住居費	43.05	33.19	48.50	58.05	66.52	—
食費	40.00	30.95	52.34	60.50	76.06	—
交通費	16.33	12.08	21.11	20.00	13.70	—
図書費	8.60	5.00	5.09	8.00	21.56	—
負債を抱える者（%）	54.05	57.89	36.36	47.61	41.16	

典拠：Отчет комиссии помощников присяжных поверенных округа С.-Петербургской судебной палаты за 1907 г. СПб., 1908, стр. 272, Таблица IIより作成.

が、ペテルブルク弁護士補委員会が一九〇六年に実施した所属の全弁護士補六七三人（一九〇七年一月一日現在）に対する調査から、これを再現することができる。[22] 回答数は一五三、うち首都在住の弁護士補は一三〇、地方居住の弁護士補は二三であった。

先ずこの調査は、弁護士補の厳しい生活を浮き彫りにしている（表5-6）。修習歴一〜二年の弁護士補は収支ぎりぎりの生活をし、収入の過半は住居費および食費に消え、約半数が負債を抱える。借金生活をする者は修習三年次から半数を切るが、それでも約四割が債務を負う。生活の困窮はパトロンから得る収入が限られていることに起因していて、各自が営む弁護士業務が苦しい家計を支えていることがここから分かる。調査では一一一人（七二・五％）の弁護士補が独自に業務を営んでいると答えているが、しかしこのうち仕事が恒常的にあると答えた者は僅か一二人（七・八％）にすぎない。[23]

パトロン＝弁護士補関係は、表5-7から推測できる。約四割の弁護士補はパトロンとの関係が名目化していて、個人修習、すなわち実際に「弁護士の指導」（司法　第三五四条）を受けている者は全体の六割、九一人である。しかしこのうちパトロンとの間に勤務条件で契約がある者は五八人（六三・七％）、またパトロンから給与を受けている者は五二人（五七・一％）に止まっていて、パトロンに対する弁護士補の立場はきわめて弱い。彼らの給与が月額二〇〇ルーブルから二五ルーブルまで、振幅きわめて著しいのも、[24] パトロンの側で一方的に

表5-7　個人修習の実態（ペテルブルク）

〔単位：人（%）〕

修　習　年　次	I	II	III	IV	V	VI	VII	総　計
弁護士の指導を受けている者	26	15	13	22	11	3	1	91(59.5)*
パトロンの下で働く者	25	11	9	14	6	1	0	66(43.1)*
他の弁護士の下で働く者	1	4	4	8	5	2	1	25(16.3)*
勤務条件で契約がある者	11	14	11	12	6	3	1	58(63.7)**
給与を受けている者	9	11	10	12	6	3	1	52(57.1)**
平均勤務時間〔時,分〕	3.1	3.6	5.2	6.4	5.0	2.5	−	4.3

注：*回答者153人に占める比率. **個人修習に就いている91人に占める比率.

典拠：Отчет коммиссии помощников присяжных поверенных округа С.-Петербургской судебной палаты за 1907 г. СПб., 1908, стр. 274, Таблица IV.

表5-8　個人修習の内容（ペテルブルク）*

〔単位：人（%）〕

修　習　年　次	I	II	III	IV	V	総　計
法廷での弁論	13	13	8	18	13	65(71.4)
パトロンの事務所での受付	10	4	5	7	10	36(39.8)
パトロンの事務所での雑用	19	10	7	18	13	67(73.6)
各種の調査	18	13	11	18	11	71(78.0)
弁護士の指導を受けている者	26	15	13	22	15	91(100.0)

注：*実質的に個人修習に就いている者91人の内訳.

典拠：Отчет коммиссии помощников присяжных поверенных округа С.-Петербургской судебной палаты за 1907 г. СПб., 1908, стр. 274, Таблица Vより作成.

この額を決めているためと考えられる。また表5-8に見るこのような指導の実例のうち、パトロンの下での雑用 кабинетная работа が修習年次に関わりなく高い比率を占めていることは、個人修習の場当たり性を示すものであろう。事実この調査では、パトロンとの関係を「正常」と考える者は三二人で、実に一〇二人がこれを「異常」と見なしていた。確かにそこでは、自分が受任した事件についてパトロンの助言を求めたところ相談料を請求された、修習という名目でパトロンから家事を押しつけられた、パトロンが芝居を書くのに凝っていて台本の浄書を請け負わされた等、極端な事例には事欠かない(25)。

きわめて簡単な調査であるが、以上の数字はパトロンに対する弁護士補の不信を物語るには十分である。後に『弁護士概論』（一九〇二）にまとめられた一連の文筆活動で、弁護士補のオピニオン・リーダー的存在となるペテルブルク弁護士補M・M・ヴィナーヴェル――ユダヤ人であったがために、法相の許可が中々得られず弁護士の資格を得るのに苦労をしていた――は、一八九七年の論文で、個人修習体制を「職人的形式の上に建てられた古い中世的組織」と痛罵した。「個人修習は弁護士職への自由な参入の足枷であり、修習生の知的な視野を狭くさせ、雄弁術も法を事実に適用をする能力も発達させない」「『徒弟的』原理は職業学校の原理に道を譲らなくてはならない」、と。[26]

② 以上の経済的苦境、あるいはパトロンの横暴に対する不満を背景に、世紀の転換期になると、特に弁護士補を中心にして、新しい修習体制の構築を目ざす独自の試みが展開した。これがいわゆる法律相談、すなわち各地に法律相談所 юридическая консультация を開設し、ここに寄せられた法律問題を処理する中から実戦的に経験を積んでいく方法で、同時にこれは先ほど指摘した需給調整の問題における第三の「需要の側からのアプローチ」を構成していた。もっとも法律相談それ自体には長い前史が存するから、最初にその沿革を見なくてはならない。

法律相談所の嚆矢は、ペテルブルク地裁の一角に開かれたペテルブルク地裁付属弁護士法律相談所 Консультация присяжных поверенных при С.-Петербургском окружном суде で、一八七〇年四月二七日に開所した。弁護士総会で採択された相談所規則によれば、相談所は「普通裁判所が管轄する民事事件」を対象に（第一条）、地裁民事部の開廷日に輪番で弁護士たちが集まるという形式で、午後一時から三時まで開かれる（第二条）。来訪者には簡単な事案はその場において口頭で、複雑な案件には後日書面で回答し（第三条、第四条）、特に書面回答では、事案の規模や難易に応じ、前払いで五〜二五〇ルーブルの相談料を申し受けた（第六条）。このうち一定額は相談所運営費として控除され、残額を回答者が受領する（第一三条）。但し無資力者の場合には、相談料は免除となる（第七条）。刑事事件が相談の対象とならないのは、公判前の被疑者取調べの段階では弁護人の参加が認められてはいないため、また公判の段階では官選弁護人の指定申立制度（刑訴 第五六六条）が存在するため、何れにあっても法律相談には馴染まないと考えられたことに因る。また治安判事の管轄事件も相談対象から除外されたが、これは対象をそこまで拡大すると相談件数が跳ね上がり、スタッフの処理能力を越えるとの危惧に基づいている。最後に、法律相談を有料化したのは参加者に収入の途を与えることも相談所の目的とされたからで、その名称が語る如く、相談所への参加資格はもっぱら弁護士に限られていた[27]。

以上のようにこの相談所は、弁護士会の公益事業の面もあるが、普通裁判所の管轄となる巨額の民事紛争を抱え込んだ有産者相手に、弁護士の副収入の確保を狙って設立された性格が強い。例えば開所から八ヶ月間（一八七〇年四月二七日〜一二月一一日）の活動を見ると、相談件数三二四、うち書面回答が三四（無料回答は一件）、相談事件の大半は相続と契約に関する事件との記録がある[28]。相続するだけの財産を持つ、上層・中層の都市民がここを訪れていたわけである。確かにその後八七年の相談所規則改正[29]によって、刑事事件の相談受付、来訪者に対する弁護士の紹介（一八八八年より）など、相談所の活動は拡がったものの、有産者対象・弁護士主体という性格に変わりはない。

一方、弁護士補主体の相談所で歴史がもっとも古いものは、ペテルブルク治安判事会議付属弁護士補法律相談所 Консультация помощников присяжных поверенных при С.-Петербургском столичном мировом съезде である（八八年二月二四日開所）。地裁法律相談所とは異なって、設立には裁判所（治安判事会議）が積極的に協力した。相談所規則は弁護士補総会で採択された原案を治安判事会議が承認したもので（一八八七年一二月一七日付）、次のような内容である[30]。(i)相談所は「民事・刑事の事件について助言を与える」ことを目的とする（第一条）。(ii)相談員の資格は、修習歴二年以上でペテルブルク治安判事会議で準弁護士登録をしたペテルブルク控訴院管区の弁護士補（第二条）、またはペテルブルク控訴院管区の弁護士（第二条　註）とする。(iii)相談は治安判事会議の閉廷日および運営会議の開催日を除く、毎日一一時から一四時までとする（第三条）。(iv)口頭による助言は無料（第六条）、書面による助言は五〇ルーブルを上限とする相談員と来訪者との報酬契約に基づき行なわれる（第七条）。但し無資力者の相談料は無料である（第八条）。(v)相談料の三〇％は相談所運営費として控除され、残りは相談員個人の収入になる（第二六条）。(vi)相談所に訴訟代理の依頼がなされたときは、予め定めた順番に従い、相談員を紹介する（第一一条）。

一見すると地裁法律相談所との大きな差異を見い出し難いが、治安判事会議の相談所はこれとは相当異なる機能を持っていた。先ず第一に弁護士補主体の運営のため、相談所は彼らにとってはパトロンの意向に左右をされない恰好の実務修習の場となった。第二に治安判事会議にとっての利点として、この相談所の開設により、管轄の事件が事前に専門家の手で整理され争点が明確になることで、効率的な事件の処理が可能になる。

第三に、利用者にとっての意義を見落とせない。これまで弁護士職の「舌」の対象となってきたのは主として普通裁判所の管轄事件で、「地域の裁判所」が管轄する少額のしかし住民にとって身近な事件は、あるいは本人訴訟に委ねられ、もしくは準弁護士が取扱い、または非弁の手へと流れていた。それが治安判事会議の下に法律相談所を開いたことで、たとい市井の普通の人々の日常的な事件であっても、専門の法的サービスに浴することが可能になったわけである。『相談所二五年史』の記すところでは、a定職がなく有料で法律相談を受けることができない人々、б手工業職人および商人、в労働者・被用者など自らの労働により生活する者、すなわち首都の中下層の住民が、過去二五年間の相談者の七八％を占めると言う[31]。

最後に第四の意義として、弁護士補の生計の問題がある。相談の主な対象となる治安判事の管轄事件は、単価が低く多くの収入は望めないが、それでも若い無名の弁護士職には貴重な収入確保の機会をなす。さらにまた、この職業に入って日が浅く、伝手や縁故に乏しい者にとって見れば、それは絶好の依頼者形成の場でもある。そしてまた、マクロ的には法律相談とりわけ治安判事管轄事件の相談は、これまで弁護士職の活動の外に置かれた領域にまで手を伸ばし、彼らに向けた需要を掘り出す意味を持っている。実際、一部で弁護士の「過剰」が現実のものとなりつつあった九〇年代後半に入ると、相談所は訴訟事件の相談以外に、新たに各種法律文書の作成にも乗り出すに至った。これらの仕事が非弁の手へと流出するのを防ぐためである。[32]

もとより、法廷という伝統的な業務の場から離れることを正面から肯定していくには、相応の理念的働きかけが必要である。諸国の同業者の動向が、ここでもこの要請に応えている。九八年、ヴィナーヴェルは前年ブリュッセルで開かれた、第一回国際弁護士大会への参加報告を活字にしている。このルポルタージュでヴィナーヴェルは、元来は見習弁護士の修習を目的としたベルギーの青年弁護士協議会 Conference du jeune Barreau が、近年精力的に資力の乏しい者への法的援助、少年の保護更生、受刑者の社会復帰といった事業に取り組んでいること、協議会のイニシアティヴで八六年に発足したベルギー弁護士連盟が各種の司法改革の提言を行ない、九四年には全国的な弁護士の共済制度を実現させたこと、弁護士は今では裁判所や大学だけでなく政界にも進出を見せていることを、熱い筆致で描いており、彼らの姿を老舗のパリの弁護士会の沈滞ぶりと対比している。[33] パリ弁護士をロシアの弁護士評議会に、ベルギー弁護士を自分たち若い弁護士職に、準える意図は明白である。単に法廷だけでなく各方面に活動の場を拡げているベルギー弁護士の活況の中に、ヴィナーヴェルは時代が求める新しい法律家の像を見たのであった。

③　このように治安判事会議の相談所には、弁護士補の修習実践の場、裁判事務の補助機構、裁判に対するアクセスを都市民衆に拡げる回路、弁護士補と依頼者の出会いの場、弁護士補によるプロボノ活動と生計の扶助と、様々の側面が存在した。但しそこにいくつか見過ごし得ない限界があったことも、指摘しておく必要がある。第一は相談体制が抱えた不備で、弁護士補の場合、相談員資格は治安判事会議で準弁護士の登録をした者に限られていたから、弁護士補相談員は実際は必ずしも多くはなく、スタッフは弁護士と弁護士補がほぼ同数である。だが弁護士相談員は普通裁判所を生活の基盤とする関係もあって、必ずしも治安判事会議での相談活動に熱心ではなく、た

めに相談所は絶えず当番相談員の欠席という問題に悩まされた。第二に住民への幅広い法的援助という側面では、第二審治安判事会議に置かれた相談所という性格上、自ずとここで掬い取ることが可能な事件には限りがあり、さらに利用者の側から見ると、治安判事会議という公的な場所に設置され、平日の昼過ぎに開かれる相談所には、心理的にも時間的にも利用しづらい面があった[34]。

ここに至って相談活動が深まりを見せる九〇年代後半になると、相談所の特にアクセスとプロボノの機能に共鳴をする弁護士補の中に、利用者を「待つのではなく彼らの方に出向いていくこと」「事業を成功させるには、市の中心部や裁判所の建物の中でなく、貧しい勤労者が圧倒多数を占める郊外に相談所を開設すること[35]」を説く者が登場する。ヴラジーミルとミハイルのベレンシュタールム兄弟がそれで、ミハイル・ベレンシュタームには、すでに一八九一年飢饉の際に、トゥーラで救援活動を組織した経験があった。ヴィナーヴェルが論じたような、諸外国での弁護士たちのパブリック・サービスの活況は、この二人にも大きな影響を与えている。彼らの郊外相談所 окраинная консультация という着想も、ドイツにおける同種の試みをヒントにし、飢饉の際の経験を織りまぜながら組み立てられた[36]。

最初の郊外相談所は、兄ヴラジーミルがそれまで私的に行なっていた法律相談活動を基礎に、彼を運営責任者として、九九年一〇月にペテルブルクのシュリッセリブルク地区で発足した。この地に進出するに当たってヴラジーミルは、「私は貧しい勤労住民の弁護士になり、工場地区に住むことにした。ここには四万の労働者、数百人の知識人、二〇人ほどの医者がいるが、奇妙なことに弁護士は一人もいない。……ここに新しいインテリ、それも弁護士が現れたという事実だけで、彼らの尽きせぬ話題となるのであった」と記している[37]。これは郊外相談所が、首都郊外に住む労働者の間に存在した、潜在的な法的ニーズを開拓する試みとなり得たことを示唆している。

兄弟の構想に関心を示したペテルブルク弁護士補委員会は、これに先立ち九七年初め頃からヴラジーミルを招いて郊外相談所規則の作成にかかり、九八年六月にその原案を弁護士評議会に提出した。その後評議会との一年近い協議の結果生まれたのが、「ペテルブルク控訴院管区弁護士補法律相談所規則」（一八九九年六月一六日評議会承認）である[38]。郊外相談所の沿革とその性格は、規則第一条「ペテルブルク控訴院管区弁護士補法律相談所は、資産の乏しい住民 малоимущее население に法的援助 юридическая помощь を与えるために設立をされる」に示されている。

援助の内容は、口頭または書面での助言および法律文書の作成とされた（第二条）。当初から文書の作成という法廷外の業務にも、積極的に目が向けられている。もとより訴訟事件は活動の重要な対象であって、相談所に訴訟代理の依頼があったときは、担当者が自ら受任をするか、他の相談員の紹介に当たる（第三条）。相談料は質問に書面で回答するとき、各種文書の作成に当たるときは訪問者との契約に依るが、無資力者の場合は無料とされる（第五条）。また口頭の助言については、謝礼は来訪者の気持ちに依ると定められた（同）。謝礼は相談所の運営に当てられ、書面回答・文書作成による報酬についてはその五〇％が相談員の収入に、残りが相談所の維持費となる（第一三条）。相談の受付時間は平日は夕刻、日曜祭日は午後からで（第四条）、このように治安判事会議の相談所とは異なって、利用に便利な時間帯を設定した点に、郊外相談所独自の工夫を見ることができる。

相談所の設立には、弁護士補が一〇人以上集まることを必要とした（第六条）。弁護士補であれば誰もがここに加わることができ、準弁護士登録は不要である。但し相談員で互選する運営責任者 заведующий консультацией、運営責任者候補 кандидат на заведующий консультацией については、二年以上の弁護士補修習歴を必要とした（第六条註）。無論、弁護士の相談所参加も妨げない（第七条）。

この相談所規則が成立となるまで弁護士評議会との協議が長引いたのは、郊外相談所の運営をめぐって、両者の折り合いがつかなかったからであった。弁護士補側原案は、各相談所の設立から運営まで全てを相談所ビューロー консультационное бюро なる統一組織に委ねることを提唱し、対して弁護士評議会は、この案では評議会とビューロー、弁護士補委員会とビューローの関係が明らかでないと異を唱えた。最終的には弁護士補側が譲歩して、(i)有志が各自集まってそれぞれに相談所を設立する（第六条）、(ii)各相談所の内部事項は相談所自身で規則を定め、弁護士補委員会を通して評議会の承認を得る（第一一条）、(iii)相談所の活動は弁護士補委員会と弁護士評議会の監督を受け、相談所活動報告が両者に対し提出される（第一五条）、ということになった。評議会がこだわった弁護士職の代表機関というその面子は、辛うじて守られた形である。

④　シュリッセリブルクの相談所に続き、ペテルブルクの郊外では、一九〇〇年以後、陸続として相談所の設立が進んでいる。活動の地域も郊外からさらに郡部へと広がった。

(i)シュリッセリブルク法律相談所（シュリッセリブルク地区）[39]――一八九九年一〇月設立。翌年二月の時点で相談員は二七名（弁護士一、弁護士補二六）。一九〇一年一月一日現在、相談員三二名。運営責任者B・B・ベレンシュターム。相談時間は平日夜七時～九時まで、日曜午後一時～三時まで。

(ii)ヴァシーリエフスキー島法律相談所（ヴァシーリエフスキー島地区）[40]――一九〇〇年三月二五日設立。四月八日活動開始。相談員一〇名（弁護士一、弁護士補九）。運営責任者П・H・ペレヴェールゼフ。

(iii)リーゴフカ法律相談所（アレクサンドル・ネフスキー地区）[41]――一九〇〇年一〇月二二日活動開始。相談員四四名。運営責任者H・A・オッペリ。

(iv)第四郊外法律相談所（イズマイーロフ相談所。ナルヴァ地区）[42]――一九〇〇年一一月一一日活動開始。相談員一二名。運営責任者Б・M・アレクセーエフ。

(v)ペテルブルク法律相談所（ペテルブルク地区）[43]――一九〇一年三月二四日設立。四月八日活動開始。相談員一四名（弁護士四、弁護士補一〇）。運営責任者П・П・シェポヴァーリニコフ。

(vi)ヴィボルグ法律相談所（ヴィボルグ地区）[44]――一九〇二年二月二七日設立。相談員二八名。運営責任者B・

E・ランツベルク（一九〇六年一月一日現在）。

(vii)ナルヴァ法律相談所（ナルヴァ地区）[45]――一九〇四年六月四日設立。相談員二二名（弁護士一二、弁護士補一〇）。運営責任者A・Ю・ブローフ（一九〇六年一月一日現在）。

(viii)ツァールスコエ・セロー法律相談所（ペテルブルク郡）[46]――一九〇四年一一月三〇日設立。相談員一二名（弁護士四、弁護士補八）。運営責任者A・H・エンデン（一九〇六年一月一日現在）。

(ix)オフタ法律相談所（オフタ地区）[47]――一九〇四年末設立。一二月一五日活動開始。相談員一三名。運営責任者C・A・マズロフ（一九〇六年一月一日現在）。

(x)ペスキ法律相談所（ロジデェストヴォ地区）[48]――一九〇五年一月二六日設立。相談員三二名（弁護士七、弁護士補二五）。運営責任者Б・Л・ゲルシューン（一九〇六年一月一日現在）。

他の控訴院管区でも、同時期、法律相談所の設立が始まっている。ペテルブルク弁護士補委員会の一九〇五年度年次報告には、ペテルブルク以外の全国六七の相談所名簿が載っており、ここから相談所網がヨーロッパ・ロシアだけでなく、カフカース（バクー、ヴラジカフカース、クタイス、チフリス）、中央アジア（タシケント）、シベリア（イルクーツク、オムスク、トムスク、チタ）と、全国に及んでいることが判明する。[49]但し地方の相談所には、地方裁判所や治安判事会議に付置される在来型、あるいは弁護士と弁護士補が共同で営む共同型の相談所が多い。さらに相談所の設立・運営に社会団体が関与した、公益型の相談所もある。相談所がどのようなタイプを取るのかは、その地域固有の事情に負う点が大きいようで、個人修習への移行とともに弁護士補委員会が廃止をされたモスクワ控訴院管区の相談所は、多くは共同型である。弁護士補主体の相談所には、モスクワ治安判事会議に置かれたそれがある。運営に当たったB・A・マクラコーフ、П・H・マリャントーヴィチ、H・K・ムラヴィヨーフ、H・B・チェスレーンコら、モスクワ弁護士補の親睦サークル「放浪クラブ」бродячий клуб の面々は、刑事事件にも力を入れ、地裁巡回法廷での官選弁護に熱心であった。[50]　また公益型相談所の代表例は、一九〇一年に発足したセヴァストーポリの相談所で、セヴァストーポリ禁酒協会のメンバーであった地元の弁護士補と海軍の法務官（軍検事）のイニシアティヴで誕生している。[51]

ペテルブルクの郊外相談所の利用状況は、弁護士補委員会年次報告に付される各相談所の活動報告で知ることができる。相談所により統計項目の取り方が異なるので単純な比較は困難だが、委員会の総括では全体として活動は拡大基調にあるとされる。相当数の弁護士補がここに参加をしたことは、一九〇〇年時点で存在した四つの郊外相談所（シュリッセリブルク、ヴァシーリエフスキー島、リーゴフカ、イズマイーロフ）の相談員数が、一〇〇人に達していることから推測されよう。この年のペテルブルク控訴院管区の弁護士補は、合わせて三七四人であった。[52]

相談所来訪者の社会構成に関しては、ツァールスコエ・セローの相談所を除き各地に大きな差はないと一九〇五年の年次報告は述べているので、[53]　ここでは比較的詳細な記録を残しているヴァシーリエフスキー島相談所のみ、来訪者の身分構成と職業別分類を整理しておく（表5-9、表5-10）。この表が示しているように、郊外相談所の訪問者には出稼ぎ農民を初めとした都市で働く下層の人々が多い。また女性の利用者も少なくないのが相談所の一つの特徴で、一九〇四年の記録を繙くと、ペテルブルク相談所――男性一六九四人、女性七五八人、ヴィボルグ相談所――男性一〇五五人、女性八九九人（不明二）、郡部のツァールスコエ・セロー相談所で男性五二一人、女性三五人、となっている。[54]

相談事件の内容は、リーゴフカの法律相談所が早くから記録を残している。次は発足当初（一九〇〇年一〇月二二日～〇一年一月一日）、ここで扱われた事件の摘要である。[55]

(i)行政事件。

ａパスポート交付申請書の作成が一七件。ペテルブルクで働く農民からの相談で、郷当局が期限の切れたパス

表5-9　ヴァシーリエフスキー島法律相談所来訪者の身分構成

〔単位：人（%）〕

年	1900	1905
農　　民	248(71.7)	2186(82.8)
町　　人	70(20.2)	327(12.4)
貴族・官吏	14(4.0)	—
商　　人	5(1.4)	128(4.8)
不　　明	9(2.6)	—
計	346	2641

典拠：Отчет комиссии помощников присяжных поверенных округа С.-Петербургской судебной палаты за 1900 г. СПб., 1901, стр. 127; Отчет комиссии помощников присяжных поверенных округа С.-Петербургской судебной палаты за 1905 г. СПб., 1906, стр. 225 より作成.

表5-10　ヴァシーリエフスキー島法律相談所来訪者の職業別分類（1905）

〔単位：人（%）〕

奉公人	314(11.9)
製造業	1618(61.3)
工場労働者	1305(49.4)
手工業労働者	282(10.7)
手工業経営者	31(1.2)
商業	127(4.8)
店員	58(2.2)
雑貨商	39(1.5)
行商人	30(1.1)
自営業	103(3.9)
農業	24(0.9)
御者	24(0.9)
馬車運送業	3(0.1)
住宅賃貸業	52(2.0)
知識人	43(1.6)
学生	8(0.3)
他人の財産で生活をする者	201(7.6)
その他	24(0.9)
定職を持たない者	203(7.7)
計	2641

典拠：Отчет комиссии помощников присяжных поверенных округа С.-Петербургской судебной палаты за 1905 г. СПб., 1906, стр. 225-226 より作成.

ポートの更新を拒んでいる事件。

б居住登録証の交付申請書の作成が三件。夫と別居中の妻のために、登録証の交付が申請された事件。

в兵役義務の履行に関し、特典があることの確認を求めた申請書の作成が三件。

г町人身分への登録に関する相談。

д［旧］担税身分の者の養子縁組の申請につき、二件。

е官吏の行為に対する不服申立てをめぐる相談が二件。

ж農民の家族分割に関する相談が六件。農民分与地の放棄に関して相談が二件。

(ii)司法事件——当該期間、民事一六五件、刑事三一件について、相談所は助言や法律文書の作成に従事した。この中には、三〇件の労使紛争もある。うち一八件は賃金の未払いについて相談を受けたもの、四件は労災で補償が可能かを訊ねたもの、残り八件は、規律を守らない労働者に対する、雇用者側からの相談である。

翌一九〇一年の相談所活動報告では、相談事件は次のように分類された[56]。

(i)刑事事件――普通裁判所管轄事件三五、治安判事管轄事件一三六、ゼムスキー・ナチャーリニク管轄事件一二、郷裁判所管轄事件一〇。

(ii)民事事件――賃金に関する事件が一三四、労災補償五四、農民の土地分割六〇、扶養料の請求六〇、住宅紛争五二、相続問題八五、養子縁組や準正に関し一〇件。

(iii)行政事件――パスポート事件六一、別居中の妻の居住登録証問題が三五、年金や手当あるいは慈善団体の援助に関する相談が四三、一八件が兵役問題。

同年のイズマイーロフ相談所の事件分類は、少額の民事事件一五〇、刑事事件一二七、賃金紛争九七、労災補償九四、農民の土地分割八八、パスポート五八、少額の相続事件四九、行政事件四五、年金や手当あるいは慈善団体の援助に関し四二、家族問題四二、住宅紛争二六と整理されており[57]、ここでもやはりリーゴフカと同種の事件が扱われている。労働事件、パスポート事件、農民の土地紛争が多いのは郊外相談所の特色と言え[58]、相談所が都市の下層社会の間に根を下ろしていることを語っている[59]。相談を受ける側から見るならば、相談事業は日常の都市の法律問題と彼らを結ぶ回廊であった。

このことは、結果としてはいわゆる社会問題に若い弁護士職の視界を拡げ、逆にこれらに関心深い人々を弁護士の世界に引き寄せる磁力になった。ある熱心な参加者は語っている。「私は政治事件以外は扱う気がなく、直ちに法律相談所の活動に身を投じた。ペテルブルクやモスクワ、その他いくつかの都市では、貧困層、特に労働者や中心部から離れた地域の住民に法的援助を与える施設が、少なからず存在していた。私が下層住民、とりわけ労働者階級の状態について知ったのは、まさにここにおいてであった。……われわれのところに助言を求めてやって来る人々、主として女性たちは、何時間も自分の不幸を話しつづけ、不平をぶちまけるのであった。時とともに、ここに若い有能な弁護士たちが集まったのである」。[60]――一九〇四年、弁護士補資格を得て間もなく、リーゴフカの法律相談所に加わったA・Φ・ケーレンスキーの回顧である。

⑤　法律相談に参加する弁護士会若手グループの存在が、一般に広く知られるようになったのは、二〇世紀になって急増した公安事件、労働争議や農民騒擾を契機としている。被告人には比較的身近なこの人々が、このとき弁護人に選任されたのは自然である。[61]加えて被告人の数が多く、弁護団が大規模化する公安事件の場合には、弁護人相互の緊密な意思の疎通がポイントで、ここでもかつてのスターの個人芸、職人芸的雄弁よりも、共同で法律相談所を運営する若手のチーム・ワークの経験の方が重要であった。

法曹史という観点からは、これらの大型裁判は三つの点で注目される。第一は法廷技術の側面で、法廷において弁護団はこれまでにない独自の戦術の採用によって、旧世代との差を際立たせた。[62]「舌」を用いて人々の心情に訴えかける伝統的な手法は廃れ、そこでは代わって、例えば訴訟条件の有無を争うなどして如何に「事件を潰す」сорвать дело かが、弁護の基本の方針に据えられた。それはマナセーイン時代、「統治秩序に対する罪」が一部は再び陪審不適事件となり、この種の公安事件の場合、「舌」の効用が薄れたことに起因する。それゆえに、後に手続違反を理由とし原判決が破毀されることまで含みに入れて、被告人・弁護人の諸権利を、時には煩瑣と思われるまで主張し追求していくことも、刑事弁護の新しい技術となってくる。帝政末期最大の刑事弁護士O・O・グルーゼンベルクが得意としたのは、訴訟記録を精査して破毀の事由を読み破って行くことにあった。[63]

この結果、法廷は概して精緻な法律論が展開される場に変じ、刑事裁判の様相は一変した。在朝側は弁護団の新戦術に、技巧に溺れ裁判長の訴訟指揮権を軽んじるものと反撥し、彼らに対し迅速な審理の必要を説く。これに対して弁護団は弁護権の侵害を詰り、今度はこれに法廷の秩序を維持する必要性が対置をされる。ここに「荒れる法廷」が現出した。これが第二の側面で、一連の公安事件の裁判は、ムラヴィヨーフ委員会が持ち込んだ法曹界の亀裂と反目をさらに拡大したのである。但し大型の弁護団には各地から弁護士職が集まったから、これを契機に、登録控訴院管区の枠を越えた在野法曹の交流が促進されていることも見落とせない[64]。遠心力の反面で、弁護士職の全国組織を求める気運も生まれており、この求心力が主題の第三の側面をなす。

こうして世紀の末、世紀の初めに法曹界の再編が進行した。裁判諸法が成立四〇年を迎え、裁判制度の過去の来し方、そして今後の行く末が問われたのは、ちょうどこのような時期であった[65]。

（1）S. D. Kassow, *Students, Professors, and the State in Tsarist Russia.* Berkeley and Los Angels, 1989, p. 59. 近年の本国の研究も、ギムナジアの学生の間には、法学部とは何もせずともよいところ、学業がきわめて楽なところというイメージがあった、と指摘している。А. Е. Иванов. Студенчество России конца XIX–начала XX века. Социально-историческая судьба. М., 1999, стр. 33-34.

（2）Н. П. Яснопольский. Специальзация учебных планов преподавания и занятий науками юридическими, государственными и экономическими в университетах России. Опыт исторического исследования. Киев, 1907, стр. 1-2. 世紀転換期の法学教育については、「近代ロシア法学史序説」第五章を参照。

（3）弁護士職域は国により、また時代によっても異なるので、弁護士人口の厳密な相互比較は不可能であるが、同じ弁護士一元主義を採用するドイツを例に取ると、一八九五年には人口八、五三〇人に弁護士一人、一九一三年には人口五、二八〇人に弁護士一人と、ロシアの三倍強であった。G. Hartstang, *Der deutsche Rechtsanwalt.* Heidelberg, 1986, S. 27.

（4）表5-4に見るように、住民一、九〇〇人につき弁護士職一人（ペテルブルク）、住民一、六〇〇人につき弁護士職一人（モスクワ）と言うのが、一九一〇年の両首都の状況である。これに対し、一九九〇年の東京都の弁護士の対人口比は、住民一、七九二人に弁護士一人という割合であった（兼子一、竹下守夫『裁判法（第三版）』有斐閣、一九九四年、三五五頁別表）。

（5）М. Гребенщиков. Задачи адвокатуры. ЖГУП, 1886, кн. 5, стр. 2-3.

（6）一つだけ例を挙げると、ムラヴィヨーフ委員会の改正案が「訴訟の追行に対する弁護士の報酬額は、弁護士と依頼者との間の合意による」（司法案　第四六九条）と規定するのを、ペテルブルクの検討委員会は「訴訟の追行に対する」を削って、「弁護士の報酬額は、弁護士と弁護士に依頼をした者との間の合意による」（ペテルブルク案 第四六九条）と改めるべきだ、と述べている。「訴訟の追行に対する」という弁護士業の理解はすでに古く、現在の弁護士は訴訟追行以外にも、様々な文書を作成したり、依頼者に助言を与えたりと多様な業務を営んでいる、これを条文に反映させる必要がある、と言うのである。Замечания присяжных поверенных Округа С.-Петербургской Судебной Палаты по проекту новой редакции Учреждения судебных установлений. стр. 102.

（7）E. B. Васьковский. Организация адвокатуры. ч. 1-2, СПб., 1893. 彼は、今日の弁護士は本来の使命である「法的援助」правозаступничество そっちのけで金銭を得ることに血眼になり、「高貴な職業の代表」から「ごくありふれた職人」に変わりつつあると、ここで慨嘆している（Там же, ч. 1, стр. 338-339）。

（8）Его же. Адвокатура. СудУ, т. 2, стр. 267-269. 言うまでもなく「自由弁護士」Grundsatz der freien Advokatur とは、弁護士に置かれた定員を廃止し、一定の資格要件を充たす者は法定の欠格事由がない限り、弁護士の資格が認められるとする制度を指す。この制度に対する彼の憂慮は、注9に示すその初期作品にすでに現れている。

（9）Его же. Будущее русской адвокатуры. К вопросу о предстоящей реформе. СПб., 1893, стр. 4-8. 二元主義はともかく、ヴァシコーフスキーの法曹一元の理由づけはかなり特異で、キャリア・システムの下では、弁護士が裁判官へと転ずる道が実質的に閉ざされているから、弁護士層の職業上の動機づけが結局物質的な致富に向かい、結果として彼らの金銭感覚を麻痺させるのだ、と説明されている。

（10）Н. И. Грацианский. Безурядица в адвокатуре. Присяжные поверенные и их помощники. ЮЛ, 1890, Авгст, стр. 101.

（11）Там же, стр. 101, прим. 1.

（12）全文は、Отчет Петербурга. С 1-го марта 1889 г. по 1-е марта 1890 г. СПб., 1890, стр. 23-24. ペテルブルクでは七七年の修習規則制定後も、間歇的にその見直し論議が続いており（第三章第三節注25を参照）、九〇年の修習規則案もこの活動の延長に位置している。

（13）修正案全文は、Отчет Петербурга. С 1-го марта 1890 г. по 1-е марта 1891 г. СПб., 1891, стр. 17-23.

（14）Там же, стр. 23.

（15）全文は、Отчет Москвы за 1889-1890 год. М., 1890, стр. 7-9.

（16）Там же, стр. 9-32.

（17）Х. М. Чарыхов. Помощники присяжных поверенных. Их организация. ИРА, т. 3, М., 1916, стр. 199.

（18）Отчет Москвы за 1889-1890 год. стр. 38-41. さらにモスクワ控訴院は、司法機関設置法第三七六条で定められた控訴院への不服申立てが許される「評議会の全ての決定」とは、この条文の位置から見て弁護士の懲戒に関する評議会の決定として限定的に解すべきだ、と述べている（Там же, стр. 39）。評議会の自主的判断を尊重し、弁護士団体の自律権を尊重するという立場である。

（19）Опред. Соед. Прис. 4 Мая 1895 г. По Сборнику 1896 г., стр. 358-370. 裁判闘争は、九〇年一〇月のモスクワ控訴院総会の決定後も複雑な経緯を辿り、右の決定に対するセナート第一部両破毀部合同会議への不服申立て、モスクワ控訴院への差戻し、差戻し審に対する合同会議への不服申立て、両破毀部総会への移送、合同会議への差戻し、と続いた。その経緯については、Отчет Москвы за 1895-1896 год. М. 1896, стр. IX-XXI; Чарыхов. Указ. статья, стр. 198-202。

（20）以後の経過については、Проект правил организации помощников присяжных поверенных округа Московской судебной палаты（Материалы комиссии）. М., 1913, стр. 39-44 および Чарыхов. Указ. статья, стр. 202-208 を参照。その後曲折を経て制定された一九〇〇年六月二日モスクワ弁護士補規則（Отчет Москвы за 1899-1900 год. М., 1900, стр. 31-46）は団体修習を復活させ、弁護士補委員会を再建したが、以前のように修習班書記の会合が弁護士補委員会の名で呼ばれ、弁護士補の代表組織という性格は薄い。パトロン＝弁護士補の徒弟的関係も依然維持され、「弁護士補は自らが所属する弁護士の指導の下に実務に従事し、この弁護士と評議会の懲戒権に服する」となっていた（第八条）。

（21）以下に所収。Сравнительное изложение действовавших узаконений о поверенных по судебным делам и предположенных в них изменений. стр. 602-623. なおペテルブルク弁護士評議会は、ムラヴィヨーフ委員会案とペテルブルク弁護士補委員会案を比較検討した文書を残している。Заключение Совета присяжных поверенных при С.-Петербургской судебной палате по проекту положения о помощниках присяжных поверенных. СПб., 1902.

（22）Сводка данных статистической анкеты об экономическом и профессиональном положении помощников присяжных поверенных // Отчет Коммиссии за 1907 год. СПб., 1908, стр. 252-275.

（23）Там же, стр. 271. このため弁護士補の中には、二人以上の弁護士に付いてパトロン以外の弁護士からも収入を得ている者、教師やジャーナリストとして働く者等、複数の収入源を持つ者が少なくない（Там же, стр. 256-257）。

（24）Там же, стр. 260, 269.

（25）Там же, стр. 262-263, 261 прим. 1. 弁護士の事務所経営の「前近代性」を告発する同様の興味深い史料として、Заявление письмоводителей алвокатов в совете прис. поверенных округа Одесской суд. падаты // Право, 1905, No. 18 (5/8)。

（26）М. Винавер. Очерки об адвокатуре. СПб., 1902, стр. 87, 95（初出 М. Винавер. Личный патронат в адвокатуре. ЖМЮ, 1897, No. 10）.

（27）法律相談所の沿革および相談所規則は、П. В. Макалинский（сост.）. С.-Петербургская присяжная адвокатура. СПб., 1889, стр. 233-238。

（28）Извлечение из отчета о действиях Совета присяжных поверенных округа С.-Петербургской судебной палаты за пятой год со времени его открытия（с 27 апреля 1870 по 25 апреля 1871 г.）. СудВ, 1871, No. 88 (5 / 5).

（29）一八八七年二月二六日の改正相談所規則。全文は、Макалинский (сост.). Указ. соч., стр. 241-245。

（30）この相談所の沿革については、Петроградский мировой суд за пятьдесят лет. т. 2, Пгд., 1916, стр. 952-965、また相談所規則全文は、Макалинский (сост.). Указ. соч., стр. 92-95 を参照。治安判事会議登録の準弁護士の質に不満を抱いていた治安判事会議が、相談所を利用して高度な法学教育を受けた人材を民事事件の訴訟追行に引き入れようと考えたことが、相談所開設のきっかけであった。

（31）Краткий очерк деятельности консультации помощников присяжных поверенных при С.-Петербургском столичном мировом съезде за XXV-летний период (26 января 1888 г. -26 января 1913 г.). СПб., 1913, стр. 14.

（32）Там же, стр. 11. この新しい活動は、一八九六～九七年度から始まった。

（33）М Винавер. Старые и новые веяния в Европейском адвокатуре. СПб., 1898, стр. 26-39, 58-60. ヴィナーヴェルは、ベルギー弁護士の活発な社会的活動の源泉を、後進を自ら養成する自律的な弁護士団体の存在に求めている。ここにおいて彼の持論の団体修習の要請と、新しい弁護士の理念型とが像を結ぶ。

（34）М. Бернштам. Юридические консультации в России и рабочие секретариаты в Германии. РБ, 1903, No. 3, стр. 10-11. ベレンシュタームは、裁判所の守衛の威圧感が相談所に気軽に立ち寄り難い雰囲気を作り出していることを指摘している。

（35）Там же, стр. 10.

（36）救援活動の体験記として、М. Бернштам. Из недалекого прошлого (Воспоминания о《поездке на голод》). РБ, 1898, No. 4。ドイツの法律相談事業との比較は、Его же. Юридические консультации. стр. 19-33。

（37）В. Бернштам. За право! СПб., 1906, стр. 5. 正式に相談所が発足したのは九九年一〇月であるが、実際にはこの年一月頃から活動を開始していたようである。Отчет Комиссии за 1905 г. СПб., 1906, стр. 178.

（38）この経緯、および郊外相談所規則の原案は、Отчет Комиссии за 1897 г. СПб., 1898, стр. 26; Отчет Комиссии за 1898 г. СПб., 1899, стр. 16-28, 62-68. また九九年規則の全文は、Отчет Комиссии за 1899 г. СПб., 1900, стр. 6-8.

（39）Отчет Комиссии за 1899 г. стр. 9-15; Отчет Комиссии за 1900 г. СПб., 1901. стр. 104-111.

（40）Отчет Комиссии за 1900 г. стр. 125-129.

（41）Там же, стр. 111-125.

（42）Там же, стр. 129-131.

（43）Отчет Комиссии за 1901 г. СПб., 1902, стр. 109-116.

（44）Отчет Коммиссии за 1905 г. стр. 178, 268-287.

（45）Там же, стр. 178, 287-295.

（46）Там же, стр. 178, 296-298.

（47）Там же, стр. 298-301.

（48）Там же, стр. 301.

（49）Там же, стр. 320-322.

（50）「放浪クラブ」の名称は、メンバーが特定の集会場所を持たず、転々と各自の自宅で会合を持ったことに由来している。彼らについてはマクラコーフの回想を参照。В. А. Маклаков. Власть и общественность на закате старой России. [б. м.], [б. г.], стр. 164-174.

（51）Организация юридической помощи в Севастополе в 1901 году // Право, 1902, No. 2 (1/6), стб. 91. 公益型相談所の大半は、この例のように禁酒協会によって組織されている。

（52）Я. Берман. Статистика адвокатуры. ИРА, т. 2, М., 1916, стр. 4, Табл. II.

（53）Отчет Коммиссии за 1905 г. стр. 189. ペテルブルク郡にあるツァールスコエ・セローの相談所では、農業に従事する者の来訪が多かった。

（54）Там же, стр. 259, 272, 297.

（55）Отчет Коммиссии за 1900 г. стр. 121-122.

（56）Отчет Коммиссии за 1901 г. стр. 106-107.

（57）Там же, стр. 90. 一九〇〇年一一月一一日〜〇一年一一月二日までの処理件数。

（58）他の地域の相談所についても、同様の傾向を指摘しうる。例えば、И. Гессен. Отчет о деятельности консультации пом. пр. поверенных при Москвском мир. съезде за 1899 год // Право, 1900, No. 11 (3/12), стб. 579-82; Организация юридической помощи в Севастополе в 1901 году. стб. 91-92. 無論、相談事件の数量的な解析を通じて、その地域固有の紛争を類型化することも可能であるが、このような紛争の地域的特質を明らかにすることは、ここでの議論の範囲を越える。

（59）利用層が競合する治安判事会議付属の相談所が、一九〇五年に与えた助言の総数は四八一件に止まっていたから（Краткий очерк. стр. 12）、郊外相談所が行なったように、立地条件や受付時間の工夫次第で日常世界で法の活性化を果たすことも可能なわけである。一般に「非法社会」としてイメージされるロシアであるが、このように「法化」の契機が皆無であったわけではない。

（60）А. Ф. Керенский. Россия на историческом повороте. М., 1993, стр. 30.

（61）労働争議や騒擾事件の弁護人を務めた若い弁護士職は、「青年弁護士」молодая адвокатура の名で呼ばれた。彼らの弁論集 Молодая адвокатура. Сборник речей по политическим процессам. СПб., [б. г.]. が残されている。

（62）帝政期の法廷技術の変遷については、М. Андреев. Защита и суд // Рабочий суд, 1926, No. 7, стб. 471-476 が、簡にして要を得た説明を行なっている。

（63）グルーゼンベルクの自伝 O. O. Grusenberg, *Yesterday: Memoirs of a Russian-Jewish Lawyer*. Berkeley and Los Angels, 1981 に、こうした弁護の技術の実例を見ることができる。

（64）И. В. Гессен. Адвокатура, общество и государство. ИРА, т. 1, стр. 392.

（65）一九〇四年は法曹界にとって節目の年であった。この点は次節で改めて述べるが、本節と関わりのある論点について触れておくと、この年六月の刑事訴訟法改正で（ПСЗ, собр. 3, т. 24, No. 24732, 1904 6/7)、一九〇三年の新刑法典中、国事犯罪や騒擾罪を規定した部分が施行された。これに伴い、従来非常事態法（一八八一年八月一四日法）の下で裁判手続を介することなく処理されていた多くの事件が控訴院の管轄となり、二〇世紀の大型裁判、多数被告人のいわゆる「化物裁判」прцессы-монстры が増える背景になったと言われる。Jörg Baberowski, *Autokratie und Justiz. Zum Verhältnis von Rechtsstaatlichkeit und Rückständigkeit im ausgehenden Zarenreich 1864-1914*. Frankfurt am Main, 1996, S. 732-736.

三　司法再改革の構図

一九〇四年は単に司法改革四〇年というだけでなく、一八六四年を起点とする近代ロシアの司法制度に一つの区切りをつける年となった。先ず改革が名実ともに完成した。九月五日にノヴォチェルカースク控訴院管区が開かれたのである。前年五月二六日の法律がヨーロッパ・ロシア南東部に新たな控訴院管区の開設を約し[1]、これを承けてハリコフ控訴院管区からドン軍州、エカチェリーノスラフ県の一部、タヴリーダ県の一部を、またチフリス控訴院管区からスターヴロポリ県、黒海県、クバーン州を分区して新しい控訴院管区を立ち上げたもので[2]、司法省はこれについて、かつてアルハンゲリスクやシベリア、あるいは中央アジアにおいて裁判諸法を施行したときと同じように、この地域の市民生活そして経済生活の発展が新管区の設立を促していると説明している。しかしここでは、ノヴォチェルカースクを本拠とするドン・カザークが、地域の発展と街のステータスの向上を願って熱心に控訴院誘致運動を繰り広げたことが見落とせない[3]。これは改革四〇年を経て、地元からこの種の運動が生まれるまでに新しい制度が成長し、生活に根を下ろしたということであろう。ここに生まれた全国一四控訴院の体制は以後一九一七年まで続いていて、新控訴院の成立は、長い裁判諸法の施行の過程を最終的に締め括るという意味を持つ。

新控訴院の発足は、さらにいくつかの補正的改革を呼ぶことになった。一九〇四年七月二一日の法律は、この新しい控訴院管区に弁護士評議会を開設することを定めている[4]。分区に合わせてハリコフ弁護士評議会ノヴォチェルカースク支部を独立させた措置で、これを契機にパーレンの一八七四年の法律以来、新規開設の控訴院管区で凍結されたままであった弁護士の自治が蘇生することになった。同年一一月一〇日にはカザン、オデッサ、サラトフの三管区、一一月二四日にはイルクーツク、オムスクの両管区で、弁護士評議会の設立が認められている[5]。弁護士自治の再開はムラヴィヨーフ委員会が予定していたところであったが、『司法機関設置法改正案』の成立を待つことなく、この計画を実地に移したのである。さらにムラヴィヨーフは陪審制の推進を企図し、九月五日のノヴォチェルカースク控訴院開所式に出席の足でスターヴロポリとノヴォロシースクに行き、現地の関係者に対し、スターヴロポリと黒海両県、そしてクバーン州において、これもムラヴィヨーフ委員会の改正案の成立を待つことなく、直ちに陪審裁判の実現に向け努力する旨表明した[6]。何れの事例も、各地に裁判諸法を施行した際なされた変則に是正を施す試みと言え[7]、司法改革が終結をするまさにそのとき、当局はこれら一連の補正を通じて改めて制度の見直しが必要なことを確認をした恰好である。

確かに再改革が必要なことは、ほとんど自明な事柄であった。一八六四年の新制度は、これを維持することが可能な臨界点をすでに通り越してしまったからである。法律相談、特に郊外相談所の活況が示唆するように、都市を中心に明らかに司法に対する潜在的な需要は高まっていたが[8]、制度の側にこれに応えるだけの用意に乏しい。一八八〇年代以降、当局が司法制度の柱石と恃んで重視した在朝法曹は、九五年の司法監察が示した如く、劣悪な職場の環境にあり、本省は彼らの手持ち事件の増加に憂慮を深めつつあった[9]。一八六四年当時から宿題の形で積み残された裁判所付置職充実の課題も、若干の改善が見られるとはいえ、満足な状態にはほど遠い。条文でこそ普通裁判所と「地域の裁判所」のシンメトリカルな整然を誇った裁判所制度も、長い施行過程とゼムスキー・ナチャーリニク制の導入を経て、特に「地域の裁判所」を中心に、雑然として複雑な組織に窯変している。そしてまた、このような錯綜の除去を目ざし、周到な準備と禁欲的で慎重な手順で裁判諸法の見直しを図ったムラヴィヨーフ委員会も、省庁間の政争に翻弄されてその変革のプログラムは潰えようとしていた。

詰まるところ、司法改革四〇年、あるいは改革の完成を言うものの、二〇世紀のロシア司法の課題として、改めて制度の容量を拡大し前進を図る必要がここに生じていたのである。一方で、人的・物的な司法基盤の拡充を図ること[10]。そして他方で、裁判制度の雑然性を克服し、通常裁判権の強化に努めること。もとよりムラヴィヨーフ委員会の蹉跌の経験を考えると、この過程では複数の官庁が所管する複雑な政治的主題を取り上げることは、結局のところ避けられない。通常裁判権・特別裁判権相互の編成を再検討し、ゼムスキー・ナチャーリニクの裁判権問題を再考することは不可避である。

一九〇四年の夏以降、国内の政治情勢がとみに流動化したことは、政治部門も巻き込んだこの種の一段大きな司法制度の再編に、絶好の機会を提供した。その発端となったのは、この年一二月一二日の有名な勅令、「国家秩序の改善に向けた計画に関する件」であった[11]。周知のようにこの勅令は、前文において農政刷新の課題を掲げ、これに続いて地方自治の拡大（第二項）、労働者国家保険の確立（第四項）、宗教的な寛容の推進（第六項）、出版規制の緩和（第八項）といった内政全般の改革を提起している。これらの主題と並ぶ形で第三項が、「裁判所の下での全身分の平等を維持するため、帝国の司法部の構成に然るべき統一を与えること、あらゆるレベルの裁判所に自立性を与えること」と、積年のムラヴィヨーフのテーマを持ち出している。しかも勅令は、行政当局の「恣意的行為の被害者に対し出訴の途を容易にする」と述べ（第一項）、司法権の範囲を拡げ行政の違法な行為に対する司法的救済の可能性まで仄めかしていた。[12] また農政刷新の方向は「農民身分に関する諸法律を国の一般法と統一する」となっていたから、ここには農民身分に固有の制度の再検討を盛り込むことも可能であり、議論の展開如何では、右と合わせて農民裁判権を接収し行政事件も取り扱う「大きな司法」の可能性が開けてくる。

この追い風をムラヴィヨーフはよく捉えていたように思われる。翌〇五年一月、この第三項に応える形で、彼は大臣委員会に短い意見書を提出した。「司法権統一の原則は、裁判諸法を起草の際、司法部の改造の基礎に置かれた」。しかるに、農民を農奴制的従属から解放し農村の生活を最終的に立ち上げるまでの臨時の措置として、この身分にのみ管轄を持つ郷裁判所を残すことが必要とされた。司法権統一の原則は、その後もさらにゼムスキー・ナチャーリニク制の発足によって制限を受けた。ゼムスキー・ナチャーリニク、郡会議、県審議室は行政権と司法権とを一身に兼ね、通常裁判所の系列の外に置かれている……。[13]

以上が現状に対するムラヴィヨーフの診断で、これに続いて一二月勅令第三項で語られた統一と自立の課題に対し、次の施策が列挙をされる。先ず司法部の統一を果たすため、第一に郷裁判所を廃止する、もしくはこれを抜本的に改造する。第二、ゼムスキー・ナチャーリニク（および若干の地域［シベリア］でこれに対応をする農民ナチャーリニク）が持つ裁判権を接収し、通常裁判所へと移管する。第三に、ゼムスキー・ナチャーリニク制の改革と並行して、各郡に司法省が所管する単独制の司法機関を配置する。これは通常裁判所と結びつけられる。第四に、行政機関に与えられた懲罰権は廃止する。次に自立の実現のため、第一に裁判官不罷免の原則を、全ての地方と全てのレベルの裁判官に拡大する。第二に、裁判所の行政への従属を示す諸々の現象を取除く。第三として、司法部に勤務する者の物質的な状態の改善に力を尽くす(14)。

これはムラヴィヨーフの白鳥の歌であった。彼は退任を前にして大胆になり、自己の委員会の躓きの石、ゼムスキー・ナチャーリニク制の見直しと郷裁判所の廃止とを極めて率直に語っている。提言はその後肉付けされて、翌年五月、新設の第一国会に提出される「地域の裁判所」の改造案に結実した。ムラヴィヨーフ委員会のプランを下敷きに、裁判所構成の一元主義、司法部内の階層秩序、法律専門職による裁判といった基本理念を採るもので、この案は後のストルイピン期における司法改革論議の出発点となる(15)。

こうして一九〇四〜〇五年を境として、司法改革は再び国政の焦点の一つに浮上するに至った。但し通常裁判権の言わば内部の整備に主眼が置かれたムラヴィヨーフによる一〇年前の企図と比べて今回は議論の対象領域が拡大を見せ、ムラヴィヨーフの政治的遺言が示唆するように、統治機構の中において通常裁判所が占めるべき位置、言うなれば司法部の外延の確定も重要な検討課題となった。その規模において二〇世紀の再改革は、司法改革が国制の諸分野の改編と連動した一八六四年のそれに匹敵する。

一八六四年の時との相違は、改革を支え促していく主体の側の編成であった。眼前の訴訟遅延に対する即効を期して現行制度の運用の改善を図ることから、あるいは限定的な手続法改正の試みから出発をした司法制度の改革が、徐々に議論の視野を拡げて遂に一八六四年にいわゆる「司法大改革(16)」として実を結んだのは、第一線で裁判実務を担った人々の間に制度改革の必要と方向について広くコンセンサスが形成され、これが事業を牽引したためであった。一九世紀第二四半期に源流を持つ法学教育の組織化が、期せずして改革を求める法律家層の準備を進め、この人々が種々のサークルやジャーナリズムを介して結びつくことで、改革に向けての公論を形成したのである。当時の法律家社会には、在朝と在野、実務と講壇といった垣根を越える水平的な往来の場があり、このような関係を基礎にして、その後例えば一八八〇年代からは大々的な実体法の改正事業も始められた。ムラヴィヨーフもまた広く法曹各界の意見を集めて裁判諸法の見直しを進めようとした。

ここに見る法曹界の布陣が改革四〇年を経て変わっている。変化の一つの要因は、この間に裁判諸法が全国化したことである。厳しい財政の制約がある下で特にヨーロッパ・ロシアにおいて急速に裁判諸法の施行が進んだ背景には、敢えて選挙任用の原則を放棄してでも治安判事制度の立ち上げを図り、ここを堡塁とすることで後行改革を断行するとのパーレンの描く戦略があった。だがこの戦略の結果として、治安判事の任命権者となった司法省は次第に広汎な人事権を掌中にしていく。治安判事の選挙任用を斥けた帝国各地、ポーランド、バルト三県、シベリアおよび中央アジア、そして一八八三年以降のカフカースでの裁判諸法の施行と実践[17]も、この方向での制度展開を促進した。かくて改革が全国に及ぶ一九世紀の末までに、司法省は一大人事行政機関となるに至る。

結果として生じたことは、キャリア・システムを採用しつつも司法官の水平的な取扱いに腐心していたかつての制度に、これとは異質の上下の序列と明確な司法部のキャリア・パスが形成されたことである。一八九五年の全国司法監察がすでにこの点を明解に語る。曰く、司法官の大多数は、司法官試補の出身である。その後彼らは取調官または市判事として任官し、きわめて稀だが地裁検事や上級公証人に就くこともある。続くステップは地裁検事または任命職の治安判事で、ここを経たのち彼らは地裁検事正または地裁判事に昇任する。地裁検事正からは控訴院検事→地裁所長というコース、また地裁判事からは控訴院判事（または地裁副所長）→地裁所長というルートが拓ける。地裁所長の次のポストは、検察歴のある者については控訴院検事長、それ以外の者は控訴院部長というのが通例で、その後は控訴院長となり、さらには院長を経てセナート入りする。以上の他に、例はそれほど多くはないが、司法省その他中央官庁からの判・検事への任官がある。この場合、彼らはしばしば上級のポストに補職をされる……[18]。もともと法は、治安判事を控訴院判事や地裁判事と同等の、五等官相当の官職と位置づけていた（司法

第七一条)。任命権が司法省に集中していく中で、裁判官の平等待遇の理念は背後に退き、治安判事は任官間もない司法官が通過するヒエラルヒーの末端のポストに変わったのである。

このような司法官僚制の整備が進んだのは、一八八〇〜九〇年代、とりわけ生粋の司法官だったマナセーイン法相の時代であった。ムラヴィヨーフは以上の成果を『司法機関設置法改正案』に取り込むとともに、形成された階層秩序を積極的に活用して、ヨーロッパ・ロシアの辺境部やシベリア、中央アジアでの裁判諸法の施行を急いだ。シベリアに新制度を施くに当たって、彼は国家評議会で言明する。第一に増俸、第二に旅費その他諸手当と年金の増額、第三に赴任時の昇任、第四に着任後、功績に応じた昇任またはより条件の良い地への転所を約束することで、必要な人材を確保する、と[19]。

もとよりこうした施策が可能となった背景には、「異族人の多い北東、南東の辺境地帯、とりわけカフカースの一部地域では、勤務はきわめて困難であり、特段の昇進がない限り、常に司法官はここから中央諸県への異動を考えている[20]」と九五年監察で指摘をされた、新制度の帝国全土への拡大に伴って生じてきた司法官側の事情がある。だがこのような司法部の序列をバックに取った本省の人材誘引策と司法官の転出志向は、逆に両々相俟って、キャリア・アップを気にかけながら、そつなく仕事をこなしつつ流れに順応していくような雰囲気を、司法部内に醸成せずにはいないであろう。コーニは早くも九〇年代初頭の時点で、このような職場に流れる空気の変化を嗅ぎ取っている。かつて黎明期の司法官の使命感や天職意識を誇らしげに語ったその文章は、後段次のように続くのである。「現代の若い世代は、こうした感情を味わったことはないだろう。彼らにとって『司法部』とは、官界に入るためノックする一官庁であり、それだけにすぎない。当時若い司法官が自分の仕事に対して持った矜持に満ちた熱情や、自己の職業の意義について抱懐した時として過大な見解は、最初の極彩色の輝きが日常生活の灰色で取って替わられた現在では、思わぬ微笑を誘うことになるのであろう[21]」。

こうして世紀転換期を迎えるまでに、かつて職人的な気質を誇った在朝者にこれと異なるある種サラリーマン的な気分が醸し出され、それが法曹界の空気を変えていったとすると、在野法曹の間では、特に二〇世紀になって若い弁護士職が政治に対する関心を深めることで、一八九〇年代から続く内部の世代対立に新たな要素を持ち込んでいた。このような弁護士界の深層流は、裁判諸法四〇年を記念する一九〇四年一一月の各地のバンケットで表面化する。先陣を切ったのは、前年の弁護士評議会選挙において「放浪クラブ」のチェスレーンコを評議員に、また以前の修習闘争で弁護士補の主張に理解を示して若い世代の人望が厚い二人の弁護士、Д・И・ネヴァドームスキーとC・A・ムーロムツェフを評議会議長と副議長とに就けていた[22]、モスクワ弁護士会である。一一月二〇日の弁護士総会、一一月二五日の評議会は、「公正な裁判の実現」を国の政治的自由化と結びつける、政治色濃厚な決議を採択している。「公正な裁判という偉大な目標の実現には、人身の自由、思想の自由、言論の自由、出版の自由、信教の自由、集会の自由、結社の自由が断固保障されることが必要である。これらの原則の実現は、全国で、また国家統治の全部門で、厳格な適法性が樹立されて初めて可能になる。このためには、代表組織を通した国家権力と国民とのもっとも緊密で直接的な結合が必要となる」(評議会決議)、と[23]。

モスクワ弁護士はこの種の政治的発言に及び腰のペテルブルク評議会を説得し、一二月一日、共同で内相に面会して右の決議を手渡している[24]。ハリコフ、ノヴォチェルカースクの評議会がこれに共鳴をしたことから[25]、この一件は各地の弁護士会の交流を促すことになり、弁護士職はその後有志が集まって、一九〇五年三月にペテルブルクで第一回ロシア弁護士大会を開くに至った。そこで「弁護士職の社会的・職業的な活動を統一し、民主的憲法の原則に立ったロシアの政治的解放を達成するため、全ロシア弁護士連合 Всероссийский союз адвокатов が結成される」との、宣言が出ている[26]。

大会招集に尽力したのはペテルブルク弁護士補委員会で、弁護士会の政治化はその指導部の若返り、指導者の世代交替を伴っていた。一九〇五年四月のペテルブルク評議会選挙では、三月の大会で議長を務めたФ・И・ローヂチェフが評議員になっている。翌一九〇六年の選挙では、М・В・ベレンシュタームが評議員に選ばれた。[27]対照的に、一九〇四年当時の評議会議長で会の政治的行動に最後まで慎重な態度を崩さなかったА・Н・トゥルチャニーノフは、この年評議会を抜けている。この一九〇六年はスパソーヴィチが没した年で、翌秋トゥルチャニーノフもスパソーヴィチの後を追った。裁判諸法の起草に関わった大物二人が相次ぎ物故したのである。

代替わりした弁護士職が司法再改革に臨む立場は、「裁判諸法の再建」（ペテルブルク弁護士会）と、これを要約することができる。[28]一八九〇年代以降、弁護士法制の運用の面でムラヴィヨーフなきムラヴィヨーフ路線が進む中で、在野法曹はムラヴィヨーフ委員会へと集約される一八六四年後の司法政策を転落の歴史、歪曲の歴史と見る立場を強めつつあった。彼らはこれを裏返して、陪審制の拡充や裁判公開原則の徹底、あるいは裁判官の独立、幅広い弁護士自治の確立、ゼムスキー・ナチャーリニク制の廃止（選挙制治安判事の復活）といった項目を自己の主張とするのである。[29]裁判官不罷免の強調など、司法省の提示する再改革の構想と互いに重なる局面もあるが、「裁判の国家的意義」を強調しヒエラルヒッシュで一元的な裁判所制度の構築を目ざす司法省案と弁護士たちの「再建」論、すなわち裁判諸法に忠実な普通裁判所と「地域の裁判所」の二元的裁判所構成のプランとは基本的には相容れない。そして何より両者を隔てるのは、在野法曹の構想が国民代表制の実現と結びつけられ、これと一体をなすものとして提示をされていることであろう。

この新しい立場を再びヴィナーヴェルが基礎づけている。一九〇五年三月、彼はペテルブルク法律協会で「弁護士と法治国家」と題した報告をした。「権力の分離 обособление властей は法治国家の基本法である」。しかし彼の見るところ、この概念はもはや一八六四年当時に語られた、権力相互の棲み分けの論理ではない。それは国家と市民のあるべき関係、市民の自由を保障するための原理である。「法律は権力に対して境界を引き、この境界の向こうには制約されることのない市民の自由が開ける。市民には、国家が法律によって割り当てられた境界の中に止まること、国家が市民の自由の領域を侵害しないことを、国家に対して要求をする権利がある。市民と権力と間の紛争は、政治権力から独立した裁判所によって解決をされる。これが法治国家に至る道の第一段階である。それは司法権と執行権との分離によって達成される。この段階をわれわれは、四〇年前に通ってきた」。

だが問題はこの先にある。「権力が何者によっても抑制・統制を受けることなく、その時々の必要から自分のために法律の制定ができるとしたら、権力が法律と裁判所に従うということに、どれほどの意味があるだろうか」。確かに一八六四年の改革は、執行権と司法権との分離によって「権力の恣意から自己の権利を守る手段を市民に対し与えた」ものの、「権利そのものは与えられなかった」。『法律集成』が市民の主観的権利について語るところは甚だ少なく、結局これらは裁判闘争を通じて獲得するより他になかった。この闘争に積極的に加わったところにロシア弁護士の貢献があり、七〇年代ナロードニキの裁判ではスパソーヴィチらの手によって、思想の自由、言論の自由といった人間の基本的諸権利が擁護をされた。そして今日、団結権など新しい権利が、若い世代の弁護士により労働事件などで争われている。この四〇年の経験から、「弁護士は他の誰よりも直接に、立法権と執行権の完全な融合の上に築かれた体制は法治国家の土台とは一致しないという問題にぶつかっている」。

換言すると、執行権と司法権との分離の先には執行権と立法権の分割があり、これこそがロシアが法治国家に向かう第二階梯を構成する。「四〇年前に始められた建物は、未完成のままである。その完成は立法権と執行権とを完全に分割したときに可能となる」。無論、法の制定機関を他の統治機関から切り離すだけでは右の課題は解決しない。「それは民衆自身の間から直接取ってこなければならないのである」[30]。――ヴィナーヴェルの下にあって、一八六四年の基本の理念は脱構築をされている。

このように議会制に引きつけて一八六四年改革の意義を読み込んだヴィナーヴェルは、翌年国会が開設されると政界に転じて第一国会で議員を務めた。このときの国会議長はムーロムツェフで、同じモスクワの弁護士からは次の第二国会にチェスレーンコやマクラコーフが選ばれている。国会の弁護士議員は第一国会三九名、第二国会三三、第三国会三七で、全体の凡そ一割に当たる。[31] 決して多くはないものの、ムーロムツェフの事例のように、議長・副議長・委員長と国会の要職を占めたところに特徴があり、例えば「地域の裁判所」の改造案を先議した第二国会「地域の裁判所」委員会の委員長には、ペテルブルクの弁護士И・В・ゲッセンが就任をした。[32]「再建」論は殊その具体的提言のレベルでは、詳細なデータ的基礎に立脚して議論を組み立てた司法省のプランと比べ、断片的スケッチの域を出ておらず、対案というには無理がある。しかし政治の時代において、立論に統治機構の内部で占める司法権の位置という権力論的視角が明確なのは、「再建」論の強みであり、ここに国会という足場を得て、それはもう一つの司法再編の指針として浮かび上がることになった。

こうして世紀の末、世紀の初めは、法曹界の様々な分極化の時代となった。司法部に勤める者の間では「灰色の日常」（ムラヴィヨーフ）が重く垂れ籠めていた。彼らと弁護士界との関係もまた変化した。かつて一八六四年の改革を支え、その後も緩やかな紐帯を築きつつ、各々が依るポジションから立法の過程にも加わってきた法律家層[33]は、在朝・在野のそれぞれに分かれて独自に司法の再改革を主張する、互いに競り合う存在となった。その何れもが司法制度の現状に危機と批判を募らせながらも、司法部の強化の課題に対し、両者は対蹠的な処方箋を提示して見せる。一方は形成されたキャリア制度の徹底の上に裁判諸法を組み換えることで。他方は一八六四年の制度への復帰を果たし、以て司法システムを拡充することで。[34] かくて一九〇四〜〇五年は一八六四年改革の終結の年であると同時に、制度の今後の方向をめぐっても法曹界の分化が明瞭になった時期となった。もとより制度の回帰を説く者も、かつて裁判諸法が依った原理をより自由主義的な権力編成の原理として換骨しており、単なる復古が目ざされていたわけではない。一八六四年の司法制度は螺旋を描いて旋回しつつ、二〇世紀を迎えたのである。

（1）ПС3, собр. 3, т. 23, No. 23014, 1903 5/26.

（2）一九〇四年二月九日の法律（ПС3, собр. 3, т. 24, No. 24018, 1904 2/9）で、新しい控訴院管区の定員が決められた。ノヴォチェルカースク控訴院とノヴォチェルカースク、ウスチ・メドヴェージツカヤ、タガンローク、エカチェリノダール、スターヴロポリの五地裁からなり、その後ロストフ・ナ・ドヌー地裁がこれに加わる。

（3）Открытие Новочеркасской судебной палаты. ЖМЮ, 1904, No. 8, стр. 49-50.

（4）ПС3, собр. 3, т. 24, No. 24959, 1904 7/21.

（5）ПС3, собр. 3, т. 24, No. 25318, 1904 11/10; No. 25414, 1904 11/24.

（6）Открытие Новочеркасской судебной палаты. стр. 57-58. その後一九〇六年二月一三日の法律が、この三県での陪審制の実施を約している（ПС3, собр. 3, т. 26, No. 27393, 1906 2/13）。

（7）他に同様の変則矯正立法として、オロネツ、ウファー、オレンブルク、アーストラハン四県での陪審制の実施を決めた一八九八年二月二日の法律（ПС3, собр. 3, т. 18, No. 14978, 1898 2/2）、あるいはワルシャワ控訴院管区における裁判官不罷免原則の制限規定（司法　第五二八条）を削除した同年二月一六日の法律（ПС3, собр. 3, т. 18, No. 15039, 1898 2/16）を挙げることができる。

（8）本書では都市の法的ニーズの増大に関説したにすぎないが、世紀の転換期には農村に眠る法への需要を掘り起こそうという農村の法化戦略も提起された。「ゼムストヴォ弁護士」земская адвокатура、すなわちゼムストヴォの費用で農村に法律相談所を組織するとの公設弁護士の構想である。詳しくは、Юридическая помощь крестьянам. Земские юрисконсульты // Право, 1899, No. 19 (5/9); В. Д. Кузьмин-Караваев. Земская адвокатура // Право, 1899, No. 39 (9/26), No. 40 (10/3); Его же. Правовые нужды деревни // Право, 1903, No. 15 (4/4), No. 16 (4/13), No. 17 (4/20), No. 48 (11/23)。

（9）この問題につき詳しくは、『司法省統計資料集』のデータを分析した、Н. Езерский. Обремененность должностных лиц судебного ведомства в 1900 году по сведениям статистического отделения Министерства юстиции. ЖМЮ, 1902, No. 5 を参照。手持ち事件の増加にも拘わらず、控訴院や地方裁判所の既済率は九〇％代の高い数字を誇っているが、このことは裁判官の間で労働の強化が進んでいることを示すものである。

（10）ここでの主要な問題群は、一八九五年の司法監察やムラヴィヨーフ委員会の審議を通じて、すでに洗い出されている。第一に、庁舎の整備・刷新、司法官の俸給引き上げ等、司法予算の増額を必要とする拡充措置。陪審制の推進を図るのであれば、陪審費用の国家負担も検討されねばならないであろう。第二に、弁護士偏在の緩和や司法官の手持ち事件の軽減のための法曹人口の数量的拡大。第三に、量の拡大がクォリティーの低下を招かないよう、司法官試補や弁護士補の適切な修習体制を確立すること。第四に、試補の待遇の改善、公証人や執行士の質の向上といった周辺の諸制度の整備。第五に、住民の法的なニーズに応えてこれを掬い上げていくための、司法に対するアクセスの拡大。ムラヴィヨーフの言う「近接化」。ここでは訴訟手続面のケアも含めた「地域の裁判所」のあり方を見直すことが焦点になるが、このことは雑然性の克服という第二の課題の解決と当然に結びつくことになる。また法律相談所の公設化もここでは考えられてよい。

なお法曹人口の増加と関連して法学教育の再検討も欠かせないが、これをめぐる世紀転換期の問題状況については、前節注2に掲げた文献を参照されたい。

(11) ПСЗ, собр. 3, т. 24, No. 25495, 1904 12/12.

(12) この主題は、その後セナート第一部の改組論となって展開する。同時代の議論として、С. А. Корф. Реформа Сената. Пгд., 1914。

なお帝政期の行政争訟制度については、このセナート改革を中心に近年になって内外で開拓が進んだ。本国での問題関心を示すものとして、Е. А. Правилова. Административная юстиция в пореформенной России // Английская набережная, 4. СПб., 1997; Ее же. Административная юстиция в России: Проект реформы Сената 1862-1867 гг. // Проблемы социально-экономической и политической истории России XIX-XX века. СПб., 1999 が挙げられる。欧米では T. Fallows, "The Zemstvo and the bureucracy, 1890-1904," in: T. Emmons and W. S. Vucinich (eds.), *The Zemstvo in Russia. An experiment in local self-government.* Cambridge, 1982 が先駆的な業績だが、その後ドイツで次の包括的な研究が出た。同書第一編Eが右のセナート改革を簡潔に整理している。Peter Liessem, *Verwaltungsgerichtsbarkeit im späten Zarenreich. Der Dirigierende Senat und seine Entsheidungen zur russischen Selbstverwaltung*（*1864-1917*）. Frankfurt am Main, 1996. 邦語では、垣見隆禎「帝政ロシアにおけるセナート改革と行政裁判」（一）～（三）、『東京都立大学法学会雑誌』第三八巻第二号、第三九巻第一号、第二号、一九九七～九九年、が必読である。

(13) Журнал Комитета Министров по исполнению указа 12 декабря 1904 г. [б. м.], 1905, стр. 78.

(14) Там же, стр. 79.

(15) Проект министра юстиции о преобразовании местного суда. ч. 1-4, [б. г.], [б. м.]. 法案は偶数頁を改正案とこれに対応する現行規定の条文対照表に当て、奇数頁で改正の趣旨説明を行なうという体裁を取る。全体は四部からなり、司法機関設置法の改正案を第一分冊、民事訴訟法の改正につき第二分冊、刑事訴訟法の改正を第三分冊、そして公証制度に関する規程の改正案を第四分冊に置く。司法機関設置法の改正構想のみ要点を述べると、(i)郷裁判所を廃止しゼムスキー・ナチャーリニクを裁判権を持たない純然たる行政機関に改組すること、(ii)郷裁判所やゼムスキー・ナチャーリニク、市判事、地方裁判所郡判事に代わる新しい少額・微罪の裁判所として単独制の治安判事を復活すること、を骨子とする。但し治安判事会議は置かず、治安判事の控訴審には地方裁判所郡支部または市支部を以て当てるとした（これは合議制の裁判所で、地裁郡判事または地裁市判事を長とし、二名以上の治安判事を陪席として構成される）。治安判事はゼムストヴォ郡会で選挙されるが、任期は六年に引き上げられ、任用には高等法学教育の修了を必要とする。また地方裁判所は郡支部・市支部を監督し、郡支部・市支部は治安判事を監督するものとされた（図5-1）。見られるようにこの審級構成はムラヴィヨーフ委員会の改正案と酷似しており、新しい治安判事の民事事物管轄も訴額一、〇〇〇ルーブルまでの民事事件と、ムラヴィヨーフ案の地区判事と同一である。地裁郡支部・市支部の構成方法もまた、ムラヴィヨーフ委員会案のそれに等しい。要約すると司法省のプログラムは、任期と任用資格の工夫を通じて第一審の「地域の裁判所」（この案では治安判事）の専門性を高めるとともに、控訴審を地裁郡支部・市支部とすることによって「地域の裁判所」を普通裁判所の下に組み込んで裁判所構成を一元化し、司法部内に上下一貫した階層秩序を築こうとするものと言えるであろう。これはムラヴィヨーフ委員会が基礎に据えた司法制度の再編コースそのものである。

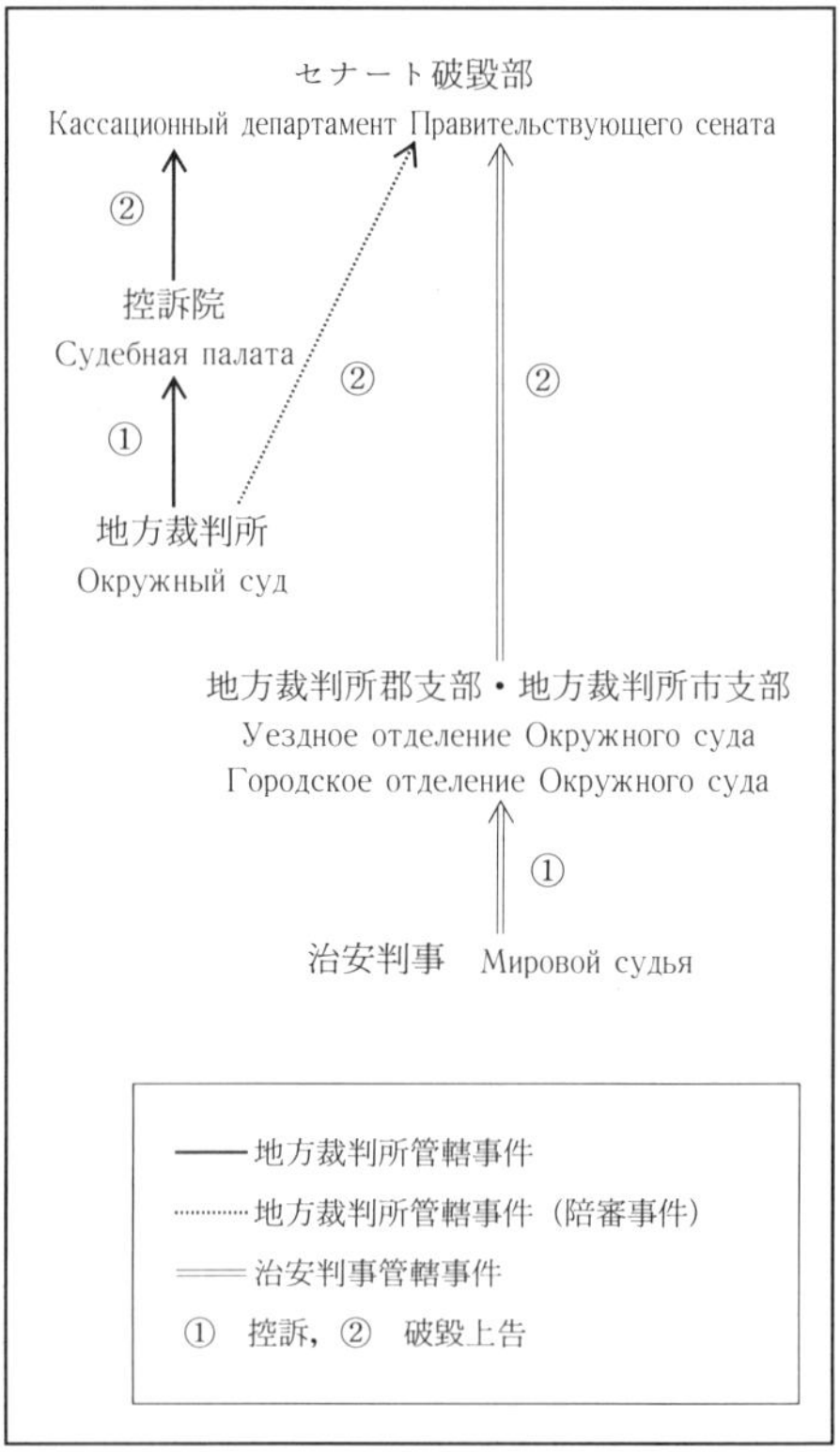

図5-1　「地域の裁判所」の改造案（司法省案）

（16）ドイツの裁判法学に言う用語で、裁判官の権限の一部委譲のような「司法小改革」に対し、裁判所構成の再編、裁判官任用制度の改定といった大規模な裁判機構の組み換えを指す。

（17）カフカースでは一八八一年にカフカース総督府の廃止があり、一八八三年四月二六日の法律（ПСЗ, собр. 3, т. 3, No. 1522, 1883 4/26）で、それまで総督が留保していた司法官の人事権が接収され、法相の下に移ることとなった。

（18）Высочайше учрежденная коммисия для пересмотра законоположений по судебной части. Труды. т. II, СПб., 1897, стр. 37-38.

（19）Н. В. Муравьев. Судебное преобразование в Сибири. I, Объяснения в государственном совете 6 апреля 1896 г. // Из прошлой деятельности. т. 2, СПб., 1900, стр. 405.

(20) Труды. т. II, стр. 39-40.

(21) А. Ф. Кони. Новые меха и новое вино (Из истории первых дней судебной реформе) // Собрание сочнений в восьми томах. т. 4, М., 1967, стр. 249. こうして世紀の末までに、司法部の中に二〇世紀へと承け継がれるロシア司法の一つの「かたち」、すなわち本省の人事統制を容易にし、かつこれに内部から進んで馴染んでいくような体質が孕まれてくる。ベイリス事件（一九一一〜一三）に代表されるフレーム・アップでロシアの裁判史上に汚点を残した後のシチェグロヴィートフ法相期は、ここに一つの背景を持つ。なおコーニ発言と関連して、第四章第三節注95に記したムラヴィヨーフの述懐も参照されたい。

(22) Отчет Москвы за 1903-1904 год. М., 1904, стр. 3.

(23) Отчет Москвы за 1904-1905 год. М., 1905, стр. 35. 一二項目からなる一一月二〇日の総会決議も、「代議政体 представительный образ правления の実施を通じて人身、思想、言論、出版、信教、集会、結社の自由を保障し、専横を廃止し、特定地域の住民の権利を制限する非常事態法を廃止する、こうした国家体制の根本的な変革なしには、ロシアにおける公正な裁判の実現は不可能である」（第一二項）とうたっている。Там же, стр. 30.

(24) ペテルブルクでは司法改革四〇年を記念して、一一月二一日に弁護士補も参加して弁護士総会が開かれた。採択された総会決議は、「一八六四年一一月二〇日の裁判諸法は、公平で全ての者に平等な裁判という原則を担ったものとして、全ロシアから熱い期待を以て迎えられた。だがそれは、すでにその成立の当初から、多くの修正に晒された」「裁判所の独立はますます狭められていった。選挙された裁判官は、ゼムスキー・ナチャーリニクというチノーヴニクに取って替わられた。陪審員という自由で全く自立した機関は、次第に裁判から閉め出されていった。軍法会議、これがしばしば陪審員に取って替わった。裁判のグラースノスチと公開主義は廃止された。弁護はますます困難になり、自己の職責を果したがために弁護人が罰せられている」「国民の意思や願望に反したこの種の歪曲を取除くことが、一八六四年一一月二〇日の裁判諸法の偉大な建物を再建する唯一の手段である。だがこれは言論と出版の自由の確立、人身の確固たる保障、集会と結社の完全な自由の確立、そして最後に、国民によって直接選挙された特別の機関への国民代表の参加といった、統治体制の根底からの改造によってのみ可能である」と表明している（Отчет Петербурга. С 1-го марта 1904 г. по 5-е февраля 1905 г. СПб., 1905, стр. 53-54）。だが政治色の強いこの決議には評議会議長А・Н・トゥルチャニーノフが難色を示し、総会会場が当日予告なく変更されたことを根拠に総会の不成立、従って右の決議の無効を主張していた。一一月二七日のペテルブルク弁護士評議会では、評議会名でこの決議を内相に提出するとの議案が出されたが、これもやはりトゥルチャニーノフの反対にあって斥けられた。

(25) 例えばハリコフ評議会からは、「ハリコフ弁護士評議会は、わが祖国の必要について、ペテルブルクとモスクワの両評議会が述べた意見に全面的に賛成し、両首都の評議会の決定は、全ロシアの弁護士職の見解と一致すると考えるものである」「ロシア国家の基本法を起草するため、普通・平等・直接・秘密の選挙によって選出される国民代表の会議を直ちに招集することが必要である」(Отчет Москвы за 1904-1905 год. стр. 40-41) との連帯声明が両首都の評議会に送られている。また新設のノヴォチェルカースク評議会も、両評議会への支持表明を出すとともに、裁判諸法の四〇年は改革の基本原則を体系的に歪めることにあった、法秩序と市民的自由との確立のためには、立法事業と国の統治に社会が参加し行政機関のコントロールを行なうことが必要である、との決議を内相に送っている。Там же, стр. 41, прим.

(26) Там же, стр. 69-71. 大会にはイルクーツクとオムスクの二つの控訴院管区を除く、全控訴院管区の弁護士・弁護士補の代表約二〇〇人が参集した（その後一〇月にモスクワで第二回大会が開かれている）。大会招集の経緯については、政治史の立場からの整理ではあるが、J. E. Sanders, *The Union of Unions. Political, Economic, Civil and Human Rights Organizations in the 1905 Russian Revolution*. Ph. D. diss., Columbia Univ., 1985, pp. 528-564 を参照。

(27) Отчет Петербурга. С 5-го февраля 1905 г. по 1-е марта 1906 г. СПб., 1906, стр. 1; Отчет Петербурга. С 1-го марта 1906 г. по 1-е марта 1907 г. СПб., 1907, стр. 1. 経歴から言えば、ローヂチェフは弁護士というよりゼムストヴォの活動家で、彼の弁護士登録は一八九七／九八年度と比較的最近のことにすぎない（Отчет Петербурга. С 1-го марта 1897 г. по 1-е 1898 г. СПб., 1898, стр. 4）。新参の彼が評議員に就いたところに、弁護士会の変化が窺われる。

(28) 注24で引いた一九〇四年一一月二一日の「弁護士総会」決議の一句。Отчет Петербурга. С 1-го марта 1904 г. по 5-е февраля 1905 г. стр. 54.

(29) 一九〇四年、〇五年の各地の弁護士評議会決議、弁護士総会決議にこの種の主張は散見される。注24のペテルブルク「弁護士総会」、注25のノヴォチェルカースク評議会の決議を参照。一一月二〇日のモスクワ弁護士総会決議も、その第七項で「裁判諸法が宣言した全ての者に平等で独立の裁判所という原則は、独立の保障が事実上廃止されたことで無に帰した」「裁判官の不罷免性は廃止された」「行政と司法の分離という裁判諸法の基本原則も侵されてしまった。もっとも数が多く、住民大衆にとってはもっとも重要な事件の裁判権は、行政の手に委ねられてしまった（ゼムスキー・ナチャーリニク、県審議室）」との、転落史観を披瀝している。Отчет Москвы за 1904-1905 год. стр. 29.

(30) М. Винавер. Адвокатура и правовое государство. СПб., 1905. 引用個所は、Там же, стр. 6, 7, 19, 33, 8。

(31) А. Ф. Смирнов. Государственная Дума Российской Империи 1906-1917. М., 1998. стр. 607-609. ゲッセンの集計では、第一国会三六名、第二国会三一名、第三国会二九名となっている。Гессен. Указ. соч., ИРА, т. 1, стр. 421.

(32) 一八九八年に法律週刊紙『プラーヴォ』を起こし、一九〇四年には一般向け啓蒙書『司法改革』を発表して一八六四年改革と以後の制度の歩みを論じたゲッセンは、疑いもなくこの問題で在野を代表する論客の一人であった。彼は自己の立場を定式化して、改革には破壊と創造の二面がある、この場合破壊をさるべきはゼムスキー・ナチャーリニクや市判事、地裁郡判事、それに郷裁判所の存在で、対して求められるのは新たなものの創造というより治安判事を再建し復興すること、但し郷裁判所の廃止を考えれば、より大規模にこれを再興することである、と言う。この改革の立脚点、すなわち裁判諸法を範とする治安判事制に対する距離の点で、国会委員会案と司法省構想の間には決定的な差異がある、というのが彼の理解である（И. В. Гессен. Преобразование местного суда // Право, 1909, No. 45 (11/8), стб. 2411)。なお司法再改革に対するゲッセンのスタンスは、他に論文 И. В. Гессен. Реформа местного суда // Право, 1907, No. 22 (6/3), No. 23 (6/10)、および同名の論文集 И. В. Гессен. Реформа местного суда. СПб., 1910 で窺うことができる。

（33）第三章第四節注28を参照。

（34）こうして二〇世紀の再改革のプロセスは、キャリア制度とそれに見合った階統的な裁判所制度の完成を図る政府案＝司法省構想と、在野法曹＝国会の再建論を基本の対抗軸として展開するが、現実の政治過程を理解する上では、前者の中に交錯するさらに二つの流れを言わば改革の副旋律として押さえておくことが必要である。第一は内務省の制度改革要求で、今回郷裁判所の廃止（農民裁判権の接収）も含むラディカルな改革プランの提起が可能になった背景には、言うまでもなくストルイピンの下での農政の転換という新しい状況が介在している。当然そこでは、自作農の創設を目ざしこれに合わせて地方制度の改編を進める新政策に適合的な、使い勝手のいい司法を求める内務省の動向を無視できない。第二は一九〇五年革命を挟んで展開する二〇世紀の刑事司法の再編の動きで、これも世紀初頭の行刑改革に始まって、新刑法典（一九〇三）とその一部施行（一九〇四）、野戦軍法会議という〇五年革命期の臨戦的な刑事抑圧装置とその解除、この時期学説の支持を広げた執行猶予や仮釈放の制度を求める刑事政策論の新潮流、さらには刑事司法の集中的・効率的な機能強化を狙うシチェグロヴィートフの検察再編のプランなど多彩な論点が存在し、ここでも刑事司法のあり方をめぐって司法省、内務省、軍当局の様々な意向が交錯している。第一、第二の伏流が国会に上程される政府案＝司法省構想と必ずしも対立の関係にあるわけではないが、当然ながらこれら関係者の間では改革案の個々の論点に与えられる優先順位が異なっている（第一国会、第二国会、第三国会に上程された政府案相互の微妙な異動はこれを示す）。従って再改革のプロセスを論じるには、前記の二つの対抗に加え、これら諸勢力・諸理念の交錯を整理する必要がある。もとよりそれは本書の範囲を越えた議論である。

文献略解[1]

一　史料

一八六四年改革に関する基本史料は、起草作業をリードしたC・И・ザルードヌイの整理に掛かる史料集成である。彼は一連のブルードフ法案とその『付帯説明書』、起草委員会の各種草案と『付帯説明書』、関係各位がこれらに寄せた様々な意見書、法案を審議した国家評議会法律部・民生部合同部会、同総会の議事録等を丹念に集め、主題別・編年別に七四の関係文書 Дело にグループ分けした。それぞれの関係文書の内容については『関係文書目録』という彼が残した手控えがあり、これはその後モスクワの弁護士Г・A・ヂャンシェフが公刊している[2]。例えば改革の起点となった一八五七年の『新民事訴訟法草案』は、関係文書第一輯第一号資料（Дело 1, No. 1）となる。

この集成がロシア・ナショナル・ライブラリー（旧サルトゥイコフ＝シチェドリン図書館）の所蔵するコレクション『司法部改造記録集』Материалы по преобразовании судебной части в России である。ザルードヌイはこの集成を『司法部改造資料』Дело о преобразовании судебной части в России と名づけ、四部作成して一部を手元に、残り三部を帝立図書館、国家評議会、皇帝直属官房第二部に寄贈したが、贈本分は官房第二部の国家評議会法律編集部への改組、法律編集部の廃止といった事情もあって早くに散佚した。現コレクションは、一九五〇年代末になって帝立図書館の後身たる旧サルトゥイコフ＝シチェドリン図書館が、二〇年代にザルードヌイ家から譲り受けた蔵書を基礎に、ザルードヌイ目録（より正確にはヂャンシェフ刊の目録の異本）に依拠して復元をしたものである[3]。もっともこの『改造資料』に集められた諸資料は、元来は法案審議のための部内資料で関係者に配付するために少部数ながら複数印刷されているから（いわゆる печатные записки）、端本が各地に散在している。このため『改造資料』収録の資料は、部分的には他の図書館や改革関係者の個人アルヒーフでも見ることができる。なおペテルブルクのロシア国立歴史文書館蔵の起草委員会文書（РГИА, ф. 1190）は、筆者が調査した限りでは、『改造資料』に優る史料的価値を持つものではなく、またこの文書館が所蔵する裁判諸法の施行に関する資料（РГИА, ф. 1183）も、さほどに大部なものではない。

起草作業をまとめた国家評議会事務局は、一八六六年に五巻本の裁判諸法コンメンタールを刊行した（増補第二版、一八六七）[4]。各条文に右の『法案付帯説明書』や国家評議会議事録の抜粋を付し、立法理由を逐条的に明らかにしたものである。これは帝政時代に実務家の間で重宝され、一八六四年改革に批判的なВ・Я・フークスも同書に依って立法者意思を摑んでいる。ペレストロイカ期に刊行された『ロシアの立法』シリーズの第八巻は司法機関設置法と刑事訴訟法の条文コンメンタールであるが、ソヴィエト時代の議論を色濃く残し、このコンメンタールに比べると見劣りがする[5]。なお帝政期には他にも様々な判例付コンメンタールが出版された。これらについては後述のポヴォーリンスキーの『裁判法文献目録』を見るとよい。

司法改革第二グラウンドとも称すべきムラヴィヨーフ委員会に関しては、委員会が議事の公開を原則としたため、主要な史料は刊行されている。国立歴史文書館所蔵の司法省文書中、同委員会関連資料（РГИА, ф. 1405, оп. 515）は若干目新しい史料を含むものの、それほど大きなものではなく、委員会の活動を把握するにはやはり公刊された厖大な審議資料を見るに如くはない[6]。この文書館が所蔵するムラヴィヨーフ委員会関係の資料としては、他に委員会構想を検討した国家評議会の特別審議会（ゴレムイキン審議会）の史料がある（РГИА, ф. 1587）。

一八六四年以後の司法政策を調べる上では、司法大臣年次報告（年によりタイトルは異なる）を初めとする刊行史料、この文書館所蔵の司法省文書（РГИА, ф. 1405）、司法省高官の個人アルヒーフ等を見ることになる。一九世紀以降各官庁が公刊した印刷物に関しては近年六巻本の出版目録が完結したから、その利用は格段に容易となった。[7] また本書が対象とする時期では、歴代法相のうちザミャートニン（РГИА, ф. 1568）、パーレン（РГИА, ф. 1016）、ムラヴィヨーフ（РГИА, ф. 995）らの個人文書が残っており、他に筆者はサブーロフ（РГИА, ф. 1044）、リュツェ（РГИА, ф. 1645）、コーニ（ГАРФ, ф. 564）、ストヤーノフスキー（ОРРГБ, ф. 290）、Д・А・ミリューチン（ОРРГБ, ф. 169）らの文書を見た。

在野法曹に関しては、各地の弁護士会が出す弁護士評議会年次活動報告、弁護士補委員会年次活動報告がその動向を知るための基本的な素材となる。[8] その大半は各地の図書館が所蔵するが、いわゆる地方アルヒーフにも弁護士会資料が残されている。例えばモスクワ中央歴史文書館所蔵のモスクワ弁護士会資料（ЦИАМ, ф. 1697）など、その大半はこの弁護士評議会年次報告である。ただ報告は当初はきわめて簡単なもので（後年次第に分厚くなるのは、弁護士懲戒事件の記録を収録するためである）、一八七〇年代、八〇年代の弁護士の活動を見る上では、ペテルブルク弁護士会ではマカリーンスキーが編んだ資料集、モスクワ弁護士会ではノースが編纂した資料集を必見とする。[9] また地方アルヒーフには各地の裁判所の訴訟記録が保管されており、先のモスクワ中央歴史文書館を例に取れば、モスクワ控訴院（ЦИАМ, ф. 131）、モスクワ地裁（ЦИАМ, ф. 142）、モスクワ市治安判事会議（ЦИАМ, ф. 141）、モスクワ市地区治安判事（ЦИАМ, ф. 1296）と目白押しである。これら地方アルヒーフが所蔵する司法関係諸史料のうち、現在もっとも利用が進んでいるのは郷裁判所の訴訟記録と思われるが、ここには他にも公証人資料など眠ったままの第一級史料が少なくない。

以上の他に、司法省機関誌『司法省雑誌』、モスクワ法律協会機関誌『法律報知』、ペテルブルク法律協会機関誌『民刑法雑誌』等の法律雑誌も多彩な情報を提供する。[10] 法律協会は実務と講壇そして在朝・在野の法曹を繋ぐ交流の場であり、モスクワ弁護士評議会の年次活動報告も当初は『法律報知』の付録の形で公刊された。『司法省雑誌』や『民刑法雑誌』には、論説の他に新法令や重要判例、司法省人事が収録されている。『オストロゴールスキー法律年鑑』も重要で、官庁職員録、給与六法、新法令解説、新判例紹介、司法統計便覧と種々のデータの宝庫と言うべく、用途に応じて様々に利用することができる。(11) その司法統計に関しては、刑事統計が一八七三年から出されている。しかし民事・刑事の双方にわたる全国的な統計は、『司法省統計資料集』と題されて一八八七年から刊行された(12)(一八八四年以後をカバー)。

他に日記や回想といった個人資料、著名法律家の著作集、彼らの法廷弁論集が史料としては挙げられるが、これらの概要は省略する。

二　研　究

① 帝政期の同時代人は、体系的な教科書から個別の研究、さらには法廷のスケッチといった断章まで、実に多くの司法制度に関する論攷を残した。А・ポヴォーリンスキーの二巻本『裁判法文献目録』(一八九六、一九〇五)は、二〇、〇〇〇に近い文献を採録している。(13) 基本となる制度の概観は、国法学や訴訟法学の体系書がこれを与える。中でもИ・Я・フォイニーツキーの二巻本『刑事訴訟法講義』は比較の観点に富み、もっとも権威ある基本書として帝政時代に版を重ねた。(14) その第一巻が、今日言うところの裁判法に当てられている。

一八六四年改革の研究では、先のヂャンシェフがザルードヌイの協力を得て一八八〇年代に先鞭をつけた。彼の一連の著作は裁判諸法批判に対する反批判をモチーフとし、それゆえ改革を称揚しこれを擁護する立場から、一八六四年以後の制度の展開を押し並べて否定的に描く点に特色がある。(15) ペテルブルク弁護士И・В・ゲッセンの啓蒙書(一九〇五)も、これと同一のトーンに立つ。(16)

改革五〇年に当たる一九一四年は、様々の記念企画が実を結んだ充実した年になった。先ず司法省から、二巻三部の論文集『裁判諸法五〇年』が出されている。[17] ギャンシェフ流の改革是か非かの二項図式は本書においては捨てられており、これがバランスよく論点を拾い上げた緻密な議論を可能にしている。続いて翌年、法学者と弁護士有志が協力をして五〇年記念論文集『司法改革』を出版した。[18] 予定では五巻を以て完結し、通常裁判所の五〇年を総括したあと、特別裁判所と特別手続に一巻を割き、さらに行政裁判についても一巻を当てて締め括るとなっている。帝国の司法システム全体を問い直す意図は明白で、完成すれば壮大なものになったと思われるが、戦争のため結局最初の二巻で中断した。

個々の制度を対象としたやはり同様の企画には、『ペトログラード治安判事五〇年史』全二巻（一九一六）と『ロシア弁護士史』四部作（一九一四〜一六）がある。前者は首都の治安判事が編んだもので、二巻とはいえ合わせて一、五〇〇頁の大著となった。[19] 全国の在野法曹が総力を挙げて編集に当たった『弁護士史』もまた大作だが、こちらは戦争の影響で中断し、二部三巻を以て終わった。[20] この第一巻が、最近本国でも復刻されたゲッセンによる弁護士通史『弁護士・社会・国家』である。[21] 但しリプリント版はオリジナル版が巻末付録として収めた資料編を全て削除しているから、利用に当たっては注意を要する。なお司法改革五〇年記念ではないけれども、『司法省一〇〇年史』（一九〇二）や五巻本『セナート二〇〇年史』（一九一二）といった、各官庁の沿革を述べる記念出版の価値は高い。[22]

② ソヴィエト期に入ると、中世のロシア古法を別として革命前のロシア法への関心は薄れ、一八六四年改革の研究も、いくつかの概説書での言及を除けば、Б・В・ヴィレーンスキーが二つのモノグラフを発表する一九六〇年代まで中断した。[23] ヴィレーンスキー・テーゼとも名づくべき、革命情勢論に立つ彼の分析視角については第1章ですでに述べた。対しては八九年に「自由主義官僚」再評価という立場から、М・Г・カロートキフが改革再考の

試みを出している。[24] 史料の博捜はヴィレーンスキーを凌駕するも、また一八六二年の「司法部改造の大綱」の制定過程を詳細に跡づけた功績はあるものの、内容的には西側の開明官僚論の追走である。この二つが本国の司法改革研究の代表作とされている。

両者の狭間の二〇年には、改革後の司法に関する個別研究がいくつか出ている。П・Ф・シチェルビーナのモノグラフ『右岸ウクライナにおける一八六四年司法改革』(一九七四)、Н・А・トローイツキーのナロードニキ裁判四部作、Н・Н・エフレーモヴァの司法省史(一九八三)、Н・В・チェルカーソヴァの弁護士史(一九八七)等で、碩学П・А・ザイオンチコーフスキーも七〇年に発表のアレクサンドル三世時代の政治史通史で司法制度の歩みについて一章を割いた。[25] シチェルビーナの研究はヴィレーンスキー・テーゼを復唱したもの、エフレーモヴァとチェルカーソヴァの研究は『司法省一〇〇年史』や『ロシア弁護士史』の焼直し、トローイツキーの四部作は実証的な作品だが、一八六四年後の司法制度の展開についての彼の理解はヴィレーンスキーのそれに近い。開明官僚論を後ろ倒しにしたザイオンチコーフスキーの研究については、第1章で言及した。

ペレストロイカと体制転換という次の時代は、「歴史の見直し」の名の下に、革命前の法に関する、多くのしかし主として紹介的な論文が次々と現れた時期である。その意味でこれは各論の時代であり、中でも実践的な関心の高い陪審については多くの文献が登場した。研究の流れという点では、ヴィレーンスキーの教え子で八七年にムラヴィヨーフ委員会に関する論文(手稿)をまとめたМ・В・ネムイーチナが、九五年、現代ロシアの陪審について一書をまとめたことが興味を引く。[26] さらにА・Г・ズヴャーギンツェフとЮ・Г・オルローフの検事総長列伝も、読み物としては興趣が尽きない。[27] 但し本書が対象とする一九世紀後半について、同書が叙述を『司法省一〇〇年史』やコーニの著作、それにЕ・И・コズリーニナの有名な回想によって進めていることは明らかで、特に目新しい事実が開示をされているわけではない。人物史を如何に政策史へと高めるかが、結局次の課題であろう。

③　アメリカでは亡命弁護士S・クーチェロフが、愛情のこもった自己確認の書を一九五三年に発表し、これが欧米では長く帝政ロシアの司法に関するスタンダードな著作として読み継がれた[28]。その後一九七六年に、R・C・ウォートマンが裁判諸法の起草に当たった開明官僚の形成を論じて、一つの時代を画している[29]。六〇年代後半から欧米において隆盛をきわめたロシア官僚制研究に司法改革研究を接ぎ木したもので、ロシア法学教育史としても読むことができる。さらにこの間、一九七二年にドイツのF・B・カイザーが、『司法部改造資料』を精読して改革構想が熟する過程をフォローした大著を出している[30]。一八六四年改革のプロセスに関するいわゆる「内的法史」としては、現在これが最高峰のものである。

続く一九八〇年代はアメリカでロシア史像の再検討が進展をした時期に当たり、一九世紀八〇年代の諸施策を六〇年代「大改革」への反動と見る通説に対して見直しが進んだ。それは主として農民行政や地方自治制を念頭に置いた議論だったが、一九九六年にドイツのJ・バベロフスキが新しい観点を司法制度に適用したモノグラフを世に問うている[31]。彼の視点も第1章ですでに述べたが、この研究は対象への高踏的な接近を避け制度の動いていく様を内在的に辿ろうとした点で、本国の議論の一頭地を抜く。もっとも、後進的なロシアにおける西欧的な改革はむしろ現実との齟齬を増幅させ、体制の危機を亢進させるとのバベロフスキの結論は筆の跳躍が過ぎており、この作品がペレストロイカのカタストロイカ期に準備をされた、一つの時代の産物であることを示唆している。

体制転換前後の一九九〇年代は、帝政時代の諸改革を歴史の中に位置づけ直す気運が強まり、各地で本国の研究者も交え様々なワークショップが開催された。一九九五年には、カナダで帝政ロシア、ソヴィエト・ロシア、現代ロシアの三代にわたる司法改革の試みを展望する国際会議が開かれている[32]。但し会議の記録は個別の論文集という性格が強く、体系だった一つの見方を提示しているわけではない。九〇年代は体制転換の結果として新しい史料の発掘が進む時期で、これを背景に欧米でも論点の分節化・個別化・拡散化が進むのである。司法制度に関わる分野でも医師・教師など帝政時代の知的職業人研究の一環として新たに法専門職を取り上げたり[33]、あるいはこれまでのロシア農村社会史の蓄積の上に郷裁判所の研究が進むといった[34]、新しい潮流を見ることができる。ただ法の正統性の危機という現代の理論状況は歴史研究にとっても無縁ではなく、特にアメリカの議論には、一部で対象の分析軸にそれゆえの混乱が生じていることを否定できない[35]。

(1) 以下に記すのは文字どおり略解であり、史料や研究を網羅的に掲げるものではない。法令集や判例集については、第1章第一節を参照されたい。

(2) Опись дела о преобразовании судебной части в России // Основы судебной реформы (к 25-летию нового суда). Историко-юридические этюды. М., 1891. 注30に掲げたカイザーの著作のビブリオグラフィーにも、この『関係文書目録』が載録されている。

(3) その経緯について詳しくは、Л. Н. Чиряпкина, А. А. Штейман. О некоторых итогах работы по воссозданию коллекции материалов по судебной реформе 1864 года в России (в фондах ГПБ) // Комплектование и использование книжных фондов крупных универсальных научных библиотек. Л., 1978.

(4) Судебные уставы 20 ноября 1864 года, с изложением рассуждении, на коих они основаны. 2-е доп. изд., ч. 1-5, СПб., 1867.

(5) Судебная реформа // Российское законодательство X-XX веков. т. 8, М., 1991.

(6) Высочайше учрежденная коммиссия для пересмотра законоположений по судебной части. Подготовительные материалы. т. I-XII, СПб., 1894-96; Труды. т. I-IX, СПб., 1895-99; Проект новой редакции Учреждения судебных установлений. СПб., 1900; Объяснительная записка к проекту новой редакции Учреждения судебных установлений. т. I-V, СПб., 1900; Проект новой редакции Устава гражданского судопроизводства. СПб., 1900; Объяснительная записка к проекту новой редакции Устава гражданского судопроизводства. т. I-VI, СПб., 1900; Проект новой редакции Устава уголовного судопроизводства. СПб., 1900; Объяснительная записка к проекту новой редакции Устава уголовного судопроизводства. т. I-V, СПб., 1900.

(7) Каталог: Русские официальные и ведомственные издания. XIX- начало XX века. т. I-VI, СПб., 1995-1999.

(8) 刊行年によりタイトルに若干の変更があるが、ペテルブルク弁護士評議会年次報告は Отчет совета присяжных поверенных при С.-Петербургской судебной палате、モスクワ弁護士評議会年次報告は Отчет совета присяжных поверенных округа Московской судебной палаты という表題で始まる。ペテルブルク弁護士補委員会にも Отчет комиссии помощников присяжных поверенных округа С.-Петер-

бургской судебной палаты という題の年次報告がある。検索に当たっては、注13に挙げたポヴォーリンスキーの目録を参考にするといい。

（9）П. В. Макалинский（сост.）. С.-Петербургская присяжная адвокатура. СПб., 1889; А. Е. Нос（сост.）. Сборник матерьялов（sic）относящихся до сословия присяжных поверенных округа Московской судебной палаты с 23 апреля 1866 года по 23 апреля 1891 года. М., 1891.

（10）Журнал министерства юстиции. СПб., 1859-68, 1894-1917; Юридический вестник. М., 1869-92; Журнал гражданского и уголовного права. СПб., 1873-94. 他にも多くの雑誌がある。一九世紀ロシアの法学ジャーナリズムをめぐる状況については、拙稿「近代ロシア法学史序説——帝政ロシアの知の断層——」『神戸市外国語大学外国学研究所研究年報』第三六号、一九九九年、を参照。

（11）Юридический календарь М. Острогорского. СПб.-Пгд., 1876-1917.

（12）Сборник статистических сведений Министерства юстиции. вып. 1-30. СПб.-Пгд., 1887-1916.

（13）А. Поворинский（сост.）. Систематический указатель русской литературы по судоустройству и судопроизводству, гражданскому и уголовному. СПб., 1896; Систематический указатель русской литературы по судоустройству и судопроизводству, гражданскому и уголовному. т. II (1896-1904 г. г.), СПб., 1905.

（14）И. Я. Фойницкий. Курс уголовного судопроизводства. 4-е изд., т. 1-2, СПб.-Пгд., 1912, 1915.

（15）Гр. Джаншиев. Страница из истории судебной реформы. Д. Н. Замятнин. М., 1883; С. И. Зарудный и судебная реформа. Историко-биографический эскиз. М., 1889; Основы судебной реформы（к 25-летию нового суда）. Историко-юридические этюды. М., 1891.

（16）И. В. Гессен. Судебная реформа. СПб., 1905.

（17）Судебные уставы 20 ноября 1864 г. за пятьдесят лет. т. 1-2 и дополнительный том, Пгд., 1914.

（18）Н. В. Давыдов, Н. Н. Полянский（под ред.）. Судебная реформа. т. 1-2, М., 1915.

（19）Петроградский мировой суд за пятьдесят лет 1866-1916. т. 1-2, Пгд., 1916.

（20）История русской адвокатуры. т. 1-3, М., 1914-16.

（21）И. В. Гессен. Адвокатура, общество и государство // История русской адвокатуры. т. 1, М., 1914; 2-е изд., М., 1997.

（22）Министерство юстиции за сто лет. 1802-1902. Исторический очерк. СПб., 1902; История Правительствующего Сената за двести лет 1711-1911 гг. т. 1-5, СПб., 1911.

（23）Б. В. Виленский. Подготовка судебной реформы 20 ноября 1864 года в России. Саратов, 1963; Судебная реформа и контрреформа в России. Саратов, 1969.

（24）М. Г. Коротких. Самодержавие и судебная реформа 1864 года в России. Воронеж, 1989（増補版 Судебная реформа 1864 года в России.

Сущность и социал-правовой механизм формирования. Воронеж, 1994).

(25) П. Ф. Щербина. Судебная реформа 1864 года на правобережной Украине. Львов, 1974; Н. А. Троицкий. "Народная воля" перед царским судом 1880–1894. Саратов, 1971; Его же. Царские суды против революционной России. Политические процессы 1871–1880 гг. Саратов, 1976; Его же. Безумство храбрых. Русские революционеры и карательная политика царизма 1866–1882 гг. М., 1978; Его же. Царизм под судом прогрессивной общественности 1866–1895 гг. М., 1979; Н. Н. Ефремова. Министерство юстиции Российской Империи, 1802–1917 гг. М., 1983; Н. В. Черкасова. Формирование и развитие адвокатуры в России 60–80 годы XIX в. М., 1987; П. А. Зайончковский. Российское самодержавие в конце XIX столетия. М., 1970.

(26) М. В. Немытина. Российский суд присяжных. М., 1995.

(27) А. Г. Звягинцев, Ю. Г. Орлов. Око государево. Российские прокуроры. XVIII век. М., 1994; Тайные советники империи. Российские прокуроры. XIX век. М., 1995; Под сенью русского орла. Российские прокуроры. Вторая половина XIX–начало XX в. М., 1996; В эпоху потрясений и реформ. Российские прокуроры. 1906–1917. М., 1996.

(28) S. Kucherov, *Courts, Lawyers and Traials under the Last Three Tsars*. New York, 1953.

(29) Richard C. Wortman, *The Development of a Russian Legal Consciousness*. Chicago, 1976.

(30) F. B. Kaiser, *Die russische Justizreform von 1864: zur Geschichte der russischen Justiz von Katharina II. bis 1917*. Leiden, 1972.

(31) Jörg Baberowski, *Autokratie und Justiz. Zum Verhältnis von Rechtsstaatlichkeit und Rückständigkeit im ausgehenden Zarenreich 1864–1914*. Frankfurt am Main, 1996.

(32) Peter H. Solomon, Jr. (ed.), *Reforming Justice in Russia, 1864–1996. Power, Culture, and the Limits of Legal Order*. Armonk, New York, 1997.

(33) B. L. Levin-Stankevich, "The Transfer of Legal Technology and Culture: Law Professionals in Tsarist Russia," H. D. Balzer (ed.), *Russia's Missing Middle Class. The Professions in Russian History*. New York, 1996.

(34) 最新の成果として，Stephen P. Frank, *Crime, Cultural Conflict, and Justice in Rural Russia, 1856–1914*. Berkeley and Los Angels, 1999.

(35) 例えば農村の非弁の評価をめぐるイギリスのW・E・ポメランツとアメリカのJ・ノイバーガーとの間の論争。ポメランツが訴訟を喰いものにする農村の非弁の弊害を説くのに対し、ノイバーガーはこれはリーガリズムに囚われた議論であるとして、彼ら非弁は農民や都市の下層民にとりもっとも身近な法律家だったと結論し、非弁の再評価を図っている。地方アルヒーフをも利用したノイバーガーの議論は一見きわめて説得的だが、こうした非弁評価の視点の背後に、「多すぎる法律、多すぎる訴訟、多すぎる法律家」という言葉で象徴される現代アメリカ社会の「法化」と、これに対する批判的な対応としてのＡＤＲの拡充（非司法化）という、法におけるポスト・モダン的状況が見え隠れしている。しかし紛争処理制度の整備が進み、法曹人口も多い現代アメリカでの評価基準を、帝政ロシアの法現象の分析にそのまま適用することは、明らかに無理である。W. E. Pomeranz, “Justice from Underground. The History of the Underground Advokatura,” *Russian Review*, vol. 52, 1993; J. Neuberger, “Shysters or Public Servants? Uncertified Lawyers and Legal Aid for the Poor in Late Imperial Russia,” *Russian History*, vol. 23, No. 1-4, 1996.

あとがき

本書は様々な僥倖の重なる中から生まれた。

筆者が近代ロシアの司法制度の変遷を研究の対象とすることを考えたのは、一九八二～八三年のことであった。最初に取り組んだのは一八六四年の司法改革である。今にして思えば、内外における当時の研究状況から見てこれは無謀に近い試みだったが、それでも一九八六年の秋から冬にかけ第一稿を纏めることができた。これは第一の幸運であったと思う。その後八八年に日本学術振興会の派遣事業でソ連に長期滞在した際、ペテルブルクとモスクワの弁護士会の原史料を大量に現物で入手する、第二の巡り合わせがあった。このため帰国後、差し当たり弁護士法制に絞る形で司法改革の過程を整理し、これを一九九〇年にいわゆる助手論文として発表をした。本書の基本となる骨格は、ほぼこの頃につくられている。

これに肉付けして一書にし上梓するには、しかしなお一〇年の日を閲した。偏にこれは筆者の懶惰な性情に因る。仕事に区切りを付けて出版する話は助手論文執筆の前後からあったものの、生来表に出ることの嫌いな筆者には、これが現実のものになるとは到底思えなかった。篋底に眠らせたままの未定稿に光を当てることができたのは、日本学術振興会平成一二年度科学研究費補助金（研究成果公開促進費）の交付を受けたためである。これも望外のことだったが、俄に草稿の改刪を進めることになり、結局刊行の労を取られた名古屋大学出版会に大変な御迷惑をおかけすることになった。内容のきわめて乏しい著作であるにも拘わらず、こうして最後までお付き合い下さったことに、今はただ深く感謝する。

「吾は事を畏る、事を為さんと欲せず。吾は言を畏る、言を為さんと欲せず。故に行年六十にして老吃なるなり」と言う（『管子』枢言）。子供のころ目にしたこの文章は、なぜか筆者の記憶に残るものがあった。書き了えた今、改めてこれを反芻する。帝政時代のロシア司法をめぐっては取り上げるべき論点は多く、しかし本書はその多くに触れていない。これに加えて、ここ数年のわが国の司法改革論議の急転を見るとき、如何に歴史研究とはいえ、時代を切り取るボキャブラリーがここにきわめて乏しいことには黯然とする。本書は筆者のモノローグが形をなしたものにすぎない。

何処行くとも定かではない蛭子舟のような筆者の営みがそれでも一つに纏まったのは、何人かの人々の支援があったからである。先ず大学院以来の指導教官である和田春樹先生は、ロシア法史という馴染みのない分野に勝手に進んでしまった筆者を見放すことなく、黙って見守ってくださった。その宏量にお礼を申し上げる。筆者はこれまで予期せぬ行動ばかりが多い弟子であったが、これについてもお詫びしたい。次に稲本洋之助先生は筆者の研究テーマに関心を示され、折りに触れ示教を惜しまれなかった。お忙しい中、フランスの土地法を題材として、あるいはアベ・シィエスの『第三身分とは何か』をテキストにして、特に筆者のために毎週訳読の時間を割いて下さったのは有り難いことであった。その際フランスの法律書の明晰な構成については何度となくお話を伺い、また筆者自身、本書を纏める中でフランスの代表的な裁判法教科書をいくつか繙く機会もあって、フランス人のいう論文執筆の「プラン」が持つ重要性を今改めて強く感じている。残念ながら、本書はその理想には遙か遠い。

さらに東京大学社会科学研究所の助手時代には、法律学のスタッフから教えられるところが多かった。稲本先生を初め、藤田勇、利谷信義、広渡清吾、小森田秋夫の諸先生にお礼申し上げたい。藤田先生とは大学院時代、H・M・コルクノーフの『ウカーズとザコーン』を教師と学生二人だけのゼミで読む機会があったことを懐かしく思い出す。また一九九〇年の助手論文に対して吉野悟先生が私信で懇切なコメントを寄せられたこと、塙浩先生がその厖大なお仕事の抜き刷りを筆者に送られたことは、大きな励ましであった。

ロシア史の分野では、和田先生の他、田中陽児先生と米川哲夫先生に特に感謝を申し上げる。田中先生には筆者の抜き刷りに対し、いつも丁寧な御批評を忝なくしている。また米川先生の演習は、正規にロシア語を学ぶ機会を持たなかった筆者にとって、大変に貴重な機会であった。さらに「おろしゃの達人」こと加藤史朗氏には、筆者の些細な質問にも常に的確な答えを頂戴し、感謝をしている。石井規衛氏には、名古屋大学出版会を紹介して頂いた。筆者のような者にまで、思いやりをかけて下さったことにお礼申し上げたい。

その名古屋大学出版会では、編集部長橘宗吾氏、そして村井美恵子氏に一方ならぬお世話を頂いた。橘氏は冗長で散漫な筆者の旧稿に目を通され、これ以上短くしてはかえって全体がぎこちなくなるとして、四〇〇頁を上限として出版を快諾された。刊行のためにはでき上がり二五〇〜三〇〇頁程度の長さにまで草稿を切り詰めなければならないと考えていた筆者にとって、これは嬉しいことであった。しかし原稿の取り纏めには時間がかかり、先にも記したように大変な御迷惑をかけることになった。電話口でほとんど繰り言のように毎回提稿の遅れを詫びる筆者に対し、内心相当に呆れもし、苛立っておられたのではないかと思う。若輩の執筆者の非礼を深くお詫びをし、その雅量に感謝するばかりである。

その他にも、多くの方々の助力を頂戴した。資料については東京大学社会科学研究所図書室、同法学部図書室、同経済学部図書室、同総合図書館、国立国会図書館、外務省図書館、ロシア国立図書館（旧レーニン図書館）、同手稿部、ロシア・ナショナル・ライブラリー（旧サルトゥイコフ＝シチェドリン図書館）、ロシア国立歴史文書館、モスクワ市中央歴史文書館、ヘルシンキ大学スラヴ図書館、スタンフォード大学フーバー研究所図書館、アメリカ議会図書館に負うところ大であった。筆者が現在勤務する神戸市外国語大学外国学研究所は、この上なく快適な研究環境を提供してくれた。ヴャジマ在住のB・И・ティモシェンコ氏には、八八年の訪ソ以来、何くれとなく私的なサポートを頂いている。ロシアの地方都市の日常について、筆者がこれまで多少とも実感することができたのは氏に負うところが大きい。またバーゼルで貿易会社を経営しているM・ディートリッヒ氏は、筆者の思考を単なるロシア研究の枠から解き放ってくれたように思う。ロシアやフィンランドで資料収集に当たったあとスイスで夏を過ごすというのが、いつしか筆者の毎年のスケジュールとなり、今年もまた原稿を抱えてフィンランド、スウェーデン、スイスを転々とした。両氏の長年の友情にもお礼を言いたい。

筆者の祖父は弁護士であった。もとよりそれが筆者の研究関心を規定したというのではない。しかしこうして司法制度や法曹を主題にしてともかくも一書を纏めてみると、やはりある種の因果をここには覚える。その意味で、最後に筆者の家族に対してもここで謝意を表することを了とされたい。

高橋一彦

二〇〇〇年一一月三日

ポデェレーフスキー，Р. И.　316
ポベドノースツェフ，К. П.（1827-1907）　71-73, 77, 78, 81, 97, 98, 106, 232, 237, 254
ポポーフ，М. Н.　106
ポロフツォーフ，А. А.（1832-1909）　79, 181, 265

マ　行

マールコフ，Е. Л.（1835-1903）　198, 209, 210, 215, 224, 234
マカリーンスキー，П. В.（1834-99）　107, 316, 341, 342
マクラコーフ，В. А.（1869-1957）　371, 380, 391
マズロフ，С. А.　371
マナセーイン，Н. А.（1835-95）　229, 254-262, 265, 266, 269, 273, 275, 284, 291, 310, 313-316, 318, 327, 328, 336, 338, 355, 375, 387
マリャントーヴィチ，П. Н.（1869-1940）　371
ミッターマイアー，K. J. A.（1787-1867）　74
ミトロファーニヤ〔П. Г. ローゼナ〕（1825-98）　190, 191, 196, 209
ミハイル・ニコラエヴィチ大公（1832-1909）　166
ミリューチン，Д. А.（1816-1912）　111, 134
ミリューチン，Н. А.（1818-72）　86
ムーロムツェフ，С. А.（1850-1910）　180, 388, 391
ムラヴィヨーフ，Н. В.（1850-1908）　12, 13, 192, 193, 228, 229, 232, 251, 266, 272-274, 276, 278, 279, 281-287, 290-292, 303-306, 309, 310, 314, 317, 319, 321-325, 328, 329, 332-345, 347, 351, 353, 354, 359-361, 376-378, 382-387, 389, 391-395
ムラヴィヨーフ，Н. К.（1870-1936）　371
ムラヴィヨーフ＝アムールスキー，Н. Н.（1809-81）　272

ヤ・ラ行

ヤズィコフ，В. Н.　191
ヤネーヴィチ＝ヤネーフスキー，К. Я.（？-1906）　74, 77, 80, 107
ランスコーイ，С. С.（1787-1862．父）　192
ランスコーイ，С. С.（子）　191, 192
ランツベルク，В. Е.　371
リスト，F. von（1851-1919）　274
リュスチフ，В. О.（1844-1915）　316, 341, 342
リュビーモフ，А. С.（1832-83）　106
リュボシチーンスキー，М. Н.（1816-89）　124
ルキヤーノフ，С. И.（1834-1905）　292, 304, 341
ルソー，J.-J.（1712-78）　221
レイテルン，М. Х.（1820-90）　109, 134, 162-164, 171, 239, 241
レートキン，П. Г.（1808-91）　70, 74, 77
レーピンスキー，Г. К.（1822-1906）　77, 106, 161, 171
レオポルト大公（1797-1870）　88
レシュコーフ，В. Н.（1810-81）　169
レスコーフ，Н. С.（1831-95）　192
レフチェーエフ，А. П.（1827頃-？）　191
ロヴィーンスキー，Д. А.（1825-95）　94, 95, 98, 104, 106, 108, 112, 160, 167, 254
ローゼン，Г. В.（1782-1841）　190
ローヂチェフ，Ф. И.（1853/56-1932）　389, 396

タ　行

タガーンツェフ，Н. С.（1843-1923）　170, 292, 304, 341
タネーエフ，В. И.（1840-1921）　155, 156, 357
ダネーフスキー，П. Н.（1820-92）　97, 98, 106
チェスレーンコ，Н. В.（1870-1942）　371, 388, 391
チェブイキン　184
ヂャンシェフ，Г. А.（1851-1900）　13, 228, 236, 268
チュッチェフ，Ф. И.（1803-73）　192
ティゼンガウゼン，П. О.（1834-86）　78, 79
ティマーシェフ，А. Е.（1818-93）　241
ディルタイ，Р. Н.（？-1781）　40
ドゥマシェフスキー，А. Б.（1837-87）　178
トゥルチャニーノフ，А. Н.（1838-1907）　107, 168, 169, 389, 395
ドストエーフスキー，Ф. М.（1821-81）　192, 196, 198, 205, 207-210, 215, 233
トピーリスキー，М. И.（1809-73）　48
トルストーイ，Д. А.（1823-89）　262, 265, 266
トレーポフ，Ф. Ф.（1812-89）　183

ナ　行

ナジーモフ，В. И.（1802-74）　62
ナボコフ，Д. Н.（1826-1904）　80, 170, 237, 247, 249, 251-255, 258, 268, 269, 274, 292, 312, 313, 316, 327, 346
ナポレオン一世（1769-1821）　46, 64
ナポレオン三世（1808-73）　81
ニキーチン，В. Н.（1838-1908）　194, 196
ニコライ一世（1796-1855）　2, 25, 30, 41, 42, 48-51, 57, 117
ニコライ二世（1868-1918）　321, 322
ニコライ・コンスタンチノヴィチ大公（1850-1918）　192
ネヴャドームスキー，Д. И.（1849-1907）　388
ネチャーエフ，С. Г.（1847-82）　192

ハ　行

パーニン，В. Н.（1801-74）　36, 37, 39, 40, 43-46, 48-51, 55, 57, 78, 81, 91, 100, 103, 106, 109, 117, 130, 134, 137, 162, 175, 250
バールシェフ，С. И.（1808-82）　47, 74-77, 82, 84, 85, 89, 168, 170
パーレン，К. И.（1833-1912）　237-247, 249, 251-253, 256, 266-268, 287, 312, 318, 327, 335, 382, 386
バターシェフ，И.　50
パフマン，С. В.（1825-1910）　170
ハメル，G. A. van（1842-1917）　274
バルシェーフスキー，В. И.（1816-93）　107
ピョートル一世（1672-1725）　21, 79, 283
ファリコーフスキー，А. М.　170
ブイチコーフ，А. Ф.（1818-99）　106, 107
プイピン，А. Н.（1833-1904）　184
フークス，В. Я.（1829-91）　198, 215-227, 229, 232, 234, 235, 253, 262
プーシキン，А. С.（1799-1837）　191
フォイニーツキー，И. Я.（1847-1913）　170
プチーツィン，В. В.　343, 347, 348
ブツコーフスキー，Н. А.（1811-73）　97, 98, 106, 160, 167, 171
ブトーフスキー，П. М.（1842-1912）　278
ブトコーフ，В. П.（1813-81）　96, 97, 105, 106, 108, 110, 160, 161, 171
プラーフスキー，А. М.（1807-84）　97, 98, 106, 161, 171
フリードリヒ二世（1712-86）　52, 59
プリンツ，Н. Г.（1835-1905）　106, 167, 171
ブルードフ，Д. Н.（1785-1864）　45, 46, 48-62, 64-66, 68, 70, 72, 73, 76, 81, 85, 87-99, 103, 108, 117, 129, 130, 153, 175, 247, 250
ブルメンターリ，С. А.　358
プレヴァーコ，Ф. Н.（1843-1908）　190, 193, 273, 316, 341, 342
プレーヴェ，В. К.（1846-1904）　334, 336
ブローフ，А. Ю.　371
ペイチ　213, 214, 223
ベイリス，М. М.（1874-1934）　340, 395
ベール，Д. Б.（1832-1903）　78, 79, 106, 170
ペーレッツ，Е. А.（1833-99）　106
ベッカリーア，С.（1737-94）　88
ペレヴェールゼフ，П. Н.（1871-1944）　370
ベレンシュターム，В. В.（1870-？）　368, 370
ベレンシュターム，М. В.　368, 379, 389
ポテーヒン，П. А.（1839-1916）　191

229-232, 236, 237, 262, 306, 307, 316, 317, 328, 338-341, 346, 353, 354, 356
グラドーフスキー，А. Д.（1841-89）　170, 194
クリューコフ，А. А.　316, 341, 342, 358
グルーゼンベルク，О. О.（1866-1940）　375, 381
グレベンシコフ，М. Г.（1854-88）　351
グレーボフ，П. Н.（？-1876）　80, 81, 107
クローネンベルク，С. Л.（1845-？）　207, 209, 233
ゲイデン，П. А.（1840-1907）　266
ゲッセン，И. В.（1865-1943）　268, 391, 397
ゲラルド，В. Н.（1839-1903）　316
ゲルシューン，Б. Л.（？-1954）　371
ゲルツェン，А. И.（1812-70）　70, 78
ケーレンスキー，А. Ф.（1881-1970）　375
コヴァレーフスキー，М. Е.（1829-84）　106, 108, 112, 161, 167, 171
コーコレフ，В. А.（1817-89）　191
コーニ，А. Ф.（1844-1927）　167, 168, 170, 184, 191, 213, 238, 247, 309, 321, 327, 328, 341, 342, 387, 395
コールサコフ，П. А.　316, 341, 342
ゴリトゴーエル，Д. А.（1823-99）　93, 94, 107
ゴルチャコーフ，А. М.（1798-1883）　196
コルフ，М. А.（1800-76）　97, 99, 109, 110, 250
コルマコーフ，Н. М.（1816-？）　228
ゴレムイキン，И. Л.（1839-1917）　291, 304, 334, 335, 338
ゴロヴァチョーフ，А. А.（1819-1903）　198-205, 215, 220, 227, 232, 233
ゴロヴニーン，А. В.（1821-86）　108
ゴロドゥイスキー，Я. К.　325
コンスタンチン・ニコラエヴィチ大公（1827-92）　80, 98, 99, 104, 134, 247, 254

サ　行

ザヴァーツキー，В. Р.（1840-1910）　277
サヴィニー，F. C. von（1779-1861）　41
ザクレーフスキー，И. П.（1839-1906）　262, 342
ザスーリチ，В. И.（1849-1919）　196, 213, 238, 247
サブーロフ，А. А.（1838-1916）　79, 336
サマールスキー＝ブイホーヴェツ，В. В.（1836-1902）　78, 79, 107, 168, 170
ザミャートニン，Д. Н.（1805-81）　37, 106, 109, 131, 132, 136, 142, 160-163, 166-168, 171, 172, 174-176, 184, 192, 237, 238, 247, 268
ザルードヌイ，М. И.（1834-83）　77
ザルードヌイ，С. И.（1821-87）　92, 96-98, 104, 106, 108, 112, 160, 163, 171, 228
サルマーノフ，П. А.（1817-82）　70
ジェジング　208
シェチコーフ，С. Н.（1824-？）　106
シェポヴァーリニコフ，П. П.　370
ジェルトゥーヒン，А. Д.（1820-65）　106
ジェレホーフスキー，В. А.（1843-？）　342
シチェグロヴィートフ，И. Г.（1861-1918）　304, 395, 397
シバーエフ　183
シピャーギン，Д. С.（1853-1902）　334, 335
シャーホフ，А. Н.（1820-89）　237
シャムシーン，И. И.（1835-1912）　79
シュヴァーロフ，П. А.（1827-89）　134
シュービン，Д. Н.（1825-94）　97, 98, 106
ジュコーフスキー，Ю. Г.（1833-1907）　184
シュレイベル，Н. Н.（1838-？）　292, 304
ズーボフ，П. А.（1819-80）　106, 161, 167, 171
スターソフ，Д. В.（1828-1918）　78, 79, 84, 168-170, 341
ストヤーノフスキー，Н. И.（1820-1900）　87, 91, 97, 98, 106, 108, 109, 112, 170, 173, 184, 238
ストルイピン，П. А.（1862-1911）　10, 385, 397
ストルーヴェ，F.（1704-90）　40
スパソーヴィチ，В. Д.（1829-1906）　107, 168, 190, 191, 193, 208, 209, 316, 341-343, 348, 389, 390
スペラーンスキー，М. М.（1772-1839）　21, 33, 41, 83
スホザネート，Н. О.（1794-1871）　111
スムブール，Н. С.（1835-96）　170
セルゲイ・アレクサンドロヴィチ大公（1857-1905）　273
ソーリスキー，Д. М.（1833-1910）　196
ソロヴィヨーフ，Я. А.（1820-76）　91

人名索引

ア 行

カ 行

《著者略歴》

高橋一彦《たかはしかずひこ》

1958 年　東京生まれ
1987 年　東京大学大学院総合文化研究科博士課程修了
東京大学社会科学研究所助手を経て
現　在　神戸市外国語大学外国学研究所助教授

帝政ロシア司法制度史研究

2001 年 2 月20日　初版第 1 刷発行

定価はカバーに
表示しています

著　者　高　橋　一　彦

発行者　平　川　宗　信

発行所　財団法人　名古屋大学出版会
〒 464-0814　名古屋市千種区不老町 1 名古屋大学構内
電話(052)781-5027/FAX(052)781-0697

印刷・製本 ㈱クイックス　ISBN4-8158-0399-4
乱丁・落丁はお取替えいたします。